Julien Green

Bruder Franz

Titel der französischen Originalausgabe:
Frère François

Deutsche Übersetzung von Hanns Bücker

Umschlagbild:
Franziskus, Fresco in Subiaco, 13. Jahrhundert
Foto: Scala, Antella/Florenz

Satz: Fotosatz Leingärtner, Nabburg
Druck und Einband: Freiburger Graphische Betriebe 1984
ISBN 3-451-20189-5

Julien Green

Bruder Franz

Herder

Freiburg · Basel · Wien

Inhalt

ERSTES KAPITEL

Der junge Müßiggänger

Giovanni

Es gibt Augenblicke in der Geschichte, da scheint das Schicksal zwischen Glück und Unglück zu schwanken, als warte es auf jemand, der kommen soll, aber gewöhnlich nicht erscheint. Gegen Ende des 12. Jahrhunderts jedoch erschien ein Kind, dem es fast gelang, die kühnsten Erwartungen zu erfüllen.

September 1181 oder Anfang 1182. Gleich zu Beginn eine Unsicherheit. Die zweifelsfrei datierten Ereignisse folgen erst später. Fest steht, daß das Kind zwischen diesen beiden Daten in Assisi, in Umbrien, geboren wurde, einer Stadt mit einer kaum zu ergründenden Vergangenheit, einer christlichen zwar, wo aber uralte heidnische Überlieferungen aus den Tiefen der etruskischen Erde emporzusteigen scheinen. In einer kleinen Stadt im Herzen Italiens richtete man sich damals entweder nach dem Kalender von Pisa oder von Florenz. Aber die Archive haben bis heute nicht verraten, welcher von beiden für das neugeborene Kind gewählt wurde, das nicht aus einer berühmten Familie stammte. Das eine erklärt das andere.

Man weiß auch immer noch nicht genau, wo das Haus stand, in dem es das Licht der Welt erblickte. Bald wird es hier, bald dort geboren. Den letzten Forschungen zufolge hat man das Kind allerdings nicht, wie es einige Schwarmgeister gern gesehen hätten, in einem Stall zwischen Ochs und Esel zur Welt kommen lassen, sondern in einem soliden, stattlichen Gebäude in der Nähe der Piazza del Comune.

Der Vater war abwesend, als die Mutter niederkam. Sie hieß Johanna, wurde aber Pica gerufen, zweifellos, weil sie aus der Picardie stammte; man nimmt an, daß sie Französin war. Sie hatte das Bett noch nicht verlassen, als ein Mann an die Haustür klopfte und um ein Almosen bat. Wie an Weihnachten, so wies man auch bei einer Geburt keinen Pilger von der Schwelle. Diesen hier wollte man mit einem Stück vom Huhn, das man der Genesenden serviert hatte, wieder loswerden, aber er gab sich nicht mit dem Hühnerflügel zufrieden und bestand darauf, daß man ihm das Neugeborene zeigte. Frau Pica widersetzte sich eine Weile diesem Ansinnen, aber sie hatte es mit einem starrköpfigen Alten zu tun und gab schließlich seinem geheimnisvollen Drängen nach, hinter dem sie etwas Übernatürliches witterte. Sie gestattete ihm also, einzutreten und das Kind sogar auf den Arm zu nehmen. Darauf sprach er eine Prophezeiung aus und verkündete, daß an diesem Tag in Assisi zwei Knaben geboren worden seien, von denen der eine zu den besten, der andere zu den schlimmsten gehören werde.

An dieser Stelle habe ich unwillkürlich eine jener allegorischen Gestalten bei Nathanael Hawthorne vor Augen, die Dinge sagen, deren verborgener Sinn erst später offenbar wird. Zwei Knaben, der beste und der schlimmste: Und wenn es sich dabei um ein und denselben Knaben handeln würde? Es sind die beiden Naturen des heiligen Paulus. Existiert in uns nicht etwas, das aus uns einen verstockten Sünder, und etwas, das aus uns einen Erwählten machen kann?

Welcher ernsthafte Christ hätte in seinem Leben nicht schon den fürchterlichen Kampf zwischen diesen beiden unerbittlichen Gegnern erlebt?

Es versteht sich, daß diese Erklärung damals niemandem in den Sinn kam. Den Besten kannte man bereits, und den Schlimmsten würde man suchen müssen. Am Ende findet man ihn tatsächlich, viele Jahre später in Gestalt eines armen Teufels, dessen Leben am Strick endete.

Nachdem die Mutter vom Wochenbett aufgestanden war, trug sie das Kind zur Kathedrale, und kaum war es über die Schwelle von San Rufino gelangt, betrat es das Reich der Legenden, das es niemals mehr verlassen sollte. Es war bereits eine Beute Gottes.

Über Frau Pica wissen wir nicht viel, höchstens, daß sie sehr fromm war. Deshalb wählte sie auch den Namen für ihr Kind nicht zufällig; denn durch die Taufe wird der Name zu einem unauslöschlichen Siegel und zeichnet das ganze Leben. Das Wasser rann über seine Stirn, und er wurde Giovanni genannt, nicht nach dem Evangelisten, sondern nach dem Täufer, der Jesus in den Fluten des Jordan getauft hatte. Dieser Johannes hatte das Kommen Christi angekündigt und den Menschen Buße gepredigt, damit sie das Heil erlangten. Außerdem hatte Jesus von ihm gesagt, daß er der Größte unter allen vom Weibe Geborenen sei. Deshalb glaubte Pica fest an die Zukunft ihres Sohnes, den sie unter den Schutz des ranghöchsten Heiligen gestellt hatte.

Die Nachbarinnen glaubten, daß Pica die Gabe der Weissagung besaß; und sie prophezeite auch gern, wie es zu jener Zeit gang und gäbe war. „Ihr werdet erleben, daß seine Verdienste aus ihm einen Sohn Gottes machen werden", sollte sie später einmal sagen. Der kleine Giovanni wurde also auf dem Arm seiner Mutter, die ihn ebenso liebte wie sie stolz auf ihn war, nach Hause zurückgetragen. Er war reizend anzuschauen mit seinem winzigen, ein wenig blassen Gesicht und seinen schönen schelmischen Augen. Aber er schien ein schwächlicher Knabe zu sein und sollte während seiner ganzen Kindheit ein Sorgenkind bleiben.

Die Zeit verging, der Vater kehrte zurück, und sogleich begannen die Schwierigkeiten, die niemals ein Ende nehmen sollten. Pietro di Bernardone schaute sich seinen Sohn an, und als er hörte, daß er in seiner Abwesenheit auf den Namen Giovanni getauft worden war, geriet er in heftigen Zorn. Tuchhändler von Beruf, kam er gerade aus der Champagne zurück, wo er Stoffe eingekauft hatte, die von feinerer Qualität als die italienischen waren, und da er in Frankreich und in alles Französische vernarrt war, hatte er die Idee, seinen Sohn Francesco zu nennen – das heißt: Franzose (Français oder, nach damaliger Schreibweise, François, was bis zum 18. Jahrhundert wie Françoué ausgesprochen wurde). Ohne ein gar so schlimmer Mensch zu sein, wie man manchmal behauptet hat, war er doch recht herrschsüchtig, wie es Emporkömmlinge oft sind, und was er einmal entschieden hatte, galt als Gesetz in seinem Hause. Deshalb sollte der kleine Neuankömmling eben Franziskus heißen. Aber man konnte ihn doch nicht ein zweites Mal taufen lassen! Dieser Einwand wurde vom Tisch gewischt, und Pica konnte nur noch mit gesenktem Kopf amen dazu sagen.

Er hieß also Franziskus. Ein ungewöhnlicher und etwas seltsamer Name, der sich eher wie ein Beiname anhörte. Aber trug seine Mutter nicht auch einen solchen? Würde man in Frankreich einen Jungen wohl mit dem Namen „Engländer" oder „Italiener" beglücken? Wie dem auch sei, bei sorgfältiger Suche entdeckt man in den Archiven sogar zweimal den Namen François, den zwei nichtkanonisierte unbekannte Männer trugen, und damit mag es sein Bewenden haben.

Bernardones Ärger läßt erkennen, daß er wie seine Frau davon überzeugt war, daß die Wahl des Namens einen entscheidenden Einfluß auf das Schicksal des Täuflings ausüben konnte. Diese Vorstellung, die immer mehr aus dem modernen Bewußtsein verschwindet, hat eine lange Vorgeschichte, die bis in die Bibel zurückreicht, wo der Name zum Wesen und zur Identität des Menschen gehört. Es ist schon eigenartig, wenn man bedenkt, daß unser banaler Personalausweis eine Beziehung zum hebräischen „Schem" hat. Nun, wir haben eben tiefere Wurzeln, als wir ahnen. Das könnte den Gedanken nahe legen, in der Berufung des Franziskus so etwas wie einen Anklang an die Berufung des heiligen Johannes des Täufers zu sehen. Gerade das aber wollte Bernardone nicht.

Wenn der Tuchhändler auf seine Weise in die Zukunft blickte wie seine Frau Pica, dann fielen seine Visionen ganz anders aus. Er sah den Jungen bereits hinter dem Ladentisch seines Geschäfts, wie er einer ausgewählten Kundschaft schöne Stoffe verkaufte und die Goldbatzen der Familie vermehrte; denn Bernardone war für seine Raffsucht bekannt, und hielt er sich auch für einen guten Christen, so diente er doch eifrig dem Mammon. Das Haus, das ihm heute zugeschrieben wird, hätte man eher für den Palast eines Mitglieds der Aristokratie halten können, ganz zu schweigen von den vielen Ländereien, die er in der Umgebung besaß; doch von einem adeligen Herrn hatte Bernardone nichts an sich. Er gehörte durch seinen immensen Reichtum zur übrigens sehr einflußreichen Schicht des Großbürgertums. Seine Frau war, soviel sich sagen läßt, eine reinblütige Picardin. Wie man sich erzählte, hatte sie eine Pilgerfahrt ins Heilige Land gemacht und war vermutlich auf dem Rückweg in der Provence ihrem künftigen Mann begegnet, der gerade auf Geschäftsreise war. Mehr weiß man nicht. Wenn sie dagegen aus Umbrien stammen sollte, wäre ihr Beiname von ihrer Redseligkeit herzuleiten. Pica = die Elster. Das würde nicht zu dem Bild passen, das wir uns von ihr machen.

Jedenfalls sprach der Vater schon sehr früh französisch mit seinem Sohn. War es die Sprache des Nordens oder die des Südens? Sicher beides; denn wenn Picas Blick hoch hinausging, schaute Bernardone weit voraus und dachte vor allem an die geschäftlichen Vorteile und an die Reisen, die Franziskus eines Tages jenseits der hohen Berge machen sollte, in der Provence und auf den Straßen der Champagne. Dabei darf aber auch nicht vergessen werden, daß die alte Sprache des französischen Nordens die Sprache der Ritterturniere und der Fürstenhöfe war. Vom Norden bis zum Süden Europas bewunderte man das gallische Idiom, und damals begann Französisch eine internationale Sprache zu werden. Für Bernardone hob daher die Beherrschung der französischen Sprache den Sohn bereits auf das Niveau der adligen Herren. Bei Pica lag die Sache ganz anders. Welche Mutter singt ihrem Kind nicht ihre Lieblingslieder vor? Ihr waren bestimmt die Hirtenlieder der provenzalischen Troubadoure und Stücke der Heldenlieder bekannt, mit denen die Gaukler den Leuten aus der Picardie die Ohren vollsangen. Natürlich kannte sie auch die Lieder, die beim Spinnen gesungen wurden, und die Liebesgeschichten, die die Minnesänger in den Ländern des Nebels und der Riesenwälder vortrugen, in Flandern, in den Ardennen... wie z.B. das Lied von der „Schönen Doette", einem Vorläufer des „Malborough s'en va-en Guerre" oder des Liedes „Im Lande, wo der Krieg jetzt tobt...":

Schöne Doette sitzt am Fenster,
Liest ein Buch, doch weilt ihr Herz
Nur bei Doon, dem lieben Freund,
Der weit fort zum Kampfe zog.
Deshalb bin ich traurig ...

Pica bleibt ein wenig schemenhaft, aber das, was wir sicher über sie wissen, macht sie uns liebenswert. In einer schwierigen Situation im Leben des Franziskus wird sie eines Tages ihren Mut und ihre Liebe beweisen. Doch welche Erziehung genoß ihr Kind überhaupt?

Nach der Erziehung fragen heißt nach der liebenden Sorge fragen, mit der eine Frau ihr Kind umhegt, von dem sie glaubt, daß es eine besondere Berufung habe. Wenn sie tatsächlich Johanna hieß und Pica nur ein Beiname war, dann hat sie dieses Band gewollt, das durch den Taufnamen zwischen ihr und ihrem Sohn geknüpft wurde. Und wie der Zufall es gewollt hat, daß man ihr den Vornamen Johanna nahm, um sie uns unter einem familiären Rufnamen bekannt zu machen, so wird auch dem kleinen Giovanni das gleiche Schicksal zuteil. Wer schuld daran war? Der Vater, wie immer behauptet wird, oder die Freunde des Knaben, die ihn fortwährend französisch trällern hörten? Das ist unwichtig. Entscheidend ist die Zärtlichkeit der Mutter, die bestimmt französisch gesungen hat, wenn sie ihren Kleinen in den

Schlaf wiegte. Und später wird sie ihm in der Stille seines Elternhauses auf ebenso sanfte Weise auch Gebete beigebracht haben. Zwei weitere Söhne sollten dort noch zur Welt kommen, aber der Lieblingssohn war und blieb Giovanni.

Der erste Zeuge

Man mag mir vorhalten, ich sähe das Ganze in einem rosigen Licht, und zehntausend „Vielleicht" ergäben niemals eine Gewißheit. Nun ja, vielleicht sind die Dinge am Ende auch gar nicht so einfach. Bemühen wir also die Zeugen. Der erste ist Thomas von Celano.

Er ist Ordensbruder und hochbegabter Dichter. Der beste Schriftsteller, den man im Auftrag Papst Gregors IX. – eines Freundes von Franziskus, den Gregor gerade heiliggesprochen hatte – finden konnte. Wir schreiben das Jahr 1228, und der Heilige Vater wünscht, daß von dem neuen Heiligen ein gewissermaßen offizielles Bild gezeichnet wird. Thomas von Celano wußte, welches Gewicht Worte haben können, und daß er sie nicht leicht nahm, sollte er in seinem „Dies Irae" zeigen, einem der größten religiösen Gesänge überhaupt. Man hat versucht, dieses Gedicht in einem dem Original angemessenen Stil zu übersetzen. Verlorene Liebesmüh! Die Strenge des Lateinischen ist eine einzige Herausforderung an die besten Schriftsteller anderer Sprachen. Ein Walter Scott gab nach zwei Strophen auf. Latein ist in der Tat eine schwere Sprache, hart und nüchtern, aber von unbeschreiblicher Ausdrucksfähigkeit. Der Mensch, der diesen Todesgesang schrieb, hat darin das ganze

Entsetzen seiner Epoche vor dem Gericht Gottes ausgedrückt. Besser als jeder andere kannte er das Gewicht des Schreckens, das auf jeder Silbe dieser erschütternden Strophen lasten konnte.

Was denkt er über den jungen Franziskus von Assisi? Er will uns ein Porträt der Persönlichkeit und eine beschreibende Aufzählung seiner Tugenden bieten, aber er muß mit dem jungen, weltzugewandten Menschen beginnen, und dabei macht er sich, freiwillig oder gezwungenermaßen, zum Advocatus Diaboli; und das ist, offen gesagt, ein schmutziges Geschäft.

Seine Arbeit beginnt er in Rom. Warum nicht anderswo, in Assisi zum Beispiel? Nein, in Rom, denn dort hat er Zugang zu allen positiven und negativen Zeugenaussagen und findet außerdem erfahrene Kleriker, die ihn nötigenfalls beraten können.

Ein Minderbruder also, der in nicht geringer Verlegenheit steckt; denn er hat den Heiligen nach seinem Eintritt in den Orden, im Jahre 1215, kennengelernt und ihn dann, nach der Rückkehr von einer Mission in Deutschland, in dessen letzten Lebensjahren wiedergetroffen. Er bewundert ihn zwar von ganzem Herzen, weiß aber auch unangenehme Dinge, die er lieber nicht gewußt, und Wahrheiten, die er gerne abgeschwächt hätte. Die Jugendtorheiten von Franziskus muß er wenigstens nennen, mehr nicht, aber sie zu verschweigen hat er kein Recht und auch keine Lust, er würde es sich nie verzeihen. Schließlich ist in Assisi jedermann genau im Bilde über die lustigen Jahre dieses Franziskus, der soeben zur Ehre der Altäre erhoben wurde.

Alle Dinge lassen sich auch leicht verschwommen ausdrücken, was man dann „den Fisch ertränken" nennt. So ist es beispielsweise nicht verboten, die

Verantwortung des achtzehnjährigen Burschen dadurch erheblich herabzumindern, daß man die damals herrschenden Erziehungsmethoden anprangert. Sie sind schlichtweg ein Skandal, und es ist doch mehr als wahrscheinlich, daß auch Franziskus seinen Teil davon abbekommen hat. Die große Schuldige ist die Epoche, und das kommt dann dabei heraus: „Überall ist die unheilvolle Angewohnheit verbreitet, selbst bei denen, die angesehene Christen sind, und hat die verderbliche Theorie sich so beherrschend wie eine öffentliche Vorschrift durchgesetzt, die Kinder von der Wiege an mit äußerster Freizügigkeit zu erziehen und im Wohlleben zu verwöhnen. Kaum sind sie geboren und beginnen zu sprechen und zu stammeln, bringt man ihnen durch Zeichen und mit Worten wahrhaft beschämende und verabscheuenswerte Dinge bei. Nach der Entwöhnung verleitet man sie nicht nur dazu, Unanständiges zu sagen, sondern es auch zu tun."

Er hütet sich sehr wohl zu sagen, daß auch Pica dieser Unsitte folgte; denn der Vater zeugt zwar das Kind, aber die Mutter erzieht und formt es. Weshalb erzählt er uns dann von solchen Dingen, doch wohl nur, um uns anzudeuten, daß sie sich wie die anderen verhalten hat. Etwas in uns lehnt sich gegen diese Vorstellung auf. Es ist, als hörte man eine Frauenstimme, die den Lärm der Französischen Revolution übertönt, die Stimme Marie-Antoinettes, der Königin von Frankreich, die der gleichen Schandtaten bei ihrem Sohn angeklagt war: „Ich berufe mich dabei auf alle Mütter."

Wenn man geschickt mit Prämissen arbeitet, kommt man fast immer zu den gewünschten Schlußfolgerungen. Bruder Thomas fühlt sich jetzt wohler, und sein Gewissen ist viel ruhiger, wenn er nun etwas vage über die von ihm so genannten „Dummheiten" spricht, die Franziskus in seiner Jugend beging. Zwanzig Jahre später jedoch wird er in der „Vita secunda" seine ersten Behauptungen vergessen und ein Idealbild der Mutter zeichnen. Doch in dieser Form, mit diesem Anfang, der uns heute bestürzt, wurde die „Vita prima" dem Papst überreicht, der nach der Lektüre seiner Zufriedenheit Ausdruck verlieh. Wir wollen die Dinge einmal näher betrachten.

Sankt Georg und der Drache

Die Eltern schickten Franziskus in die Schule von San Giorgio, die unweit der Stadtmauer lag, nur ein kurzes Wegstück vom Elternhaus entfernt. Die Schule gehörte zur Kirche gleichen Namens, und ihre Priester unterrichteten die Kinder in Rhetorik oder der Kunst des sprachlichen Ausdrucks sowie in der stumpfsinnigen Grammatik. Doch das Kind, das den Kopf bereits voller Träume hatte, scheint nicht viel gelernt zu haben. Es blieb seinen eigenen Worten zufolge immer ein „idiota", ein Unwissender, und sogar diese Unwissenheit sollte ihm dienlich sein, als habe er in seinem Kopf gleichsam einen Platz leer halten wollen, damit dort später einzig und allein das Evangelium eine Heimstatt habe. Wie dem auch sei, jedenfalls gab er viel besser acht, wenn ein alter Geistlicher mit Namen Guido die Geschichte vom heiligen Georg und dem Drachen erzählte.

Auf einer Wand der Kirche stellte ein Fresko diese unsterbliche Geschichte dar, die den Erzähler immer aufs neue inspirierte. Längst kannten alle sie auswendig, weil er stets und ständig auf sie zurückkam und dabei seine Erzählung jedesmal mit neuen Einzelheiten ausschmückte. Es war nichts anderes als die antike Sage vom Minotaurus, nur dem christlichen Geschmack angepaßt. Tag für Tag mußte dem schrecklichen Ungeheuer, das das Königreich terrorisierte, ein ganz junges Opfer zum Fraß vorgeworfen werden. Vergebens rief der König seine tapfersten Ritter auf, das Untier zu töten. Alle ergriffen früher oder später vor ihm die Flucht. Als die ganze Jugend des Königreichs bereits geopfert war, blieb nur noch die Tochter des Königs übrig. Der König mit der Krone auf dem Haupt schickte sie unter Tränen und lautem Wehklagen dorthin, wo das Untier bereits auf sie wartete. Plötzlich erschien – und hier spitzten alle die Ohren – ein herrlicher Ritter, jung und schön und in strahlender Rüstung. Nachdem er zunächst die Prinzessin beruhigt und zur Geduld gemahnt hatte, stürzte er sich mit der Lanze in der Faust auf den Gegner, der mit den schweren Schuppen, die seinen Leib bedeckten, geradezu wie ein Ritter der Hölle aussah.

Die Augen des jungen Franziskus wurden immer größer. Da war einmal der prächtige Krieger, der hoch zu Roß das Untier umtänzelte. Als Adeliger war man Ritter. In den Adelsstand konnte man nur unter der Bedingung erhoben werden, daß man eine Rüstung trug und zu kämpfen verstand. Als Ritter wurde man adelig. Der Drache, der unter tausend Zuckungen verendete, war das Böse. Und welchen Namen sollte die Prinzessin bekommen, die mit gebundenen Händen wartete, bis ihr trefflicher Verteidiger sie befreite? Das wußte Franziskus nicht, aber das Rittertum war für ihn wie für alle Jungen des Mittelalters ein Ideal, von dem man kaum zu träumen wagte: Jedermann konnte Ritter werden. Auch ein Tuchhändlersohn, Franziskus? Das erschien unmöglich, und trotzdem ...

Man brauchte nur eine Rüstung und vor allem ein furchtloses Herz. Ob es nicht das war, was dem Zehnjährigen den Kopf verdrehte? Deswegen blieb Franziskus Bernardone bis ans Ende seiner Tage in Rechtschreibung schwach, aber seine Träume sollten auf merkwürdige Weise den Sieg davontragen.

Der alte Kanonikus mag sich ruhig wiederholen, der kleine Italiener mit den blitzgescheiten Augen wird dessen nicht müde. Das fortwährende erbauliche Geschwätz ist der Nährboden für alle nur denkbaren Phantasievorstellungen von der Zukunft, vom Ruhm. Das Kind wird auf einmal ein Ritter. Es kämpft mit dem Teufel und versetzt ihm die härtesten Schläge! Der Erzähler, der nicht umsonst Italiener ist, macht den Kampf mit großen übersteigerten Gesten höchst anschaulich. Und Franziskus verliert auch in der größten Hitze des Gefechts die Prinzessin, die sich nicht vom Fleck rührt, sondern betet, keine Sekunde aus den Augen. Ist sie schön? Wer mag sie sein? Man muß sie sich verdienen. Welch sonderbarer Sturm tobt in der Seele dieses Jungen, der so hingegeben lauscht, als hinge sein Leben vom Ausgang der Geschichte ab. Sein Herz schlägt ihm bis zum Hals, und nach dem Unterricht fängt der Schüler, der eine Null in Grammatik, aber trunken vor namenloser Freude ist, laut zu singen an. Er singt immer, wenn er glücklich ist.

Zuhause

Läßt man Celanos Übertreibungen in den ersten Sätzen seiner *„Vita prima"* beiseite, so muß man sehen, was an Wahrem dahintersteckt. Es scheint kaum zweifelhaft zu sein, daß Franziskus bei seinen Eltern das angenehme Leben der Reichen jener Zeit kennengelernt hat. Durch den Erwerb von Ländereien, die in Geldnöten befindliche Edelleute verkauften, vermehrte der Vater seinen Reichtum mit schöner Regelmäßigkeit und besaß, obwohl selbst kein Edelmann, ein Haus, das, wenn man so sagen kann, über seinem Stand lag. Es war verschwenderisch eingerichtet, die Räume waren, wie es dem Zeitgeschmack entsprach, mit erlesenen Stoffen bespannt, und das scheint unser Bruder Thomas zu meinen, wenn er „secundum saeculi vanitatem" schreibt – wie es der Eitelkeit der Zeit entsprach –, ganz zu schweigen von der erlesenen Küche und dem zahlreichen Dienstpersonal, wie es sich für einen der wichtigsten Honoratioren der Stadt gehörte.

Welche Figur gab Franziskus in diesem Milieu von Emporkömmlingen ab? Die Zeugen stellen ihn uns übereinstimmend als den liebenswertesten Burschen von der Welt dar. „Liebenswert" war das ständig wiederkehrende Beiwort. Was ihnen sonst noch auffiel, war seine ständige Heiterkeit, sein Lachen, lauter Dinge, die seine Person bereits auf den ersten Blick anziehend machten. Mit der Zeit mußte er sich dieser geheimnisvollen Macht bewußt werden, die leicht zu Mißbrauch hätte verführen können, aber nichts in seiner Kindheit deutete auf einen vergnügungssüchtigen Menschen hin, wie Celano ihn uns vorführt. Etwas in ihm leistete Widerstand. Man hätte aus ihm einen Teufel machen können, aber es wurde aus ihm nur ein verwöhntes Kind, das von Natur aus immer gut und vor allem sehr freigebig war. Schon als Kind gab er den Armen.

Er bewunderte alles, was ihm schön erschien, z.B. die kostbaren Dinge, die sein Vater aus den Ländern des Nordens mitbrachte, Emaillearbeiten, Miniaturen, Wandteppiche.

Nicht selten wies er sogar die besten Gerichte, die ihm serviert wurden, zurück, weil sie nicht seinem Geschmack entsprachen. Man sah ihm seine Launen nach, weil er eine so höfliche Art hatte, nein zu sagen, was auf eine gute Herkunft, es war die seiner Mutter, schließen ließ. Mochte das dem Vater vielleicht auch nicht passen, insgeheim fühlte er sich in seiner Eigenliebe geschmeichelt, denn alles, was nach Adel schmeckte, imponierte ihm.

Was gab es überhaupt auszusetzen an Franziskus? Er war gehorsam, zeigte Respekt und machte niemandem Kummer, es sei denn durch seine Gesundheit, auf die man achten mußte. Ohne schwächlich zu sein, war er doch ein Sorgenkind. Man mußte ihn schonen. Vor allem seine Mutter zitterte oft um ihn, der ihre ganze Freude war.

Im Winter, der in Umbrien sehr streng sein kann, brannten dicke Holzscheite im riesigen Kamin, und vor seinen tanzenden und prasselnden Flammen geriet der Knabe leicht ins Träumen. Im Feuer steckte eine Anziehungskraft, die zugleich fürchterlich und freundlich, fast brüderlich war.

Im Sommer bot der von einem kleinen, rauschenden Bach begrenzte Garten seines Vaters köstliche Kühlung unter den Bäumen. Es war, als hätten alle schönen Dinge des Lebens sich verschworen, diesen jungen, empfindsamen Menschen zu verzaubern. Schon die Luft unter dem reinen, nur dann und wann von Vogelgeschrei zerrissenen Himmel zu atmen war eine Wonne. Alles auf dieser Erde war schön.

Bei den Kriegsspielen in San Giorgio und auf der Straße zeigte der nachdenkliche Knabe sich plötzlich als Draufgänger. Hier wurde der Streit nachgespielt, den es Jahr für Jahr zwischen der Oberstadt und der Unterstadt gab. Einerlei auf welcher Seite Franziskus kämpfte, er war der Anführer. Er wollte um jeden Preis der Erste sein, und die anderen folgten ihm ganz selbstverständlich. Er verstand es, sich mühelos Respekt zu verschaffen, einfach deshalb, weil er er selber war.

Religion und Teufelsspuk

Seine erste religiöse Erziehung erhielt er in San Nicolò; die Kirche befand sich neben seinem Elternhaus und war demnach seine Pfarrkirche. Den Kindern wurde das Paternoster, das Credo beigebracht, woraus später der Katechismus-Unterricht wurde. Es versteht sich, daß auch vom Leben der Heiligen und von den Wundern Christi erzählt wurde mit all den Herrlichkeiten, wie die frommen Legenden sie enthalten. Soweit verlief alles im üblichen Rahmen. Aber dann kam der 6. Dezember, das Fest des Kirchenpatrons, des großen Wundertäters Nikolaus.

An diesem Tage war es auch Brauch, die Tugend der Demut zu verherrlichen, und zwar mit einem merkwürdigen Fest, dessen Ursprünge bis in das fernste Heidentum zurückreichten. Alle Schüler von Assisi waren zu Ehren dieser mit einem besonderen Privileg ausgestatteten Pfarrei eingeladen. Die Jüngsten wählten aus ihrer Mitte einen, der zum Bischof der Kinder, zum „Episcopello", gemacht wurde, und im bischöflichen Ornat, von Meßdienern begleitet, seinen Einzug in die Kirche hielt. Mit der Mitra auf dem Kopf und dem Bischofsstab in der Hand, stieg er die Stufen des Altars empor, stimmte feierliche Gesänge an und nahm auf dem Sessel seiner Eminenz Platz. Das burleske Schauspiel zog eine große Menge Menschen an, die die Kirche bis auf den letzten Platz füllte. Ein Hauch der alten Saturnalien wehte herüber, und das Fest ging über in das, was man mit dem seltsamen Namen „Dezemberfreiheiten" bezeichnete, ein Fest, das die gesellschaftliche Ordnung auf den Kopf stellte: Die Herren wurden zu Dienern ihrer Diener, und diese erteilten nun ihrerseits Befehle und trafen Anordnungen, und sehr bald lief alles auf hemmungslose Sinnenlust und sexuelle Begierde hinaus.

Die Ausschweifungen nahmen solche Formen an, daß Rom mit scharfen Verweisen einschreiten mußte. Das Monitum Innozenz' III. spricht mit der ganzen Direktheit der lateinischen Sprache von „obszönen Liedern, Tänzen und Hurereien". Männer, Frauen und Kinder, Kleriker wie Laien gaben sich der Völlerei hin. Von der Kirche griff das Fieber auf die Straße über, und zum Klang antiker Instrumente wie Zimbeln und Klappern, die einst den Zug des Bacchus begleitet hatten, wurde getanzt, gefressen und gesoffen, bis die Orgie auf dem Marktplatz ihren Höhepunkt erreichte, wo halbnackte, mit Blumen bekränzte und an Händen und Füßen gefesselte Frauen auf Wagen zur Schau gestellt und verkauft wurden. Dazu erklang ein sonderbares Lied, das von Adam handelt, der das Weib verflucht, seine Feindin und Mätresse, die er zugleich begehrt und haßt, eine Plage für die ganze Welt, die den Mann für immer aus dem Paradies vertrieben hat.

Von des Paradieses Fluren
Hat ein Mädchen mich vertrieben,
Das so strahlend wie ein Stern war:
Traut bloß keiner Frau.

Und die ganze Menge johlte im Chor:

Macht euch frei, macht euch frei,
Traut bloß keiner Frau!

Die Macht des kleinen Bischofs ging drei Wochen später, am 26. Dezember, dem Fest der Unschuldigen Kinder, zu Ende. An diesem Tage begab sich der immer noch kostümierte Knabe, von einem Hofstaat kleiner Jungen begleitet, hoch zu Roß zum Palast des Bischofs. Mit dem Lied „Sinite parvulos" (Lasset die Kleinen zu mir kommen) empfing ihn der hohe Prälat, das Weihrauchfaß schwingend, vor dem Portal und begrüßte ihn. Anschließend gingen alle hinein, und der kleine Bischof unterzog den großen Bischof einem kurzen Verhör, forderte Rechenschaft von ihm über die Verwaltung der Almosen und erteilte ihm einen Verweis. Der richtige Bischof machte gute Miene zu diesem verrückten Spiel und ließ schließlich Wein für einen allgemeinen Umtrunk herbeischaffen. Dann übernahm er wieder seine alten Rechte, und der Knabe, der widerrechtlich Mitraträger gewesen war, machte sich aus dem Staube.

Ich frage mich, welche Wirkung konnte dieser plötzlich aufbrechende Rausch der Sinne, der am 6. Dezember die ganze Gesellschaft erfaßte, auf den jungen Franziskus haben? Hielt ihn Pica zu Hause, wenn das sündige Mysterium stattfand? Eine solche Annahme ist etwas zu blauäugig, da es sich um Italien und dazu noch um das mittelalterliche Italien handelt. Und wenn er teilnahm, war er dann gegen jede Ansteckung gefeit? Das weiß keiner, wohl steht fest, daß er später sexuelle Verfehlungen unerbittlich verurteilte und einen unzüchtigen Bruder aus dem Orden jagte.

Assisi – schwarze oder weiße Stadt?

Eine geheimnisvolle Stadt dieses Assisi, wo die Geister der Vergangenheit noch sehr lebendig waren. Die ältesten Einwohner erinnerten sich, daß ihre Eltern ihnen von Stierkämpfern erzählten, die noch zu Beginn des Jahrhunderts im römischen Amphitheater stattgefunden hatten. Ein kämpferischer und revolutionärer Geist steckte in diesem Menschenschlag, der für das christliche Ideal immer wieder neu gewonnen werden mußte. Mochte die Zahl der Kirchen wachsen, die Glocken von früh bis spät läuten und der Glaube überall gegenwärtig sein, ebenso gegenwärtig war eine unwiderstehliche Genuß- und Verschwendungssucht und ein ausgesprochenes Gewinnstreben.

Es wäre ein Irrtum, in Assisi eine in Andacht versunkene Stadt zu sehen; Gewalt und Sinnlichkeit lagen immer in der Luft. Gewiß war sie fromm, aber auch, wie am 6. Dezember, zu allen Exzessen bereit. Zur Zeit von Franziskus Bernardone gab es in ihr 2300 Häuser, das bedeutet, daß die Stadt, die damals um ein Drittel kleiner war als heute, etwa 23 000 Einwohner zählte. Es war also eine dichtbevölkerte Stadt, zumal man noch die Klöster und die deutsche Garnison hinzurechnen muß, die in dieser Zahl nicht enthalten sind.

Eine rätselhafte Stadt dieses Assisi, als habe eine unterirdische römische Stadt, deren Platz es jetzt behauptete, es an die Erdoberfläche gestoßen. Auf Schritt und Tritt traf man auf die Überreste der heidnischen Siedlung, die gleichsam darauf lauerten, eines Tages Rache zu nehmen. Die Kirchen waren auf den Ruinen von Tempeln erbaut, wo längst vor den Römern die Etrusker schon ihre Götter verehrt hatten. Santa Maria Maggiore, die erste Kathedrale, erhob sich über dem Apollotempel; Minerva, wohl oder übel christlich geworden, hütete ihre korinthischen Säulen, die einmal Goethe entzücken sollten; San Rufino war aus den Fundamenten der „Guten Mutter" hervorgegangen, die unter dem Namen der Gäa, der Erde, angebetet wurde. Dieses Kloster erhob sich im Schatten des Mars, jenes im Zeichen des Herkules. Sicher war das in ganz Italien der Fall, aber in Assisi, das einen wahren Bekehrungsrausch erleben sollte, brodelten die heidnischen Glaubensvorstellungen immer noch unter der Oberfläche und konnten plötzlich mit einer völlig unbegreiflichen Heftigkeit wieder aufbrechen.

Einmal im Jahr wurden nachmittags beim Geläut der Vesperglocken die Tore des Amphitheaters geöffnet, und ein wilder, vor Wut und Freiheitsdurst schäumender Stier stürzte hinaus. Symbol für den entfesselten Geschlechtstrieb, stürmte er mit gesenktem Kopf durch die Straßen, von Schreckensrufen und Schreien heimlicher Lust begleitet. Ein prickelndes Gefühl, dieses Zittern vor Angst! Die Leute retteten sich in die Häuser, warfen aus den oberen Fenstern Blumen auf das rasende Tier, das unter lautem Gejohle der Menge bis zum Einbruch der Dämmerung mit seinen spitzen Hörnern Jagd auf Menschen machte. Dann traten ihm junge Männer mit ihren Degen entgegen und versetzten ihm beim Schein der untergehenden Sonne vor den Türen von San Rufino den Todesstoß. Herrliches Symbol des ewigen Kampfes zwischen den ungezügelten Begierden des Fleisches und dem nicht minder heftigen Verlangen der Seele. Franziskus mußte einiges davon wissen.

In jedem Bewohner von Assisi schlummerte noch ein Rest uralter Wildheit. Die weiß und rötlich schimmernde Stadt, die die Flanke des Monte Subasio stufenförmig hinaufkletterte, mochte noch so friedlich in der Sonne träumen, sie war jederzeit zum Kampf bereit. An jedem Stadttor wachten die Soldaten Assisis, die sich nach Wohnvierteln ablösten und die Straße nach Perugia nicht aus den Augen ließen; denn Perugia war die verhaßte Rivalin, die dem Papst unterstand, während man hier kaiserlich war. Auf beiden Seiten herrschte tödlicher Haß, der wie ein Feuer immer wieder geschürt wurde. Jederzeit war ein Überfall der einen oder der anderen Seite möglich. Und außerdem verhalf der Krieg zu guten Geschäften.

Von den Straßen bis hinauf zu den Gassen reckten sich neugierig die übereinander gestaffelten Häuser, als wollte ein jedes alles in den Blick bekommen, das weite Land und die engen Straßen, aus denen der vielstimmige Lärm geschäftigen Lebens drang. Die Färber hantierten an ihren großen Bottichen, die Tuchhändler standen in ihren Läden, die Schmiede und Waffenschmiede hämmerten und machten einen Höllenlärm, das Ganze wurde noch übertönt von Geschrei und Gelächter, von eintönigem Singsang und gelegentlich auch von Streitereien, die leicht in Tätlichkeiten ausarteten. Die Streitlust schläft ja nur einen leichten Schlaf in den Herzen der

Menschen. Einmal im Jahr rüstete sich die Unterstadt zum Sturm auf die Oberstadt. Die Unterstadt wurde von den Vierteln außerhalb der Mauern gebildet, und dort hauste allerlei Gesindel in halbverfallenen Lehmhütten. Diese Leute durften einmal im Jahr mit den Bewohnern der Oberstadt abrechnen, die zwar besser untergebracht, aber nicht unbedingt wohlhabend waren. Es handelte sich mehr um eine Rivalität zwischen den Stadtvierteln. Dabei gab es Verletzte und sogar Tote, die die Zeche an Ort und Stelle mit dem Leben bezahlten. Am nächsten Morgen war alles vorbei, und niemand durfte Rache nehmen, die Vendetta war verboten. Das hatte zur Folge, daß der Haß sich ein ganzes Jahr lang aufstauen konnte.

Vater und Tuchhändler

War er in erster Linie Tuchhändler? Die Vermutung läge nahe. Reiste er nicht in die Champagne, als seine Frau Pica bereits im siebten Monat schwanger war? Nichts hätte ihn dazu bewegen können, diese Reise zu verschieben. Geschäft ist Geschäft. In Italien herrschte Hungersnot. Ein Wirbelsturm hatte das Korn auf dem Halm vernichtet und die Obstbäume entwurzelt. Frankreich war verschont geblieben und deshalb nach wie vor das Land für einträgliche Geschäfte. In Troyes, in Provins war blankes Gold zu verdienen. Schon der Name dieser beiden Städte zog Bernardone an wie eine Fata Morgana. Pica konnte warten, das Kind ebenfalls. Das Tuch hatte absolut Vorrang. Nach seiner Rückkehr sprach er von nichts anderem als von Frankreich. Mochte man ringsum im eigenen Lande auch Hunger leiden, im Hause Bernardone fehlte es an nichts. Er verstand es eben, mit seinen Pfunden zu wuchern, und auf diesem Aufenthalt in der Champagne hatte offensichtlich der Segen des Himmels geruht. Das Kind war – Gott sei Dank – ein Junge, und er wollte einen kleinen Franzosen aus ihm machen, der Name sollte ihm Glück bringen. Eines Tages konnte er im Laden arbeiten. Und damit war eine Vermehrung des Kapitals in Sicht.

Die besonderen Eigenschaften eines Menschen zeigen sich schon im frühen Kindesalter. Unser Franziskus war ein schmaler, zierlicher Knabe, der bereits mit jener „sanften und mitreißenden" Stimme sang, die einmal eine so tiefe Wirkung auf die Männer und Frauen seiner Zeit haben sollte. Er war bekannt für seine nie versiegende gute Laune und seine Lebensfreude, sie schwang in den neuesten Liedern und Melodien mit, die er von landauf, landab umherziehenden Troubadouren und Gauklern gelernt hatte. Dieser seltsame Überschwang drückte sich zumeist in französischer Sprache aus, denn diese Sprache liebte er. Man wunderte sich nicht, daß er heiter, wohl aber daß er immer guter Laune war. Hatte Traurigkeit keinen Platz in seinem Herzen? Er schien der glücklichste Mensch von der Welt in diesem traumhaft schönen Winkel Italiens zu sein. Wenn in tiefer Nacht die Himmel den Ruhm Gottes verkündeten, setzten bei Tage die Wiesen, die Wälder und Bäche diesen Lobgesang fort, von dem das Herz des Jünglings voll war. Lagen keine Schatten auf diesem Leben? Daß ihm die Gesundheit zu schaffen machte, fiel kaum ins Gewicht. Im schönen Haus seiner Eltern war immer jemand da, der sich um ihn kümmerte. Er wurde verwöhnt, weil er ein so lieber Junge war. Einige Male nahm ihn der Vater zweifellos mit nach Frankreich, denn es ist klar, daß er aus seinem Jungen einen Tuchhändler machen und ihn deshalb dorthin bringen wollte, wo er etwas lernen konnte, Stoffe aus aller Herren Ländern in die Hand bekam, und der Vater Gelegenheit hatte, ihn mit der Welt der Kaufleute vertraut zu machen. Davon abgesehen, war die Liebe, die Franziskus für Frankreich empfand, bestimmt nicht nur auf Erzählungen und Berichte des Vaters zurückzuführen. Niemand fühlt sich einem Land, das er nie gesehen hat, so stark verbunden. Durch seine Reisen war er so tief in Sprache und Wesen Frankreichs eingedrungen.

Zweimal im Jahr, zur Zeit der großen Messen, schlossen sich etwa zehn Reisende, Tuch-, Leinen-, Seidenhändler und Goldschmiede, zu einer kleinen Karawane zusammen. Sie zogen unter dem Schutz bewaffneter Männer, die sie zu Hause angeworben hatten, durch Gebiete, die sie zwar gegen Entgelt passieren durften, wo die Leibeigenen den bewaffneten, reichen Fremden aber mit scheelen Blicken begegneten. Von Orvieto oder Terni zogen sie über Cortona, Florenz, Lucca die Küste entlang, um die Provence zu erreichen, und dann weiter die Rhône aufwärts über staubige Straßen und enge Schluchten bis hinauf zu den grauen Nebelländern. Eine solche Reise dauerte mehrere Wochen. Auf dem Rückweg waren die Truhen nicht nur mit kostbaren Stoffen in neuen Farben gefüllt, mit Tuchen verschiedener Webart aus Brügge oder Gent, wo das Wasser zum Walken ganz besondere Eigenschaften hatte, sie enthielten auch Schmuck, Kunstgegenstände, Emaille- und Elfenbeinarbeiten. Diese Dinge dienten dazu, reichen, eitlen Edelleuten den Kopf zu verdrehen, damit sie sich ruinieren oder zumindest, wie Bernardone dachte, gute, schöne Ländereien zur Tilgung ihrer Schulden verkaufen sollten. Man reiste, ohne größere Mengen an Goldstücken mitzunehmen, denn um diese Zeit kamen die ersten Kreditbriefe auf.

Wie alt mochte Franziskus damals sein? Ungefähr zwölf. Ich stelle mir vor, mit welcher Begeisterung er neue Landschaften und Städte entdeckte, wo Französisch gesprochen wurde, die Sprache, die er bis in die letzten Feinheiten zu erfassen suchte. In den Kirchen, die sie unterwegs besuchten, fiel ihm besonders auf, daß der Priester am Altar die Hostie emporhob, um den Gläubigen den Leib Christi zu zeigen. Diese Sitte war in Frankreich üblich, und zum ersten Mal durch den Bischof Eudes de Sully in Paris eingeführt worden. Das war ein stummer Protest gegen den Häretiker Berengar, der hundert Jahre zuvor die Realpräsenz Christi, seine wirkliche Gegenwart in der Eucharistie, geleugnet hatte, und kam dem Verlangen des Volkes entgegen, das Geheimnis zu schauen. Hier vollzog sich eine jener geheimnisvollen Begegnungen zwischen Jesus und Franziskus, die den Auserwählten eines Tages in die Fußstapfen des Erlösers treten ließen.

In der Champagne, in der Provence, überall hatte er Troubadoure, Minnesänger und Gaukler gehört, deren Lieder ihn entzückten. Er wurde nicht müde, ihnen immer wieder zu lauschen, um sie zu behalten und selbst singen zu können. Natürlich behielt er sie nicht alle im Kopf, aber bestimmt jene, in denen von der idealen Dame die Rede war, von der ewig fernen Geliebten, die der von St. Georg befreiten Jungfrau glich. Und dann wollte er die Lieder der Mutter vorsingen. Bis heute hat man von einem Troubadour noch eine Vorstellung, die aus der Romantik stammt und an neugotische Figuren erinnert: elegant, hübsch gelockt, selbstgefällig. Die Hippies liefern uns ein Bild, das der Wahrheit schon näherkommt, denn es gab die verschiedensten Typen unter den musizierenden fahrenden Gesellen, gute und schlechte Kerle, sogenannte „Damenverführer", wie man sie damals nannte. Nicht alle waren gute Sänger, oft alles andere als das, aber alles in allem erfreuten sich diese herumzigeunernden jungen Leute der Gunst des Publikums. Sie trugen Poesie in den banalen Alltag, diese freien und frechen Kerle, die oft genug auch von den Reichen und Mächtigen der Zeit freundlich empfangen wurden, damit sie ein Ritornell oder ein Liebeslied zum besten gaben. Vielleicht bewunderte Franziskus ihre Unabhängigkeit und ihren Abscheu vor jeder Art von Zwang. Jedenfalls muß er sich später an sie erinnert haben, als er für sich und seine Gefährten den hübschen Namen „Gaukler Gottes" wählte.

Was Bernardone von den Troubadouren hielt, weiß man nicht. Vermutlich gingen sie ihm auf die Nerven mit ihren Gitarren, schwärmerischen Reimen und schmachtenden Melodien. Das einzige, was auf der Reise für ihn zählte, waren die Geschäfte, war der Gewinn, der größer und größer wurde und reiche Frucht trug. Außerdem mußte er den Sohn auf seinen künftigen Beruf vorbereiten, ihm beibringen, Stoffe nach Qualität und Preis zu unterscheiden.

Solche Lehren stießen nicht auf taube Ohren. Alles wurde in diesem kleinen klugen Kopf gespeichert, die reale Welt und die Welt der Träume, und unentwegt arbeitete seine Phantasie. Eine neue Welt kündigte sich an mit Erfindungen, die an Wunder grenzten. Windmühlen etwa gab es noch nicht länger, als Franziskus auf der Welt war. Die Leute standen mit offenem Mund vor den großen, mit Leinen bespannten

Flügeln, die wie Arme von Riesen in den Himmel griffen. Bei den während seiner Jugend errichteten Kirchenbauten fiel ihm vielleicht, ohne daß er darin ein Zeichen von ungeheurer Tragweite sah, jener neue Bogen auf, der der spitz zulaufenden Knospe einer neuen Blume glich. Wer ahnte denn schon, daß mit dem neuen Stil auch das Aufblühen einer neuen Spiritualität verbunden war?

Wieder in Assisi, begleitete er seinen Vater ins Geschäft, um mit den Grundelementen des Berufs vertraut zu werden. Mit der Kunst, mit Kunden ein Gespräch zu führen und in ihren Gesichtern zu lesen, wie sie zum Kaufentschluß gebracht werden konnten, mit der Kunst, ihre besonderen Wünsche zu erraten und ihre Zahlungsfähigkeit richtig einzuschätzen. Das erforderte viel Einfühlungsvermögen.

Franziskus brachte alle notwendigen Voraussetzungen mit und wäre sicher ein erstklassiger Kaufmann geworden. Zu seiner Umsicht und Klugheit kamen noch der Zauber seines Lächelns und seine höflichen Umgangsformen. In dieser Hinsicht brauchte Bernardone sich keine Sorgen zu machen, bei seinem Tode würde er sein Geschäft in guten Händen zurücklassen.

Etwas entging ihm jedoch, und das hätte ihn stutzig machen müssen: denn bei diesem liebenswürdigen jungen Mann und – wie man wohl sagen muß – geschickten Schwätzer lagen Geschäftssinn und ein Hang zum Träumen und – was besonders schrecklich war – zu Hirngespinsten dicht beieinander. Den tieferen Sinn dieser Dualität kannte Franziskus selbst nicht, und die Dinge waren noch sehr verworren, aber was er auch tat, er war eine Beute Gottes. Verschrobenheit, Fehler, Schwächen, sogar

Leidenschaften konnten das Unausweichliche, das ihn wie ein Blitz treffen würde, nur verzögern.

Der Lauf der Geschichte

Die Reisenden brachten stets die neuesten Nachrichten mit. Sie waren so etwas wie lebendige Zeitungen. Bernardone mit seinen Reisen zwischen Italien und Frankreich berichtete vom neuesten Stand des Freiheitskampfes der picardischen und flandrischen Städte gegen die Herrschaft des Klerus und der Feudalherren. Im großen dämmerigen Saal, wo der Vater seine Freunde empfing, lauschte der kleine Junge gespannt den Erzählungen über diese Unruhen, viel Blut wurde in den erregenden Schilderungen vergossen, und Franziskus wuchs in einer Atmosphäre politischer Gärung und kriegerischer Wirren heran.

Bereits sechs Jahre vor seiner Geburt hatte sich in Italien die Lombardische Liga nach vielen Mißerfolgen, wozu auch die Zerstörung Mailands zählte, wieder mit Genua und den Städten der Po-Ebene zusammengeschlossen und diesmal die kaiserlichen Heere geschlagen. Das war am 29. Mai 1176 bei Legnano geschehen. Sie hatten von Friedrich Barbarossa die Anerkennung ihrer Stadtrechte wiedererlangt, die dem Kaiser nur sein Ansehen, seinen Titel also, seinen Pomp und die ganzen unnützen äußeren Zeichen der Macht ließen. 1187 erschütterte eine Schreckensnachricht die ganze Christenheit: Der Sultan hatte Jerusalem erobert. Die Fürsten des Okzidents nahmen das Kreuz, aber nur der Kaiser löste sein Versprechen ein, allerdings zu seinem Unglück, denn als Syrien ihm den Durchzug gewährte, ertrank er beim Baden im Saleph, und bald darauf löste sich das deutsche Heer auf. Da die Leiche Barbarossas nicht gefunden wurde, rankte sich in kürzester Zeit eine Legende um seinen Tod, denn im Mittelalter gibt es immer einen Anlaß zur Legendenbildung. Barbarossa soll in einen geheimnisvollen Tiefschlaf versunken sein, der die Dichtung bis hin zu Heinrich Heine fasziniert hat. Die Welt veränderte sich, und wie stets veränderte sich nur ihr äußeres Erscheinungsbild; denn den Menschen bleiben im Grunde immer die gleichen Sorgen und Ängste.

Jetzt fiel Heinrich VI., Sohn und Nachfolger Friedrich Barbarossas, mit solcher Wucht über Italien her, als nähme er persönliche Rache, machte alle zugestandenen Freiheiten wieder rückgängig und setzte überall, wo ein Aufstand zu befürchten war, seine Statthalter ein. Er war ein hochgewachsener, bleichgesichtiger Mann von 24 Jahren, der bei Strapazen wie bei Lustbarkeiten kein Maß kannte, und kein anderes Gesetz als sein eigenes gelten ließ. Seine Sache verfocht er mit List und Geduld, das Wort „Gnade" existierte für ihn nicht. Er hatte Konstanze, die Erbin des Königreichs Sizilien, geheiratet, eine große blonde Frau, die zuerst in Palermo bei den Schwestern vom Heiligen Erlöser und später bei ihren Brüdern, die wie „echte getaufte Sultane" lebten, erzogen worden war und nun den ganzen nordischen Hof ihres Mannes bezauberte. Von Liebe konnte zwischen den beiden kaum die Rede sein. Es handelte sich um eine jener Ehen aus Staatsräson. Die Frau war elf Jahre älter, und der Mann kompensierte das durch einen absoluten Autoritätsanspruch. Um von seinem neuen Lehen Besitz zu ergreifen, zog er nach Messina und unterwarf auf diesem Zug mit eiserner Faust die aufmüpfigsten Städte.

In Assisi hatte Herzog Konrad von Urslingen den Auftrag, den Reichsfrieden durchzusetzen, und bezog die Festung oberhalb der Stadt, die Rocca Alta, von wo aus seine Soldaten für Ordnung sorgten. Er war auch Herzog von Spoleto und lebte abwechselnd auf diesem oder jenem Schloß. Damals herrschte für kurze Zeit eine zwar erzwungene, aber segensreiche Ruhe. Als Friedrich Barbarossa starb, war Franziskus gerade acht Jahre alt. Wenn damals von errungener Freiheit die Rede war, dachte man nur an das ferne Frankreich, die Heimat seiner Mutter. Im Süden ging es ganz anders zu, dort herrschte Heinrich VI. nach seinem Gesetz.

So mußte in Palermo, das noch ganz in byzantinischer Tradition lebte, der junge Wilhelm, der Sohn Tankreds, der in Sizilien den Aufruhr geschürt hatte, während der Messe eigenhändig die Krone beider Königreiche auf einem Kissen zu Heinrich VI. tragen und sie am Ende des Credos zu seinen Füßen niederlegen. Einige Tage später, am Tage nach Weihnachten, wurde dieses achtjährige Kind geblendet und entmannt. Die Leichen von Tankred und Roger von Sizilien, die beide die Seele des normannischen Aufstands gewesen waren, wurden aus ihren Gräbern gerissen und öffentlich enthauptet. Der Schrecken eilte Heinrich VI. auf seinen Zügen kreuz und quer durch Italien voraus. Furchtbare Nachrichten kamen aus Apulien. Es wurde bekannt, daß Graf Giordana, der Widerstand geleistet hatte, verhaftet und auf eine glühende Eisenplatte gesetzt worden war. Dann hatte man ihm eine Krone aus weißglühendem Metall mit Hammerschlägen aufs Haupt gesetzt, und eine zweite Krone aus Rauch war über dem Hingerichteten aufgestiegen. Zu dieser Zeit mußte die hochschwangere Kaiserin in Jesi haltmachen und gebar dort in einem in aller Eile auf dem Marktplatz errichteten Zelt einen Knaben, den späteren Kaiser Friedrich II. Dann begab sie sich auf das Schloß Foligno, die Lieblingsresidenz Konrads von Urslingen.

Der kleine Friedrich sollte einige Monate später, Anfang 1195, über demselben Taufbecken aus Stein und Porphyr getauft werden wie seinerzeit der kleine Giovanni Bernardone.

Taufe eines Königs

Die große Zeremonie mit dem ganzen Glanz des Heiligen Römischen Reiches Deutscher Nation fand in der Kathedrale San Rufino statt. Die Menge vergaß für einen Tag ihren Haß auf den Eroberer und stand staunend vor dieser Prachtentfaltung, die sogar seine ärgsten Feinde beeindrucken mußte. Franziskus, damals dreizehn Jahre alt, war bei dem Fest dabei und sperrte Augen und Ohren weit auf, damit ihm ja nichts entging von dem Glanz des Goldes und dem Glitzern der Edelsteine, mit denen die Kappen, die schweren Prunkmäntel und Stoffbehänge übersät waren. Das Gewimmel von Edelleuten und Herolden im Wappenrock und mit schmetternden Trompeten, dazu das Dröhnen der Glocken, die hellen Fanfaren und schließlich ganz fern im festlich erleuchteten Chor Weihrauchwolken, Jubellieder, Freudengesänge und die wie geronnenes Blut wirkende Masse der Kardinäle – das alles bot ein glanzvolles Bild der Heiligen Kirche. Der junge Franziskus ahnte nicht, in welcher Gefahr diese Kirche schwebte, er sah nur den Prunk und die sichtbar vor aller Augen ausgebreitete Macht und schätzte sich glücklich, Sohn einer so glorreichen Mutter zu sein. Was hätte er gedacht, wenn er gewußt hätte, daß er eines Tages ihren Zerfall aufhalten sollte. Ahnungen, wenn auch ganz anderer Art, hatte er tatsächlich. Er sah sich als Prinz gleich jenen, die den kleinen König umgaben, und machte gar kein Hehl daraus. Er wollte bei den Menschen berühmt werden. Wie sehnte er sich nach Ruhm! „Ich gebe ihn dem, dem ich ihn geben will", hörte er eine Stimme flüstern.

Hinter dem Ladentisch

Wie hätte er auch an sein Seelenheil denken sollen, wenn er in der Stadt und bestimmt auch im väterlichen Geschäft die edeln Herren beobachtete, die sich durch ihre feinen Manieren von allen übrigen Menschen unterschieden. Insgeheim hatte der Junge den Wunsch, so zu werden wie sie. Als die Kindheit zu Ende war, ging eine Veränderung in ihm vor, nicht zum Schlechten – denn schlecht war er nie –, aber er unterschied sich sehr von dem kleinen Jungen, der die wundersamen Geschichten aus dem Leben der Heiligen verschlungen hatte. Nur den Ritter St. Georg, der in seiner glänzenden Rüstung herumgaloppierte, als hätte die Ritterschaft sogar im Himmel ihren festen Platz, den gab es immer noch für ihn.

Wer Ritter sein wollte, mußte von Stand sein oder – hier ging die Phantasie mit Franziskus durch – sich eine Rüstung kaufen können, in den Krieg ziehen und sich im Kampf bewähren. Wenn man je von Versuchung einer Seele sprechen kann, dann bei Franziskus, aber da er eine edle Seele besaß, konnte sie von nichts Gewöhnlichem betört werden. Es mußte schon ein ganz besonderes Ideal sein. Gott allein kennt das Geheimnis der Herzen. Wenn der Teufel richtig sieht, sieht er kurz, er hat im Moment Erfolg, aber das letzte Wort hat er nicht.

Franziskus war zu intelligent, um nicht zu spüren, daß seine anziehende Wirkung auf andere eine höchst verdächtige Begabung war. Wenn er seine aufgrund ihrer adeligen Geburt privilegierten Altersgenossen sah, kam ihm unwillkürlich der Gedanke: „Weshalb gerade sie und nicht ich?" Aber mit Vierzehn mußte er diese Träume fahren lassen und auf den Boden der Wirklichkeit zurückkehren, in den Laden nämlich, wo er unter den strengen Augen des Vaters gute Arbeit leistete. Dieser legte, nicht ohne geschäftliche Hintergedanken, Wert darauf, daß der Sohn sich äußerst sorgfältig und geschmackvoll kleidete, und stellte fest, daß dieser seinem Wunsch mit Begeisterung nachkam. Die neueste Mode, die um jeden Preis avantgardistische Mode, die französische Mode, war das erstrebenswerte Ideal. Franziskus führte sie vor und übernahm diese Rolle als Modell nur zu gerne, immer darauf bedacht, die anderen zu übertreffen. Die Epoche war verrückt auf schöne Kleider. Der junge Mann mit der einschmeichelnden Stimme und dem flinken Mundwerk breitete geschickt feines farbiges Tuch, zarte Seidenstoffe oder Samt auf dem Ladentisch aus und fand mit seinem unwahrscheinlichen Einfühlungsvermögen immer genau das richtige Wort. Er umgarnte die Kunden, ohne daß sie es merkten. Die jungen Männer aus den großen Familien, mit denen er sich in einem Ton wohlabgewogenen Respekts unterhielt, fühlten sich leicht befangen in Gegenwart dieses Verkäufers, der tausendmal eleganter gekleidet war als sie und ihnen, ohne daß sie es merkten, das Geld aus der Tasche lockte. Am Gefieder erkennt man den Vogel. Hatten sie gerade kein Geld flüssig, konnte man warten. Dabei verriet der zustimmende Blick des Vaters, daß er insgeheim schon weitere Wälder und Wiesen als sein eigen sah. Die Väter würden die Schulden ihrer Nichtsnutze mit einem Stück nutzbaren Landes zahlen. Diese schimmernde Seide stammte aus Mossul. Kenner in Paris bevorzugten sie. Um ihren Glanz bei Tageslicht voll zur Geltung zu bringen, durfte der Verkäufer sie bis zur Mitte der Straße tragen, nicht weiter. Nur mit Stoffballen, deren Länge mit der Elle nachgemessen werden mußte, ging man bis zum Fuße des Rathausturmes, wo die Normmaße für Seide, Leinwand und Wolle in Stein eingelassen waren. War die zu diesem Beruf gehörende Überredungskunst ein Spiel, dem Franziskus erlag? Er hatte hier wie anderswo Erfolg. Aber welcher nie zu ergründenden Einflüsterung erlag er selbst? Der Vater, dem der Sinn für übernatürliche Dinge völlig fehlte, konnte frohlocken. Der junge Mann hatte nicht zu übersehende Fähigkeiten, er war der geborene Kaufmann, ein „cautus negotiator". Was machte es da schon aus, daß die Leute in der Stadt sich bereits über die hochherrschaftlichen Manieren, die der Sohn des Tuchhändlers an den Tag legte, aufhielten? Erzählten die Nachbarinnen Pica von diesem Gerede, dann gab sie mit ihrer sanften Stimme zur Antwort, daß ihr Franziskus ein „Sohn Gottes" sein werde. Und davon war sie nicht abzubringen.

Eine sorglose Jugend

Jetzt ist er also aktives Mitglied der Tuchhändlerzunft. Das Unternehmen steht auf soliden Füßen, und mag der Vater auch sonst sein Geld zusammenhalten, beim Taschengeld für seinen vielversprechenden Sohn wird nicht geknausert. Der Kundenkreis besteht indes nicht nur aus den modebewußten Söhnen der großen Familien, sondern auch aus wohlhabenden Bürgern, die auf gute Qualität, auf solide, haltbare Stoffe Wert legen. Jeder Kunde wird gut bedient. Dieser modebewußte Verkäufer hat eine rasche Auffassungsgabe. Mit Vierzehn ist man noch sehr jung; diese Tatsache hat manchen Biographen täuschen können, doch damals war das bereits die Schwelle der Volljährigkeit. (In unseren Tagen hat es z.B. doch viel jüngere Burschen gegeben, die eine ganze Bevölkerung mit Maschinengewehren in Schach gehalten haben.)

Gegen Ende des 12. Jahrhunderts gibt es in Assisi die verschiedenen Stufen des Jugendalters nicht. Mit Fünfzehn ist man ein Mann, und Franziskus fühlt, daß er sich mit Riesenschritten der Volljährigkeit nähert. Ist der Laden seines Vaters gleichsam die Bühne, auf der er versucht, die Bewunderung der Leute zu erregen, so ist die Stadt wie ein großes Theater; denn in Italien spielt sich das Leben auf der Straße ab. Es gibt nicht weniger als 150 Feiertage im Jahr, das bedeutet eine ganze Menge Freizeit und Muße. Kaum ist die schöne Jahreszeit gekommen, braucht Franziskus nur irgendwo aufzutauchen und mit seinen provenzalischen Chansons den Troubadour zu spielen, und schon sind seine Freunde gleich zur Stelle. Es sind so viele, daß man meinen könnte, er habe die ganze Jugend verhext. In seiner Gesellschaft gibt es nie Langeweile. Trotz der Kürze seiner Erfahrung versteht er es ausgezeichnet, Feste zu veranstalten, ein Essen in einem guten Gasthaus zu bestellen und das Beste vom Besten auszuwählen. Vielleicht erst ein Anfang, aber sehr vielversprechend. Später wird er es noch besser machen. Er hat bereits ein entsprechendes Auftreten und verfügt über jene wichtige Kleinigkeit, die alles einfacher macht: Seine Taschen sind nie leer. Ist das noch der Verkäufer aus dem Hause Bernardone? Seinen Gefährten gegenüber empfindet er eine ganz natürliche Überlegenheit, so daß er unwidersprochen bestimmt, was sie unternehmen. Das sind in erster Linie nächtliche und meistens mit viel Lärm verbundene Unternehmungen. „Du bist unser Dominus, unser Herr", ruft die lustige Gesellschaft, wenn sie ordentlich eins über den Durst getrunken hat; kein Wunder, der kleine Tuchhändler hält sie frei. Nach einem üppigen Mahl wird getanzt – „après la panse la danse" (erst der Pansen, dann das Tanzen), wie es in Frankreich heißt. Das dauert bis tief in die Nacht hinein, und nicht selten werden kurz vor Morgengrauen in den Straßen die Fensterläden aufgerissen, und von Geschrei und Gesang aus dem Schlaf gerissene Bürger erheben lauthals Protest. Schon wieder dieser Teufel von Franziskus, der an der Spitze dieser ausgelassenen Schar durch die schlafende Stadt zieht! Die Leute beschweren sich, aber mit Maßen, weil niemand dem Übeltäter böse sein kann; denn alle Welt mag ihn. Nach einem kleinen Schimpfkonzert hat man ihm alles verziehen und geht wieder zu Bett. Und der Tanz wirbelt ziellos weiter durch die Straßen. Keiner weiß, wohin es geht. Franziskus noch weniger als die anderen.

Die Erde ist so schön...

An den vielen Feiertagen, die es gibt, reitet Franziskus manchmal aufs Land, mal zu diesem, mal zu jenem Landgut seines Vaters. Um seine Schultern flattert dann ein wunderschöner, leichter Mantel, wie er den feinen Leuten so gefällt. Der junge Bernardone macht zu Pferd eine gute Figur, so daß man ihn für einen Mann von Adel halten könnte. Er gibt sich auch alle Mühe, diesen Eindruck noch zu verstärken. Das mag ein bißchen naiv sein, aber warum sollte er nicht! Er ist jung und voller Lebensfreude, und die abwechslungsreiche Landschaft Umbriens beglückt ihn.

Wird er je müde werden, sie zu bewundern, ihre Wiesen und Wälder und ihr Licht, vor allem ihr Licht? Freunde stoßen zu ihm und galoppieren unbeschwert mit ihm durch diese silbergrau schimmernde, herrliche Natur.

Was finden die Freunde, die von überallher kommen und bereit sind, ihm überallhin zu folgen, denn so Bemerkenswertes an diesem Burschen? An diesem Mann von fünfzehn Jahren? Blendet sein Äußeres sie? Das spielt natürlich eine Rolle. Er war von mittlerer Größe, schlank und grazil, und obwohl er keine Schönheit war, prägte sein Anblick sich unvergeßlich ein. Sein Kopf war klein und rund, die Stirn niedrig, die Nase gerade und regelmäßig gebildet. Seine kleinen Ohren schienen immer auf etwas zu lauschen, seine ganz regelmäßigen Zähne waren blendend weiß, er hatte schöne Hände mit langen Fingern und eine zarte Haut. Vor allem aber faszinierten seine Augen, seine großen Augen, die ständig den Ausdruck wechselten. Er strahlte etwas aus, das sich nicht beschreiben, nur ahnen läßt, es war ein

Strahlen von innen her, etwas, das schon früh die Menschen in seinen Bann zog.

Das Geheimnis, das dahinter steckte, war wohl eine Art unauslöschlicher Freude, keine bloße Lebensfreude, sondern eine andere, viel tiefere Freude, deren innerstes Wesen er selbst nicht begriff, ebensowenig wie die unfaßbare Gnade, die seit seiner Geburt von ihm Besitz ergriffen hatte. Jemand liebte ihn mit einer verzehrenden Liebe, das schien er ganz dunkel zu ahnen, konnte es aber nur durch sein ständiges, schallendes Gelächter, durch seine Witze und Späße ausdrücken, die wie bei einem übermütigen Schüler herausplatzten. Jeder amüsierte sich über seine Possen, aber was war mit diesem Franziskus wirklich los, für den jeder Tag ein Fest war? Kannte er niemals Traurigkeit, nie Langeweile?

Seine Gefährten nimmt das gar nicht wunder, er hat doch alles, was er will, ist fünfzehn und hat die Taschen voller Geld. Man muß es einmal erlebt haben, wie er es den Wirten lässig wie ein Patrizier hinwirft, und wie unerhört elegant gekleidet er durch die Stadt stolziert. Man könnte ihm seinen Reichtum mißgönnen, wenn er nicht gleichzeitig so grenzenlos freigebig wäre. Er gibt jedem, dem er etwas geben will. Nie streckt – was selbst die größten Neider verstummen läßt – ein Armer ihm die Hand entgegen, ohne daß er ein blinkendes Almosen erhält.

Was mochte der Vater darüber denken, welche Bedeutung maß er dem bei? Er war, was die Chronisten nicht einfach „dives“ = reich, sondern „prädives“ = steinreich nannten, denn als Geschäftsmann war er geradezu ein Genie. Der Lebensstil des Sohnes war der beste Beweis dafür, aber ein unangenehmer Beweis, weil immer noch die „Große Hungersnot“ herrschte. Doch nicht dem Jungen machte man einen

Vorwurf, wenn er auch mit seinem Luxus Anstoß erregte. Franziskus bezauberte alle, er war der König der Jugend, und der verzeiht man alles. Bernardone allerdings hielt man für einen großen Spekulanten. Seine im Lauf der Jahre mit Fleiß und Zähigkeit erworbenen Besitzungen erstreckten sich fast über das ganze Gebiet von Assisi. Wälder, Weiden, Gehöfte, schattige Gärten, Berghänge, forellenreiche Bäche hatte er aufgekauft. Alles wanderte in seine Tasche. Nicht zu zählen waren die paradiesischen Orte, wohin Franziskus sich in Stille und Einsamkeit zurückziehen konnte, wenn ihn die Lust dazu überkam. Ob sich der verwöhnte Knabe Gedanken über die himmelschreiende Diskrepanz zwischen dem Wohlleben daheim und der Not im Lande machte? Diese Frage kann man durchaus stellen, denn in diesem eigenartigen Schicksal bleibt vieles unklar. In so jungen Jahren macht man sich nicht viel Kopfzerbrechen. Man spendet ein Almosen, und die Armut ist für eine Weile aus dem Gesichtskreis verschwunden, das Vergnügen kann weitergehen.

Die Güter des Vaters in allen Teilen des Landes waren herrliche Ausflugsziele, boten Schutz vor der Sommerhitze und auch Schutz vor der Gefahr der Pest, die urplötzlich mit all ihrem Schrecken auftreten konnte. Dann galoppierte man einfach von einem Landsitz zum anderen, und Franziskus tat sich gerne ein bißchen groß damit. Um nach Rivo Torto zu gelangen, wo sein bevorzugter Fischteich war, mußte man über La Fontanella reiten und kam an einem Gebäude vorbei, dessen Name „Ospedale" allein schon entsetzlich war. Es handelte sich um eine Quarantänestation, wo die Aussätzigen eingesperrt wurden. Kommen die Burschen vorbei, halten sie sich schon von weitem die Nase zu und behaupten, den schrecklichen Gestank bereits zu riechen, und machen, ohne sich zu schämen, auf der Stelle kehrt. Wie verhält sich Franziskus? Schlechte Gerüche stören ihn in geradezu unvorstellbarem Maße. Er hat einen natürlichen Ekel davor, und hier nun bläst ihm das menschliche Elend seinen Todesatem ins Gesicht. Auch er, der einmal der größte Heilige der Christenheit sein wird, hält sich die Nase zu und gibt seinem Pferd die Sporen. Franziskus selbst hat uns diese Schwäche in seinem Testament gebeichtet.

Die Armen

Was hatten diese Enterbten und Entrechteten des 12. Jahrhunderts denn so Schreckliches an sich? Das Wort Bettler ruft bei einem Menschen des 20. Jahrhunderts die Vorstellung von einer äußerst dürftig gekleideten Person hervor, beim Wort Lumpen denken wir an dreckige, abgetragene, geflickte und unförmige Kleidungsstücke, aber der typische Arme von heute mit struppigem Bart und schwarzen Fingernägeln, selbst wenn er echt ist – es gibt nämlich eine Unzahl perfekt wirkender Imitationen –, ist nur ein entfernter Verwandter des mittelalterlichen Armen. Der kommt aus einem anderen Land, aus dem wirklich finsteren Mittelalter, und mit diesen fürchterlichen Vogelscheuchen wußte die damalige Gesellschaft nichts Rechtes anzufangen. Sie tat, was sie nur konnte, um sie sich vom Leibe zu halten, vor allem wenn sie deren Elend selbst verschuldet hatte. Manchmal, so zur Zeit der Kreuzzüge, wurden sie einfach ausgerottet.

Als Franziskus noch jung war, hatte eine große

Dürre die Ernte auf den Feldern vernichtet, dann waren sehr nasse Jahre gekommen, und die junge Saat keimte auf dem Halm. Dadurch wurde die Zahl der hungernden armen Teufel immer größer. Sie starben vor den Klosterpforten, ähnlich wie es heute noch in Indien am Straßenrand geschieht. Zur Hungersnot kamen die Kriege. Es gab viele Sorten von Armen.

Da waren die Kriegskrüppel und die kleinen Leute, die alles verloren hatten. Sie hatten gerade so viel, um überleben zu können. Krankheiten lauerten auf sie, und sie waren zu einem langsamen Tod verurteilt, der Armut hieß. Dann kamen die Scharen der Bettler, die in Gestank und Schmutz versanken, und schließlich, weit weg von allen anderen in Leprosenhäusern eingepfercht, die Aussätzigen. Manche von ihnen genossen noch einen letzten Rest von Freiheit und konnten sich auf den Feldern bewegen, von oben bis unten in graue Lumpen gehüllt und eine schauerlich klingende Klapper schwingend, als wollten sie den noch wirklich Lebenden Angst einjagen. Gegen Ende des 12. Jahrhunderts war mehr als ein Drittel der Bevölkerung arm, und ein gutes Zehntel lebte im tiefsten Elend.

Natürlich klopften die Armen an die Klosterpforten und erhielten dort auch etwas zu essen, aber in Hungerzeiten, wenn es kein Brot mehr gab, blieb ihnen nichts anderes übrig, als auf den Feldern den vom Mutterkorn vergifteten Weizen und Roggen zu essen. Widerliche Krankheiten wurden dadurch verursacht, z.B. das Antoniusfeuer, das den Körper von innen verbrannte, unheilbarer Ausschlag, nässende Ekzeme, vor allem Krankheiten, die auf der Haut wucherten und sich weiterfraßen. Es war gar nicht selten, daß man auf den Feldern, ja sogar vor den Toren der Städte diese armen Wesen erblickte mit abgefaulten Gliedmaßen, das Gesicht von Geschwüren zerfressen und die Haut kohlschwarz. Sie ekelten sich vor sich selber, suchten Zuflucht in den Wäldern und lebten dort als Waldmenschen, mit einem blutigen, schlecht abgehäuteten Schafsfell notdürftig gegen die Unbilden der Witterung geschützt und mit einem Knüppel bewaffnet. Die Wälder wurden zu einem Ort des Schreckens, und die Figur des Waldmenschen hielt Einzug in die Geschichten, mit denen man die Kinder schreckte.

Ihre Leichen wurden häufig in den Beinhäusern verbrannt, weil der üble Geruch der Toten herausdrang und man die Luft so gegen die Ausbreitung der Epidemien schützen wollte. Angeblich ernährten sie sich auch von giftigen Pflanzen und kleinen Nagetieren, die das Gift ansteckender Krankheiten in ihre Blutbahn brachten, so daß sie bösartig und aggressiv wurden. Bewaffnete Männer scheuten sich nicht, auf diese elenden Menschen Jagd zu machen.

Vergebens appellierten die Prediger an die Mildtätigkeit und Barmherzigkeit ihrer Zuhörer und drohten mit den schlimmsten Höllenstrafen, falls sie hartherzig blieben. Immer wieder stellten sie den armen Lazarus aus dem Evangelium als Beispiel hin. Die Hunde hatten ihm die Wunden geleckt, aber als er starb, wurde er ins Paradies aufgenommen, während der Reiche, der ihn nicht einmal eines Blickes gewürdigt und ein Prasserleben geführt hatte, nach seinem Tode in das ewige Feuer geworfen wurde. Dieses Gleichnis verfehlte nie seine Wirkung, und vor lauter Angst rückten die Leute mit dem Geld heraus, nicht zuletzt deshalb, weil das schreckliche Schicksal diese armen Teufel zu gefährlichen Feinden machen konnte. Für die Kirche war das „Wehgeschrei der Armen“ ein unerschöpfliches

Thema. Ihre Zahl wuchs in alarmierender Weise, als laste ein Fluch auf ihnen. Die Reichen spendeten zwar, um den Alptraum von der ewigen Verdammnis loszuwerden, aber was Nächstenliebe eigentlich bedeutete, das mußte erst wieder neu entdeckt werden.

Und doch gab es sie. Zehn Jahre vor der Geburt von Franziskus Bernardone hatte ein reicher Lyoner Bürger, als er die Legende vom heiligen Alexius hörte, plötzlich begriffen, daß ein wahrer Christ ein anderer Christus sein mußte.

Immer neue Ideen tauchen auf

Überall gärt und brodelt es in dieser Welt des 12. Jahrhunderts, und keine Stadt in ganz Italien ist auf Neuigkeiten mehr erpicht als das kaiserliche Assisi. Nur die Kaufleute können diese ständige Neugier befriedigen. Die Kaufleute sind im Bilde und werden durch ihre Reisen von einem Land ins andere zu Kolporteuren aller Ereignisse und Gerüchte des Jahrhunderts. Deshalb sind ihre Läden selten leer, und der Laden Bernardones, wo Franziskus arbeitet, noch weniger als die anderen. Man kommt nicht nur, um Stoffe zu kaufen und die letzten Modetorheiten kennenzulernen, Ladenbesitzer und Kundschaft plaudern miteinander, stellen Fragen, tauschen Meinungen aus, während die Gehilfen hin und her laufen.

Der Kampf der Städte gegen die Feudalherren in Flandern, die Ereignisse im Orient, wo die Seidenstoffe herkommen, an diesen hin und her wogenden Gesprächen ist zu spüren, daß die Geschichte in Bewegung geraten ist. Aber es gibt noch andere Dinge, die ebenso ernst zu nehmen sind wie diese Konflikte.

Die unglaublichsten religiösen Auffassungen sind allenthalben in Umlauf. Sattsam bekannt ist die Geschichte von jenem Petrus Valdes, einem durchaus vernünftigen Mann, der einmal einen Gaukler die Legende vom heiligen Alexius vortragen hörte und auf der Stelle den Entschluß faßte, es dem Heiligen gleichzutun. Dieser war nämlich an seinem Hochzeitsmorgen geflohen und lebte fortan im Elend. Nach vielen Demütigungen und Entbehrungen, die ihn völlig entstellt haben, kehrt er nach Hause zurück, bittet seinen Vater um Obdach und erhält von ihm einen Winkel unter der Treppe zugewiesen. Er nährt sich von Küchenabfällen und muß es sich gefallen lassen, daß die Bediensteten ihm im Vorbeigehen das Schmutzwasser ins Gesicht schütten. Als er schließlich stirbt, wird offenbar, daß er ein Heiliger war. Der Sonderling von Lyon faßt ebenfalls den Entschluß, inmitten der Armen als Armer zu leben. Als gäbe es nicht schon genug Arme auf der Welt! Aber was noch schlimmer ist, eine ganze Schar mutiger Leute folgt ihm und glaubt wie er, eines Tages Christus ähnlich zu werden. Was sind das bloß für Träume, fragt man sich kopfschüttelnd im Laden des Tuchhändlers.

Als seien solche Ideen ansteckend, tauchen damals auch die „Armen Christi“ auf, die auf alles verzichten und die üppig gekleideten Kirchenfürsten schmähen, da doch der „arme Herr Christus“ gar nichts besessen hat. Man trifft sie überall, in Frankreich, längs des Rheins und sogar in Italien. Franziskus hört aufmerksam zu.

Welche Tollheit erfaßt bloß die Welt? Ein Mönch aus Kalabrien, Joachim von Fiore, geht in seinem mystischen Wahn noch weiter als all diese Erleuchteten, denn er wagt zu behaupten, daß das Reich des Vaters ein Ende genommen hat, um dem Reich des Sohnes zu weichen, daß auch dieses verschwinden wird, sobald das dritte Reich, das Reich des Heiligen Geistes, anbrechen wird. Es wird das Reich der Liebe sein. Diese schönen Dinge schrieb er in einem Buch nieder, das den Titel „Das ewige Evangelium" trägt. Niemand hat das Buch gelesen, noch hat jemand es auch nur zu Gesicht bekommen, aber aus den Seiten dieses Geisterbuches steigen die kühnsten Prophezeiungen auf und verdrehen vielen Leuten den Kopf. Zum Glück ist die Kirche wachsam, kann aber trotzdem nicht verhindern, daß die Irrtümer durch die Schwätzer mit dem ekstatischen Blick mündlich weiterverbreitet werden. Woher nehmen diese das Recht, die Heilige Schrift in der Volkssprache zu lesen, wenn die Kirche es verbietet? Was glauben sie? Was wissen sie überhaupt? Sie wiederholen unaufhörlich, daß das Reich der Liebe kommen wird, um den Menschen das Glück zu bringen, und daß die Erde erneuert wird.

„Pace e bene!" Frieden und Freude! Das hat man früher schon einmal gehört, als einer von diesen Rasenden von früh bis spät in den Straßen von Assisi mit schrecklicher Stimme diesen Schrei ausstieß. Das war im Geburtsjahr von Franziskus.

Der junge Franziskus hat ein waches Ohr dafür, aber seine Träume sind anderer Art, wenn er sich auch um Verständnis bemüht. Das dritte Reich … wozu beschwört man dieses Schreckgespenst, das nur die Ruhe der Christenheit stört? Es reicht doch aus, den Geboten der Kirche treu zu sein. Wichtiger ist, was eine Ritterrüstung kostet. Franziskus weiß genau, daß sie ein Vermögen kostet, aber sein Vater ist ja so reich. Der junge Mann wird sich schon rechtzeitig die große Summe zu beschaffen wissen; außerdem braucht er noch ein Pferd, die Rüstung für das Pferd, ferner einen Knappen und Waffen, anders ist es nicht möglich, Zugang zum Adel zu bekommen ... In den Gesprächen, die in seiner Umgebung geführt werden, tauchen immer neue Gattungen von Gläubigen auf, die über die Straßen des Jahrhunderts ziehen.

Die Katharer behaupten: Die Welt ist schlecht, der Mensch muß sich von der Materie befreien und zu Gott emporsteigen. Sie bezeichnen sich selber als „Kinder des Lichts", aber ihr Glaube ist ein dunkles, undurchschaubares Gewebe. Sie ziehen bis nach Persien, um in der Glut fast verschwundener Sekten ihren Glaubensvorstellungen neue Nahrung zu geben. Noch merkwürdiger sind die Bogomilen. Sie glauben, daß die Welt das Werk Satans ist und nur noch Buße und Armut sie retten können. Sie bilden eine neue Gegenkirche. Es gibt noch viele andere. Sie treten einzeln oder in Gruppen auf. Sie sind schon nicht mehr zu zählen, diese Schwärmer, die „Christus nachfolgen", und genauso leben wollen, wie es im Evangelium steht, als ob das möglich wäre. Sein wie Christus, kein anderer Gedanke hat Platz in ihren Köpfen, und jeder predigt und predigt ohne Unterlaß.

Die „Brüder vom Freien Geist" fordern – und das verabscheuen die Leute am meisten – nicht mehr und nicht weniger als die Verteilung aller Güter; denn aus dem Evangelium kann man alles herauslesen, sobald es aus den Händen der Kirche gerät. Alles messen diese Prediger und Sektierer an der reinen Lehre des Evangeliums. Noch sind ihnen keine Gewalttaten vorzuwerfen, sie wollen die Welt durch Sanftmut verändern, wollen das Leben ändern. Darin liegt die Gefahr. Man müßte zum Narren werden, um wie Christus zu leben. Franziskus lauscht.

Liebe und nochmals Liebe, das Wort taucht immer wieder und in jedem Zusammenhang auf. Seit Jahren bereits kannte man solche, die dieses Ideal zu verwirklichen suchten. Im Périgord wurde ein gewisser Pons schließlich Katharer; Robert von Arbrissel gründete eine Gemeinschaft der Armen, was viel vernünftiger war, aber das galt als revolutionär; und dann war dieser Arnold von Brescia, die Hoffnung der kleinen Leute von Rom, die ihn zu ihrem Führer machten und ihn dann im Stich ließen, so daß er auf Befehl eines Papstes erdrosselt wurde und in einem finsteren Verlies endete.

Man hat den Eindruck, daß diese aufrührerischen Geister, die aus aller Herren Ländern kommen, wie auf einer Hauptstraße durch diesen Laden ziehen und in mystischem Verlangen jemanden zur Hilfe rufen, den sie verloren haben. Diesen Ruf hört Franziskus, ohne etwas zu sagen.

Die unruhigen Jahre

Selten ist ein Jahrhundertende so verworren gewesen. Innerhalb von zwölf Monaten stellt das Schicksal wie im Spiel alles auf den Kopf, als wolle es reinen Tisch machen für die Zukunft. Der plötzliche Tod des deutschen Kaisers Heinrich VI., der an einer Malaria, die er sich bei der Jagd in den Sümpfen Kampaniens zugezogen hatte, starb, wurde in Italien mit Freudenschreien begrüßt. Er hatte an einem heißen Tag gegen Ende des Sommers 1197 aus einem

Brunnen Wasser getrunken, der möglicherweise vergiftet war. Durch dauerndes Erbrechen geschwächt, verlangte es ihn trotzdem, in sein Königreich Sizilien zurückzukehren. Der Zufall wollte es, daß er an einem der ersten Herbsttage, am 28. September, in Favara in einem arabischen Schloß an der Straße nach Palermo verschied und so das Schicksal seines Sohnes, Friedrichs II., vorzeichnete, der später die Beziehungen zum Islam besonders pflegte.

Der Papst, der damals regierte, Cölestin III., war 93 Jahre alt. Seine Milde und sein Wunsch nach Frieden, verbunden mit großer Weisheit, hatten ihm den Beinamen „Schlichter des Streites" eingetragen. Dieser unentschlossene Greis starb drei Monate später. So wurden Kaiserthron und Papstthron, die beiden Träger der Macht, fast gleichzeitig vakant, und in diesem Leerraum konnte sich der Drang nach Freiheit austoben. Von Fieber geschüttelte und von Hoffnung erfüllte Monate begannen. Die Lombardische Liga erstarkte, kleine Städte machten sich unabhängig, und plötzlich gab es zwei Kaiser und einen Papst.

1198 wurde zu einem Jahr der Wende. Die Nachfolgerfrage für Heinrich VI. schien unlösbar zu sein; der Reichsadler bekam nun wirklich zwei Köpfe. Auf dem Reichstag zu Mainz wurde der jüngere Bruder Heinrichs VI., Philipp von Schwaben, ein hübscher junger Mann von einnehmendem Wesen wie alle Hohenstaufer, stets heiter und ständig von einer Schar von Dichtern und Gelehrten umgeben, zum Kaiser gewählt. Aber zwei Monate später fand in Aachen eine Fürstenversammlung statt, bei der die Bischöfe die Oberhand hatten und Otto von Braunschweig den Vorzug gaben. Dieser war ein seltsamer Mensch, schizophren, aber intelligent und verschlagen, und wurde von König Johann ohne Land unterstützt. Es wird erzählt, daß bei einem königlichen Bankett – ganz wie bei Shakespeare –, als der Tod des Kaisers gemeldet wurde, sein Onkel Richard Löwenherz, der König von England, sich mit folgenden Worten an ihn wandte: „Mein lieber Vetter, da ist ein Platz einzunehmen." Daraufhin soll der König von Frankreich brüsk zur Gegenpartei übergegangen sein. Aber Otto hatte nun doch eine Krone auf dem Haupt oder vielmehr eine halbe.

Inzwischen hatte das Konklave einen Mann von siebenunddreißig Jahren zum Papst gewählt, Lothar, der aus der berühmten Familie der Grafen von Segni stammte und darauf stolz war. Er nahm den Namen Innozenz III. an. Nachdem seit zwanzig Jahren nacheinander sechs Greise auf dem Stuhl Petri gesessen hatten, folgte nun ein Mann im besten Alter. Wie würde sich der neue Papst verhalten? Beide Kaiser sind jung, einundzwanzig und dreiundzwanzig Jahre alt, aber es geht das Gerücht, daß der Papst, als er noch Kardinal war, zur zweiten Wahl gedrängt habe aus instinktivem Mißtrauen gegen die Staufer an der Spitze des Reiches, als hätte er selber Absichten auf ganz Italien.

Die Nachrichten verbreiten sich in Windeseile. Assisi jubelt beim Tode des Kaisers, doch oben auf der Rocca muß der alte Gouverneur Konrad von Urslingen seine Entscheidung treffen, und gegen alle Logik stellt er sich auf die Seite Ottos IV., dem auch Innozenz III. zuneigt. Der Papst hat mehrere Gründe dafür. Otto hat ihm als Zeichen seiner Vasallenschaft den Steigbügel gehalten, und er glaubt sich auf diese Unterwerfung mehr verlassen zu können als auf die eines Barbarossa-Sohnes, der zudem noch den Titel eines Königs der Römer tragen würde. Die Gründe des alten Herzogs sind einfach: Er will sein Herzogtum Spoleto behalten und glaubt auf diese Weise den kleinen Friedrich schützen zu können, dessen Geburt er miterlebt hat, der in Assisi getauft wurde und sich während dieses Frühjahrs noch in seinem Schloß in Foligno, in der Obhut seiner Frau befindet.

Konrad geht ganz massiv vor und bietet seiner Heiligkeit zweihundert Bewaffnete an, eine wahre Armee, und Innozenz III. nimmt das königliche Geschenk zunächst an, aber angesichts des lauten Protestes seiner Umgebung, die von einem vergifteten Geschenk spricht, wird er anderen Sinnes. Er wird sich doch nicht in die Hände von 200 Teutonen begeben! Und da er sich nicht umsonst seiner weltlichen und geistlichen Macht als Oberhaupt der Kirche bewußt ist, bestellt er Konrad, Herzog von Spoleto, zu sich nach Narni, damit dieser ihm dort seine Huldigung erweise und bei der Gelegenheit auch die Schlüssel der Zitadelle von Assisi übergebe, der treuen Feindin seiner ihm treuen Stadt Perugia. Das ist zwar kein Canossa, aber der Gedanke daran ist nicht ganz abwegig.

Werden die Bewohner von Assisi, die sich bis jetzt mit der „deutschen Soße" abfinden mußten, sich nun mit „päpstlicher Soße" verspeisen lassen? Der Frühling steht in voller Blüte, und in den Köpfen gärt es.

Um das Maß für dieses Jahr voll zu machen, tritt ein weiterer Todesfall ein: Konstanze, einstmals Kaiserin, die für den kleinen Friedrich-Roger die Regentschaft von Sizilien übernommen hatte, stirbt. Aus dieser mütterlichen Frau mit dem alten grauen Gesicht, die erst mit 40 Jahren, in einem für die damalige Zeit sehr vorgerückten Alter, ein Kind bekommen hatte, macht man fast eine Heilige. Hatte doch sie nach den Aufständen, die ihr Mann niedergeschlagen hatte, mit sanfter Hand in Sizilien wieder Ordnung geschaffen und die Krone seines Sohnes wieder dem Schutz des Papstes unterstellt, der mit seinem Krummstab diesen kleinen vierjährigen König wie einen Bauer auf dem Schachbrett Italiens hin und her schieben sollte.

Doch zurück ins Frühjahr 1198. Die Deutschen sitzen noch in ihrer Zitadelle in Assisi, der Papst und seine Kardinäle weilen zur Kur in Narni, alles deutet auf einen heißen Mai hin.

Wunden und Beulen

Eine Festung mit Waffen und dem ganzen Troß zu verlassen ist kein Unternehmen, das in aller Heimlichkeit vor sich gehen könnte. Zu viele Leute in Assisi haben den ganzen Tag diese stolze Rocca Alta vor Augen, die unaufhörlich an die fremde Besatzung erinnert. Die Rocca wacht wie ein riesiges Raubtier über die Stadt, deren zusammengedrängte, von der Sonne gebleichte Ziegeldächer sich wie ein heiterer Strom über die unteren Hänge des Subasio ergießen. Oberhalb der mächtigen Rundtürme, die die Festung wie einen finsteren, steinernen Gürtel umgeben, erheben sich viereckige Wachtürme, einer gleichsam auf dem anderen hockend, um das Blickfeld nach allen Seiten zu erweitern. Wer von unten aus die stolz und verachtungsvoll herabblickende Festung sah, konnte sie nur verfluchen. Sie stand da, um Assisi zu verteidigen, aber sie drohte der Stadt Tag und Nacht. Wer heute dort oben steht, kann immer noch direkt in die Straßen hinunterschauen und feststellen, was sich z.B. auf dem Platz vor San Rufino abspielt.

Der alte Herzog von Spoleto hat etwas vor, das ganz nach einem getarnten Abmarsch aussieht. Wenn man nur gewußt hätte, daß dieser Diener des Reiches dabei war, sich mit einem Teil seiner Besatzung dem Papst zur Verfügung zu stellen ... Doch das Wichtige ist, daß er abzieht, und Assisi gerät in Erregung. Eine unerhörte Gelegenheit bietet sich da. Wieviel Bewaffnete läßt der Teutone dort oben zurück? Sicher eine ganze Menge, aber sie sind ohne Führer, und diese Vermutung sollte sich bestätigen.

An Waffen ist in einer italienischen Stadt, die an Streitigkeiten mit ihren Nachbarstädten gewöhnt ist, kein Mangel. Das Volk ist auf der Stelle zum Kampf bereit, aber die adeligen Herren sind noch unschlüssig. Einige, die Parteigänger der Deutschen sind, hat man erst gar nicht ins Vertrauen gezogen. Man kann nie wissen; und wie dem auch sein mag, es muß rasch gehandelt werden.

Unter dem Geläut aller Glocken der Stadt beginnt im Morgengrauen der Sturm auf die Festung. Er wird hart und kostet Blut. Die Kämpfer von Assisi sind zahlenmäßig überlegen und von einem wilden Freiheitsdrang beseelt. Beim Morgengrauen sind die Gesichter nur schwer zu erkennen, aber Franziskus ist bei den ersten, die die Mauern erklimmen. Als künftiger Ritter darf er eine solche Chance, seinen Mut zu beweisen und mit Schneid zu kämpfen, doch nicht verpassen. Es wäre zu wünschen, daß er keinen getötet hat, doch auszuschließen ist das nicht, denn eine Festung wird schließlich nicht mit bloßen Händen erstürmt. Gegenüber dieser rasenden Menge ist die Besatzung machtlos. Pardon wird nicht gegeben. Die Deutschen werden durch die Fenster und über die Mauern geworfen. Das Volk ist Sieger. Mag Franziskus auch auf seiten des Volkes und für die

Freiheit kämpfen, seine Vorliebe für den Adel kann sich mit der Anwesenheit von Edelleuten trösten, die sich für die Sache des Volkes entschieden haben und kämpfen wie er.

Nachdem die Festung gefallen ist, wird unverzüglich von einem gewissen Bombarone die Stadtverwaltung eingerichtet. Ob es sich dabei um den späteren Bruder Elia im Gefolge des Franziskus von Assisi oder um dessen Vater gehandelt hat, ist zweifelhaft. Der Herzog von Spoleto ist bereits in Narni, als er zusammen mit Innozenz III. erfährt, daß sich das Volk von Assisi gegen die kaiserliche Macht erhoben hat. Dem Papst kann das nur recht sein. Welch gute Gelegenheit, endlich die Hand auf jene Stadt zu legen, auf die Rom schon so lange Appetit hat! Sofort werden Legaten, von Vertretern Konrads begleitet, geschickt, um die Übergabe der Stadtschlüssel zu verlangen. Die Schlüssel der Stadt ... die müßten dort oben noch unter Verschluß sein, meint man und zeigt auf den Steinhaufen, der einmal eine Festung war. So werden die Abgesandten des Heiligen Vaters empfangen und unterrichtet. Unverschämtheiten im besten Revolutionärsstil werden ihnen an den Kopf geworfen. Der Legat, der den Schlüssel verlangt, wird gefragt, wozu denn Schlüssel dienen sollten, wenn das Tor fehle. Unter ihren Augen wird die Festung weiter abgetragen, während die Mauern der Stadt zusehends höher werden. Schließlich erklärt man ihnen, daß Assisi, dem Maul des Wolfes gerade entronnen, nicht in die Klauen des Fuchses geraten will. Während die Türme der Rocca der Spitzhacke zum Opfer fallen, stehen die Männer, die vom Wolf befreit sind, vor den Abgesandten des Fuchses, und beide haben sich nichts mehr zu sagen. Man trennt sich.

Bei der Zerstörung der Burg wird ganze Arbeit geleistet, jeder beteiligt sich daran, und Franziskus zählt zu den eifrigsten. Er singt, um die anderen bei Laune zu halten, und singt französisch, wie er es sein Leben lang tun wird. Nur seinen Abschiedsgesang an die Erde schrieb er gegen Ende seines Lebens in umbrischer Sprache. Singend arbeitet er mit dem ganzen Volk von Assisi an der Errichtung fester Mauern, um die Stadt gegen jeden neuen Angriff zu schützen. Es sind dieselben Mauern, die heute noch zu sehen sind, denn ihre Steine stammen von der geschleiften Festung.

Was tat nun Vater Bernardone in dieser Zeit? Er kaufte Ländereien von den Adligen, die die Stadt um jeden Preis verlassen wollten. War nun der Friede wieder eingekehrt? Soweit ist es noch nicht. Wenn Assisi auch von seiten des Kaisers nichts zu befürchten hat, weil die Beschlüsse des Friedens von Konstanz für alle Städte Italiens gelten, so muß es doch noch die Herrschaft kleiner Feudalherren brechen, die weiterhin im Schutz des Heiligen Reiches leben. Es ist weniger ein Bürgerkrieg als ein Befreiungskampf der ganzen Stadt gegen die Zeichen der Macht, gegen Schlösser und stolze Häuser. Manche dieser Herren lenken ein und stellen sich auf die Seite der Stadt, andere bieten ihr hartnäckig die Stirn und verschanzen sich in ihren Schlössern. Der Reihe nach werden diese von den erbitterten Aufständischen belagert und besetzt, die Besitzer getötet und ihre prächtigen Behausungen in Brand gesteckt. Andere wiederum, die schlauer waren, vielleicht auch weniger Mut hatten, flohen zur rechten Zeit und stellten sich unter den Schutz Perugias, des Erbfeindes. Unter diesen Flüchtlingen befindet sich auch die Adelsfamilie der Offreduccio, die die Stadt noch gerade rechtzeitig verlassen konnte. Sonst hätten die

Aufständischen die vornehmen Herrschaften über die Klinge springen lassen. Einer der größten Hitzköpfe, die dann das Haus an der Piazza San Rufino plünderten, war Franziskus, der keine Ahnung hatte, daß er das Haus Klaras, seiner künftigen geistlichen Tochter, verwüstete.

„Zu der Zeit, als ich noch in der Sünde war"

Im Augenblick ging es nicht um Bekehrung bei Franziskus Bernardone. Weil Assisi es ablehnte, sich Rom zu unterwerfen, hatte der Papst den Kirchenbann über die Stadt verhängt. Die Kirchentüren waren verschlossen und mit gekreuzten Brettern vernagelt. Das Christusbild im Innern der Kirchen war mit einem Tuch verhüllt, die Reliquien unter Verschluß oder in die Krypta gebracht worden. Messen wurden nicht gelesen, die Sakramente nur unter bestimmten Bedingungen und ohne Feierlichkeit gespendet. Aus Furcht vor der Pest war es verboten, die Särge der Armen vor dem Totenportal aufzustellen. Zum Podestà, zum Bürgermeister, war ein gewisser Gerardo di Gilberti an die Spitze der Stadt gewählt worden, ein Katharer. Er wurde nach einigen Monaten seines Amtes enthoben und durch einen kirchentreuen Katholiken ersetzt, aber die allgemeine Verunsicherung verschwand noch lange nicht. Das Leben spielte sich in einer für Italien typischen Atmosphäre politischer Unruhen ab, blutige Auseinandersetzungen wechselten mit Feiern und Festgelagen und allen Exzessen, die dazu gehören. Es wurde getanzt, gesungen und der Liebe gehuldigt. Auch Franziskus geriet in diesen Vergnügungstaumel, und an diesem Punkt suchen seine Biographen verzweifelt nach möglichst anständigen und unverfänglichen Ausdrücken, um, ohne lügen zu müssen, die Wahrheit ungesagt zu lassen. Ganze Generationen von gescheiten Schriftstellern haben sich dabei auf den Ausdruck „Farandole" geeinigt, das ist ursprünglich ein alter provenzalischer Rundtanz. Franziskus schlug demnach nur bei der Farandole über die Stränge. Damit führt man einen Tanz um die Wahrheit auf, schleicht, mit anderen Worten, wie die Katze um den heißen Brei, um dann beruhigten Gewissens zu den einzelnen Etappen der Bekehrung überzugehen. Celano hat uns in dieser Hinsicht belastende Sätze hinterlassen: „Er vertat seine Zeit und vergeudete sein Leben in beklagenswerter Weise bis ungefähr zu seinem fünfundzwanzigsten Lebensjahr ... An Leichtsinn all seinen Freunden überlegen, machte er sich zu ihrem Spaßmacher, reizte sie zum Schlechten und wetteiferte mit ihnen bei dummen Streichen. Er war im übrigen ein vortrefflicher junger Mann, der ein ganzes Gefolge von jungen Leuten, die es schlimm trieben und dem Laster ergeben waren, anzog, und man sah ihn, flankiert von seiner nichtswürdigen Schar, prächtig gewandet und hoch erhobenen Hauptes über die Hauptplätze Babylons schreiten."

Den vortrefflichen jungen Mann werden wir fortan in einem Kampf mit dem Engel sehen, wie er härter nicht zu denken ist. Er ist sechzehn, hat sich im Kampf bewährt, ist ein Mann. Die Söhne der in Assisi verbliebenen Adeligen, die sich dem neuen Regime unterworfen haben, bilden wieder eine lustige Bande junger Genießer, und Franziskus übernimmt von neuem seine Lieblingsrolle, er wird der Spielmacher, der Chef, der Herr. Nichts leichter als das für ihn. Man liebt ihn, erliegt seinem Charme und nicht zuletzt – auch das muß um der Wahrheit willen gesagt werden – seinem Geld, das eine magische Anziehungskraft besitzt. Der Sohn des Tuchhändlers weiß sehr großzügig mit den harten Talern seines Vaters umzugehen, das ist nun einmal seine Art. Man kann es nachfühlen. Der kleine Plebejer mit den schönen Augen wird niemals vulgär, seine Eleganz ist bei der Jugend bereits sprichwörtlich geworden. Sprichwörtlich ist auch seine nie versiegende Heiterkeit, sind seine Scherze, über die man sich kranklachen kann. Es ist klar, daß ihm das zu Kopfe steigt, wenn er wegen seines Witzes, wegen seiner immer neuen, auffälligen Seidenmäntel bewundert wird, wegen seiner Kunst, ein so erlesenes Diner zusammenzustellen, daß sogar ein Prinz deswegen eifersüchtig werden könnte. Er möchte glänzen, möchte aber auch, daß alle anderen auf ihre Kosten kommen. In schönen Frühlingsnächten werden die Tische nach draußen gestellt.

Dann wird hemmungslos mit dem ganzen Heißhunger dieses Alters getafelt, denn mag man auch noch so adelig sein, der Appetit ist riesig, und daheim muß bei diesen schlechten Zeiten gespart werden. Dazu werden noch die hübschesten Frauen der Stadt eingeladen, obwohl die städtischen Vorschriften dem Weibervolk verbieten, an solchen nächtlichen Schmausereien teilzunehmen, die allen Exzessen Tür und Tor öffnen könnten.

Nach dem Festschmaus strömt die ganze Gesellschaft unter Gesang in die Stadt, und das ist dann die Stunde des Franziskus. Er besitzt eine außergewöhnliche Stimme – „feurig und einschmeichelnd zugleich, klar und volltönend" – und ahmt die Sprache der Troubadoure, von denen er die Lieder gelernt hat, perfekt nach. Wovon singt er? Von der Liebe, von der erfüllten Liebe ebenso wie von der auf geheimnisvolle Weise nie gestillten und unglücklichen Liebe, denn in diesen Gedichten kommen alle Spielarten der Liebe vor.

Und wie singt er? Das ist sogar bekannt; denn glücklicherweise haben wissenschaftliche Institute in Deutschland und Italien die Melodien, die man zu Beginn des 13. Jahrhunderts hörte, dem Vergessen entreißen können. Die Instrumente, die man zu jener Zeit benutzte, gehen auf die Lauten und Harfen von Sumer, auf Hirtenflöten aus der Wüste und auf Orgeln aus Byzanz zurück. Wer Sirventes – das sind politisch satirische Lieder provenzalischer Troubadoure – von Peire Vidal hört, der zu Franziskus' Lebzeiten sang, fühlt sich mit einem Schlag in eine unbekannte Welt versetzt, die noch fremdartiger wirkt als das Mittelalter. Es ist, als dränge das Echo einer längst vergangenen orientalischen Märchenwelt an unser Ohr. Schon bei den ersten Tönen entfaltet sich der ganze Charme dieser Musik und bemächtigt sich unserer Sinne. Sie entspricht nicht unserer Empfindungsart, aber dennoch reißt sie uns von unergründlicher Melancholie plötzlich zu jäher, wilder Freude empor. Ein Tamburin schlägt den Takt dazu wie die Absätze eines rasenden Tänzers. Unter einem Geflirre zirpender Töne erhebt sich eine Fistelstimme, um dann ganz plötzlich in tiefe Lagen überzugehen. Die Gitarre der Sarazenen zirpt und schwirrt, die sumerische Harfe verströmt ihre schmachtenden Töne, schwer zu erfassende, doch herrlich gesprochene Rezitative ranken sich mit komplizierter Zartheit um solche Phrasierungen, und schließlich steigt aus diesem psalmodierenden Gemurmel eine reine Stimme empor. Alles ist in dieser Kunst enthalten, sekundenlanges Gebet und spitzer hysterischer

Schrei. Sie mutet fast barbarisch an und ist doch von höchster Raffinesse, eine Kunst, deren Geheimnis uns abhanden gekommen ist. Und darin liegt etwas Bewegendes, daß wir uns auf diese Weise den magischen Klang der Stimme von Franziskus vorstellen können.

Ist es eine Schalmei, die uns einen Himmel öffnet, der Schrei des Muezzins, der aus einer im Wüstensand auftauchenden Oase dringt? Nein, wir sind in den Gärten der Liebe und hören den Gesang von der untröstlichen Trauer endlosen Wartens. Seltsame Worte von Verliebten, die in die Liebe verliebt sind, von der Dame, die man reinen Herzens liebt und nie erreicht. Die Stimme des jungen Mannes jubelt so laut, daß auch die Sterne am nächtlichen Himmel zuhören müssen ... Manchmal geschieht etwas Seltsames mit diesem Franziskus. Sein Gesicht strahlt, wenn er sieht, wie die vom köstlichen Wein erhitzten Gemüter immer mehr in Wallung geraten. Dafür hat er sich schließlich verausgabt. Und dann wird er plötzlich ganz ernst. Er hat derbe Redensarten gehört und wirft als Anführer der Bande dem Schuldigen einen stummen, strafenden Blick zu. Was überkommt ihn da? Etwas an ihm ist unbegreiflich. Nach seinem Reden zu urteilen, muß man die Frauen ehren. Ob ihnen daran überhaupt gelegen ist?

Hat er denn nicht selbst seinen Kumpanen geraten, ihre schönen Freundinnen einzuladen, und möchte er denn selbst auf ihren Anblick verzichten? Wenn er schon so sehr auf seine Tugend bedacht ist, warum setzt er sie dann solchen Gefahren aus? Seine Stimmung kann von einer Minute zur anderen umschlagen, und keiner kann wie er den Angeekelten spielen. Und wie ging so eine Farandole schließlich aus? Sie drehte und drehte sich weiter auf dem großen Platz, verzog sich in finstere Gäßchen und endete schließlich ganz gewöhnlich in derber Lust.

Die „Tripudianti"

Es war ihm der Gedanke gekommen, eine „Tripudianti"-Bande zu gründen. War das so eine Bande von Stampfern und Tramplern? Nicht ganz. „Tripudium" hieß ein Tanz, bei dem die Füße auf den Boden stampften und der so weit in die Vergangenheit zurückreichte, daß seine ursprüngliche Bedeutung längst vergessen war. In Perugia, der Stadt der lokkeren Sitten und Skandale, machte er Furore. Zweifellos erinnerte das Tripudium an den heiligen Tanz der Brüder Arvales, von denen niemand weiß, wer sie eigentlich waren. Bekannt war nur, daß sie eine religiöse Bruderschaft gründeten, die bereits zu Romulus' Zeiten bestand und jedes Jahr im Mai zu Ehren einer ländlichen Göttin ein Fest feierte. Der zweite Tag der dreitägigen Feiern war Spielen und vor allem von Gesang begleiteten Tänzen gewidmet, worüber viel geschrieben worden ist. Die Lieder waren bereits zu Horaz' Zeiten unverständlich, aber der eigentliche Tanz, das heilige Tripudium, soll ein Dreitakter gewesen sein, dessen erster Takt mit dem Absatz stark betont wurde. Ob darin vielleicht der Ursprung des Daktylus und des Spondeus der griechisch-lateinischen Metrik zu sehen ist? Man ging so weit, zu behaupten, daß in fast der gesamten indo-europäischen Dichtung dieser Rhythmus zu finden sei, was bedeuten würde, daß der Tanz viel weiter als bis zur Gründung Roms zurückreicht. Bei richtiger Betonung klingt in bestimmten lateinischen und griechischen Versen noch etwas davon nach.

Die Schar der Tripudianti von Assisi, angeführt und angefeuert von ihrem Spielführer, tanzte ihn jedenfalls mit großer Hingabe am Fest des heiligen Herculanus, und Franziskus tanzte an der Spitze und sang dazu mit seiner weittragenden Stimme. Wohin die wilde Freude, die in seinem hämmernden Rhythmus lag, schließlich führte, weiß man natürlich nicht. In Perugia war der Tripudium-Tanz bereits mehrfach verboten worden. Er diente in Wirklichkeit nur als Vorwand für eine kaum zu beschreibende Ausgelassenheit beider Geschlechter, und bei einem solchen Massenrausch machte die Jugend nicht einmal vor den Kirchentüren halt. Eine päpstliche Bulle mußte diese Nächte von Perugia ausdrücklich verurteilen, wobei das Latein ohne Umschweife die wahren Verhältnisse ans Licht bringt.

Ob dieses heidnische Fest noch den gleichen Charakter hatte, als Franziskus sich zu seinem Anführer machte? Da er alles Vulgäre mied, ist die Frage schwer zu beantworten, und das Bild, das die Tradition von ihm zeichnet, paßt nicht zu manchen Exzessen. Daß etwas vorgekommen ist, was man schamhaft mit Schwächen bezeichnet, scheint uns mehr als wahrscheinlich zu sein, aber es sei noch einmal gesagt: Er war nicht wie die anderen. Wenn er Liebeslieder sang, schwang oft ein mystischer Doppelsinn mit, nur für Eingeweihte wahrnehmbar. Die unvermeidliche, von den Troubadouren gepriesene Dame blieb das unerreichbare Ideal dieser Seelenaufschwünge, die zu Lasten des Leibes gingen, dem nur die Enthaltsamkeit blieb. Die Ehe hätte dieser schönen Liebe, die erst im Tode Erfüllung fand, den Glanz genommen. Die körperliche Vereinigung war damit geächtet. Es ging um jene freiwillig auf sich genommene Keuschheit, die ein Chrétien de Troyes besungen hat:

> Aber dies zu wollen, schafft mir
> Solches Wohlbehagen, daß ich
> Mit Vergnügen drunter leide,
> Und der Schmerz mich so erfreut,
> Daß ich krank bin mit Genuß.

Welche Wirkung konnte dieses mittelalterliche Trunkensein, das Herz und Hirn ergriff, auf Franziskus haben? Mehr als einmal hat er auf eine geheimnisvolle Geliebte angespielt. Seine Umgebung lächelte darüber und vermutete etwas weniger Ätherisches hinter dieser schemenhaften Dame, deren Namen er nicht preisgab. Welchem Spiel des Herzens gab er sich selber hin? Träumte er immer noch von der von Sankt Georg befreiten Prinzessin? Die sehnsüchtige und keusche Liebe, war das lediglich die Zwangsvorstellung eines Troubadours?

Die Troubadoure

Wir müssen nun einen Augenblick bei diesen rätselhaften Gestalten verweilen, die am Beginn der europäischen Dichtung im 12. Jahrhundert stehen. Unser Wissen über sie wirft Fragen auf, die nie eine endgültige Antwort gefunden haben. Diese jungen Leute, von einer romantischen Tradition meistens sehr liebenswürdig dargestellt, konnten durchaus brutal und gewalttätig sein, und waren trotzdem empfindsame Dichter, so daß ihre Verse sogar in den

Übertragungen in unsere moderne Sprache eine erstaunliche Frische bewahrt haben. Der Adel, dem ihre Lieder gefielen, öffnete ihnen bereitwillig die Tore, vor allem aber die Barone, bei denen sie so taten, als machten sie der Frau des Hauses den Hof, aber sie taten es in der Sprache einer metaphysischen Liebe, die aus ihr ein unnahbares Geschöpf machte, durch das Gott sich dem Menschen mitteilte. Diese ewig ferne Dame diente als Vorwand für die ganzen erotischen Feinheiten, die die sogenannte höfische Dichtung zuließ. In ihrer manchmal klaren, manchmal dunklen Sprache schwingt kaum verhüllt etwas von der Lehre der Katharer mit. Man besang die unglückliche Liebe, indem man die Ehe ausschloß und die Keuschheit verherrlichte.

Zu zweit zogen sie über die Straßen der Provence, des Limousin und Norditaliens. Die Kirche, die sich keiner Täuschung über sie hingab, betrachtete ihre Kumpanei mit Mißfallen. Sie warf ihnen Unzucht vor, einige wurden sogar verbrannt. Was soll man darüber denken? Wie konnten sie, die fast immer heiter waren, so ernste und an das mystische Leben rührende Ideen verbreiten und anschließend ganz ungeniert in den höchsten Tönen die Fleischeslust preisen?

Vielleicht waren sie sogar Katharer, aber dann nur als einfache Gläubige, denen man nicht zuviel abverlangte. Wenn sie zufällig einem „Reinen", einem „Vollkommenen" begegneten, zogen sie dreimal den Hut. Mit diesen war nicht zu spaßen; ihre Sittenstrenge mußte sogar ein Sankt Bernhard anerkennen. Sie waren die Pfeiler dieser „Kirche der Liebe", die der römischen Kirche stumm die Stirn bot.

Wo waren die Katharer nicht überall vertreten! Tuchhändler und Kaufleute, alle, die zwischen

Orient und Okzident unterwegs waren, konnten für ihre Lehre gewonnen werden, auch ein Bernardone. Pica war gut katholisch. Er dagegen nicht. Das war bekannt. Franziskus lebte zwischen dem traditionellen Glauben seiner Mutter und dieser seltsamen, vermutlich aus Persien stammenden Religion, der sein Vater sich angeschlossen hatte. Was dachte der junge Mann über diesen Fluch, der auf dem Leib des Menschen, dem geheimen Werkzeug des Teufels, lag, und über die geheime Revolte gegen Papst und Klerus? Und was war mit der fernen Dame? Die ging weiter um in der Phantasie der Alten und Jungen. Edmonde de Foix, eine dieser unerreichbaren Schönen, schloß sich den Katharern an und sagte sich von der Kirche los. Das war kurz vor der Bekehrung von Franziskus. Vielleicht stand er am Rande eines Abgrunds. In seinen Träumen bewahrte er nur das verschwimmende Bild jener einen, die irgendwo im Unsichtbaren auf ihn wartete. Man kann sich fragen, ob er nicht dunkel jene Frau suchte, die der Herr selbst erwählt hätte, falls so etwas unter ähnlichen Umständen denkbar gewesen wäre. Stellte er sich bereits Fragen dieser Art? In den Seligpreisungen steht an erster Stelle die Armut. Aber es war noch zu früh, als daß er sie schon sah.

Der äußere Schein

Wer kannte die „Dolce vita" besser als Franziskus? Aber es gibt Stunden im Leben, wo der Genießer einem ganz anderen Menschen gegenübersteht, und dann fällt es ihm wie Schuppen von den Augen. Eines Tages befindet er sich allein im Laden – der Vater ist nicht da – und bedient Kunden. Da erscheint an der Tür ein Armer und bittet um der Liebe Gottes willen um eine milde Gabe. Er hätte keinen ungünstigeren Augenblick erwischen können...

Der geschäftstüchtige junge Tuchhändler unterhält sich in dem zweifellos elegantesten Laden der Stadt mit einigen Kunden von Stand, und da murmelt dieser in Lumpen gehüllte und übelriechende Unglücksvogel etwas von der Liebe Gottes! Unter anderen Umständen hätte Franziskus bestimmt etwas gegeben, wie er es immer tut, aber heute nicht. Es ist ihm peinlich, daß die personifizierte Armut ausgerechnet vor diesen Herrschaften erscheint, die nur an der neuesten Mode interessiert sind. Er zögert eine Sekunde und weist den Unglücklichen mit einem einzigen Wort hinaus. Der verschwindet auf der Stelle, denn oft genug ist er von reichen Leuten vor die Tür gesetzt worden. Im Laden ist die Welt wieder in Ordnung. Im Grunde war es mehr ein ästhetisches Problem, denn Franziskus verträgt nun einmal keinen häßlichen Anblick. Die schönen Seidenstoffe werden wieder entrollt und vor den entzückten Augen der Kundschaft auf dem Ladentisch ausgebreitet. Plötzlich meldet sich laut die Stimme des Gewissens in dem jungen Kaufmann. Niemand hört sie, aber ihn trifft sie wie ein Donnerschlag. Und wenn dieser Mann dich nun nicht um der Liebe Gottes willen um etwas gebeten hätte, sondern im Namen eines Barons oder eines Grafen, was hättest du dann getan? Franziskus ist wie vor den Kopf geschlagen, er läßt seine Klienten stehen, stürzt aus dem Laden und läuft, so schnell er kann, hinter dem Bettler her. Er hat Gott und niemand sonst hinausgeworfen; denn der äußere Schein zählt nicht. Das hat unser „Tripudiante" von gestern soeben erfahren. Als er den

Bettler eingeholt hat, sieht dieser zu seiner Verblüffung, wie sich seine Hand mit Goldstücken füllt.

Und Franziskus gibt sich in einer plötzlichen Herzensregung das Versprechen, niemals wieder einem Menschen etwas abzuschlagen, der ihn um der Liebe Gottes willen darum bittet. Diese Worte hatten ihn bis ins innerste Mark getroffen.

Der Einfältige

Es gab in Assisi einen einfältigen Menschen. Niemand verspottete ihn oder neckte ihn. Ein solcher Mensch galt ganz im Gegenteil als ein von Gott Erleuchteter, er konnte sich frei bewegen, wie es ihm paßte, und man betrachtete ihn mit fast abergläubischem Staunen. Es stand ihm im Gesicht geschrieben, daß er ein Unschuldsengel und völlig harmlos war. Das einzig Verrückte, das er an sich hatte und das je nach Laune die einen belustigte und andere nachdenklich machte, war eine an Verehrung grenzende Form von Ehrerbietung, die – und das war eine Ironie des Schicksals – keinem anderen galt als diesem verrückten Franziskus, dem Ruhestörer und Verschwender. Wenn der Einfältige „rein zufällig" Franziskus begegnete, riß er sich den Mantel von den Schultern und breitete ihn auf dem Boden aus, damit der „König der Jugend" darüber hinwegschreite. Eines Tages verkündete er, „der junge Mann wird große Dinge vollbringen und wunderbar verehrt werden von allen Gläubigen". Es wird weder berichtet, ob diese erstaunliche Prophezeiung häufig vorkam, noch ob sie nicht letzten Endes dem jungen Tuchhändler lästig wurde, dessen Lebenswandel die

Glaubwürdigkeit dieser Worte keinesfalls erhärten konnte. Aber jedermann hatte es gehört.

Franziskus konnte vor diesem Propheten mit der fixen Idee, ihn seligzusprechen, nur die Flucht ergreifen. Ohne die bizarre Situation weiter auszumalen, kann man sich vorstellen, daß der künftige Heilige an manchen Tagen schnell Reißaus nahm, wenn er seinen eifrigen Verehrer von weitem kommen sah.

Wann begegneten die beiden sich zum ersten Mal und wie oft noch in der Folgezeit? „Rein zufällig" läßt jede Vermutung zu. Jedenfalls kann man sich denken, welche Wirkung die erste Begegnung auf die lebhafte Phantasie von Franziskus haben mußte. Das muß ihm doch irgendwie den Kopf verdreht haben. „Wunderbar verehrt" – welche Überraschung, und vor allem welche Befriedigung für die Eigenliebe eines in den Ruhm verliebten jungen Mannes, der zudem noch zu intelligent war, um nicht zu ahnen, daß dieses wahnwitzige Wort etwas mit Religion zu tun haben mußte. Obwohl es letzten Endes bloß das Wort eines sogenannten „Erleuchteten" war, wissen wir nicht, wie er darüber dachte. Aber sollte der Zufall, was wahrscheinlich ist, eine weitere Begegnung herbeigeführt haben, die genauso und vom gleichen Ausspruch begleitet verlief, dann mußte Franziskus nachdenklich werden. Eine solche Beharrlichkeit wurde zu einem Signal in seinem Sünderleben. Wir wollen sogar noch weiter gehen. Ich glaube, und der Text berechtigt mich dazu, daß es noch eine dritte und noch weitere unvermeidbare Begegnungen gegeben hat. Sie verloren durch die Wiederholung nicht an Wirkung, sondern konnten die Seele unseres Franziskus nur noch tiefer beunruhigen.

Wen wundert es noch, wenn er von nun an mitten

im Trubel eines Festes für einen Augenblick plötzlich ganz ernst wurde? Was sollte das alles bedeuten? Er wollte Ritter sein und in den Reihen des Adels seinen Platz finden. Was hatte das mit „allen Gläubigen“ zu tun, von denen der Mann sprach?

Die feindlichen Schwestern

Im Januar 1200 bricht der Krieg mit Perugia aus. Als Vorwand dient die Zerstörung des Schlosses von Sasso Rosso vor den Toren Assisis. Sein Besitzer, ein mächtiger Herr, war vor der Bedrohung durch die Bewohner Assisis nach Perugia geflohen und hatte dort seine Standesgenossen, die schon vor ihm, bei der Einnahme der Rocca, nach Perugia geflohen waren, wieder getroffen.

Seine Söhne waren bei der Verteidigung des Schlosses getötet worden, und so verband sich die Klage des Vaters mit dem Rachegeschrei der Exilanten. Alle forderten sie Entschädigung und Wiederaufbau, und die Stadt Perugia stellte der Stadt Assisi ein Ultimatum, das letztere stolz zurückwies. Die Feindseligkeiten begannen.

Zunächst gab es zwei Jahre lang nur hie und da kleine Scharmützel, bis jener 12. Dezember kam, an dem die Entscheidungsschlacht geschlagen wurde.

Eine ganze Armee versammelte sich unter dem Geläut sämtlicher Glocken der Stadt vor der Kathedrale. Hinter den Bannern der einzelnen Stadtviertel marschierte das Fußvolk und eröffnete den Zug: San Rufino, Santa Maria Maggiore, San Lorenzo. Dann folgte die Reiterei, die hoch zu Roß den „Caroccio“ umringte, ein großes, von weißen Ochsen gezogenes Fuhrwerk, das als Altar diente und auf dem zwischen brennenden Kerzen Reliquien und ein schimmerndes Kreuz standen. Hier feierten unter dem rot-blauen Stadtbanner Priester bei Trompetengeschmetter die heilige Messe.

Unter den Reitern befand sich natürlich auch unser Held, den sein Vater auf das prächtigste ausgestattet hatte, weil ihm viel daran lag, den Sohn bei den Edelleuten zu sehen. Als die Armee den aufregenden Abstieg hinter sich gebracht hatte, mußte sie noch länger als zwei Stunden durch die Ebene ziehen, bis sie den Tiber, die Grenze zwischen beiden Städten, erreichte und auf der Höhe von Collestrada, unweit der Leprosenstation, in Stellung ging. Der lange Marsch hatte die Kräfte, wenn nicht auch die Kampfeslust der Leute von Assisi bereits geschwächt. Die Peruginer dagegen hatten nur bei Ponte San Giovanni den Fluß zu überschreiten brauchen, um sich sofort auf den Gegner stürzen zu können. Eine genaue Beschreibung des Kampfes, der schnell zu einem Massaker ausartete, ist uns nicht erhalten geblieben. Wohl ist bekannt, daß die verbannten Edelleute dem Stadtvolk gegenüber, das sie beraubt hatte, eine Grausamkeit ohnegleichen an den Tag legten. Vor diesem Feinde brach Assisis Armee zusammen, wurde bis Einbruch der Dunkelheit ins Tal hinunter und in die Wälder oberhalb Collestradas verfolgt und völlig aufgerieben. Die Peruginer stürzten sich in wilder Wut auf die Flüchtenden, Fußvolk und Bogenschützen wurden umgebracht, die Reiter aber gefangengenommen; denn wer ein Pferd besaß, konnte auch Lösegeld bezahlen, und das war eine nicht zu verachtende Sache. Nach zeitgenössischen Berichten trat der Fluß durch das vergossene Blut über die Ufer, was eine Übertreibung à la Lukan sein dürfte, aber die Leichen trieben haufenweise den Fluß hinab.

Wie das Schicksal es manchmal fügt, fand die Schlacht auf einem von Franziskus' Vater erworbenen Gelände statt, und es dürfte mehr als wahrscheinlich sein, daß der junge Mann, der daran teilnahm, auch Menschen getötet hat.

Noch in der gleichen Nacht mußte er mit seinen Schicksalsgefährten den Weg in Perugias Gefängnisse antreten. Die Peruginer nutzten ihren Sieg jedoch nicht so weit aus, daß sie sich auch der feindlichen Stadt bemächtigten; denn die von der Rivalin aufgetürmten Mauern hätten die Eroberung zu einem waghalsigen Abenteuer gemacht. Assisi aber mußte erleben, daß nur wenige seiner Söhne heimkehrten, und sandte eine Klage zum Himmel, die nie aus dem Gedächtnis verschwand.

Im Gefängnis

Er war nun ein Gefangener unter vielen anderen, und alle waren von Adel außer ihm. Man hatte ihn für einen Edelmann gehalten, weil er beritten war und sich wie ein Herr benahm. Ob adelig oder nicht, unter dem Hohngelächter der Menge wurden alle in Ketten gelegt und in ein unterirdisches Verlies geworfen, wo ihnen beim unheimlichen Geflacker einer Ölfunzel ihre Lage erst richtig bewußt wurde. Assisis Adel lag in Ketten! Das Leben kennt eine Ironie des Schicksals, bei der uns schaudert. Schon immer wollte er in den Kreis der hohen Herren aufgenommen werden, jetzt gehörte er dazu – und für wie lange?

Am Abend drangen von fern schwache, doch quälend empfundene Geräusche in ihre Finsternis, denn sie erinnerten an vergangene glückliche Tage. Die Jugend Perugias, für ihre Vergnügungssucht bekannt, johlte und tobte in den Straßen der siegreichen Stadt. Ob sie auch nur einen Gedanken an das Los ihrer Altersgenossen verschwendete, die in Gram und Verzweiflung in den Kasematten des Etruskerturmes saßen?

Wer heute durch Perugia geht und die noch zahlreich vorhandenen Spuren seines einstigen Glanzes sieht, kann sich ohne Mühe das damalige romanische Perugia vorstellen. Von dem riesigen, von Dom, Rathaus und ockerfarbenen Palästen begrenzten Platz führt eine breite Straße abwärts, die vom ohrenbetäubenden Lärm italienischen Stimmengewirrs erfüllt ist. Wie verächtlich mochte diese Patrizierstadt auf das kleine, provinzielle Assisi mit seinen krummen Gassen und zusammengeduckten Häusern herabgeschaut haben. Von der Armee Perugias zur Vernunft gebracht, konnte Assisi sich hinter seinen dicken Mauern nun ganz friedlich verhalten und in aller Ruhe die erlittene Demütigung auskosten.

Die ersten Stunden müssen schrecklich gewesen sein für die Herren von Welt, die, wie eine Verbrecherbande hinter finsteren Mauern eingesperrt, nach der Hitze des Kampfes jetzt vor Kälte zitterten. Doch am schlimmsten litten sie unter verletztem Stolz. Sie waren geschlagen worden! Man vermeint zu hören, wie sie in ohnmächtiger Wut tobten und schrien. Franziskus war der einzige, der sich nicht beklagte. Das Gefängnis befand sich tief unten in einem Turm, der zu den Verteidigungsanlagen der Stadt gehörte.

Tage und Nächte verrannen in dumpfer Hoffnungslosigkeit. Keiner dieser Burschen hatte je leiden müssen, das Leben war eitel Freude für sie gewesen, sie hatten alle Bequemlichkeiten und angenehmen Zerstreuungen genossen, während jetzt der rauhe umbrische Winter in die feuchten Verliese kroch. Franziskus mit seiner zarten Konstitution mußte die Kälte besonders hart empfinden, aber seine erstaunliche Fähigkeit, in jeder Lebenslage derselbe zu bleiben, zeigte sich auch hier, als ob sich der König der Jugend im Gefängnis genauso frei und glücklich fühlte wie bei einem seiner berühmten Bankette unter strahlendem Maihimmel. Er scherzte und lachte und brachte manchmal sogar seine Gefährten, die einer Depression nahe waren, zum Lachen. Aus welcher unsichtbaren Quelle des Glücks schöpfte er, um die zermürbende Nervenbelastung zu ertragen? Als einige Gefangene krank wurden, pflegte er sie so gut es ging, aber seine ewig gute Laune regte sie schließlich auf, vor allem einen griesgrämigen und eingebildeten Ritter, den jeder links liegen ließ und mit dem niemand ein Wort sprach. Es war fast ein Wunder, daß Franziskus es fertigbrachte, mit Liebenswürdigkeit und Höflichkeit dieser Verfemung ein Ende zu bereiten und eine Versöhnung herbeizuführen. Aber konnten sie wissen, wer Franziskus wirklich war, da er es selbst nicht einmal wußte? Manche fragten ihn in Augenblicken tiefster Niedergeschlagenheit und Verbitterung, wie er es fertigbrächte, sich trotz schwerer Ketten an Fuß- und Armgelenken noch zu freuen. Einmal hatte er eine verblüffende Antwort darauf, bei der ich einen Augenblick verweilen möchte, weil sie bei seinen Biographen Verwirrung angerichtet hat. Nach Celano soll er gesagt haben: „Ich freue mich, weil ich eines Tages in der ganzen Welt als ein Heiliger verehrt werde." Eine Erinnerung an den Einfältigen in Assisi?

So spricht der, welcher vor kaum zwei Monaten mit unbändiger Lust feierte und nur Wein, Weib und Gesang im Kopf hatte?

Er hatte bereits verkündet, daß die Zeit kommen würde, da er Prinz sein werde, und jetzt sah er sich als heilig und verehrt an. Man war ihm deswegen nicht böse, denn selbst unter diesen schrecklichen Umständen liebte man ihn nach wie vor, den Sohn des Tuchhändlers, der sich unter den Adel verirrt hatte. Ich könnte mir vorstellen, daß diese maßlos überspannte Prophezeiung nicht mit schallendem Gelächter quittiert, sondern eher mit betretenem Schweigen aufgenommen wurde. Francesco war übergeschnappt, das Eingeschlossensein hatte ihn soweit gebracht.

Schauen wir jetzt, wie einige unserer modernen Schriftsteller diese Episode wiedergeben. „Ich werde von der ganzen Welt verehrt werden" (Sabatier); „Ich werde verehrt werden" (Arvède Barine); „Ich werde das Idol der Welt sein" (Englebert); „Die ganze Welt wird mir Ehre erweisen" (verschiedene Übersetzer der „Drei Gefährten"); „Die ganze Welt wird niederknien und zu mir beten" (Joergensen); „Mein Leib ist gefangen, aber der Geist ist frei" (Fortini)...

Es ist auffällig, daß nicht ein einziger Celano korrekt zitiert. Sollten sie das gleiche Unbehagen spüren wie seine gefangenen Kameraden? Wie diese ihren Ohren nicht trauten, so glauben jene Autoren ihren Augen nicht. Sie richten den Text nach ihrem Gutdünken ein, weil sie zu Celano kein Vertrauen haben. Das Wort „Heiliger" stört sie. Vielleicht bilden sie sich ein, Celano habe bereits ein ungeschminktes Bild geben wollen, bevor später der heilige Bonaventura wollte, daß das offizielle Porträt des kanonisierten Franziskus „ne varietur" – nicht mehr verändert werde. Ich versuche, mich in ihre Lage zu versetzen, und habe Verständnis für sie, aber persönlich bin ich von der Echtheit des Satzes überzeugt. Ich glaube, daß Franziskus ihn in einer plötzlichen göttlichen Eingebung gesprochen hat. Er paßt nicht zu seinem bisherigen Leben, es stimmt, daß er nicht wie ein Heiliger gelebt hat, aber er wird heilig sein, das weiß er; denn der lange Weg seiner Bekehrung geht in plötzlichen, unerklärbaren Schüben vor sich. Er ist schon jetzt zu einem Stein des Anstoßes geworden, zu einem Skandal. Auch das gehört zu seiner befremdenden Berufung.

Wie vorauszusehen, wird er krank; die feuchte Kälte im Gefängnis zwingt sogar die Stärksten nieder. Franziskus, schon immer von zarter Gesundheit, besaß nicht genügend Widerstandskraft, seine Lunge wurde angegriffen. Seit der Gefangennahme war bereits ein ganzes Jahr vergangen. Die Jugend verging, und die Gefängnisse von Perugia blieben verschlossen. Sie öffneten sich erst, als eine Wohltätigkeitsorganisation sich um die kranken Gefangenen kümmerte und Franziskus gegen Zahlung eines Lösegeldes freigelassen wurde. Wieder einmal war es der Vater, der das Nötige veranlaßte. Franziskus konnte nach Assisi zurückkehren. Er war jetzt zweiundzwanzig Jahre alt.

Erste Enttäuschungen

Nach dem Alptraum des Gefängnisaufenthaltes mußte Franziskus die Rückkehr ins Elternhaus wie ein Geschenk und die Liebe seiner Mutter wie eine belebende Kraft empfinden. Mehr noch erfüllte ihn die wiedergewonnene Freiheit mit neuem Leben, aber was sollte er mit dieser Freiheit anfangen? Er war krank, sehr krank sogar, litt infolge der monatelangen Gefangenschaft an Tuberkulose. Er mußte immer wieder an die im Gefängnis Zurückgebliebenen denken, und die Erinnerung an seine beim Gemetzel von Collestrada gefallenen Freunde ließ ihn nicht los. Zwar hatten, wie es hieß, Friedensverhandlungen begonnen, doch sie konnten die Toten nicht wieder ins Leben zurückrufen.

Durch die Pflege, die ihm zuteil wurde, kam er allmählich wieder zu Kräften und konnte, auf einen Stock gestützt, einen Gang durchs Haus machen, um es von neuem in Besitz zu nehmen. An der gewohnten Umgebung hatte sich nichts geändert, aber es war nicht mehr der König der Jugend, der von Zimmer zu Zimmer schlurfte, er hatte sich nicht nur äußerlich verändert. Vielleicht fühlte Franziskus sich durch das Leiden gealtert und war ernüchtert.

Der Frühling nahte und weckte mit unwiderstehlicher Macht Freude und Hoffnung in den Herzen der Menschen. Nirgends ist diese Jahreszeit so traumhaft schön wie in Umbrien, und Franziskus versuchte, sobald er konnte, hinauszugehen in die freie Natur, die gleich vor der Haustür am Ende der Straße begann. Welch bestürzendes Erlebnis erwartete ihn dort...

Als er eine Stelle erreichte, wo er die ganze Ebene bis Perugia überblicken konnte, das Schachbrettmuster der Obstgärten und Felder, die glitzernden Teiche in der Ferne, die Windungen des Tescio, in denen sich die Sonne spiegelte, da blieb er stehen und betrachtete wehmütig die Landschaft, die ihm so teuer war. Aber alle Schönheit der Natur ließ ihn kalt. Seltsam, daß dieser Mensch, der das Licht, alle Farbabstufungen der Wiesen, das noch schüchterne

Grün der Wälder so liebte, jetzt nur dumpfe Gleichgültigkeit empfand. Sein Inneres sehnte sich nach mehr, als die sichtbare Welt ihm an diesem Tage gab. Er war enttäuscht.

Warum? So mußte er sich fragen, als er wieder daheim in seinem Zimmer saß. Aber Gottes Wirken in uns läßt sich nicht ergründen. Man weiß nicht, was los ist, man findet an nichts mehr Gefallen, ist der Welt und seiner selbst überdrüssig, eine dumpfe Mattigkeit befällt die Seele. Vielleicht spielte bei ihm auch seine körperliche Schwäche eine Rolle und bedrängten ihn die Schreckensbilder eines unnützen, verlorenen Krieges.

Alle umsorgten den genesenden Franziskus, der immer noch pflegebedürftig war, die Mutter aus Liebe, der Vater vermutlich aus weniger edlen Motiven. Ihn beschäftigte die Zukunft seines Geschäfts, die von der Gesundheit seines Sohnes abhing. Er hatte eine beachtliche Summe hingestreckt, um ihn aus dem Gefängnis zu holen, und wollte nun den Tunichtgut, der er für ihn noch immer war, um jeden Preis wieder auf die Beine bringen. Angelo war noch zu jung, und wie die Dinge liefen, entwickelte sich alles immer mehr zum Vorteil von Franziskus. Sein Platz war entweder in der Geschäftswelt oder in der Welt des Adels, und hier liefen sonderbarerweise die Träume von Vater und Sohn zusammen. Auch Bernardone liebte, wenn auch auf seine Weise, diesen seltsamen Vogel, den er in die Welt gesetzt hatte.

Was geschah damals in Assisi? Die Stadt trauerte um viele ihrer Söhne und erholte sich nur mühsam von den Verlusten. Die Zahl der Verteidiger, die hinter den mächtigen Festungsanlagen standen, war zusammengeschmolzen, und es blieb nichts anderes übrig, als sich den Forderungen ihrer siegreichen Rivalin, der päpstlichen Stadt Perugia, zu beugen. Im Grunde waren die Friedensbedingungen nicht unvernünftig. Es ging um Entschädigung für die Adeligen, deren Wohnsitze, als sie in Perugia Zuflucht gesucht hatten, geplündert und zerstört worden waren. Zahlen und wiederaufbauen lautete das Programm. Assisi war reich und gehorchte, wenn auch zähneknirschend. Bei ihrer Rückkehr erkannten die entschädigten Herren die neue Stadtverwaltung an und verpflichteten sich, eventuelle Streitfälle nicht mehr vor den Erbfeind zu bringen.

Was von alledem kam Franziskus zu Ohren? Er sah, daß Assisis Bevölkerung langsam wieder wuchs, und die Stadt genau wie er wieder auf die Beine kam. Er fühlte sich wieder genesen, und der Zeitpunkt kam, daß die Krankheit, die seinem spirituellen Nachdenken wenigstens für eine Zeitlang günstig gewesen war, von ihm wich. Als der geschwächte Leib von jeder Art Begierde befreit war, konnte die Seele ihre Ansprüche geltend machen, die härter noch als die der Sinne sein können; aber in dem Maße, wie die Kräfte von Tag zu Tag zunahmen, würde auch die Welt mit all ihrem Zauber und ihren Verlockungen wieder lebendig. Wie hatte Franziskus auf dem Krankenlager den Glanz der Schöpfung bloß so vergessen können, daß er bei seinem ersten Ausgang keinen Blick mehr dafür gehabt hatte! Das kam einer Gotteslästerung gleich. Jetzt war dieser Mensch, der in geheimnisvoller Weise der Freude wie dem Leid verschwistert war, wieder von der Schönheit in all ihren Erscheinungsformen besessen.

Wieder läuft er durch die Straßen der Stadt wie jemand, der von einer zurückeroberten Festung Besitz ergreift. Es herrschte Friede, wenn auch ein noch unsicherer und aufgezwungener Friede, aber man konnte wieder glücklich sein, und Franziskus konnte wieder singen. Freunde, die dem Massaker von Collestrada entronnen waren, scharten sich um den schon verloren Geglaubten. Mit dem Franziskus von früher konnte man das ganze schlimme Jahr vergessen. Wie immer nach einem Krieg gerieten die jungen Menschen außer Rand und Band und wollten das Leben in vollen Zügen genießen. Nachdem die Ordnung fast wiederhergestellt war, konnte jetzt endlich wieder die verlockende nächtliche Unordnung beginnen. Der König der Jugend war wieder da mit seinen Liedern, seinem ansteckenden Lachen und mit seinem Geld, und auch ihn packte die Vergnügungssucht. An das vertrackte Wort vom künftigen Heiligen dachte niemand mehr. Auch Franziskus nicht? Ging das Fest einfach weiter?

Es ging weiter. In seiner emphatischen Sprache sagt uns Celano, daß Franziskus „noch nicht das Joch seiner sündhaften Knechtschaft abgeschüttelt hatte". Kein Wort über den Krieg mit Perugia und über die Gefangenschaft des jungen Mannes. In seiner Krankheit sah der Chronist ein Wirken der göttlichen Gnade, um den auf den rechten Weg zurückzuführen, der „prächtig gewandet und erhabenen Hauptes über die großen Plätze Babylons" zog. „Das Laster", fügt er nüchtern hinzu, „wird schließlich zu eurer zweiten Natur."

Das ist eine klare Sprache. Doch hören wir die Stimme Bonaventuras von Bagnoreggio, der Franziskus nie kennengelernt hat und uns dreißig Jahre nach dessen Tod versichert, daß „er sich niemals vom Sturm der Leidenschaft hinreißen ließ". Ins Feuer also mit allen früheren Zeugnissen, die das Gegenteil behaupten! In der Tat wurde 1263 eine ganze Menge störender Dokumente verbrannt. Das ist der

Stoff, aus dem schöne Gipsheilige gemacht werden. Warum hört man nicht auf das, was der Heilige selbst, von Weinkrämpfen geschüttelt, gesagt hat: „Ich lebte in der Sünde“, und was er später mit jener Spottlust, die ihn nie verließ, bemerkte: „Macht mich nicht zu früh zu einem Heiligen, ich bin durchaus imstande, Kinder zu zeugen.“

Er starb mit vierundvierzig Jahren, und doch sollte er sich erst im Alter von fünfundzwanzig Jahren bekehren. Er ließ Gott sehr lange warten, aber der liebte ihn deswegen nicht weniger, und ich sage, daß wir ihn deswegen nur noch mehr lieben, als Sünder, denn dadurch ist er uns so nahe. Wo gibt es eine Bekehrung ohne Sünden? „Etiam peccata... Felix Culpa...“

Was die größten Lebemänner dem Vergnügen vorwerfen, ist seine Eintönigkeit und, wenn sie Lukrez folgen, ein bitterer Nachgeschmack, der aus der Tiefe der Wollust kommt. Diesen Ekel der Übersättigung muß Franziskus bei seiner fast krankhaften Sensibilität empfunden haben. Doch bis der Punkt erreicht ist, wo der Ekel eine heilsame Wirkung erzeugt, braucht es seine Zeit, und Franziskus war jetzt gerade zweiundzwanzig.

Was glaubte er, was wollte er? Vielleicht hat die Erde nie einen größeren Träumer gesehen. Ganz sicher war sein Glaube wie der seiner Mutter durch und durch katholisch, ein bißchen kindlich und nicht frei von Aberglauben, zugleich auch tief und wenig aufgeklärt. Wir wissen, daß er keine Gotteslästerung duldete, was bezeichnend ist. Aber machte es ihm etwas zu schaffen, daß sein ausschweifendes Leben sich schlecht mit seiner Religion vertrug? Daß ein junger Italiener damals solche Probleme hatte, darf man bezweifeln.

Und trotzdem... die Katharer sprachen über dieses Problem, behandelten es öffentlich in ihren Reden, die Troubadoure besangen die höfische, ewig unerfüllte reine Liebe zur geliebten Frau. Wie hätte Franziskus von diesen Ideen, die in der Luft lagen, nichts auffangen können? Sie waren sicher kein Hindernis für sinnliche Genüsse, aber er trug doch mit seiner schönen Stimme immer wieder die provenzalischen Lieder vor, von denen er begeistert war. Welche Gedanken konnte die darin verborgene Erotik in einem jungen Mann wecken, der für alles empfänglich war, für die Schönheit einer Blume wie für die Kraft einer Idee?

Was erwartete er vom Leben? Sehr vieles, aber an erster Stelle stand der Ruhm, ein Gedanke, der auch nach Niederlage und Gefangenschaft noch in seinem Kopf herumspukte. Wie bereits mit achtzehn wollte er der Erste, der am meisten Bewunderte sein. „Ihr werdet es erleben, daß ich verehrt werde", war wie der Ausruf eines Kindes.

Das Erstaunliche an dem jungen Franziskus ist, daß er genau das begehrt, was er später verachten wird. Seine Fehler sind wie ein Katalog seiner künftigen Tugenden, nur spiegelverkehrt betrachtet. Zur Zeit fasziniert ihn der falsche Glanz des Rittertums, und der Held des Tages ist ein Abenteurer aus der Champagne und heißt Walter von Brienne.

Idealer Ritter oder Ritter für ein Ideal?

Walter von Brienne erhebt Anspruch auf die Grafschaft Lecce. Seine Frau, normannischer Herkunft, wurde vom Heiligen Römischen Reich darum betrogen, und Walter ist aufgebrochen, um sie im Namen derer von Hauteville zurückzuerobern. Doch leichtsinnig und ehrgeizig wie er ist, hat er insgeheim die Absicht, seine Hand auf ganz Sizilien zu legen. Die erste Etappe auf diesem Wege ist Apulien, wo er die von den Deutschen unterjochten Städte befreien will. Innozenz III. kann ihn dazu nur ermuntern, denn er will sich dieses Heißsporns von einem Franzosen, der mit dem Ruf „Italia, Italia" wie ein Condottiere über die Halbinsel galoppiert, nur bedienen, um Mittelitalien wieder für Rom zu gewinnen. Im übrigen läßt er ihn schwören, sich dabei nur auf sein Lehnserbe zu beschränken, doch Walter handelt nach eigenem Gutdünken. Stadt um Stadt belagert und erobert er, und bald hat er das ganze Gebiet von Neapel in seiner Gewalt.

Nach diesen spektakulären Erfolgen sieht Brienne den Süden Italiens bereits in seiner Hand und spielt nun ganz offen mit dem Gedanken an Sizilien. Innozenz kann nur zusehen und abwarten; denn wenn er ihn exkommunizierte, würde er selber wortbrüchig werden. Nun bekommen es die Deutschen in Sizilien mit der Angst zu tun und rufen die Flotte von Pisa herbei, denn diese Stadt freut sich immer, wenn sie die Pläne des Papstes durchkreuzen kann. Bei diesem Unternehmen hatte auch ein Unwetter seine Hand im Spiel, gewaltige Donnerschläge sprengten die Flotte Walters auseinander. Sizilien wurde wieder deutsch, und Walter mußte bei Null anfangen; denn die von ihm eroberten Städte hatten sich hinter seinem Rücken wieder erhoben, wie es immer der Fall ist, sobald der Feind als verwundbar gilt.

Der Graf von Acerra, einer der besten deutschen Hauptleute, habgierig und grausam, aber von außergewöhnlicher militärischer Klugheit, kämpfte mit allen Waffen, die ihm das Schicksal in die Hand gab. Aufgrund der Nachricht von einer Erkrankung Innozenz' III. ließ er das Gerücht verbreiten, der Papst sei tot. Tarent erhob sich, und Brienne mußte nun seine eigenen Festungen wieder belagern, aber diesmal waren Brindisi, Otranto und Lecce schwerer einzunehmen. Als er sich schließlich am Ende seiner Schwierigkeiten wähnte, machten sich viele von denen, die auf seiner Seite gekämpft hatten, auf den Weg ins Heilige Land; denn ursprünglich hatten sie sich für einen Kreuzzug unter seiner Fahne anwerben lassen. Sicher war das auch ein Vorteil für den Papst, denn wer einen Kreuzzug unternahm, kämpfte auch für die Sache der Kirche. Innozenz III. besaß alle Schwächen eines Politikers, wenn er andererseits auch Sinn für die Größe seines Auftrags hatte. Er jubelte, wenn einer seiner Gegner geschlagen war, und der Brief etwa, den er an die Ratgeber des jungen Friedrich II. schrieb, als der deutsche Seneschall Markwald, der seinerzeit die Pisaner zu Hilfe gerufen hatte, ganz plötzlich an den Folgen eines Steinschnitts gestorben war, ist ein Meisterwerk an Rachsucht, Bosheit und unbändiger Freude – für einen Papst ein etwas zu starkes Stück. Aber jetzt ging es darum, Jerusalem zu retten, und nicht um Angelegenheiten der Familie Brienne.

Der Papst begnügte sich mit Segenswünschen und verhielt sich abwartend. Walter von Brienne setzte seine Siegesserie von neuem fort und glaubte, sich endlich seines Feindes Acerra entledigen zu können, der sich eilends in die Burg von Sarno zurückgezogen hatte, ein Felsennest auf der höchsten Spitze des Berges Ferranova, unweit des Vesuvs. Sarno, eine von mächtigen Mauern umschlossene Festung, lag auf einer steil abfallenden Felsnase und war nur durch Aushungern einzunehmen. Deshalb versperrte Walter von Brienne sofort alle Zugänge. Bis jetzt hatte er noch keinen Kampf verloren, und jede Belagerung hatte nur mit der Übergabe geendet. Doch Graf Acerra war mit allen Wassern gewaschen und entschloß sich zu einem nächtlichen Ausbruch. Er ließ seine Leute auf Pferden, deren Hufe mit Filz umwickelt waren, als trügen sie Pantoffeln, lautlos die schwindelerregende Rampe hinuntergleiten, die zwischen der Festung und den französischen Stellungen lag. Unbemerkt erreichten sie das friedlich schlafende Feldlager. Der Überfall erfolgte im Morgengrauen, und alle, die sie erwischten, wurden umgebracht. Walter selbst schnappten sie unter seinem Zelt, dessen Stricke sie vorher zerschnitten hatten, so daß er sich in den Falten des Stoffes verfing, und, zappelnd wie ein gefangenes Tier, mit Lanzenstichen traktiert wurde. Sein Körper war mit zahllosen Wunden übersät und wurde den besten Ärzten von Salerno zur Behandlung übergeben; denn die Stadt war seit dem Altertum durch die Kunst ihrer Ärzte berühmt, sogar arabische Chirurgen praktizierten dort. Diepold von Acerra wollte den Mann unbedingt wieder auf die Beine bringen und glaubte, ihm mit seiner großen Überzeugungskraft den Schwur abnehmen zu können, nie wieder gegen ihn zu kämpfen. Das gelang ihm jedoch nicht. Der einäugige Walter, der bei der Belagerung von Terracina durch einen Pfeilschuß ein Auge verloren hatte, lehnte jeden Kompromiß ab. Bevor er dem Deutschen klein beigab, riß er sich lieber den Verband von seinen Wunden und starb an Blutvergiftung.

Dieser Don Quijote im blendenden Harnisch, wie er zur Ritterrüstung des Mittelalters gehört, entflammte 1204 die Herzen der italienischen Jugend, und viele junge Männer träumten davon, diesem Ideal von einem Ritter Gefolgschaft zu leisten. In Assisi erklärt ein Adeliger, dessen Name verschollen ist, daß er die Absicht habe, sich dem Befreier anzuschließen. Sofort folgt der impulsive und großherzige Franziskus seinem Beispiel. Bei solchen, plötzlich gefaßten Entschlüssen läßt er sich durch nichts beirren, auch der Anblick der Tuchballen im Laden bringt ihn nicht zur Vernunft, im Gegenteil. Hoch zu Roß, mit Rüstung und Lanze wird Bernardones Sohn der Welt zeigen, daß er zum Geschlecht der Großen gehört.

Die Rüstung

Jeder Ritter, der dieses Namens würdig war, fühlte sich verpflichtet, an der Rückeroberung Jerusalems teilzunehmen. Ging es doch um nichts weniger als um die Ehre der Christenheit! Unglücklicherweise hatte der Vierte Kreuzzug, zu dem Innozenz III. aufgerufen hatte, durch das politische Ränkespiel Venedigs, das 1204 zur Eroberung Konstantinopels geführt hatte, eine unvorhergesehene Wendung genommen. Es war jener „gottlose Krieg“ , der mit dem verhängnisvollen Bruch der Ostkirche mit Rom bezahlt wurde. Das erstürmte Byzanz wurde zur Plünderung durch die christlichen Krieger freigegeben. Der Kreuzzug wurde zu einem einzigen Fiasko und

Skandal. Eine kleine Gruppe von Kreuzfahrern hatte sich jedoch nicht an diesem Räuberstück beteiligen wollen und setzte den Weg zur Stadt des Herrn fort, um sie aus den Händen des ägyptischen Sultans Melek al-Kamil zu befreien, des Neffen von Saladin.

Für Franziskus sollte nun der schöne Traum vom Ruhm in Erfüllung gehen. Vielleicht sah er sich im Geiste schon dort unten als Streiter für den Erlöser. Die Vorbereitungen für den Abmarsch erforderten allerdings Zeit. Der junge Mann sollte einen hohen Herrn begleiten, und dieser unbekannte Edelmann – man nimmt an, daß es einer von denen war, die Franziskus im Gefängnis von Perugia kennengelernt hatte – war bereit, zusammen mit dem Sohn des Tuchhändlers aufzubrechen und in Apulien zu den Truppen des Walter von Brienne zu stoßen. Franziskus brannte vor Ungeduld, und zum Glück widersetzte Bernardone sich nicht dem Willen der Vorsehung. Im Gegenteil! Sein Sohn zog doch mit einem Edelmann fort. Also brauchte er eine Rüstung, und die besten Handwerker von Assisi gingen ans Werk. Es ist für uns überhaupt nicht vorstellbar, welche Arbeit die Herstellung eines solchen, aus einer Vielzahl verschiedenster Einzelglieder bestehenden Stahlgewandes erforderte; denn es mußte dabei an jede Bewegung des Körpers gedacht werden. Da der Preis in den meisten Fällen keine Rolle spielte, wurden manche Stellen des Stahls noch mit kunstvoll ziselierten Vergoldungen besonders hervorgehoben. Das war ein Werk von vielen Wochen.

Der Gesamtpreis für eine solche Rüstung einschließlich Pferd samt Zaumzeug, und nicht zu vergessen, für den Knappen, den Lanzenträger seines Herrn und Gebieters, war sagenhaft. Er entsprach dem Wert eines ganzen Bauernhofes, und Bernardone war zu dieser Ausgabe bereit. Hier wird ein besonders rätselhafter Zug seiner sehr oft mißverstandenen Persönlichkeit sichtbar. Er war ein Pfennigfuchser und knallharter Geschäftsmann, aber bei seinem Sohn wird er weich, in ihm erblickt er sowohl einen guten Tuchhändler als auch einen Herrn von Stand. Vielleicht liegt darin eine Erklärung für die Widersprüche in diesem gehemmt und beschränkt wirkenden Mann. Bei der Ausgabe wünscht er ebenso leidenschaftlich wie sein Sohn, daß diesem Erfolg beschieden sei, aber für Franziskus ist das Geld nur ein Mittel, um die oberste Sprosse der sozialen Leiter zu erklimmen und ein Herr zu sein. Wie das geschehen soll, weiß er nicht, er behauptet ganz einfach, daß er eines Tages Prinz sein wird. Hat er den Verstand verloren? In Assisi vertritt man diese Meinung mehr oder weniger laut. Während die Menschen im Lande hungern, verschwendet dieser überspannte Kerl haufenweise das Geld seines Vaters. Über die Marotten, die er im Kopf hat, konnte man lachen, als er noch jung war, jetzt ist er bloß ein Mann, der dummes Zeug schwatzt. Nicht einmal das Gefängnis hat diesen Wirrkopf zur Vernunft bringen können. Aber trotzdem liebt man den verrückten Kerl Franziskus noch immer.

Endlich ist der Tag da, an dem er mit klopfendem Herzen seinen schlanken Körper in das Metallgewand stecken kann. Sicher drückt das schwere Gewicht, aber sein eiserner Wille gibt ihm die nötige Kraft, es zu tragen. Die Anprobe – wie soll man sonst dazu sagen? – verlief zufriedenstellend. Es wurde noch ein ganz mit Goldfäden durchwirkter Mantel über die Schultern des jungen Kriegers geworfen, und dann meinte man, daß es wohl vernünftiger sei, vor dem endgültigen Aufbruch noch eine Weile in diesem Aufzug herumzulaufen, damit er merke, ob alles paßte.

Dabei geschah etwas, das alle in Erstaunen setzte, die Zeuge dieses Vorfalls wurden. Unweit der Stadt begegnete Franziskus einem offensichtlich durch den Krieg verarmten Edelmann in so schäbigen Kleidern und so heruntergekommen, als sei er aus der Armee der Edelleute in das Riesenheer der Armen verschlagen worden. Diese Jammergestalt warf einen neiderfüllten Blick auf den Ritter, der im vollen Glanz seiner Jugend und seiner Waffen daherkam. Anstatt vorbeizugehen, blieb Franziskus stehen. Ob er mit dem seines Ranges verlustig gegangenen Manne sprach, ist nicht bekannt. Dem Chronisten blieb nur die Geste im Gedächtnis, mit dem der junge Ritter seinen Mantel von den Schultern löste und ihn samt seinen Waffen dem armen, völlig verblüfften Edelmann gab.

In dieser Nacht hatte er einen Traum, wie er nur im Mittelalter geträumt werden konnte, und der den kostbaren, auf Goldgrund gemalten Bildern aus illuminierten Handschriften glich. Er befand sich in einem Palast, vielleicht war es auch sein Elternhaus, dessen Räume aber in verschwenderischer Weise umgebaut worden waren. Vom Fußboden bis hinauf zur Decke hingen die Wände voll mit teuren Waffen, Helmen, Brustpanzern, Armschienen, Schilden, Lanzen, Schwertern, schimmernd und funkelnd und mit dem Kreuz versehen. Sie reichten aus, um eine Unmenge junger Männer aus Assisi damit ausrüsten zu können. Doch das war noch nicht alles. Inmitten dieses blinkenden Waffenarsenals befand sich ein junges Mädchen von größter Schönheit. Sie wandte sich an Franziskus mit einer Stimme, die sein Herz höher schlagen ließ: „Diese Waffen", sprach sie,

„sind für dich und all deine Gefährten.“ Das junge Mädchen konnte niemand anders sein als jenes Ideal, dem jeder wahre Ritter dienen und dessen er sich würdig erweisen mußte.

Jäh aus seinem Traum gerissen, war Franziskus außer sich vor Freude, weil er darin eine Bestätigung seiner Berufung sah. Nie mehr würde er Stoffe verkaufen, fortan würde er in den Reihen der Ritterschaft kämpfen. Er würde Prinz sein.

Am nächsten Morgen, dem Tag des Aufbruchs, genoß der Tuchhändlersohn in den Straßen von Assisi bereits einen Vorgeschmack des Ruhms. Als er aufsaß, spürte er, daß er in seiner dunkel schimmernden Rüstung von allen bewundert wurde. Ein herrliches Gefühl! Der Mantel, der jetzt seine Schultern bedeckte, war bescheidener, aber es tat ihm um den anderen, den er am Abend zuvor verschenkt hatte, nicht leid. Seine Stadt, die so oft an seiner Verschwendungssucht Anstoß genommen hatte, war an diesem Morgen stolz auf ihn, und in Hochstimmung schloß er sich seinem edlen Waffengefährten an.

Was mochte dieser von Franziskus halten? Das hat man sich oft gefragt, aber man weiß nur, daß sie die Straße nach Spoleto, ihrer ersten Etappe, nahmen. Es war Frühling. Große und kleine Städte, an denen in dieser gesegneten Gegend kein Mangel ist, wechselten miteinander ab. Hochgelegen die einen, wie Spello und Montefalco, die wie Krieger über ihr Land wachten, andere, in der Ebene gelegen wie Foligno oder Bevagna, glichen eher aufmerksamen Spähern hinter zinnengeschmückten Mauern. Einsam ragten die Burgen und Festungen in den Himmel, Castel Ritaldi, Castel San Giovanni. Ihre Wachtürme krönten die Hügel und boten der Welt trotzig die Stirn. Ein regloses Heer zur Verteidigung der ausgedehnten

Weingärten, Olivenhaine und Getreidefelder, das unaufhörlich warnte und drohte. Diesem stummen Ruf zu den Waffen, der die Reiter von fern verfolgte, konnte sich niemand entziehen.

Am Abend erreichten sie Spoleto. Ob es der lange Ritt war, der Franziskus zu sehr angestrengt hatte, jedenfalls erkrankte er in der gleichen Nacht in der Herberge, in der er mit seinem Knappen Quartier bezogen hatte.

Die Nacht von Spoleto

Was ist nicht alles über diesen vielleicht geheimnisvollsten Augenblick im Leben des Franziskus gesagt worden! Wieder einmal vernimmt er im Schweigen der Nacht eine Stimme, die zu ihm spricht. Er hat es selbst versichert, und wie könnte man an seiner Aufrichtigkeit zweifeln? Nichtsdestoweniger ist dieses berühmt gewordene Zwiegespräch auf sein Fieber und auf Fieberphantasien zurückgeführt worden. Die Stimme war, wie Celano sagt, liebevoll und fragte Franziskus, was er zu tun gedenke, worauf der junge Mann seine Pläne erläuterte.

Der Gesprächspartner sagte zu ihm:

„Wer kann dir mehr geben, der Meister oder der Diener?"

„Der Meister!"

„Warum verläßt du dann den Meister um des Dieners und den Prinzen um des Vasallen willen?"

Und Franziskus sagte:

„Was willst du, das ich tun soll, Herr?"

„Geh zurück an den Ort, wo du geboren bist, dort wird man dir sagen, was du tun sollst."

„Geh nach Hause zurück..." Die Worte waren hart, aber die Stimme klang sanft; denn es war die Stimme des Herrn, so lautete der Kommentar jener Zeit. Unsere modernen Biographen können hier ihre Thesen vertreten; die Vernunft verlangt nach Klarstellungen. In Assisi scheint der Herr Franziskus zum Aufbruch ermuntert zu haben, in Spoleto befiehlt er ihm, zu bleiben. Diesen Widerspruch will man nicht gelten lassen und stellt sich folgendes vor:

Erste Hypothese: Franziskus, der nie sehr kräftig war, ist völlig erschöpft in Spoleto angekommen. Er fragt sich, ob er die Kraft haben wird, in dieser schweren Rüstung zu kämpfen, zu deren Gewicht noch das von Lanze und Schild kommt. Die Stimme, die er gehört hat, ist die Stimme der Vernunft, aber mit Hilfe des Fiebers gewinnt der übernatürliche Dialog einen so erbaulichen Charakter, daß er daran glaubt. Im Grunde hat er Angst. Das Desaster von Collestrada hat seinen Mut untergraben.

Zweite Annahme: In den Gesprächen mit seinem Waffenbruder, einem Edelmann aus edlem Geschlecht, hat er sich durch die wiederholte Behauptung, er werde eines Tages Prinz sein, als Aufschneider erwiesen, und das wurde seinem Waffengefährten am Ende zuviel. Er verwies Franziskus auf seinen Platz. Er soll ein Bürger bleiben, der er nun einmal ist. Man kann sich doch keinen kleinen Tuchhändler ohne Saft und Kraft vorstellen, der es mit kampferprobten Rittern aufnimmt. Das ist lächerlich. Er soll wieder nach Hause gehen.

Dritte und letzte Hypothese, die menschlicher ist: Offensichtlich ist Franziskus zu schwach, um den Weg fortsetzen zu können. Sein Gefährte läßt ihn zurück, wünscht ihm beim Abschied gute Besserung und gibt ihm als Treffpunkt Lecce an. Lecce deshalb, weil sich dort, am äußersten Ende Italiens, der durch seinen erlesenen Prunk berühmte Hof der Königin Sibylle befindet, deren eine Tochter Walter von Brienne zur Frau genommen hat. Lecce, das ist das neue Troja. Dort werden sie sich zur Siegesfeier treffen, falls Franziskus nicht schon vorher wieder auf den Beinen ist.

Vermutlich ließ Franziskus seinen Knappen mit dem jungen Edelmann ziehen, der sich dem Ruhm geweiht fühlte. Was ist aus den beiden geworden, da doch das Abenteuer des Walter von Brienne ein schlimmes Ende genommen hat? Und was wäre aus Franziskus geworden, hätte er seinen Weg fortgesetzt?

Die Heimkehr

Er blieb eine Zeitlang in Spoleto, und gerade in den Tagen, als Walter von Brienne gefangengenommen und seine Leute vernichtet wurden – dieses Ereignis wurde erst später bekannt –, erlitt Franziskus heftige Anfälle des Quartanafiebers, das alle vier Tage auftritt. Möglicherweise war das die Krankheit, an der er seit seiner Jugend litt, oder es war eine Malaria, die er sich letzten Sommer in den Kellern des Turmgefängnisses in Perugia zugezogen hatte. Als er wieder zu Kräften gekommen war, machte er sich auf den Weg nach Assisi. In welcher Geistesverfassung wohl?

In Foligno machte er halt. Es war unmöglich, in voller Rüstung heimzukehren. Den Empfang durch den Vater und die Nachbarn für diesen Ritteraspiranten, der mit unversehrter Ausrüstung so jämmerlich nach Hause kam, kann man sich leicht vorstellen. Vernünftigerweise veräußerte er Pferd und Rüstung und kaufte sich einfache Kleider. Das war das Klügste, was er tun konnte. Sicher mußte er sich zu Hause auf ein Donnerwetter gefaßt machen, aber gestärkt durch die Stimme des Herrn, die er in jener Nacht gehört hatte, betrat er ruhig und gelassen das Elternhaus. Von der anschließenden Aussprache zwischen Vater und Sohn wissen wir nichts, die Dokumente schweigen sich darüber aus, aber es ist anzunehmen, daß Bernardone seinen Sohn angebrüllt hat.

Auseinandersetzungen in Geldfragen nehmen seit eh und je den gleichen unerquicklichen Verlauf, und bei Franziskus und seinem Vater wird es wohl kaum eine Abweichung vom klassischen Muster gegeben haben. Für Franziskus blieb bei aller Erwartung, daß der Herr ihm seinen Willen genauer kundtun werde, die Zukunft immer noch ungewiß genug. Nicht immer ist die Sprache Gottes sofort klar. Franziskus hatte die Weisung erhalten, nach Assisi zurückzukehren. Dort war er nun. Was sollte er tun? Zwischen dem jungen Mann und seinem aufgebrachten Vater – „Mein Geld! Ich will mein Geld zurück!" – muß es nach endlosen, geradezu tödlichen Augenblicken so etwas wie einen Burgfrieden gegeben haben, ein mehr finanzielles als persönliches Arrangement. Jetzt, da die kühnen Ritterträume so jämmerlich zusammengebrochen waren, mußte Franziskus wohl oder übel darangehen, sein Brot wieder wie früher zu verdienen. Im väterlichen Geschäft also.

Man meint achthundert Jahre später noch die aufgebrachte Stimme des Vaters zu hören: Die wahnsinnige Geldverschwendung und dann der schimpfliche Rückzug, bevor der Kampf überhaupt begonnen hatte! Hinzu kamen noch Beschwerden und Vorwürfe persönlicher Art. Pica dürfte viele Tränen vergossen haben, aber sie verstand ihr Kind, Mütter verstehen alles. Dieser Frau war vorhergesagt worden, daß ihr Sohn ein Kind Gottes sein werde, und daran glaubte sie.

Es gibt kein Dokument, dem zu entnehmen wäre, daß man sich über Franziskus lustig gemacht hätte. Er lächelte wie immer. Von der Gnade berührt, wenn auch unsicher, was er tun solle, wartete er ab. In welcher Geistesverfassung ist nicht bekannt, und es wäre müßig, etwas zu erfinden. Die Fakten sprechen für sich. Tatsächlich hatten seine Kumpane von damals nichts Eiligeres zu tun, als sich wieder um ihn zu scharen. Natürlich fehlten einige, aber wozu sollte man die alten Geschichten wieder aufwärmen. Das Leben war schön wie eh und je, und die Erde war noch immer in Sonne und Himmel verliebt. Plötzlich erwachte der Jüngling von damals wieder zum Leben, und Franziskus sang wieder genauso hell und einschmeichelnd wie einst. Wie hätte er selbst dem Charme seines Lächelns widerstehen können, das einer tief enttäuschten Jugend neue Lebensfreude schenkte? Er war jetzt ein Mann und genoß noch stärker als früher das Vergnügen, Herr über diese Burschen zu sein. Ohne sich Illusionen zu machen, weshalb sie ihm schmeichelten, berührte ihn doch der jugendliche Schwung, mit dem sie alle irdischen Freuden auskosteten. Seine Börse war wie immer gut gespickt. Aufgrund eines Arrangements mit seinem Vater, das sicher einen Pferdefuß hatte, konnte er wieder den großen Herrn spielen, wenn es ihn danach gelüstete. Seine Gefährten sahen ihm alles nach, nur „um sich den Bauch vollschlagen zu können", wie der unerbittliche Celano vermerkt. Wieder einmal krönten sie ihn zum König der Jugend und drückten ihm einen Stock als Zepter in die Hand. Höflich und gutgelaunt ließ Franziskus es sich gefallen, bestellte anschließend ein üppiges Festmahl, das wie gewöhnlich einen sehr unappetitlichen Verlauf nahm. „Vollgefressen bis zum Erbrechen", fährt unser Gewährsmann fort, „besudelten seine Gäste sodann die Plätze der Stadt mit den Liedern Betrunkener." Mit ihren Liedern und nicht nur damit! Ihnen folgt, mit dem Stock des Narren in der Hand, niemand anders als der König des Festes. Plötzlich bleibt er stehen. Die ausgelassene Schar zieht ohne ihn weiter, merkt aber bald, daß er nicht mehr da ist.

Von der Liebe verwundet

Sie kommen zurück und entdecken ihn. Stumm und wie angewurzelt steht er auf der Straße. Was ist los mit ihm? Noch nie hat er einen so seltsamen Blick gehabt, als schliefe er mit offenen Augen. Es ist fast zum Fürchten. Hat er eine Erscheinung gehabt?

„He, du hast uns wohl ganz vergessen?" schallt es ihm entgegen. „Woran hast du gedacht? Willst du heiraten?"

Diese absurde Frage weckt ihn auf, und seine helle Stimme dringt wie ein Flüstern durch die Nacht:

„Ja, und ich werde die edelste, die reichste, die schönste Dame, die man je gesehen hat, zur Frau haben."

Ein unbändiges Gelächter bricht los, und mit Weindunst vermischt läuft das Wort „pazzo" von Mund zu Mund. Franziskus ist also wieder einmal übergeschnappt. Er hat Erscheinungen, der Größenwahn hat ihn wieder gepackt: Adel, Reichtum, Schönheit. Nichts fehlt. Sie treten näher, doch niemand wagt mehr, sich über ihn lustig zu machen. Sein Blick ist so anders. Das ist nicht mehr der Mensch, den sie gekannt haben, nicht einmal der, der soeben noch bei ihnen war. Es ist ein anderer.

Was ist geschehen? Inmitten dieses jämmerlichen Festes geschah es, daß Franziskus plötzlich von Liebe überwältigt wurde. Jahrelang ist er vor irgendwem oder irgendwas geflohen, und plötzlich hat ihn dieser Jemand eingeholt und ihn mit der ganzen Kraft seiner zärtlichen Liebe zu Boden geschmettert und Besitz von ihm ergriffen. Franziskus ist fünfundzwanzig Jahre alt. Im Schachspiel mit dem Absoluten ist der Ritter zum Narren geworden. Gott gewinnt das Spiel.

ZWEITES KAPITEL

Der Narr Gottes

Der gleiche und doch ein anderer

Er lernte jene maßlose Freude kennen, die ein Bekehrter empfindet, wenn er sieht, wie um ihn her die Welt versinkt. Wo ist er? Könnte er reden, er fände keine Worte, es auszudrücken, die menschliche Sprache ist nicht fähig dazu. Jeder Begriff von Raum und Zeit wird ausgelöscht. Der Mensch selbst ist sich seines Ichs nicht mehr bewußt. Er ist wie versunken und verloren in einem unbeschreiblichen Glück.

Wenn er später versucht, das Wunderbare dieses Augenblicks in Worte zu fassen, quält er sich traurig mit stumpfen und schalen Bezeichnungen ab. Er ist nun wieder Gefangener einer kleinen Welt und hat blitzartig erkannt, wie wenig sie in Wirklichkeit bedeutet. Ehrgeiz, Geld, Macht, Vergnügen – alles leere Worte. Einzig das hat Bestand, was sein Herz bewegt und den Menschen vermittelt werden müßte, aber die Erinnerung daran ist nicht mitteilbar.

Was wird er jetzt tun? Er ist nicht mehr derselbe, und zugleich ist auch alles, was den neuen Franziskus umgibt, anders, als sei er zu einem Fremdling in einem unbekannten Land geworden.

Ihm fehlt nichts, aber obwohl sich nach außen hin nichts geändert hat, ist nichts mehr wie früher in seinem täglichen Leben. Er ist einfach nicht mehr derselbe Mensch, auch wenn er immer noch dasselbe tut. Sehr wahrscheinlich geht er wieder ins Geschäft, und sein Vater kann sicher sein, daß er nach Hause und zu seinen Leinenballen zurückgekehrt ist, wenn Bernardone die leidige Sache mit der Rüstung auch noch nicht geschluckt hat. Jedenfalls ist er nicht unzufrieden, daß sein Sohn nicht mehr die kostspieligen Bankette veranstaltet, die ihn auf der gesellschaftlichen Leiter keine Sprosse höher gebracht haben. Franziskus wird schon auf andere Weise dorthin gelangen. Geschäft und Geld öffnen alle Türen, die Türen zur Macht an erster Stelle.

Franziskus macht keineswegs den Eindruck, als hege er solche Gedanken. Zu Hause sucht er die Einsamkeit, um zu beten, und am meisten wundert man sich über sein Schweigen. Man hört ihn nicht mehr singen wie ehedem. Kein Bettler in den Straßen von Assisi, der ihm begegnet, bleibt ohne Almosen; denn der Gedanke an den von ihm abgewiesenen Bettler treibt ihm die Schamröte ins Gesicht, und er hat Gott versprochen, ihn niemals wieder auf diese Weise zu beleidigen. Wenn es ihm gerade an Geld fehlt, gibt er dem Bettler einfach seine Mütze, seinen Gürtel, irgend etwas, damit die ausgestreckte Hand nicht leer bleibt. Sein unwiderstehlicher Drang, alles auf die Spitze zu treiben, geht eines Tages so weit, daß er unbemerkt sein Hemd auszieht und es heimlich einem Bettler schenkt.

Aber wo ist die Geldbörse des Fortunatus geblieben, der Glückssäckel, der niemals leer zu werden schien? Vermutlich nimmt der Vater es selbst in die Hand, die Finanzen seines Sohnes zu sanieren. Der ist nun keineswegs mehr der elegante Stutzer, der er noch vor kurzem war, und Bernardone fängt an – oder fährt fort –, überhaupt nichts mehr zu verstehen. Sparsamkeit ist eine Sache, aber sich zu bescheiden zu kleiden, ist eine andere und wird ärgerlich, wenn es sich um den Sohn eines der reichsten Bürger der Stadt handelt. Der wird ihn bald zurechtweisen müssen.

Pica dagegen ist nur froh über diese Veränderung, die mit Giovanni, ihrem Lieblingssohn, vor sich gegangen ist. Vielleicht vertraut er sich gelegentlich seiner Mutter an; jedenfalls hat er Gedanken, die sie ungewöhnlich schön findet. Wenn Bernardone abwesend ist und sie beide allein essen, deckt er den Tisch mit Brot für die Armen, die an die Tür klopfen werden, denn in Umbrien herrscht immer noch der große Hunger. Früher spähte er nach Freunden aus, die ihn zu einem Fest abholen wollten, jetzt hält er Ausschau nach Jesus, der in den Lumpen der Armut zu ihm kommen wird. So geschah es, daß seine Liebe zu den Armen immer größer wurde.

Die Höhle

Manchmal fragt man ihn, was er eigentlich habe. Er hat nichts, er will allein sein. Aber wie kann er das Geheimnis einer Liebe, die seine Seele verzehrt, für sich behalten? Wer könnte ihm zuhören, wer ihn verstehen?

Einen einzigen gibt es, von dem wir nie den Namen noch sonst etwas wissen werden; einen Freund, einen geheimnisvollen Vertrauten, der lautlos wie ein Engel durch die ersten Tage seiner geistlichen Verzückung schwebt. Die Wissenschaftler haben vergeblich versucht, ihn zu identifizieren, aber wozu nach etwas greifen wollen, was sich wohl für immer der menschlichen Neugierde entziehen wird. Der Unbekannte hört sich das von Freudentränen unterbrochene Geständnis an, verläßt an der Seite dieser Seele, die immer noch unter der Berührung durch die Hand Gottes zittert, die Stadt, geht aufs Land und begleitet ihn durch die dunklen Tannenwälder des Monte Subasio bis zu einer Höhle, die weitab vom Lärm der Stadt liegt und beiden bekannt ist. Aber diesmal will Franziskus sich allein in das Dunkel des Refugiums zurückziehen, und der Unbekannte verharrt draußen, als müsse er das Gebet dessen, den er in seine Obhut genommen hat, vor der Welt schützen. Er ist geduldig und aufmerksam, dieser unbekannte Gefährte. Ob er weiß, daß es sich um eine auserwählte Seele handelt, auf die er einwirken könnte? Das Schweigen über ihn bleibt undurchdringlich, aber man vermutet, daß dieser Unbekannte jemand ist, auf den wir später noch einmal treffen werden.

Und wenn, ja wenn es ihn nie gegeben hätte, wenn er nur eine Phantasiegestalt wäre? Ich war fast geneigt, anzunehmen, daß er nur in Franziskus' Vorstellung, in der neuen Glut seines Herzens existiert hat, wie es bei jenem jungen Mann der Fall war, der mit einem großen Seher des 19. Jahrhunderts, mit P. Surin, eine berühmte Reise in der Kutsche von Rouen nach Paris gemacht hat.

Die Stunden in der Höhle vergingen nicht mehr in höchster Seligkeit, sondern in quälender Reue. Wenige Menschen haben so geweint wie Franziskus. Tränenüberströmt blickte er auf sein vergangenes Leben zurück, das ihn entsetzte, und zum ersten Mal wurde er sich der Ungeheuerlichkeit der Sünde bewußt. Wie viele Heilige haben sich als die größten Sünder der Welt bekannt, ohne daß ihnen geglaubt wurde, obwohl es in einer bestimmten Hinsicht durchaus der Wahrheit entsprach. Das ist für uns unbegreiflich, denn wir haben von unseren Fehlern nur eine flüchtige Vorstellung, die uns kaum berührt. Wenn eine Seele aber durch eine Gnade, die so schrecklich wie die Flamme des Fegfeuers ist, sich so sieht, wie sie wirklich ist, dann macht sie sich keine Illusionen mehr über sich selbst. Man müßte selbst heilig sein, um einen Heiligen zu begreifen. Solche Prüfungen übersteigen unsere Vorstellungskraft und lassen sich auch nicht beschreiben, nur manchmal kann man etwas davon ahnen, wenn man wirklich gelitten hat.

Franziskus verließ, von Müdigkeit zerschlagen und von Gram gezeichnet, die Höhle. Es folgten sicher noch weitere, qualvolle Besuche, aber eines Tages trat der junge Mann mit einem strahlenden Lächeln im Gesicht heraus, und dieses Lächeln sagte alles: Er hatte die Gnade wiedererlangt, und sein Herz wieder der Freude und der Liebe, vor allem der Liebe, hingegeben. Der größte Sünder wurde der größte Liebende der Welt. Als echter Italiener ließ er seiner Redefreudigkeit jetzt wieder freien Lauf. Er sprach wieder von der Prinzessin, von der erwählten Frau, die auf ihn wartete. War er wieder übergeschnappt wie damals? Manche glaubten es.

Ein Bild redet

Was soll man anfangen mit seiner Person, mit seiner Seele und seinem Leib, wenn man sich maßlos in die Liebe verliebt? Was tun, wenn eine solche Bekehrung plötzlich über dich hereinbricht? Beten natürlich, ohne Unterlaß beten und Gott sagen, daß man ihn liebt, aber Gott zeigt sich nicht, er ist nur im Schweigen und in der Einsamkeit zu finden.

Es gibt Augenblicke, da überkommt Franziskus die Lust, sich auf dem Boden zu wälzen und zu schreien, um sich von diesem Übermaß an Freude zu befreien, die ihn vollkommen überwältigt. Sein Leben muß trotzdem weitergehen, er muß ja sein Brot verdienen, zum Beispiel dadurch, daß er Stoffe verkauft. Man kann auch beim Verkauf von Stoffen Gott lieben. Daran scheint Franziskus nicht gedacht zu haben, auch nicht daran, Mönch zu werden, an Orden fehlte es jedenfalls nicht. Es gab ein Benediktinerkloster in der Gegend.

Als er eines Tages ziellos dahinwanderte, um sich Klarheit über all dies zu verschaffen, stieß er auf eine uralte, halb zerfallene Kirche, San Damiano. Das war der Ort, wo Gott seit jeher auf ihn wartete. Ein großes Leidenskreuz über dem Altar, mit rührender Einfachheit gemalt, zog gleich seine Blicke auf sich. Christus hing mit ausgestreckten Armen am Kreuz, seine Augen wanderten in die Ferne, als suchten sie einen, der schon lange kommen sollte. Franziskus fiel sofort auf die Knie nieder.

In Italien war man damals gewohnt, überall so viele Kreuze zu sehen, daß am Ende sich niemand Gedanken mehr darüber machte, was sie eigentlich ausdrückten. Aber für Franziskus war dieser Tag kein gewöhnlicher Tag, und vielleicht sah er die Kreuzigung zum ersten Mal ganz bewußt. Er entdeckte plötzlich, was die Kreuzigung Jesu wirklich bedeutete. Es war, als habe ihm noch nie jemand davon erzählt, und sein Herz zerbarst vor Mitleid und Liebe, vor allem vor Liebe, Liebe zu dem, der sich aus Liebe hatte ans Kreuz schlagen lassen. Aus Liebe zu ihm, Francesco di Bernardone, der jetzt auf den Knien lag, stumm und mit tränenüberströmtem Gesicht.

Einen Augenblick lang schien alles still zu stehen, die Zeit, die Luft, die Schöpfung, und der gemalte Christus begann zu sprechen. Schrecklich, ein Bild in einer leeren Kirche, das zu sprechen beginnt! Vor Entsetzen und Bestürzung fühlte sich der junge Mann wie gelähmt und von sich selbst fortgerissen, von der Erde erhoben. Wie konnte ein Bild sprechen? Aber er wußte, daß er nicht träumte.

Die Stimme sprach: „Franziskus, setze mein Haus wieder instand." Ein unbeschreiblicher Strom von Liebe ergoß sich aus dem Herzen Christi in das Herz des Franziskus, strömte zurück und ergoß sich von neuem in sein Herz.

Als der junge Mann wieder zu sich gekommen war, lernte er die ganze Trostlosigkeit der Seele kennen, die in die geschaffene Welt zurückkehrt. Nach einer Weile bekreuzigte er sich und ging hinaus, im Kopf nur den einen Satz, den er falsch verstanden hatte, im Herzen das unauslöschliche Siegel der Kreuzigung. Darunter litt er so sehr, daß er bei der Rückkehr nach Assisi hemmungslos vor Schmerz laut aufschrie, aber er wußte jetzt, was er zu tun hatte. Gott hatte ihm endlich ganz klar seinen Willen geoffenbart: Die Mauern seiner gefährdeten Kirche zu erneuern. Dabei gab es nur ein kleines Mißverständnis. Statt unter „Kirche" das kleine Gotteshaus zu verstehen, hätte Franziskus an „Die Kirche" denken müssen. Aber wie sollte ihm das in den Sinn kommen?

Nach Rom, nach Rom …

Es kam ihm der Gedanke, nach Rom zu pilgern. Vielleicht hatte er einfach Lust fortzugehen, Leib und Seele in Bewegung zu halten, denn er gehörte zu den Leuten, die es nicht lange an einer Stelle aushalten. Oder steckte eine geheimnisvolle Triebkraft dahinter, deren Sinn er nicht begriff, das Walten der Gnade, die ihn über die Wege der Welt führte? Vermutlich war sein Vater verreist, die Gelegenheit deshalb günstig. Er vertraute den Laden den Angestellten an – vielleicht auch seinem Bruder Angelo – und machte sich auf den Weg. Ob zu Pferd, ist wenig wahrscheinlich. Man darf annehmen, daß er zu Fuß ging, wie er es in Zukunft immer tat. Celano sagt uns, daß er sich das Lumpengewand eines Armen für die Reise ausborgte, wie man sich eine Uniform leiht. Die Armee der Besitzlosen bekam einen neuen Rekruten.

Es läßt sich denken, daß er nach seiner Ankunft in Rom die Zeit nicht damit verbringt, die Sehenswürdigkeiten der Stadt zu besichtigen, sondern zum Platz von St. Peter eilt, wo es von Bettlern wimmelt. Damals stand dort noch die über dem Grab der beiden Apostel Petrus und Paulus erbaute, lang gestreckte Konstantinsbasilika, die mit ihrem geheimnisvollen Dunkel, ihren herrlichen Fußböden und byzantinischen Mosaiken die Bewunderung der ganzen Welt erregte. Franziskus mischt sich unter die Bettler, als wolle er sich Jesus Christus zugesellen, und ist glücklich, ja fröhlich, wie unser Chronist sagt. Er selbst muß diese neue Situation wohl recht merkwürdig empfinden, aber er beglückwünscht sich dazu wie zu einem unverhofften Gewinn. Wie spannend ist das Leben, und wie freut er sich über die Freiheit seines

Herzens, das aller weltlichen Sorgen ledig ist. Der Feinschmecker von früher verzehrt mit Appetit die Reste, die er aus seinem Bettelsack holt.

Nach beendetem „Festmahl" begibt er sich in die Basilika zum Altar des heiligen Petrus, wo die Gläubigen ihre Spenden niederlegen. Die kommen ihm so schäbig vor, daß es eine Schande ist. Behandelt man so den Apostelfürsten? Und mit der Geste eines großen Herrn, wie er sie immer noch liebt, leert er mit viel Geräusch seinen Geldbeutel in den Spalt unter dem Altar. Welche Großzügigkeit! Die Umstehenden bewundern ihn, und er macht sich leicht verwirrt davon und gesellt sich wieder zu seinen Freunden, den Armen, mit denen er den ganzen Tag verbringt. Er will gleichsam in ihrer Schar verschwinden, will mit ihnen um die Wette betteln, in Lumpen gehüllt, mit ausgestreckter Hand und unendlich froh. Weshalb aber hat er sein Geld oder wenigstens einen Teil davon nicht den Armen gegeben, mit denen er zusammen war? Diese Frage taucht natürlich auf, doch er steckt eben voller Widersprüche.

Der Kuß für den Aussätzigen

Nach Hause zurückgekehrt, setzt er diese Lebensweise fort, die seiner Familie höchst seltsam vorkommen mußte, seiner Mutter und auch dem, von dem so wenig die Rede ist, seinem Bruder Angelo, der sie nicht billigte. Wo war denn der glänzende, selbstsichere junge Mann geblieben, dessen Lieder die ganze Nachbarschaft erheiterten? Welche Schrulle steckte hinter dieser bescheidenen Kleidung, die angeblich seinem Geschmack entsprach? Was dachte der Vater darüber, und was konnte er dagegen tun? Ein Donnerwetter loszulassen hatte keinen Zweck, mit seinen fünfundzwanzig Jahren hatte der Sohn die Freiheit, sich nach Lust und Laune zu kleiden, nur im Laden mußte er korrekt angezogen sein. Doch war der Laden nicht schon etwas, das der Vergangenheit angehörte?

Man muß sich nur einmal die Ratlosigkeit vorstellen, die der exzentrische Mensch in einer reichen, bürgerlich konventionellen Familie hervorrief.

Er schloß sich in seinem Zimmer ein und verbrachte ganze Stunden im Gebet, falls er nicht ausging, um seine neuen Freunde, die Armen, aufzusuchen. Ahnte er nicht, wie unbehaglich seiner Umgebung dabei zumute war? Einen heiligen Menschen spielen hieß in den Augen der Welt: ein stummes Urteil über die Menschen zu fällen, die weniger fromm und vielleicht trotzdem gute Katholiken waren, auch wenn sie es nicht heraushängten. Aber Franziskus lächelte, und sein Charme entwaffnete die Kritiker.

Manchmal legte sich eine dunkle Wolke auf das Glück des Neubekehrten, Gedanken, die er sogleich von sich wies, die aber trotzdem mit verdächtiger Hartnäckigkeit wiederkamen, ein plötzliches Heimweh nach dem Leben von gestern, nach „der Zeit meines sündigen Lebens", wie er später schreiben sollte; und wenn ein Italiener, mag er auch ein Heiliger sein, von seinem sündigen Leben spricht, dann weiß man nur zu gut, was das besagen will. Woher kam diese plötzliche Unruhe?

Dann wieder tauchte eine verrückte Idee in seinem Kopf auf und ließ ihn nicht mehr los. Die alte Bucklige aus Assisi ... ihr verwachsener Körper war ungeheuer häßlich, und in Franziskus setzte sich die Vorstellung fest, daß er eines Tages genauso aussehen werde, wenn er bei seinem Leben der Enthaltsamkeit und Abtötung bliebe. Kann man sich etwas Absurderes vorstellen? Doch die fixe Idee hielt sich. Das konnte doch alles nur vom Teufel kommen, sagte sich dann Franziskus, und endlich vernahm er, wie so oft in den Stunden geistiger Niedergeschlagenheit, die Stimme des Herrn.

Durchbrach sie die Stille wie eine menschliche Stimme, oder war sie nur im tiefsten Herzen des Erwählten vernehmbar? Hörte er sie wie einen Ton, der von außen kam, oder vernahm er sie in seinem Innern wie einen Gedanken, stark und doch von sanfter Gewalt, so daß es war, als erzittere die Luft? Wie dem auch sei, die Stimme kannte er gut, sie hatte ihn schon so oft getröstet ... Es war die Stimme der Liebe selbst, deren Klang ihm so teuer war. An diesem Tage sprach sie zu ihm über die innere Wandlung, die Gott von ihm erwartete: „Was du noch auf irdische und vergebliche Weise liebst, ersetze es durch spirituelle Werte..., ziehe die Bitterkeit der Süße vor, wenn du mich kennenlernen willst."

Die Bitterkeit? Franziskus war zu allem bereit, um dem Herrn auch auf dem schlimmsten Wege zu folgen. Auf einmal verschwand die teuflische Versuchung wie ein böser Traum, und Ekel packte ihn bei der Erinnerung an die bösen Begierden, mit denen er sich in seiner Jugend betäubt hatte. Hatte der Verehrer der Schönheit, der feinsinnige Kunstfreund, der Ästhet endlich den Widerwillen in sich besiegt, den ihm der Gestank der Bettler, ihre abstoßenden Krankheiten, das Gewimmel des Ungeziefers auf ihrer Haut und in ihren Lumpen einflößte?

Etwas sollte ihn mahnen, daß er noch viel weiter gehen konnte bei den Dingen, die ihm Ekel bereiteten. Das Unmögliche konnte man doch nicht von ihm verlangen; besser gar nicht daran denken. Eines Tages, als er in der Umgebung Assisis spazieren ritt, hörte er den leisen, dumpfen und allen wohlbekannten Ton, der die Beherztesten die Flucht ergreifen ließ. Wie den ältesten Berichten der Heiligen Schrift entstiegen, kam ein Aussätziger, seine Klapper schwingend, auf ihn zu. In Franziskus bäumte sich alles auf, aber von einer unwiderstehlichen Macht getrieben, sprang er vom Pferd und ging geradewegs auf das leibhaftige Grauen zu. Wir können uns diese Minute nicht vorstellen, weil wir nicht wissen, was in einer Seele vor sich geht, die sich einer solchen Prüfung unterzogen sieht. Es heißt, daß Franziskus sich dem Aussätzigen, dessen Gesicht eine einzige klaffende Wunde war, näherte, seine Hand ergriff und sie küßte, mit seinem einst so überempfindlichen Mund das faulende Fleisch küßte.

Und mit einemmal überkam eine unbeschreibliche Freude das Herz des jungen Mannes. Er fand seinen Frieden wieder, ging zu seinem Pferd, schwang sich in den Sattel und wollte noch einen Blick auf seinen Aussätzigen werfen, aber, so sagt Celano, er konnte nach allen Richtungen blicken, er sah niemanden mehr. Sein Herz klopfte laut, Franziskus fing zu singen an.

San Damiano

Hier beginnt das große Abenteuer. Der kontemplative Mensch schreitet zur Tat. Er braucht Geld, um die Kirche instandzusetzen, viel Geld. Franziskus eilt in den Laden, wo er seinen Vater glücklicherweise nicht antrifft, und diese Einzelheit ist nicht ohne Bedeutung. Vermutlich ist Bernardone zu einem jener zahlreichen Jahrmärkte gereist, zu denen er früher seinen Sohn mitnahm. Wie dem auch sei, Franziskus nimmt ein paar Ballen scharlachrote, sorgfältig ausgewählte Stoffe, schwingt sich aufs Pferd und galoppiert nach Foligno, wo er Pferd und Stoffe verkauft und sich unverzüglich zu Fuß wieder auf den Weg macht.

In San Damiano befand sich der Pfarrverweser, ein armer alter Priester, gerade in der Kirche, als sich plötzlich die Tür öffnete und Franziskus erschien. Der Priester kannte ihn gut, den braven Jungen, der dann und wann großzügig Almosen gab, aber auch ein unverbesserlicher Lebemann war und ein sündiges Leben führte. Wegen seiner Sünden drückte ganz Assisi beide Augen zu, schimpfte aber, wenn der junge Mann sein Geld mit vollen Händen ausgab und ein Fest nach dem anderen veranstaltete, während im ganzen Lande Not herrschte und zahlreiche Menschen nicht genug zum Leben hatten.

Franziskus verbeugte sich, ging auf den Priester zu und küßte ihm die Hand. Dem Geistlichen mußte sein merkwürdiges Aussehen auffallen. War das noch der Modejüngling von früher, der jetzt äußerst einfach gekleidet vor ihm stand? Er machte einen überspannten Eindruck und kam ohne lange Vorrede auf den Grund seines Besuches zu sprechen. Er wolle San Damiano wieder aufbauen. Er habe das nötige Geld dafür in seiner Geldkatze. Ob der Herr Priester es nicht annehmen wolle. Diese hastig hervorgestoßenen Sätze verblüfften den Kleriker denn doch. Eine derartige karitative Anwandlung brachte ihn in Verlegenheit. Er wies das Geld angesichts der Höhe der Summe, die ihm verdächtig vorkam, einfach zurück.

Franziskus wechselte die Taktik und eröffnete dem Priester, daß er sich bekehrt habe, daß sein Leben ganz anders geworden sei und man Vertrauen zu ihm haben müsse bei diesem Vorhaben. Der Priester ließ sich auch dadurch nicht erweichen, er war skeptisch bei so spektakulären Bekehrungen, die doch nicht von Dauer waren. Dann versuchte Franziskus es mit Bitten und Betteln, daß ihm wenigstens gestattet werde, eine Zeitlang in dieser Kirche, die er eigenhändig reparieren wolle, Unterschlupf zu finden. Er warf sich auf die Knie nieder und, des Streitens müde, gab der Priester schließlich seine Zustimmung. Das Geld aber wollte er nicht. Die Geschichte kam ihm sehr undurchsichtig vor, doch das tat der Freude des Neubekehrten über das gewonnene Spiel keinen Abbruch. Seine große, von Goldstücken pralle Geldkatze bedeutete ihm nun so wenig, als wäre sie mit Sand und Staub gefüllt. Wenn Gott sie nicht wollte, wollte er sie auch nicht. Mit der letzten großen Geste eines Edelmannes warf er sie verächtlich in eine Fensternische.

Was bei Bernardone geschah

Daheim wurde man unruhig. Wo war Franziskus? Er war bereits seit Tagen verschwunden, und wenn man zunächst auch an eine Laune, die diesem exzentrischen Menschen ähnlich sah, gedacht hatte, so fand man inzwischen die Zeit doch lang. Der Vater, der bei der Rückkehr von einer Reise vom Verschwinden des Sohnes erfuhr, ging stracks ins Geschäft, wo er mit einem Blick feststellte, daß Stoffballen und vor allem kostbare Scharlachstoffe fehlten. Mit Donnerstimme verlangte er Erklärungen, und das verängstigte Ladenpersonal teilte ihm mit, daß es Signor Francesco war, der alles genommen, in Ballen zusammengeschnürt und auf dem Pferd fortgeschafft hatte. Wohin er geritten sei? Woher sollte man das wissen. Er schien es ungewöhnlich eilig gehabt zu haben und war gleich wieder fort. Aber wohin? Ja, da hinaus. Bernardone bekommt einen Tobsuchtsanfall. Das passiert ihm häufig, aber diesmal laufen sogar die Leute auf der Straße zusammen. Bernardones Sohn hat es wieder einmal zu toll getrieben, hat die Abwesenheit seines Vaters genutzt, um den Laden zu plündern. Ausgerechnet er, der angeblich so brav geworden war und so oft in die Kirche ging! Auf diese Weise hat er also seinen Coup ausgebrütet. War es Diebstahl? Wie soll man die Sache anders bezeichnen, wenn es sich auch um eine peinliche häusliche Angelegenheit handelte.

Als der Tuchhändler wieder klar denken konnte, machte er einen Plan, was zu tun sei, und alarmierte Freunde und Nachbarn, damit sie die Umgebung durchkämmten und den Schuldigen fingen. Das nahm Zeit in Anspruch. Franziskus zweifelte nicht, daß man etwas unternehmen werde, und geriet in große Unruhe, zumal ein Freund ihn über Verhalten und Vorgehen des Vaters informiert hatte. Wer dieser Freund war? Zweifellos der geheimnisvolle Vertraute, der ihn zur Höhle begleitete, wo Franziskus so bitterlich die Fehler seiner Jugend beweint hatte. In San Damiano fühlte er sich nicht sicher, deshalb suchte er wie ein gehetztes Tier Zuflucht in einem Keller hinter der Apsis und versteckte sich, Todesängste ausstehend, einen ganzen Monat dort. Das hatte seinen Grund; denn Bernardone durchstreifte, wie ein neuer Paulus vor seiner Bekehrung, das Land nach allen Richtungen und stieß fürchterliche Drohungen aus.

Franziskus verließ seinen Schlupfwinkel nur, wenn es dringend nötig war. Von Zeit zu Zeit brachte man ihm etwas Essen, das er im Finstern verzehrte. Er betete, fastete und flehte zu Gott, ihn vor den Händen seiner Verfolger zu retten. Man kann sich fragen, welchen Sinn dieses Flehen hatte, denn was wollte er damit erreichen? Mußte er nicht früher oder später doch sein Versteck aufgeben? Vielleicht machte er dort eine Art Exerzitien. Hin und wieder konnte er das Schreien und Rufen von Bernardones Freunden hören, die San Damiano umkreisten, fest überzeugt, daß er nicht weit sein konnte, und wütend wurden, weil sie ihn nicht aufstöbern konnten. Aber die Gnade waltete über Franziskus, der vorbehaltlos sein ganzes Vertrauen in Gott gesetzt hatte. Er wußte genau, daß darin das sicherste Mittel lag, sein Problem zu lösen. Ein Péguy wäre nötig, um uns zu erklären, daß das in Gott gesetzte Vertrauen die schwache Stelle des Herrn ist und daß es Waffen gibt, denen er nicht gewachsen ist. Aber er antwortet auf seine Weise. An diesem Morgen bestand seine Antwort darin, daß er das Herz des geliebten Kindes mit Freude erfüllte und einen Mann aus ihm machte.

Er hatte seine Stunde der Feigheit gehabt – die Stunde, wo Gott wieder einmal auf ihn lauerte –, er schalt sich selbst eine Memme, und ein neuer Franziskus verließ den Zufluchtsort und machte sich auf den Weg, ein abgezehrter, völlig geschwächter, zerlumpter, fast nicht mehr wiederzuerkennender Franziskus. Sobald er in der Stadt auftauchte, wurde er mit einem Hagel von Schimpfwörtern und Steinwürfen empfangen und mit Dreck beworfen, der ihm das ganze Gesicht verschmierte. Gleichzeitig ertönte der Ruf, der einen prophetischen Sinn annahm: „Pazzo! Pazzo! – Verrückter!" Der Narr Gottes stellte sich der Welt. Wie jener, den er liebte, es in seinem Leiden gehalten hatte, bewahrte er Schweigen vor der menschlichen Meute und setzte, ins Gebet versunken, seinen Weg fort. Solchermaßen trat der heilige Franz von Assisi glorreich in sein Jahrhundert ein.

Der Autor versucht, Bernardone zu verstehen

Bernardone blieb zu Hause, wartete auf Neuigkeiten und schluckte seinen Ärger hinunter. Einen Monat ging das schon so. Er war bereits viermal zur Ader gelassen worden (er war eben ein starker Sanguiniker) wegen dieses mißratenen Burschen. Geld und nochmals Geld, nur um mit den vornehmen jungen Herren zu feiern, mit dem Adel zu verkehren, weil dadurch Glanz auf den plebejischen Familiennamen fiel. Aber das genügte noch nicht. Eine Rüstung mußte her, unerläßlich für Franziskus, um Ritter zu werden und sich mit Gewalt in die Oberschicht zu drängen. Er hatte sie bekommen, seine Rüstung, und betrügerischerweise verkauft, stöhnte der Geldgeber. Für den Preis eines großen Bauerngutes! So unsinnig dieses Vermögen auch verschwendet war, eine Hoffnung blieb immer noch: der Handel, das Tuch! Dieser Spitzbube Franziskus war trotz allem der geborene Verkäufer mit seinen feinen Manieren, seinem aristokratischen Gehabe und der Kunst, einen Kunden mit der unschuldigsten Miene von der Welt regelrecht einzuwickeln und dabei den Eindruck zu erwecken, als gewähre er eine besondere Gunst, wenn er sich von den schönen und seltenen Stoffen trennte, die er eigentlich für sich selbst beiseite gelegt hätte... Besondere Gunst? Eine gehörige Tracht Prügel würde er aus besonderer Gunst für ihn bereithalten, wenn er ihn je zu fassen bekäme...

Solche Gedanken waren ein gewisser Trost für ihn; wenn er auch die Ballen seltener Stoffe nicht vergessen konnte, die frech aus dem Laden entwendet worden waren. Der Himmel schuldete ihm Rache dafür. Während ihm diese Gedanken durch den Kopf gingen, hörte er plötzlich Lärm aus einer Nachbarstraße herüberdringen. Gab es einen Aufstand? Es war doch zur Zeit alles ruhig in Assisi. Das Geschrei der wütenden Menge kam näher. Bernardone warf einen Blick nach draußen.

Bei dem Anblick, der sich ihm dort bot, stockte ihm der Atem. Hinter einem zerlumpten Kerl liefen junge Burschen und sogar Kinder her, warfen mit Steinen nach ihm und schrien: „Für den Verrückten!" Es war Franziskus. Ein Irrtum war ausgeschlossen, er war es, dieser schreckliche Bettler, diese Elendsgestalt, die ihn öffentlich entehrte. Das war der Gipfel. Eine solche Wut packte ihn, daß ihm die Adern schwollen, er stürzte dic Treppe hinunter, der Zorn verzehnfachte seine Kräfte, und eine Art wilder Wollust bemächtigte sich seiner ganzen Person, als er in einer Entfernung von ein paar Metern sein Opfer erblickte. Jetzt kam die Strafe, Speichel rann ihm übers Kinn. Was tut der Wolf, wenn er ein Lamm sieht? Er geifert.

Was nun folgte, war schrecklich. Vermutlich unbewußt machte sich der Tuchhändler zum Werkzeug des rasenden Teufels, der eine auserwählte Seele, der er so geduldig nachgestellt hat, entwischen sieht.

Bernardone bahnte sich einen Weg durch die Menge, fiel über seinen Sohn her, traktierte ihn mit Ohrfeigen, daß diesem Hören und Sehen verging, packte ihn bei den Haaren und schleifte ihn nach Hause. Dort stieß er ihn vor den Augen der entsetzten Pica in ein finsteres Loch, kettete ihn an und schlug ihn windelweich, „um ihn durch körperliche Züchtigung wieder zu den Verlockungen der Welt zu bekehren", wie Bonaventura uns sagt. Man reibt sich die Augen, aber so steht es da mit kaum zu überbietender Treuherzigkeit, die schon an schwarzen Humor grenzt. Der Vater mußte jedenfalls bald feststellen, daß seine Methode nichts taugte; außerdem riefen ihn Geschäfte in den Norden. Er vertraute deshalb die Schlüssel des Verlieses seiner Frau an und reiste ab. Mit ihrem heißgeliebten Sohn allein, begann Pica, ihm durch die Tür hindurch mit sanfter Stimme gut zuzureden. Sie hätte so gerne gesehen, daß sich trotz der dramatischen Vorfälle alles wieder zum Guten wenden würde, aber Franziskus war von sanfter, aber eiserner Unnachgiebigkeit. Schließlich gab ihm Pica, von der Liebe zu ihm besiegt, die Freiheit wieder und tauschte seine zerlumpten Kleider aus.

Für immer verließ Franziskus nun das Haus seiner Kindheit und ging wieder zu seinem ersten Zufluchtsort in der Nähe von San Damiano. Welche Pläne hatte er? Die Zukunft war seinen Blicken noch verborgen, aber eines war ihm klar, daß er nur noch ganz in Gott leben konnte.

Einige Zeit verstrich. Wie ein Alptraum erschien Bernardone wieder auf der Bildfläche, fragte nach Franziskus und ließ auf das Haupt seiner Frau, die ihn hatte entkommen lassen, eines seiner Donnerwetter niedergehen, wobei es an Beschimpfungen nur so hagelte. Das erleichterte ihn fürs erste. Aber da gab es noch eine Rechnung zu begleichen mit seinem Erben, und er eilte nach San Damiano. Es war inzwischen bekannt, wo der Einsiedler hauste, aber es war ein neuer Franziskus, der ihm da gegenüberstand. Ruhig und fest erklärte der sanfte Rebell, daß jede Gewaltanwendung unnütz sei, niemals werde er wieder nach Hause zurückkehren. Diesmal begriff der Tuchhändler. Er kam jedoch von neuem auf seine Verluste zurück und ließ das Jammergeschrei eines vermögensgeschädigten Mannes ertönen: „Mein Geld!"

Aber es war ja noch da! Die mit Gold gefüllte Börse, die Franziskus in San Damiano in einer Ecke aufs Fensterbrett geworfen hatte, lag noch immer da. Der Priester hatte sie nicht angerührt.

Versuchen wir die Situation so zu betrachten, wie sie sich in den Augen des Tuchhändlers darstellte. Man macht ihm gewöhnlich den Vorwurf, er sei ein sehr böser Mann gewesen, und oft war er es auch, doch nicht immer. Franziskus, der schmächtige Junge, war ihm sehr teuer, und mit Pica umhegte er ihn mit rührender Sorge. Mit einer Nachsicht, die an Schwäche grenzte, tat er alles, um ihm eine glückliche Kindheit und Jugend zu ermöglichen, denn er war stolz auf ihn. Er sah ihm die verrücktesten Launen nach, deren er nicht wenige hatte, und kümmerte sich auch noch lange nach der gesetzlich festgelegten Volljährigkeit von sechzehn Jahren um ihn. Mit blankem Gold hatte er ihn aus dem Gefängnis in Perugia geholt und ihn anschließend in seiner Spendierfreudigkeit nicht eingeschränkt. Er brummte, aber er zahlte mit einer bei einem geizigen Menschen nicht zu erwartenden Großzügigkeit. Man muß es sagen: auf seine Weise liebte er seinen Sohn. Das blieb so, bis Franziskus fünfundzwanzig war. Und was war das Ergebnis, war der Erfolg? Plötzlich hatte er es mit einem Halbverrückten zu tun, einem völlig Lebensuntüchtigen, kurzum – das Wort müßte eine Entsprechung in der umbrischen Sprache haben – einem Blindgänger, einem nicht gerade ehrlichen Blindgänger, der sich aus dem Staube machte, nachdem er ganze Ballen kostbarer Stoffe gestohlen hatte, um sie in Foligno zu verhökern. Und Pica blieb dabei, daß ihr Sohn ein Heiliger war, aber Frauen haben eben keinen Verstand.

Bernardone war entschlossen, den „Heiligen" vor die Konsuln zu zerren, um Klage zu erheben und ihn enterben zu lassen. Seine Anfälle von beinahe sadistischer Wut sind nicht zu entschuldigen, aber was sollte er von einem so bodenlos rätselhaften Menschen verstehen, wie sein Sohn es war? Die Straße schrie: „Jagt den Verrückten!", und die Straße hatte recht!

Im Augenblick befinden wir uns noch in San Damiano, und die mit Goldstücken gefüllte Börse liegt noch auf der Fensterbank. Wem gehört sie? Hier beginnen die Schwierigkeiten. Thomas von Celano (I) sagt, daß er dadurch, daß er in Foligno „wie gewöhnlich seine ganze Ware" verkaufte und sein Pferd obendrein, „alles verkaufte, was er besaß und jedes Interesse an Geld verlor". Man möchte es gerne glauben, weil es so gut zu den üblichen Vorstellungen paßt, die man von einem Heiligen hat. Aber der Priester von San Damiano „wies aus Furcht vor den Eltern das Geld zurück" (Celano, II). Später erklärte der Bischof von Assisi, daß man keinerlei frommen Gebrauch von nicht rechtmäßig erworbenem Geld machen könne, und riet Franziskus, seinem Vater die Summe zurückzuerstatten, die er für die Instandsetzung der Kirche hatte verwenden wollen. Der heilige Bonaventura sieht die Dinge anders. Bei ihm heißt es, daß der Vater „die Börse in einer Ecke des Fensters fand, was ihn beruhigte, aber es war nicht genug, daß er seinem Sohn das Geld abgenommen hatte ... er wollte ihn vor den Bischof bringen". Vielleicht war Franziskus der Ansicht, daß das Eigentum des Vaters auch ihm gehörte – juristisch stimmte das halbwegs –, vielleicht dachte er auch an nichts Bestimmtes, als er die Stoffe nahm, höchstens daran, daß er Geld brauchte, um die Kirche, deren Mauern zerfielen, instandzusetzen, wie der Herr es ihm gesagt hatte. Er glaubte bestimmt nicht, daß er einen Diebstahl beging. Aber die Börse lag da auf der kleinen Fensterbank und hütete ihr Geheimnis.

Die große Weigerung

Immer noch vor Wut kochend und von seinem vermeintlichen Recht überzeugt, ist Bernardone entschlossen zu handeln und eilt zum Stadthaus, wo er vor den Konsuln Klage gegen seinen Sohn erhebt, daß dieser ihm das gestohlene Geld zurückerstatten muß. Die Konsuln schicken einen Herold, um Franziskus aufzufordern, vor ihnen zu erscheinen.

„Durch die Gnade Gottes", gibt Franziskus zur Antwort, „bin ich von nun an ein freier Mann und bin Diener des Allerhöchsten geworden." Er weigert sich, der Vorladung zu folgen. In welche Verlegenheit stürzt er durch seine bewundernswerte Antwort die menschliche Justiz! Im Dienste Gottes untersteht er nicht mehr der weltlichen Gerichtsbarkeit, und die Konsuln müssen sich fügen. Bleibt noch der Bischof. Bernardone hat auch daran gedacht, wenn auch mit Zögern. Bei den Männern der Kirche weiß man nie, auf welche theologischen Winkelzüge man sich einläßt, um so mehr, als es sich um die Wiederherstellung einer Kirche handelt. Aber ein anderes Rechtsmittel gibt es nicht.

Also auf zum Bischofspalast! Bernardone bringt seine Klage vor. Er will nicht mehr und nicht weniger, als daß Franziskus auf seine Erbansprüche verzichtet und alles zurückgibt, was er noch besitzt. Als scharfsinniger und kluger Mann, der einen nicht geringen Hang zu irdischen Gütern besitzt, lädt Monsignor Guido, Bischof von Assisi, Franziskus in aller Form vor, und dieser leistet gerne Folge; denn „der Herr Bischof ist Vater und Herr der Seelen", und Franziskus ist der Untertänigste aller Gläubigen. Der Kirchenfürst empfängt ihn freundlich und hält ihm einen kleinen Vortrag, der ein Beispiel für Takt und gesunden Menschenverstand ist: „Du hast deinem Vater viel Ärger bereitet ... Wenn du Gott dienen willst, gib das Geld zurück, das du besitzest ... Vielleicht ist es unrechtmäßig erworben? (Welche Feinheit steckt in dem Wort „vielleicht".) Und Gott will nicht, daß du es für etwas Geweihtes verwendest. Hab Vertrauen, handle wie ein Mann... für San Damiano wird Gott Sorge tragen. Dominus providebit."

Besser konnte man nicht vorgehen, um aus Franziskus einen glühenden Soldaten Christi zu machen. Es wird ihm ein wenig schwindelig angesichts der Menge Schaulustiger, die sich versammelt hat, um das Schauspiel auf dem öffentlichen, etwas unterhalb des väterlichen Hauses gelegenen Platz vor Santa Maria Maggiore mitzubekommen. Dort befindet sich auch der Bischofspalast, der über dem alten Wohnsitz des in Schönheit schwelgenden römischen Dichters Properz erbaut worden war. Aber wovor zum Teufel sollte Franziskus Angst haben! Ohne ein Wort zu sagen, reißt er sich hastig sämtliche Kleidungsstücke vom Leib und wirft eins um das andere dem Vater zu Füßen, sogar seine Unterkleider. Schließlich schleudert er auf diesen ganzen Haufen noch die verfluchte Börse, die er kurzweg mitgebracht und in einer Tasche versteckt hatte. Nackt wie am Tage seiner Geburt steht er da, an diesem Tage nackt für seine zweite Geburt.

Nach dem Lärm und Gewoge, das soeben noch den Platz erfüllte, verstummen die Zuschauer plötzlich. Und sie sind zu Tränen gerührt, als sie das Büßerhemd erblicken, das der elegante Stutzer von gestern jetzt auf seiner bloßen Haut trägt. Er wird es fortan tragen, dieses härene schreckliche Büßerhemd, das jede wollüstige Begierde abtötet und den Körper Tag und Nacht kasteit.

Ist auch etwas Theater dabei? Bestimmt. Franziskus hat eben einen untrüglichen Sinn für spektakuläre Gesten, so daß man nur noch für ihn Augen hat. So war es schon in seiner Kindheit, als er der erste sein mußte, nach dem sich jeder richtete. Jetzt dient diese Schwäche einer schonungslosen Aufrichtigkeit, die an Wahnsinn grenzt. Verrückte haben die Manie, sich nackt auszuziehen, er fühlt sich auch verrückt, verrückt vor Zorn und verrückt vor Liebe, und von diesem Hochgefühl überwältigt, ruft er mit bezwingender Macht: „Hört zu, hört alle zu! Fortan kann ich in aller Freiheit sagen: ‚Vater unser, der du bist im Himmel.' Pietro Bernardone ist mein Vater nicht mehr, und ich gebe ihm nicht nur dieses sein Geld zurück, sondern auch alle meine Kleider." Dieser letzte Schrei klingt wie ein Magnifikat: „Nackt werde ich meinem Herrn entgegengehen."

Der Bischof, ebenso aufgewühlt wie die Menge, brach in Tränen aus, nahm den jungen Mann in seine

Arme und hüllte ihn in seinen Mantel ein. So nahm die Kirche Besitz von einem ihrer größten Söhne. Unter den mißbilligenden Blicken der Menge ging der Vater mit dem, was ihm gehörte, und mit Trauer im Herzen davon. Man schrieb den 10. April 1206.

Um Franziskus zu bekleiden, fand man nur alte abgelegte Kleider, ein Hemd und den zerlöcherten Mantel eines Gärtners, aber er nahm den Plunder dankbar in Empfang und malte später mit einem Stück Kreide ein Kreuz darauf.

Wohin soll er jetzt gehen? Er entschließt sich, Assisi für ein paar Tage zu verlassen und in Gubbio Unterschlupf zu suchen, wo er einen Freund hat, den er vermutlich aus dem Gefängnis von Perugia her kannte. Er hat die Wahl zwischen der Landstraße und einem Waldweg und wählt den letzteren, um unter dem brüderlichen grünen Gewölbe des Waldes das Übermaß an Glück hinauszusingen. In welcher Sprache? In Französisch natürlich, der geliebten Sprache, die in solchen Augenblicken aus seinem Herzen quoll.

Und wie in einer Oper tauchten auch Räuber auf. Sie haben ihn von weitem singen hören und sind nun maßlos enttäuscht, daß sie, statt eines Reichen, diesen armen Teufel erwischen. Da er keinen roten Heller besitzt, reißen sie ihm den Mantel von den Schultern, lassen ihm nur sein Hemd und fragen ihn, wer er sei: „Ich bin der Herold des großen Königs!" Über diese grandiose Antwort will das Pack sich schier kranklachen. Sie nehmen schließlich den Herold des „großen Königs" und werfen ihn in wildem Übermut kopfüber in ein mit tauendem Schnee gefülltes Schlammloch. Vorsichtig wartet Franziskus, bis sie weg sind, klettert mit Mühe aus seinem Graben und bricht, am ganzen Leibe zitternd, in ein unbändiges Lachen aus. Aufs neue fängt er an zu singen, das Herz von einer rätselhaften Freude erfüllt.

Kurze Zwischenbemerkung

In einem seiner vertraulichen Berichte, von denen uns viele überkommen sind, hat Franziskus verraten, daß er seit dem Tage seiner Bekehrung ständig krank war. Vielleicht war das der Preis einer besonderen Gnade, aber Bekehrungen hatte er auch vorher schon erlebt. Er hatte sich Mühe gegeben und war wieder rückfällig geworden bis zu dem entscheidenden Augenblick der spektakulären Entblößung vor aller Öffentlichkeit. Da verschwand der Sünder endgültig vor dem Heiligen. Bei unserem Versuch, dem Sünder zu folgen und ihn zu verstehen, haben wir das Gefühl, seiner Wahrheit näher zu kommen, denn wir erkennen uns in seinen Schwächen selbst wieder. Wir gehören sozusagen zur Familie. Aber von dem Augenblick an, wo Gott sich seiner bemächtigt, wird das allzu Menschliche verkürzt, und wir verlieren den Menschen manchmal aus den Augen. Um einen Satz von Dante wiederaufzunehmen: Er verbirgt sich im Licht. Er ist uns ganz nahe durch die Liebe zum Nächsten und unendlich ferne durch die unbeschreibliche innere Verwandlung. Dennoch bewahrt seine Hand, die sich uns entgegenstreckt, ihre ganze menschliche Wärme, und seine sanfte italienische Stimme trifft uns unfehlbar mitten ins Herz.

Um auf die Entkleidungsszene zurückzukommen, sie gehörte in einer Zeit, als Scham noch nicht mit Prüderie verwechselt wurde, zu den Formen der öffentlichen Buße. Dadurch, daß er sich der äußeren

Zeichen des Reichtums, der Kleider, entledigte, in denen er alle Freuden der Welt gekostet hatte – und die, sich sehen zu lassen, war für ihn nicht die geringste dieser Freuden –, und den Stolz und Hochmut seiner Jugend hinter sich ließ, zeigt Franziskus allen, daß er sich ganz klar und deutlich von seiner Vergangenheit losgesagt hat. Das Lossagen in der Öffentlichkeit war nach der Auffassung des Mittelalters ein juristischer Akt in sich. Von nun an arm und völlig mittellos, entschied sich Franziskus für das Lager der Enterbten und Ausgestoßenen.

Und dem entsprach die spektakuläre Geste des Bischofs, er war auf einmal nicht mehr Monsignor Guido, Bischof von Assisi, sondern wurde zur Kirche, die Franziskus von allen irdischen Gütern freisprach.

Der Empfang bei den Benediktinern

Da steht Franziskus nun, nur mit einem Hemd bekleidet, das ihm die Räuber in einem Anflug von Menschlichkeit gelassen haben, und starr vor Kälte, und dennoch schallt sein Lobgesang des Herrn nicht weniger laut durch den Wald. Soll er so bis Gubbio gehen bei dieser Kälte? Das Land hat gegen Ende des Winters unter Überschwemmungen gelitten; die Wege stehen unter Wasser oder sind mit Schneematsch bedeckt. Er erinnert sich an ein Benediktinerkloster in der Gegend. Dort werden sie den seltsam gekleideten Wanderer bestimmt aufnehmen, doch die Zeit der Enttäuschungen beginnt jetzt. Auf den Mönch an der Pforte macht er einen verdächtigen Eindruck. Aber heißt es nicht, man nimmt Jesus auf, wenn man einen Armen hereinläßt?

Man gibt ihm einen groben Kittel, genauer gesagt den langen Rock eines Stallknechts, und schickt ihn zum Geschirrwaschen in die Küche. Dort braucht er wenigstens nicht zu frieren, aber im Augenblick quält ihn mehr der Hunger. Er bekommt ein Stück Brot, das er in das für die Schweine bestimmte Fettwasser tunken kann. So läßt es sich ein paar Tage aushalten, und als er beschließt weiterzuziehen, steht ihm die Tür weit offen. Die Überlieferung berichtet – und das sei zu Ehren des heiligen Benedikt gesagt –, daß bald darauf der Prior sich bei ihm im eigenen und im Namen der Mönche entschuldigte, als er erfuhr, daß er einen Heiligen beherbergt hatte. Man weiß nicht, was das Traurigste daran ist, der Empfang oder die Entschuldigungen, aber verziehen wurde mit Großmut und Liebe.

In Gubbio traf Franziskus den Mann, den er suchte, einen Freund von früher, der sich sehr menschlich zeigte, ihm eine Tunika und einen Gürtel gab und ihn mit Sandalen und einem Pilgerstab versah. War es ein alter Festkumpan? Das wäre zu schön gewesen, aber höchstwahrscheinlich hatten die beiden sich während der Gefangenschaft in den Verliesen von Perugia kennengelernt.

Wir haben nur spärliche Anhaltspunkte, wo Franziskus sich in den folgenden Wochen überall aufhielt. Es hielt ihn nie lange an einem Ort. Vielleicht wählte er, da er nur den einen Wunsch hatte, dem Herrn zu folgen, eine unsichtbare Marschroute, die ihn dorthin führte, wo er ihn mit Sicherheit treffen würde. Wie er ihn eines Tages auf der Landstraße in Gestalt des Aussätzigen geküßt hatte, so wollte er ihn auch jetzt wieder in einem Leprosen-Spital finden. Man war damit einverstanden, daß er die armen Kranken pflegte. Wir können uns jene übernatürliche Freude nicht vorstellen, die ihn erfüllte, wenn er diese gemarterten Wesen wusch, die den anderen Leuten Schrecken einjagten. Er ging in seiner Selbstlosigkeit und Hingabe viel weiter als jene, die ihr Leben dem menschlichen Leiden widmen. Der heilige Bonaventura, der kein Detail ausläßt, erzählt uns, daß Franziskus Stücke verfaulten Fleisches entfernte, den Eiter abwischte und soweit ging, die Wunden zu küssen, als ob es sich um die Wunden Christi handelte, und seinen Mund auf die von der gräßlichen Krankheit zerfressenen Münder legte. Er verschwendete diese Zeichen der Liebe an Christus, den er in ihnen erblickte, und ihm wurde hundertfach vergolten. Wir stehen hier vor etwas Unvorstellbarem, weil wir einfach keinen Zugang zu einer solchen Seele und nur einen verschwommenen Begriff von Heiligkeit haben, aber es lohnt durchaus, bis in das Vorfeld des mystischen Schauders vorzustoßen, um die Persönlichkeit zu erfassen, die die christliche Menschheit tief erschüttert hat.

Wiedersehen mit San Damiano

Seine arme Kirche vergaß er nicht, die er, wie er meinte, auf Geheiß des Herrn wieder instandsetzen sollte, und kehrte, die Aussätzigen aus Gehorsam gegen Gott verlassend, nach San Damiano zurück, um mit den Bauarbeiten zu beginnen. Aber die mit Goldtalern gespickte Börse lag nicht mehr auf der Fensterbank, und die Steine bekam er nicht ohne Geld. Doch das war kein Problem für Franziskus. Mit einer Unbefangenheit, die uns immer noch in Erstaunen setzt, hielt Franziskus sich dabei an den Rat des Evangeliums, und im Vertrauen auf diese Verheißung Gottes bat er, um zu empfangen: Steine erbetteln, wie stellt man das an?

Er lief durch die Straßen der Stadt und rief: „Wer mir einen Stein gibt, wird von unserem Herrn belohnt! Wer mir zwei gibt, wird doppelt belohnt! Wer mir drei gibt, erhält eine dreifache Belohnung von ihm." Zunächst herrschte großes Erstaunen. Um Stimmung für das gute Werk zu machen, sang er dann mit seiner einschmeichelnden Stimme, die ganz Assisi kannte, das Lob Gottes. Mochten die Leute auch lächeln und spötteln, die überraschende Bitte und die zarte, fröhliche Weise, die er sang, verfehlten ihre Wirkung nicht. Die ersten Steine wurden gebracht, hier einer und dort einer. Es war noch gar nicht so lange her, da hatten sie Steine nach ihm geworfen, um ihn zu beleidigen und ihm weh zu tun; vielleicht aus einem dunklen Gefühl heraus, Rache zu nehmen an einem, der lange Zeit alle Welt durch seine Extravaganzen und seinen Charme in Bann geschlagen hatte. Jetzt gaben sie ihm Steine als Geschenk. Ob klein oder groß, er nahm alles an. Als er mit seiner Steinlast auf dem Rücken nach San Damiano zurückkam, war er völlig erschöpft, aber glücklich. Man mußte das Evangelium ganz wörtlich nehmen, dann zeigte sich, wie jetzt wieder, die Wirksamkeit des Gebets. Die Methode war ganz einfach, man mußte sie nur anwenden.

Jetzt stand ihm eine noch härtere Aufgabe bevor, die Instandsetzung der baufälligen Mauern. Doch Franziskus bewies, daß er auch damit zurechtkam. Er hatte zusammen mit den Bewohnern von Assisi eine gute Schule durchgemacht, als er nach der Zerstörung der Festung beim Bau der Stadtmauern mitgearbeitet hatte. Das war gewissermaßen seine Lehre als

Maurer und Handlanger gewesen. Wie er damals im Hochgefühl des Sieges gesungen hatte, so sang er jetzt vor Freude, weil er, wie er glaubte, einen Wunsch des Erlösers erfüllte.

Der Pfarrverweser, der zu alt war, um ihm zur Hand zu gehen, war von einem so einmaligen Glaubenseifer sehr angetan. Es war ein Benediktiner aus dem Subasio-Kloster, und man kann sich die Frage stellen, wer am Ende mehr erbaut war, der Mönch oder die Kirche. Jedenfalls kümmerte er sich um das Essen für den braven jungen Mann, der eine solche Menschenfreundlichkeit anfangs ganz dankbar quittierte. Als er merkte, daß der alte Mönch ihm zu köstliche Gerichte zubereitete, zog er es vor, als echter Sohn der Frau Armut sein Brot zu erbetteln.

Die Leute mochten die Bettler nicht, aber um ihr Gewissen zu beruhigen, drückten sie ihnen irgend etwas in die Hand, zum Beispiel wenig appetitliche Essensreste. Franziskus nahm alles dankbar an, doch als er einmal sah, was man ihm in seinen Napf geworfen hatte, glaubte er brechen zu müssen. Er hatte seine Natur noch nicht gebändigt, gab aber seinem Herzen einen Stoß und aß. Die Belohnung erfolgte auf der Stelle: Kaum hatte er den Fraß auf der Zunge, kam er ihm köstlich vor.

In San Damiano machten indessen viele Neugierige halt, um den arbeitsfreudigen Kerl zu sehen, der vor sich hinsang, wenn er Stein auf Stein schichtete. Sie gehörten zu jenen Menschen, die mit besonderer Vorliebe ihrem Nächsten bei der Arbeit zusehen, aber der Nächste, um den es sich hier handelte, war auf diesem Ohr taub und lud mit unnachahmlicher Höflichkeit die Müßiggänger auf französisch ein, für den Herrn ein bißchen mit zuzugreifen. Die einen lachten und gingen weiter, andere erkannten in dem frommen und dabei noch lustigen Maurer den leichtfertigen Stutzer von damals wieder, blieben erstaunt wie vor etwas Unfaßbarem stehen und halfen mit. Es wird erzählt, daß es ihm sogar gelungen sei, eine ganze Gruppe freiwilliger Helfer zu gewinnen, aber das wäre dann doch wohl eine Überschätzung der menschlichen Hilfsbereitschaft. In kurzer Zeit waren die Mauern wieder hochgezogen. Im September 1206 hatte er sich an die Arbeit gemacht, und als sie beendet war, glaubte er, in diesem Punkt mit Gott im reinen zu sein. In Wirklichkeit war alles noch zu tun.

Natürlich ging die Wiederherstellung zerfallener Kirchen weiter. Mit sicherem Instinkt fand er immer wieder vom Einsturz bedrohte Kirchen. Die erste war San Pietro, eine Kapelle in der Ebene von Assisi, unweit eines der väterlichen Landgüter gelegen, wohin er als junger Mann oft gegangen war, um in der brütenden Sommerhitze Erfrischung zu finden.

Wir können den Ort sogar genau bestimmen, dank des Testaments seines Neffen. Der kleine Weg zu dieser Kapelle führte in entgegengesetzter Richtung nach San Damiano, als klammerten die beiden Kirchen die schönen Tage seiner Jugend ein. Dann kam später noch Portiunkula. Aber die erste, San Damiano, und die dritte, Portiunkula, sollten jede auf ihre Weise eine entscheidende Rolle im großen Abenteuer seines Lebens spielen.

Bei Bernardone, zweiter Teil

Die Gefühle, die vom Morgen bis zum Abend in Bernardones Brust tobten, waren sehr verschiedener Natur, mal verfiel er in dumpfes Schweigen, mal machte er seinem Herzen durch laute Empörung Luft. Daß er sein Geld zurückbekommen hatte, war ein schwacher Trost bei dieser Familienkatastrophe. Sein Sohn, in den er all seine Hoffnung gesetzt hatte, machte ihm Schande und war zum Gespött der ganzen Stadt geworden. Ärgerlicher als alles andere war das Mitleidsgetue einiger frommer Seelen, und was den Ärger des Tuchhändlers auf die Spitze trieb, waren die Gerüchte über die Tugenden dieses Tunichtguts, dieses alten Taugenichts, denn nichts anderes war Franziskus. Er hatte die Fünfundzwanzig überschritten und benahm sich wie ein Junge, der völlig den Kopf verloren hat.

Sein jüngerer Bruder Angelo betrachtete die Situation mit größerer Ruhe und viel Ironie. Er war ein Spötter. Für ihn war Franziskus noch immer der Bruder Leichtfuß der Familie, der angeblich bekehrte Lebemann machte jetzt auf heilig. Wenn er ihm eines Tages auf der Straße oder anderswo über den Weg laufen sollte, dann hatte er einen kleinen, gut gespitzten Pfeil im Köcher, um diesen Luftballon schnell zum Platzen zu bringen. Keine ausgesprochene Bosheit, nur ein kleiner harmloser Satz, der fromm klang, aber tödlich war. Und im Grunde hatte er doch gar kein schlechtes Geschäft gemacht; nachdem sein ältester Bruder aus dem Felde geschlagen war, hatte er Anrecht auf das ganze Erbe.

Die Mutter hingegen weinte und klagte. Nach Bernardones Ansicht waren die Tränen Weibersache, und die gute Pica machte keine Ausnahme. Ihr unterdrücktes Schluchzen ging ihm zwar auf die Nerven, aber man mußte ihr eben Zeit lassen.

Franziskus in den Straßen der Stadt zu begegnen war unvermeidlich. Auch Bernardone mußte ihn treffen. Man möchte annehmen, daß er dann ebenso plötzlich wie unerwartet eine Regung des Herzens gespürt hätte, aber das Gegenteil war der Fall. Sobald er seinen Sohn erblickte, verfluchte er ihn mit lauter Stimme. Man weiß nicht, was Franziskus dazu sagte. Vielleicht schwieg er still und ging einfach weiter, aber es geschah immer wieder. Franziskus in seinem Bettlergewand bekam die väterliche Verwünschung in Gegenwart peinlich berührter Straßenpassanten an den Kopf geworfen und muß darunter gelitten haben, denn er sann schließlich auf ein Mittel, das die traurige Heimsuchung erträglicher machen sollte. Er suchte sich einen ehrwürdig ausschauenden Bettler namens Albert und versprach ihm die Hälfte aller milden Gaben, die er bekommen würde, wenn er ihn an Sohnes Statt annähme und ihn auf seinen Gängen durch die Stadt begleitete. Der Handel wurde perfekt, und jedesmal, wenn sie auf den Tuchhändler stießen und dieser seine übliche Verwünschung ausstieß, machte Albert ein Kreuzzeichen über seinen Adoptivsohn und gab ihm den Segen, um die bösen Worte des herzlosen Vaters abzuwenden. Franziskus sagte dann zu seinem Vater: „Glaubst du, daß Gott nicht imstande ist, mir einen Vater zu geben, der mich segnet, damit deine Flüche zuschanden werden?" Diese sonderbare Szene überraschte die Leute von Assisi, aber sie rührte sie auch.

Ungerührt dagegen blieb Angelo, der nur auf einen günstigen Moment wartete, um seinen vergifteten Pfeil abzuschießen. Die Gelegenheit ergab sich an einem eiskalten Wintermorgen, als Franziskus, in

Lumpen gehüllt, betete und vor Kälte zitterte. Laut genug, daß man ihn hören konnte, sagte sein Bruder zu einem Nachbarn: „Bitte Franziskus doch, er möge dir für einen Pfennig Schweiß verkaufen!" Franziskus antwortete prompt mit einem heiteren Lächeln auf französisch: „Ich habe ihn bereits dem Herrn verkauft!"

Der schmale Weg

Franziskus wußte nur zu gut, daß der Weg zu Gott nicht mit Trost gepflastert ist, sondern daß das Leid der kürzeste Weg ist, der direkt zu ihm führt. Neben der übernatürlichen Freude, die ihn erfüllte, wohnten Krankheit und innere Qualen, die er als Gnade auf sich nahm. Das kostete manchen harten Kampf, denn der alte Adam war noch nicht endgültig tot. Vor allem führte die Eigenliebe ein zähes Leben. Eines Tages war Franziskus unterwegs, um Öl für das Kirchlein San Damiano zusammenzubetteln. Als er an ein Haus kam und gerade anklopfen wollte, sah er durch das halbgeöffnete Fenster eine Gruppe Menschen, unter ihnen einige seiner früheren Freunde, und spürte plötzlich einen Stich in seinem Herzen ... Für sie ging das Fest weiter, aber ohne ihn. Sie hatten geschmaust und getrunken, sangen und tanzten und widmeten sich dem Spiel. Er sieht und schaut, und eine Flut von Erinnerungen überkommt ihn mit ungewöhnlicher Heftigkeit, vor allem als Musik ertönt. Er schämt sich, wagt nicht einzutreten und entfernt sich mit hochrotem Kopf. Diese Minute der Schwäche bringt ihn uns so nahe!

Er weiß nicht, was er tun soll, macht sich die heftigsten Vorwürfe wegen seiner Feigheit, und plötzlich macht er auf der Stelle kehrt, läuft bis zum Haus zurück und legt dort in tiefer Demut ein öffentliches Schuldbekenntnis ab. Man stelle sich die Szene einmal vor! Die Leute, die vorbeikommen, bleiben verdutzt stehen und blicken völlig verständnislos auf den kleinen zerlumpten Mann, der sich an die Brust schlägt und tapfer den Hochmutsteufel in seinem Innern bekämpft. Als er sich wieder gefangen hatte, trat er bei den Spielern ein und brachte auf französisch seine Bitte vor. Warum auf französisch? Weil Franziskus mit seinen Kumpanen früher immer französisch sprach.

Man hörte ihn schweigend an, und ein Augenblick peinlicher Stille entstand. Sie trauten ihren Augen nicht, dieser Bettler war der Prinz der Jugend, ihr Herr von damals, und jetzt bettelte er um der Liebe Gottes willen um Öl. Das Öl konnten sie ihm nicht abschlagen, aber was sollten sie diesem Sonderling sagen, dessen Gegenwart eine ganze Welt von Erinnerungen in ihnen wachrief. Seinen Charme hatte er trotz der Lumpen nicht verloren. Er nahm das Öl, das sie ihm nach einer kurzen Pause gaben, bedankte sich mit seiner bekannten Höflichkeit und zog sich zurück. Wenn Gott Schwieriges von uns verlangt, gibt er uns auch den Mut, es durchzustehen.

Die große Szene vor dem Bischof und dem Volk von Assisi war noch längst nicht vergessen. Der spektakuläre Verzicht auf die Güter dieser Welt machten den Sohn Bernardones zu einem Sonderling. Sie beobachteten genau, was er tat, und was tat er denn schon? Er lief mit seinem Bettelkorb durch die Straßen der Stadt und sang das Lob des Herrn. Andere verdienten ihr Brot durch harte Arbeit. Er dagegen bat die anderen um sein Brot. Man lachte wieder über ihn und, was schlimmer war, belächelte ihn; im Lachen kann freundliche Nachsicht stecken, in das Lächeln über einen Menschen mischt sich leicht Verachtung. Sein Gewand, sein Stock, seine Sandalen, der Gürtel um die Hüften machten ihn zum Gespött der Skeptiker. Sicher hatte er die Mauern einer kleinen Kirche instandgesetzt, wenn auch nicht allein, er hatte Hilfe bekommen; die Absicht und die geleistete Arbeit waren zweifellos gut. Jetzt fragte man sich aber, wohin das eigentlich führen solle. Vielleicht stellte er sich selbst diese Frage.

Weshalb sollte er eine andere Kirche, die in einem ebenso schlechten Zustand wie San Damiano war, nicht auch instandsetzen? An solchen Kirchen war kein Mangel in der Gegend. Er beschloß, eine nach der anderen in Angriff zu nehmen, wie ein Arzt sich um jeden seiner Kranken kümmert. Die erste war San Pietro, ein bescheidenes, aber noch nicht völlig verfallenes Kirchlein in der Nähe der Stadtmauern. Hatte er Talent zum Baumeister? Manche sind dieser Meinung, denn Italiener sind häufig gute Architekten.

Eines Tages stand er in einem Eichenwald vor einem alten, verlassenen Heiligtum, das nur 4 x 7 m maß und höchstens noch von Waldarbeitern und Winzern benutzt wurde. Es handelte sich um eine Kapelle, die den Benediktinern gehörte und Unserer Lieben Frau von den Engeln geweiht war, später aber Unsere Liebe Frau von Portiunkula genannt wurde. Das bedeutet soviel wie „kleiner Raum", oder „kleine Pfründe", denn hier war ein Andachtsort, der nur wenige Gläubige faßte. Gott erwartete ihn hier, um klar und deutlich mit ihm zu reden. Wußte Franziskus, daß er die Schwelle zum irdischen Ruhm betrat, auf den er verzichtet hatte?

Mit gewohnter Energie ging er ans Werk, und weil er ein Verehrer der heiligen Jungfrau war, beschloß er, an diesem Ort, wo sie verehrt wurde, als Einsiedler zu leben. Die Arbeiten waren beendet, und auf Bitten von Franziskus kam ein Mönch vom Monte Subasio, um frühmorgens die Messe zu lesen. Eines Morgens, am Fest des heiligen Matthäus, las er ihm die Stelle aus dem Evangelium vor, da Jesus seine Apostel aussendet, seine Lehre zu verkünden, und ihnen sagt, wie sie es tun sollen.

„Nicht Gold noch Silber noch Geld sollen sie mit auf den Weg nehmen, keine Börse und keinen Bettelsack, kein Brot und keinen Wanderstab, sie sollen weder Schuhe noch zwei Gewänder haben, sie sollen das Königreich Gottes verkünden . . . " Bei diesen Worten zuckte Franziskus zusammen, als sei eine Stimme vom Himmel in sein Ohr gedrungen. Als die Messe zu Ende war, bat er den Priester, ihm die Rede Jesu an seine Jünger Punkt für Punkt zu erklären, und als ihm der Sinn dieser kurzen und entscheidenden Sätze aufging, fühlte er sich wie in einem Meer der Freude. Endlich hatte er die seit langem erwartete Botschaft empfangen und rief aus: „Das ist es, was ich will, was ich mit ganzer Seele begehre!"

Auf der Stelle warf er Stab, Sandalen, Mantel und Lederriemen weg. Das Evangelium offenbarte sich ihm in seinem blendenden Licht. Mit einemmal wurde er zum Jünger Christi. Kannte er das Evangelium denn noch nicht? Er hatte es seit seiner Kindheit doch oft genug gehört! Aber dieses Buch hat das Besondere an sich, daß wir darin jahrelang lesen können, und plötzlich steigt aus seinen Seiten eine lautlose, uns dennoch betäubende Stimme, die wir nie wieder zum Schweigen bringen können.

Der Zustand der Kirche

Die kindliche Liebe, die Franziskus für die Kirche in Rom hegt, bleibt immer ein besonders hervorstechender Charakterzug an ihm. Von seiner Jugend an bis zum Tage seines Todes ist seine Treue unerschütterlich. Er konnte schwanken auf dem Weg seiner Bekehrung, aber er hatte nie Zweifel an einer Institution, von der Christus selbst ihm sagte, daß sie dem Zusammenbruch nahe sei. Der frisch Bekehrte konnte eine solche Botschaft nicht begreifen. So paradox es klingen mag, sein Glaube wehrt sich dagegen. Daß San Damiano einzustürzen drohte, war offensichtlich, aber die Kirche? Das war undenkbar. Sie stand fest für immer bis ans Ende der Zeiten. Sie war Kirche, wie der Himmel Himmel war.

Hatte er denn keine Augen im Kopf? Von der Kirche des 12. Jahrhunderts läßt sich insgesamt nur ein düsteres Bild zeichnen. Die Belege dafür braucht man nicht bei ihren Gegnern zu suchen, die katholischen Zeugnisse genügen vollauf. An erster Stelle die Vielzahl der päpstlichen Bullen Innozenz' III. gegen die schlimmsten Mißstände. Doch wenn der Papst auch wegen des allgemeinen Sittenverfalls in Europa in Sorge war, seine Strafandrohungen in den Bullen bewirkten wenig gegen Wucher, Bestechlichkeit, Unmäßigkeit und sexuelle Zügellosigkeit bei vielen Priestern, bis hinein in die Klöster. Das Ärgernis war überall. Ein unerhörter Luxus machte sich in der Kirche breit. Prunklust und Wollust: Luxus und Luxuria. Man sang Spottlieder auf die geilen Mönche. Entsprungene Geistliche zogen durch die Lande und verbreiteten freche Lieder über die geistlichen Würdenträger. Die lateinischen Verse dieser Galgenvögel waren oft bewundernswert, wie die „Carmina Burana" beweisen, von denen noch etwas in Dantes „Inferno" nachklingt, wenn auch nur im 19. Gesang über Simonie, den Handel mit geistlichen Ämtern. Der Glaube selbst blieb davon nicht unberührt. Der Kardinal Jakob von Vitry blickte auf die Ostkirche und machte sich seine Gedanken.

Natürlich war kein Mangel an treuen Christen. Franziskus kannte untadelige Priester, aber er war weit davon entfernt, zu leugnen, daß die Kirche eine Krise der Verwirrung erlebte. Er hatte doch selbst erfahren, was die Wanderprediger, die von Nord und Süd, von Lyon und Mailand kamen, darüber zu berichten hatten mit ihrer ständigen Kritik an einem durch den Hang zum Reichtum verdorbenen Episkopat, dem sie die evangelische Armut gegenüberstellten. In diesem Punkte mußte man ihnen völlig recht geben. Aber Franziskus hielt aus dem gleichen Grund wie auch die breite Masse des Volkes am Wesentlichen fest, daß die Kirche nämlich inmitten all dieser Exzesse die Schlüsselgewalt behielt, die Gewalt, die Pforten des Himmels durch die Vergebung der Sünden zu öffnen. Franziskus blieb unerschütterlich katholisch.

Vollkommene Priester hatte er wenigstens drei gekannt.

In seiner Jugend den alten Domherrn von San Giorgio, der die Geschichte vom heiligen Georg erzählte und dadurch den aufgeschlossenen Knaben zum Ideal geistlichen Rittertums führte, dem er sein Leben lang anhing.

Der nächste war der Priester von San Damiano, der den jungen Mann gut gekannt hatte und als erster merkte, daß ein verwandelter Franziskus auf der Suche nach Christus vor ihm stand.

Der dritte schließlich war der Benediktiner von

Subasio, der jeden Morgen für ihn in der Portiunkula die Messe las. Es war am 24. Februar 1208 in aller Morgenfrühe. Das Gemurmel der lateinischen Worte unterbricht kaum die Stille der kleinen romanischen Kirche, die verloren mitten im Eichenwald steht. Beim Schimmer zweier Kerzen liest der Priester das Evangelium. Franziskus entdeckt während der Lesung die noch geheimnisvollen Verse. Gleich wird der Mönch ihm ihren Sinn erklären. Der entscheidende Augenblick ist gekommen. Die Messe ist aus, die Kerzen erlöschen, die Tür steht offen, Franziskus macht sich auf den Weg.

Der andere

Von diesem Augenblick an war Franziskus ein anderer Mensch. Alle Theologen der Welt wären außerstande, diese innere Wandlung zu beschreiben, die sich unserer klassischen Psychologie entzieht. Franziskus machte in sich Platz für Christus. Er blieb Mensch, aber Christus wohnte in ihm. Der Franziskus von gestern, der vor Liebe sterbende Franziskus, hatte sich hingegeben.

Was wir im gewöhnlichen Wortsinn als Bekehrung betrachten, ist einfach ein Wechsel von Gewohnheiten.

Man sagt, nicht ohne Kampf, nein zu diesem, nein zu jenem, weil man ein „Credo“ angenommen hat, das jedes schlechte Tun ausschließt, aber der innere Mensch hat sich nicht gerührt. Er zügelt seine Begier, bleibt aber ein Mensch mit Begierden. Es hat kein Ersetzen einer Person durch eine andere stattgefunden. Bei Franziskus aber geschah das.

Was wird der neue Franziskus jetzt tun? Seine erste Sorge war, sich eine grobe Kutte aus rauhem Stoff zu machen, er schnitt sie, um den Sinn seiner Mission deutlich zu machen, in Kreuzform zu. Als trüge er die Rüstung Gottes, kehrte er in dieser Kleidung, barfüßig und mit einem Gürtel um die Lenden, nach Assisi zurück und begann zu reden.

Mit seiner hohen, klaren Stimme, die sehr weit trug, wandte er sich an alle Menschen. Die Worte kamen wie von selbst aus seinem von Liebe überströmenden Herzen, und diese Liebe wollte er mit allen teilen, die unvorstellbare Liebe Gottes zu jedem Menschen, dem dieser kleine Mann mit den brennenden Augen begegnete.

Jeder, der ihn hörte, war überrascht. Er drückte sich so einfach und mitreißend aus, seine Worte wirkten so unmittelbar und waren so treffend, daß jeder sich persönlich angesprochen fühlte. Viele folgten ihm, voll Staunen, daß Franziskus zu ihnen in einer so mächtigen Sprache redete, völlig verschieden von den Predigten, die sich sonntags von der Kanzel herab über sie ergossen. Jetzt warf keiner mehr Steine nach ihm und rief „Pazzo!" Was er sagte, war neu. Wo hatte er, der früher nur Liebeslieder singen konnte, das gelernt? Was war mit ihm geschehen? Er kannte seine Landsleute aus Assisi nur zu gut; er redete nicht, um ihnen Furcht einzujagen, sondern um ihnen den Frieden und die Freude der frohen Botschaft zu verkünden: „Pace e bene!", wie jener Übergeschnappte, der einst in den Straßen der Stadt dieses Wort gerufen hatte. Und dennoch, wenn seine Augen sie ansahen, wenn er zur Buße mahnte, zur raschen Umkehr, weil nicht viel Zeit bleibe, schlug ihnen das Herz in banger Unruhe. Keiner fühlte sich schuldig, und doch fühlten sich alle seltsam getroffen durch diesen Menschen, der unter ihnen umherging und mit ganz gewöhnlichen Alltagsworten, nicht wie die hohen Gelehrten, immer wieder sagte, daß Gott die Sünder liebt und nur die Sünde haßt.

Bewunderung geht leicht in Begeisterung über, und diese ist ansteckend. Geschah es schon jetzt oder ein wenig später, daß ein junger Mann, dessen Namen wir nie wissen werden, vielleicht gerade dem Knabenalter entwachsen, eine jener einfachen und rätselhaften Seelen, für die das Wort Gnade etwas Selbstverständliches ist, daß dieser junge Mann denselben Weg wie Franziskus gehen und mit ihm den Frieden finden wollte? Er war in Wahrheit sein erster Jünger. Er wird von den Biographen kaum erwähnt, aber er war der erste und bleibt bei Franziskus wie ein lichter Schatten.

Auf den Wegen der Welt

Es herrscht immer noch Winter, und Franziskus ist landauf landab unterwegs, wünscht den Leuten Frieden und Freude und predigt. Das Wort predigen ist schlecht gewählt; denn es schmeckt nach Langeweile, und als Prediger muß man studiert haben. Und es wird viel gepredigt in Umbrien. Einmal sind es die Katharer, dann wieder die Waldenser, und sie tun es nicht selten mit viel Geschick und locken viele Neugierige an. Diese Wanderprediger haben den Kopf vollgestopft mit Theologie und strittigen Glaubensfragen. Franziskus dagegen ist unwissend, er hat bloß einige Worte Christi im Herzen bewahrt, die er denen weitergibt, die sie hören wollen. Er tut es mit glühendem Eifer und einer Demut, die zu Tränen rührt.

Es ist, als kämen die Worte nicht aus dem Munde dieses Mannes, sondern aus dem Munde dessen, der sie damals in Galiläa zum ersten Mal gesprochen hatte.

Franziskus erkennt, daß sein Reden im Freien nicht genügt, er muß eine richtige Predigt halten, und das ist nur in einer Kirche möglich. Aus kindlicher Anhänglichkeit wählt er jenes Kirchlein, wo in seiner Jugend der alte Geistliche der Klasse vom Leben der Heiligen, besonders vom heiligen Georg erzählt hat. Er weiß nicht, wie man es überhaupt anstellt, eine Predigt zu halten, aber er ist ein Naturtalent. Er liebt Gott, und wovon soll ein Liebender denn schon sprechen, wenn nicht von seiner Liebe! Wenn er nüchtern darüber redet, langweilt er, wenn er begeistert ist, reißt er seine Zuhörer mit und senkt Liebe in ihre Herzen. Das erklärt auch den Erfolg, der sich bei Franziskus unmittelbar einstellt.

Man kann Zweifel haben, ob er je auf eine Kanzel gestiegen ist. Die Kanzel ist für Gelehrte da, und man muß ihren hochtrabenden Stil beherrschen, aber Franziskus bedient sich keiner großen Worte. Selbst ein Kind könnte ihn verstehen. Alle Welt versteht ihn, und er spricht ganz einfach vom höchsten Geheimnis, das es überhaupt gibt: von der Liebe Gottes zu jedem Menschen auf dieser Erde. Keiner ist davon ausgeschlossen, auch der Böse nicht und auch der Schlechteste nicht. Er glaubt, was er sagt, mit einer solchen Kraft, daß die Zuhörer erschüttert sind. Die Sonntagspredigten lassen sie kalt, aber wenn dieser kleine, erbärmlich gekleidete Mann spricht, lauschen sie mit leidenschaftlicher Aufmerksamkeit. Er hat nichts Auffälliges an sich, aber seine Augen leuchten, als ob seine Seele in Brand geraten sei. Es ist, als würde alles um ihn verwandelt. Die Welt ist nicht mehr dieselbe. Niemand ist mehr derselbe, jeder fühlt sich wie ein anderer. Was ist bloß geschehen? Wenn ein noch so ehrenwerter Pfarrer spricht, geschieht nichts. Es ist unerklärlich. Und wenn der kleine Mann wieder weg ist, fragt man sich, ob man tatsächlich dem Sohn des Tuchhändlers zugehört hat oder einem ganz anderen. Ja, es ist ein anderer.

Ein über jeden Verdacht erhabener Zeuge

Nach dem allerersten Jünger, der unbekannt blieb, fast wie wenn in dessen erloschenem Bild sich alle, die Franziskus einmal lieben werden, wiedererkennen sollten, war der erste Jünger, der uns bekannt ist, ein reicher Bürger Assisis, Bernardo di Quintavalle. Dieser Mann war Doktor beider Rechte an der Universität Bologna, stammte aus niederem, aber sehr angesehenem Adel, bewohnte ein stattliches Herrenhaus, ein Mann von so vielen Qualitäten, daß sie kaum zu ertragen sind. Seine Bekehrung erfolgte keineswegs plötzlich und wird dadurch interessant. Die Erleuchtung kam, wenn man so sagen kann, mit Zeitzündung.

Franziskus und seine Bekehrung waren Stadtgespräch gewesen und hatten auch Bernardos Aufmerksamkeit auf sich gezogen. Der neue Arme hatte die Schmähreden der Spötter und Zyniker ertragen, keine Beleidigung war ihm erspart geblieben, er war mit Dreck und Steinen beworfen worden und hatte das alles mit unbegreiflicher Demut auf sich genommen, für die jedermann nur Entrüstung oder Verachtung zeigte. Bernardo verfolgte alle diese Dinge mit großer Aufmerksamkeit und stellte sich Fragen. Wenn es sich um einen Heuchler handelte, woher nahm er dann die Kraft, das auszuhalten? Zweifel nistete sich bei ihm ein, und eines Tages bot er aus Mitleid dem armen „Pazzo" ein Obdach in seinem Hause an und bat ihn, mit ihm zu Abend zu essen.

Franziskus nahm die höflich ausgesprochene Einladung an. Es blieb sicher nicht bei dieser einen, und so entwickelte sich nach und nach eine Freundschaft, die sich später, als Franziskus zu predigen begann, großartig entfalten sollte. Aber wie vorsichtig war Bernardo di Quintavalle damals noch. Er war kein Mann, der sich leicht auf etwas einläßt. Die Stimmung im Volke schlug wie so häufig um, und aus der feindseligen Haltung gegen Franziskus wurde Respekt, schließlich Schwärmerei und fast so etwas wie Liebe.

Wie sollte man da noch klar sehen? Bernardo hatte ohne Zweifel lange Gespräche mit „seinem" Armen geführt, und dieser redete aus tiefstem Herzensgrund und mit einer umwerfenden Aufrichtigkeit, aber dennoch . . . Nichts leichter, als ins Schwärmen zu geraten und wortreich und ohne böse Absicht von sich selber ein schmeichelhaftes und sogar erbauliches Bild darzubieten . . .

Bernardo di Quintavalle, ein ernster Mann, älter als Franziskus, wollte sich ein eigenes und mit dem Verstand gewonnenes Urteil über seinen Gast bilden und nahm kurz nach der ersten Predigt von Franziskus in San Giorgio Zuflucht zu einer frommen List, die auf den ersten Blick befremdet, durch das Endergebnis aber gerechtfertigt wird. Wenn Franziskus bei ihm schlief, ließ er ihm gewöhnlich ein Bett in seinem eigenen Zimmer herrichten, wo stets ein Nachtlicht brannte.

Von Natur aus neugierig, mißtrauisch und ein aufmerksamer Beobachter, hielt er sich für besonders geeignet, endlich die ganze Wahrheit über Franziskus zu erfahren. Er wartete erst eine Zeitlang, und dann stellte er sich schlafend. Manche Leute horchen an der Tür oder schauen durchs Schlüsselloch. Das ist eine unerschöpfliche Informationsquelle, die beste, wie ein englischer Romanschriftsteller sagte. Bernardo dagegen fand ein anderes Mittel, er fing an zu schnarchen und sah dann, wie Franziskus aus dem Bett schlüpfte und niederkniete, die Augen zum Himmel richtete, die Hände emporhob und zu flüstern begann: „Gott! Mein Gott!" Beim milden Schein der kleinen Lampe betrachtete Bernardo den durch Kasteiungen schon gezeichneten Körper des Mannes. Unter dem groben Gewand, das er nie ablegte, war nicht mehr viel vom ehemaligen „König der Jugend" zu entdecken. Jetzt hörte er wieder diese erstickten Rufe, die nur an Gott gerichtet und für keine anderen Ohren bestimmt waren. Wie Hammerschläge trafen sie die Brust des indiskreten Zeugen. Was er hörte, war ein Zwiegespräch der Liebe, wobei die Antwort im Anruf selber lag. Der Ruf der Liebe des Menschen zu Gott vereinigte sich mit dem Ruf der Liebe Gottes zum Menschen. Die Welt versank, und über diesem Einswerden lag der Schauder eines Mysteriums. „Ich liebe dich" sprachen gemeinsam das Geschöpf und sein Schöpfer, eins geworden und miteinander verschmolzen. Es war zum Fürchten. „Gott!" wiederholte Franziskus immer wieder wie in einem Rausch.

Das dauerte bis Tagesanbruch. Weder Franziskus noch sein Gastgeber hatten ein Auge zugetan, aber Bernardo spürte, wie sich in seinem Innern eine Wandlung vollzog. Am Morgen machte er mit

Worten, die uns überliefert sind, Franziskus folgende Erklärung: „Ich habe in meinem Herzen den festen Entschluß gefaßt, der Welt zu entsagen und dir in allem zu folgen, was auch immer du befehlen wirst.“

Eine erstaunliche Bekehrung, noch erstaunlicher als die des Franziskus, die langwierig und mühsam gewesen war, Zweifeln und Schwankungen unterworfen. Er war vor dieser Liebe geflohen, war hingerissen zu ihr zurückgekehrt und hatte sich von neuem von ihr abgewandt und endlich nach ehrlichem Ringen die Waffen gestreckt. Bernardo ergab sich wie ein Kind beim ersten Schlag. Dieser reiche Mann von Stand warf alles weg und legte seinen Willen in die Hände eines armen Unwissenden, der nichts anderes kannte als Gott allein.

Und plötzlich war nicht mehr er, sondern war Franziskus vorsichtig; denn der vertrat die Ansicht, daß man über eine so ernste und schwierige Entscheidung nachdenken müsse. Das beste würde sein, Rat einzuholen. Aber bei wem? Nur beim Herrn selber, der ihm im Evangelium seinen Willen kundtun würde. Und wie sollte das geschehen? Man würde das Evangelienbuch dreimal an irgendeiner Stelle aufschlagen, wie es der Zufall wollte. Ein solches Buchorakel war im Mittelalter gang und gäbe, und es ist auch heute nicht außer Gebrauch.

Ein Freund von Bernardo di Quintavalle, Jurist wie er, aber weniger vermögend, Pietro di Cattaneo, Domherr an der Kathedrale, wie einige Texte sagen – aber höchstens ehrenhalber; denn man findet im Kirchenbuch der Kathedrale seinen Namen nicht unter den Kanonikern dieser Jahre –, Pietro di Cattaneo also äußerte den Wunsch, sich ihnen anschließen zu dürfen, als sie nach San Nicolò, der nächstgelegenen Kirche, gehen wollten. Dort hörten sie die Messe, und als die Kirche leer war, baten sie den Priester um Erlaubnis, in dem auf dem Pult verbliebenen Evangelium nachschlagen zu dürfen.

Beim ersten Aufschlagen des Buches stießen sie auf den Vers des heiligen Matthäus: „Willst du vollkommen sein, so gehe hin, verkaufe, was du hast, und gib es den Armen, und du wirst einen Schatz im Himmel haben" (Mt 19, 21). Eine wesentliche und klare Aussage, die keinen Vorbehalt zuließ. Beim zweiten Mal gab das Buch die notwendigen Erklärungen dazu: „Nehmt nichts mit auf den Weg, weder einen Stab noch eine Tasche, weder Schuhe noch Geld..." Es war der nämliche Vers des heiligen Lukas (Lk 9, 3), den der Benediktiner damals in der Portiunkula Franziskus erklärt hatte; diese Wiederholung dürfte eine ungeheure Wirkung auf ihn gehabt haben. Das betraf die praktische Ausführung. Schließlich, beim dritten Mal, erfolgte der schwierigste, um nicht zu sagen unmöglichste Rat: „Wer mir nachfolgen will, verleugne sich selbst, nehme sein Kreuz auf sich und folge mir nach" (Lk 9, 23). Hier verlassen wir den irdischen Bereich und berühren den des Absoluten. Selbstverleugnung als höchster Reichtum, eine Forderung von tyrannischer Härte.

Mit einer Begeisterung sondergleichen verkündete Franziskus nun sein Ideal: „Das ist unser Leben, das ist der Rat, den Christus uns gibt, das ist unsere und die Regel aller, die mit uns kommen wollen."

Wenn wir Franziskus' Begeisterung bewundern, wie er im Evangelium etwas entdeckt, was er zweifellos schon hundertmal, aber nur mit halbem Ohr gehört hatte, so sind wir nicht weniger betroffen von der Bescheidenheit und Demut des Messire Bernardo und des Pietro di Cattaneo, die wie brave Schüler dem einfachen Priester zuhören, wie er ihnen die Verse erklärt, die sie auswendig kennen. Aber mit Franziskus haben sie ihre kindliche Seele wiedergefunden, die ihnen in ihrem weltlichen Leben längst abhanden gekommen war. „Wie kann ein Mensch wiedergeboren werden?" hatte Nikodemus einst Jesus gefragt. Bernardo di Quintavalle und Pietro di Cattaneo wußten es nun. Sie brauchen nur noch Zeit, sich von ihrem Hab und Gut zu trennen und sich in rauhes Tuch zu kleiden, dann sind sie Bruder Bernardo und Bruder Pietro. Die Herren von Stand gibt es nicht mehr, die sind tot.

Sich mit einem Schlag von all seinem Besitz zu trennen, wer von uns hat nicht wenigstens einmal in seinem Leben schon davon geträumt. Für Pietro di Cattaneo dürfte es schnell gegangen sein, aber was Bernardo di Quintavalle angeht, dauerte es länger; die Geschichte ist geradezu pittoresk. In aller Öffentlichkeit, auf dem Platz vor San Giorgio, half Franziskus am 16. April 1208 seinem Schüler, sein Gold an die Armen zu verteilen, die von überallher gekommen waren. Als müsse auch ein Schatten auf dieses unerwartete Fest fallen, erschien ein Geizhals in Gestalt eines Geistlichen, der unlängst an Franziskus Mauersteine für San Damiano verkauft hatte. Als er sah, wie das ganze Geld mit vollen Händen verteilt wurde, glaubte er, er sei damals unter Preis bezahlt worden. Er hieß Sylvester. Man kann sich vorstellen, wie Franziskus lächelnd seine Hände in den Geldsack steckt, um diesen Menschen zu entschädigen. „Nun, seid Ihr jetzt zufrieden, Herr Priester?" fragt er; und Sylvester verschwindet hocherfreut mit dem, was er bekommen hatte. In derselben Nacht noch hatte er einen Traum. Er sah, wie ein riesiger Drache die Stadt bedrohte, und sah, wie Franziskus, aus dessen Mund ein goldenes Kreuz bis in den Himmel ragte und sich über die ganze Erde breitete, das Untier in die Flucht schlug und den Frieden wiederherstellte. Ein so eindeutig prophetischer Traum gab ihm zu denken. Tagelang tat Sylvester daheim Buße und machte sich dann auf den Weg zu Franziskus. Es war ein neuer, von der Gnade überwältigter Sylvester, der nicht nur das heißbegehrte Gold zurückbrachte, sondern auf alles, was er besaß, verzichtete und sich in die entstehende Fraternität einreihte.

Er war der erste Priester der Fraternität, das schuf eine neue Situation. Für einen Kleriker war es gar nicht so einfach, seinen Besitz aufzugeben, weil er eine kirchliche Pfründe besaß. Wie die Erben adeliger Besitzungen mußte er sich dem komplizierten mittelalterlichen Recht unterwerfen, und dieses Problem stellte sich bald dem Bischof von Assisi, dessen Jurisdiktion Franziskus unterstand.

Bruder Egidio und die anderen

Konnte die geistige Unruhe, die damals Italien erfaßte, Franziskus unberührt lassen? Hätte er, selbst in seiner dem Vergnügen hingegebenen Jugend, die Ohren verschließen können vor den unter freiem Himmel gehaltenen Predigten, die laut das Ideal der evangelischen Armut priesen? Wann wurde ihm bewußt, was der Herr eigentlich von ihm wollte? Als er ihn aufforderte, seine in Trümmern liegende Kirche wieder instand zu setzen? Es ist schwierig, ein inneres Erlebnis genau zu datieren. Vermutlich wollte er über eine so ernste Frage lieber Schweigen bewahren. Wir wissen lediglich, und das mag genügen, daß er immer große Achtung vor dem „Dienstpersonal" der Kirche, wie Maritain es nannte, besaß, vom Papst angefangen bis zum einfachen Dorfpfarrer. Die Häresien, von denen die Zeit voll war, beirrten ihn niemals in seinem Glauben, aber die Kunde von mystischen Ideen aus Süditalien muß auch bis zu ihm gedrungen sein. War denn dieses von Joachim von Fiore angekündigte Reich des Heiligen Geistes etwas anderes als eine große Erneuerung der Liebe? Und hatte er, Franziskus Bernardone, etwas anderes zu verkünden als die Liebe, wie Jesus sie predigte?

Viele stellten sich die Frage nach dem Heil in einer Welt, die beinahe so ratlos war wie die unsere. Auch ein schlichter Mann vom Lande namens Egidio stellte sich Fragen. Fromm und ungebildet und von rührender Einfalt, hatte er von Franziskus und seinem Feuereifer gehört und träumte davon, sich dessen Gefährten anzuschließen. Am 23. April 1208 nahm er Abschied von seinen Eltern und machte sich auf die Suche nach dem Heiligen. Es gibt nicht viele Daten aus der Anfangszeit des franziskanischen Abenteuers. Sie sind deshalb um so kostbarer und dieses ganz besonders, weil hier eine von jenen Seelen auftaucht, die den Geist des Gründers ganz unverfälscht verkörpern.

Egidio begab sich zur Kirche San Giorgio, wo das Patronatsfest gefeiert wurde, nahm dann den Weg nach Portiunkula und begegnete Franziskus bei Rivo Torto, am Rande eines Waldes.

Ohne große Erklärungen kniete Egidio nieder und brachte seine Bitte vor, und es kam zwischen den beiden zu jenem blitzartigen Erkennen im Geiste, wie es in der weiteren Geschichte des Ordens so häufig vorkam. Die Seele des Neuankömmlings lag offen wie ein Buch. Franziskus empfing ihn freudigen Herzens, hob ihn auf und hielt ihm eine kleine Rede: „Ach, mein lieber Bruder, wenn der Kaiser nach Assisi käme, um dort einen Ritter oder Kämmerer zu suchen, und sein Auge auf dich fiele, wie stolz könntest du dann sein. Nun ist es aber Gott selber, der dich an seinen Hof lädt und dich ruft, ihm in unserer kleinen Mannschaft zu dienen." Damit nahm er ihn bei der Hand und stellte ihn seinen Gefährten vor: „Hier ist ein guter Bruder, den Gott uns schickt. Setzen wir uns zu Tisch und essen wir, um seine Ankunft zu feiern."

Bei der völligen Armut, in der sie lebten, kann man überzeugt sein, daß das Mahl nicht üppig war, aber der noble Stil der Einladung erinnert für einen Augenblick an den Franziskus von früher mit seinen großzügigen Manieren.

Noch am gleichen Tag nahm er Egidio mit nach Assisi, um ein Stück Stoff für seine Kutte aufzutreiben. Die zeitgenössischen Dokumente sprechen von einem grauen Stoff, wie ihn die Aussätzigen trugen, aber vor dieser Farbe flohen die Leute bekanntlich. Braun bekam den Vorzug, und die Franziskaner kleideten sich später in eine Farbe, die dem Federkleid der geliebten Sperlinge glich. Die Kutte von Franziskus, die in der Unterkirche von Assisi aufbewahrt wird, ist von einem ins Schwarze spielenden Braun. Wie dem auch sei, jedenfalls trafen sie unterwegs eine arme Frau, die um ein Almosen bat. „Gib ihr deinen Mantel", sagte Franziskus zu seinem Neubekehrten, der ihm sofort und freudig gehorchte. Egidio verriet später, daß er dabei das Empfinden gehabt habe, als sähe er sich selbst samt Mantel zum Himmel fliegen.

Einige Tage später trennten sich die Brüder, um jeweils zu zweit in ganz Italien zu predigen. Franziskus nahm Egidio als Begleiter mit in die Marken von Ancona. Ihre Herzen flossen über vor Freude, und sie sangen aus voller Kehle. Unterwegs machte Franziskus Voraussagen über die Zukunft und die riesige Zahl von Fischen, die er in seinem Netz fangen würde. Egidio, der genau wußte, daß sie insgesamt nur sechs waren, hörte ihm mit bewunderndem Schweigen zu.

Manchmal machte Franziskus halt, um auf den Plätzen der Städte und Dörfer zu reden und seine Zuhörer zur Buße aufzurufen. Egidio, der sich als Gehilfe ganz in seiner Nähe aufhielt, wartete auf einen günstigen Augenblick und bemerkte dann: „Sehr gut gesagt! Das könnt ihr ihm glauben!" Vor einer so kindlichen Einfalt muß man verstummen. Man sollte annehmen, daß die Leute für solche improvisierten Predigten, die nichts von den üblichen Predigten an sich hatten, empfänglich waren. Was wir im Abstand von mehreren Jahrhunderten darüber wissen, bewegt uns heute noch. Die Leute, die vorbeikamen, waren nicht im geringsten davon angetan, sie zeigten sich überrascht und nahmen manchmal sogar eine drohende Haltung an. Wer waren denn diese beiden zerlumpten Kerle? Darüber gingen die Meinungen auseinander. Einige ahnten wohl, daß es hier um ein Geheimnis und um die wahre Religion ging; die meisten aber hielten sie für verrückt, und die jungen Mädchen liefen vor ihnen davon, aus Furcht, ihre Narrheit könne ansteckend sein. Noch war sie es nicht, niemand dachte daran, ihnen nachzufolgen. Als sie endlich ihre Rundreise beendet hatten, wünschte Franziskus, alle Brüder wiederzusehen, wußte aber nicht, wie er sie erreichen sollte, und bat deshalb Gott, sie zu versammeln, wie er auch

„die zerstreuten Kinder Israels wieder vereint" hatte. Mit Egidio kehrte er nach der Portiunkula zurück, wo sich zu ihrem Erstaunen alle wieder in der Hütte einfanden, die sie selbst errichtet hatten. Dort fühlten sie sich wie im Paradiese.

Seit diesem ersten Jahr wünschten sie sich nichts sehnlicher, als zu erleben, wie ihre Begeisterung das ganze Land erfaßte. Sie hatten zu zweit bereits die Marken von Ancona und Umbrien durchstreift und wollten jetzt weitergehen. Zu siebt zogen sie nach Süden, auf der Straße, die Franziskus hinter Spoleto hätte nehmen müssen, wenn er sein kriegerisches Abenteuer weiterverfolgt hätte.

In Terni folgten sie dem Lauf der Nera aufwärts bis zu den glitzernden Wasserfällen. Dieses quellenreiche Gebirge hatte es ihnen angetan, aber sie waren nicht gekommen, um die Einsamkeit zu genießen, sondern wollten Rieti bekehren; die Bewohner dieses glücklichen Tals hatten sich, vermutlich weil ihre Gegend so lieblich war, wieder heidnischen Sitten zugewandt.

Als sie am Ufer des Sees von Piediluco, der von den Reatiner Bergen eingeschlossen wird, entlanggezogen waren und zum Gipfel gelangten, der das ganze Tal überragte, bot sich ihren Augen ein lichtüberflutetes, liebliches Bild. Die ganze Landschaft lag – nicht anders als heute – wie ein Teppich aus Wasserläufen, Feldern, Obstgärten und Wäldern vor ihnen ausgebreitet. Einige Bergspitzen, schon vom ersten Schnee bedeckt, glänzten in der Sonne, und im goldenen Dunst über den Reben und Bäumen wetteiferten alle Farben des Herbstes miteinander. Sie waren zuerst rechts ins Gebirge hinaufgestiegen, und dort, wo die gezackten Gipfel sich scharf vom Blau des Himmels abhoben, lag auf schwindelnder Höhe das Dorf Poggio Bustone, das das ganze Tal beherrschte. Allen Bewohnern, die sie trafen, hatten sie fröhlich guten Tag gewünscht und waren sofort freundlich aufgenommen worden. Anschließend waren sie noch höher geklettert, um eine kleine Einsiedelei instand zu setzen. Sie lag oberhalb einer Felsschlucht und war ihnen von den Benediktinern überlassen worden.

Später im Jahr stiegen sie wieder ins Tal hinab. Rieti war eine herrliche Stadt, ihr gezackter Festungsgürtel sah aus wie eine von Kinderhand gezeichnete Königskrone. Mochten die Bewohner auch von heidnischer Art sein, sie nahmen sie jedenfalls herzlich auf, hörten ihnen zu und brachten ihnen Fische und Früchte. Das milde Klima stimmte auch ihre Herzen milde. Einmal begegnete Franziskus einem Ritter in glänzender Rüstung, der ihn höflich grüßte, und sagte zu ihm: „Bis jetzt hast du der Welt mit Schwert und Schild glänzend gedient, du bist ein vollkommener Ritter. Aber von nun an sollst du eine Kutte aus rauher Wolle tragen, dich mit einem Strick umgürten und ein Ritter Christi sein."

So geschah es. Tankred von Rieti legte seine Rüstung ab und folgte Franziskus. Zu siebt waren sie aufgebrochen und kehrten nun mit einem neuen Gefährten zurück. Das Tal von Rieti blieb für Franziskus immer ein bevorzugtes Fleckchen Erde, wohin er sich gerne zurückzog, auch in Stunden großer Qual.

Männer in Sack und Strick

Welche geheimnisvolle Kraft zog die Menschen zu der kleinen Gruppe, die durch die Straßen der hochgelegenen umbrischen Städte oder singend durch Felder und Wälder wanderte? Barfuß, einen Strick als Gürtel, wie arme Leute mit einem sackähnlichen Gewand bekleidet und trotzdem fröhlich wie Kinder, schienen diese Männer aus einer anderen Welt zu kommen, wo Traurigkeit unbekannt war. Konnte man auf Erden glücklich sein, wenn man nichts besaß? War das Goldene Zeitalter angebrochen? Assisi beobachtete mit einer Mischung aus Bewunderung und Unbehagen die zerlumpten Kerle, die alle überkommenen Vorstellungen über den Haufen warfen. Und das alles im Namen des Herrn ...

Nacheinander kamen vier neue aus Assisi hinzu: Sabbatino, Morico, Giovanni di Capella, Filippo Longo. Von Sabbatino ist nichts weiter bekannt. Morico war ein Mönch, der Aussätzige pflegte. Als sich bei ihm bereits jene weißen Flecken abgestorbener Haut zeigten, hatte er Franziskus zu Hilfe gerufen und war durch eine von ihm hergestellte breiige Arznei geheilt worden. Er hatte Brotkrümel in Öl getaucht, das aus der Tag und Nacht vor dem Altar der heiligen Jungfrau brennenden Lampe stammte. Dann kam Giovanni di Capella, der so genannt wurde, weil er über seiner Kapuze immer noch eine Mütze trug. Er sei, behaupten einige, der Judas in der Schar gewesen. Hier sind Zweifel am Platze. Mußte es einen Judas geben, um eine Ähnlichkeit mit dem Bericht des Evangeliums herzustellen? Der Gedanke stammte sicher nicht von Franziskus, aber Legenden entstehen nicht von selbst, und Legenden muß man mißtrauen. Es hat eher den Anschein, als habe man zu Bonaventuras Zeiten eine alte Rechnung damit begleichen wollen. Giovanni di Capella rief nämlich eine Leprosengemeinschaft ins Leben und wollte dazu eine eigene Brüderschaft gründen. Aber auf Einspruch der römischen Kurie erfolgte eine Richtigstellung durch Franziskus nach seiner Rückkehr aus Ägypten, und es gibt keinen Hinweis darauf, daß Giovanni di Capella sich nicht sofort wieder dem unterwarf, dem er sich in seiner Jugend angeschlossen hatte. Filippo Longo schließlich stammte aus einem Dorf, das auf der anderen Seite des Monte Subasio lag, und sollte durch seine zarte Christus-Minne bekannt werden; er verstand und erklärte die Heilige Schrift, ohne eine Schule besucht zu haben.

Inzwischen zogen die zehn Brüder in verschiedene Richtungen. Sie waren darüber nicht enttäuscht – wie hätte Franziskus sie je enttäuschen können –, aber ihre Freude war nicht übermäßig groß. Bittere Erfahrungen blieben nicht aus. In den Straßen von Assisi empfing man die Barfüßer mit beißendem Spott und nicht selten mit durchaus berechtigten Fragen: „Gestern konntet ihr im Überfluß leben, jetzt, da ihr alles verkauft habt, kommt ihr und wollt Brot von uns! Seid ihr verrückt geworden?" Sie antworteten mit einem sanften Lächeln, beriefen sich auf die Liebe Gottes, wünschten jedermann Frieden und Glück und nahmen am Ende mit Sticheleien überhäuft ein paar Brotkanten und undefinierbare Speisereste mit, Abfälle, die man in der Küche nicht mehr haben wollte. Aber sie fühlten sich glücklich, weil die Freude, die ihres Franziskus Seele erfüllte, auch in ihrer Seele wohnte.

Franziskus machte ihnen allerdings auch unaufhörlich Mut; denn angesichts der feindlichen Umwelt zitterten manche doch ein wenig. Man hielt sie für „Waldmenschen", und die Lästermäuler grinsten nur, wenn sie von Gott sprachen, aber darauf sollten sie, wie Franziskus sagte, ganz ruhig antworten und zur Buße mahnen und nicht vergessen, daß durch sie der Herr selbst zu den Bösen und Hoffärtigen sprach. Nach und nach merkten die Leute, daß sie keine Bettler wie die anderen waren. Wenn ihnen auf der Straße jemand begegnete, der noch ärmer war als sie, rissen sie einen Ärmel von ihrer schäbigen Kutte oder einen Lappen rauhen Stoffs und verschenkten ihn im Namen Christi, um dadurch Not zu lindern, die noch größer war als ihre eigene.

Zu zweit zogen sie kreuz und quer durchs Land, so hatte damals auch Jesus seine Jünger ausgesandt.

Über die Chronisten

Die Chronisten widersprechen sich, als lägen sie miteinander im Wettstreit, entweder kürzen oder dehnen sie ihre Berichte oft über Gebühr aus ästhetischen oder Wahrscheinlichkeitsgründen; vor Lügen schrecken sie nicht zurück. Man kann nach Gutdünken auswählen. Die erste Begegnung zwischen Franziskus und Innozenz III. liefert ein treffliches Beispiel für das, was ich damit sagen will.

Manche Zeugen haben eine Methode eigener Art. Da es darum geht, einen Heiligen zu erkennen, gibt es für sie kein Zögern, sie sind sich ihrer Sache sicher. Da sind die verfolgten Tiere, die sich zu seinen Füßen oder in seine Arme flüchten, weil sie wissen, daß sie die Bosheit der Menschen dort nicht erreicht, es ist der Hase, der sich an Franziskus schmiegt und ihn nicht mehr verlassen will. Da ist das Ziegenböckchen, das auf ihn zustürzt und dem Franziskus alle notwendigen Ratschläge erteilt, damit es sich nicht erwischen läßt. Aber das kleine Tier will davon nichts wissen und heftet sich seinem Retter an die Fersen. Da sind die Vögel, die sich auf seinen Schultern niederlassen wie auf den Zweigen eines schützenden Baumes, da sind die Fische, die seine klugen Ratschläge hören, und da ist schließlich der berühmte Wolf von Gubbio, der gehorsame Wolf, der sich bekehrt, auf frisches Fleisch verzichtet und zu einem christlichen Wolf wird. Was Franziskus angeht, so irren sie sich nie, sie brauchen weder Celano I noch Celano II, weder den heiligen Bonaventura, den Meister in der Kunst, ein vorteilhaftes Porträt zu zeichnen, noch brauchen sie die Drei Gefährten oder den Anonymus von Perugia, durch den die Stimme des unschuldigen Bruders Egidio über die geschwätzigen Jahrhunderte hinweg bis zu uns dringt. Nicht einmal den Herrn Papst brauchen sie, der Franziskus gekannt und geliebt hat, und Gregor IX., der ihn heiligspricht. Die wilden Tiere und seine einfältigen Brüder haben nicht gewartet, um zu erfahren, was sie früher als alle Welt wußten.

Als Anführer einer kleinen Schar, die nichts anderes wollte, als ihm fröhlich zu gehorchen, mußte Franziskus die Last seiner Verantwortung spüren. Angesichts der Lebensprobleme bedeutete das unerhörte Vertrauen seiner Jünger eine Herausforderung für ihn. Er hatte sich elf Bettler aufgehalst, die nicht einmal das Betteln beherrschten, er mußte ihnen alles erst beibringen.

Die Erfüllung des Gelübdes der vollkommenen Armut brachte Probleme mit sich. Man konnte dabei nur auf eine Tugend bauen, die so oft ein bloßer Begriff blieb, auf die Nächstenliebe. Wenn Franziskus auch eine unerschütterliche Zuversicht besaß, so nahm er doch immer wieder Zuflucht zum Gebet, um Gott zu fragen, was er von ihm und den Seinen wolle.

Eines Tages, als er sich in die Einsamkeit zurückgezogen hatte, erlebte er zunächst, welches Entsetzen es bereitet, sich dem „Herrn über die ganze Erde" betrachtend zu nähern, und die Erinnerung an die vergeudete Zeit seiner Jugend peinigte sein Gewissen. Bald aber wurde er von einer übernatürlichen Freude erfüllt, die ihm den inneren Frieden zurückgab. In einer plötzlichen Ekstase erblickte er, wie sich auf einer Lichtbahn, die immer breiter wurde, die ungeheure Menge seiner Jünger bis zu den Enden der Welt ergoß. Wieder zu sich gekommen, ging er zu den Brüdern zurück und war durch den Gedanken an den Auftrag, den er empfangen hatte, wie verwandelt.

Sollte er die ganze Welt bekehren? Man darf annehmen, daß das sein Traum war, einer von zahlreichen Träumen, die ihn seit seiner Jugend geleitet hatten. Vorerst mußte er seine Jünger davon unterrichten. Er fing an, ihnen seine Vision zu schildern, die sie in Entzücken versetzen mußte: eine große Menschenmenge, die aus allen Ländern kam, um in ihrem Habit zu leben. „Ich habe das Geräusch ihrer Schritte noch in den Ohren."

Man muß sich die Begeisterung der kleinen Schar einmal vorstellen: Aus Frankreich, Spanien, Deutschland, England eilte eine vielsprachige Völkerschar zu ihnen . . .

Den Preis, der für diese Gnade zu zahlen war, führte er ihnen anschließend liebevoll vor Augen: Zuerst würden immer erlesene Früchte, dann weniger süße und weniger saftige gepflückt, schließlich noch andere, und die waren bitter und ungenießbar, kurzum, sie gingen weiter betteln, dürften aber nicht vergessen, daß der Herr eines Tages ein großes Volk aus ihnen machen würde.

Man muß sich behaupten

„Meine Kirche fällt in Trümmer", hatte Christus in der kleinen Kirche von San Damiano gesagt. Was für San Damiano stimmte, traf weit eher für die von ihm gegründete Kirche zu, die sich innerlich zerstörte. Die Übel, die sich ausbreiteten, waren seit Generationen die gleichen. Handel mit geistlichen Ämtern, Geiz, Verrohung der Sitten, Mißachtung der Forderungen des Evangeliums, ein ganzer Katalog verbotener Dinge. Tausende von christlichen Seelen schmachteten nach dem Ideal, das Gott in den Evangelien aufzeigte, und da sie sahen, daß die Kirche es ihnen nicht gab, gingen sie in die Irre und suchten es anderswo. Ganz besonders hatten es ihnen der Feuereifer eines Petrus Valdes und die Predigten der Katharer angetan, die das reine Evangelium dem heidnischen Luxus der römischen Kirche und der schamlosen Korruption eines Klerus gegenüberstellten, der keinen Sinn mehr für seine eigentliche Aufgabe hatte. Diesen neuen Hirten folgten sie. Sicher gab es Ausnahmen, auch fehlte es nicht an Heiligen, die aber nicht selten an abgelegenen Orten lebten, als habe die wahre Kirche sich dorthin zurückgezogen. Es gab im 12. Jahrhundert sogar mehr Heilige als je zuvor, Männer und Frauen, vor allem Frauen gab es unter den großen Sehern und Mystikern. Mit der ihrem Geschlecht eigenen Kraft bewährten sie sich das Jahrhundert hindurch als überragende Gestalten in der Verborgenheit der Klöster oder auf den Stufen des Throns. Von der heiligen Luitgard bis Elisabeth von Thüringen, von Mechtild von Magdeburg bis Elisabeth von Schönau, und von der heiligen Hildegard bis zu Elisabeth von Ungarn.

Doch das Bild der allgemeinen Unruhe und Zerrissenheit redete eine zu deutliche Sprache. Die Kirche stand vor einer drohenden Katastrophe. Nun aber war sie im Westen die einzige von der Mehrheit des Volkes anerkannte Kirche. Wer sich von ihr trennte, weil sie nicht mehr dem Evangelium entsprach, verstärkte nur die Reihen der Häresien, die sich auf das reine und ursprüngliche Evangelium, aber ohne die Kirche, beriefen. Und was wollte Franziskus anderes als das Evangelium mit seiner aus drei Bibelversen bestehenden kategorischen Regel?

Was in der Welt geschah, entging auch ihm nicht; aber so erniedrigt die Kirche auch war, sie blieb in seinen Augen trotz allem das Haus Christi. Ein Häretiker zeigte ihm einmal einen Priester, der öffentlich im Konkubinat lebte. Als er Franziskus die verfängliche Frage stellte, ob die von diesem Mann mit den besudelten Händen gefeierte Messe gültig sei, gab dieser keine Antwort, sondern ging auf den Priester zu, beugte das Knie vor ihm und küßte ihm die Hände, die bei der Messe den Leib des Herrn hielten. Dieses Kirchenverständnis bewahrte Franziskus davor, in etwas zu geraten, was schon der Beginn von Protestantismus sein konnte, wie es bei den „Brüdern vom Freien Geist" der Fall war.

Manichäische Einflüsse

Aus den Spöttereien und Beleidigungen der Bewohner von Assisi wurde nach und nach eine an Bewunderung grenzende Hochachtung, wenn die Bettler des Franziskus demütig um etwas Essen baten und frohen Herzens das Lob Gottes sangen. Um dieses unbegreifliche Glück beneidete man sie, und manch einer schloß sich ihnen an. Immer zahlreicher wurden unerwartete Bekehrungen unter den Reichen und Gelehrten wie auch unter den weniger Begüterten, obwohl alle wußten, was sie erwartete. Denn wer war nicht im Bilde über das entsagungsvolle Leben der Poverelli! Allen Verlockungen des Fleisches entsagen, den Genüssen bequemen Lebens, dem Sinnengenuß, Kälte und Hunger ertragen und beten, beten, beten, das war der Preis für diese Glückseligkeit, und er erschien ihnen nicht zu hoch. Noch heute muß man sich fragen, durch welches innere Wunder diese gottergebenen Seelen geworben wurden.

Das lag vor allem an Franziskus selbst. Dieser ständig kranke Mensch war trotzdem immer guter Dinge und vermittelte allen den einzigartigen Herzensfrieden und vor allem die brüderliche Liebe, die jeder für den anderen empfand. Sie lebten in der Freiheit der Kinder Gottes, denen die Welt keine Verlokkungen mehr bieten kann und die sich freuen, nichts mehr zu besitzen. Das schenkte Leichtigkeit und Unbeschwertheit, aber welche Prüfungen waren damit verbunden! Denn schließlich und endlich war der Leib noch da mit seinen nur gezähmten Begierden. „Der Feind", sagte Franziskus, „ist der Leib." Seinetwegen mußte man leiden.

„Der Leib ist der Teufel", sagten in ihren Predigten

die Katharer, deren Sittenreinheit sogar den heiligen Bernhard in Erstaunen setzte. Und lange vor ihnen, im geheimnisvollen Osten, wo Schatten und Licht zusammenflossen, war das Fleisch das Böse selbst und der Finsternis geweiht. Wenn es tot war, überließen es die Anhänger des Zoroaster den Türmen des Schweigens. Ob etwas von diesem Pessimismus die strahlende Freude der franziskanischen Seele verdunkeln konnte? Tatsache ist, daß es lange Zeit brauchte, bis Franziskus seinem armen, durch Kasteiungen und Krankheit gemarterten Fleisch den zärtlichen Namen „unser Bruder Leib" gab. Friede war nun zwischen beiden geschlossen. Vorher hatte er schon die klassischen Kasteiungen untersagt und die Instrumente, die diesem Zweck dienten, Geißeln und mit Stacheln bespickte Gürtel, auf einen Haufen werfen und verbrennen lassen. Ihm war wohl klargeworden, daß in den Evangelien davon keine Rede war: Armut, Keuschheit, Gehorsam genügten vollauf.

Unterweisung der Brüder

Auffällig bei Franziskus sind sein Feingefühl und sein Takt. Er konnte durchaus Befehle erteilen, aber der Befehlston war nicht seine Sache. In der ersten Zeit erriet er, daß die Brüder, so eifrig sie waren, sich der Bettelei schämten. Dieses Zeichen von Eigenliebe störte ihn nicht; er entschloß sich einfach, selbst ein Beispiel zu geben, und ging alleine betteln, zog von Tür zu Tür und kehrte am Abend mit allem Nötigen versehen zurück. So ging es mehrere Tage lang, bis seine Kräfte nachließen. Da unterwies er die ihm einigermaßen betreten zuhörenden Brüder in der Kunst des Bettelns, und jetzt zogen sie los. Der besiegte Stolz wich einer kindlichen Freude. Bei ihrer Rückkehr nach Portiunkula verglichen sie lachend die Ergebnisse ihrer Einzelaktionen.

Franziskus' Liebe zur Armut war so tief, daß er eines Tages, als er einen Menschen traf, der noch viel ärmer war, von Trauer erfüllt und wie von Eifersucht gepackt wurde: „Die Welt sagt, daß wir um der Liebe Christi willen die Ärmsten der Armen sind. Nun, das ist falsch, dieser hier beweist es uns!"

Von dieser milden Strenge und Nüchternheit war die Belehrung durch Franziskus. Er gab seinen Brüdern alles, was er in seinem Herzen besaß.

Eines Tages fragten ihn die Brüder wie die Jünger Christi: „Lehre uns beten!" Was hätte er Besseres tun können als das, was Jesus getan hatte. Er lehrte sie, mit ganzer Seele das Vaterunser aufzusagen, und die Brüder – das ist echt franziskanisch – empfanden darüber eine solche Freude, daß sie in ihrer Einfachheit zu singen begannen.

DRITTES KAPITEL

Im Angesicht der Welt

Da die Gefährten nach einer Regel gemäß der Form des Evangeliums lebten, merkte Franziskus, daß er unbewußt einen Orden gegründet hatte – unbewußt bedeutet, daß er nicht die geringste Absicht dabei gehabt hatte. Vielleicht wurde ihm bewußt, daß er, statt etwas in Bewegung zu setzen, in Bewegung gesetzt worden war und daß die Gnade ihn führte, wohin sie wollte, ohne ihn zu fragen, seit er seine Freiheit und seinen ganzen Willen zum Opfer gebracht hatte. Früher oder später mußte ihn der Weg nach Rom führen, um die einfachste aller Ordensregeln anerkennen zu lassen; und er wollte die Anerkennung durch den Papst. Bis dahin unterbreiteten die Verfasser von Ordensregeln diese nicht in Rom, die Anerkennung erfolgte stillschweigend, außer im Falle einer Ablehnung. In Rom wartete eine harte Prüfung auf ihn. Er würde vor einer der größten Gestalten der Kirche und sicher auch vor einer der gefürchtetsten Persönlichkeiten der Epoche stehen.

Das hatte der Papst ganz besonders im Jahr zuvor gezeigt, als die Welt wieder einmal die Wechselfälle der Geschichte erlebte. Es war, als habe die Pranke eines weidwunden Tieres zugeschlagen, das seine Jäger „zu den Vätern" schickt. Im Januar war Peter von Castelnau, im Juni Philipp von Schwaben das Opfer.

Peter von Castelnau wollte sein Kloster nicht verlassen, weil es ihm widerstrebte, sich mit Häresien zu beschäftigen. Innozenz III. aber sagte ihm: „Handeln ist besser als meditieren!" und schickte ihn als Legaten ins Languedoc.

Dort versuchte Peter von Castelnau, alle Waffen, die der Papst ihm in Ermangelung einer Armee zur Verfügung gestellt hatte, einzusetzen: Kirchenbann und Exkommunikation, um Raimund VI. von Toulouse zu zwingen, den Katharern keinen Schutz mehr zu gewähren. Am 14. Januar wurde der Legat durch den Speer eines Knappen des Grafen von Toulouse unweit des Rhôneufers wie auf der Jagd umgebracht. Das war für den Papst der ersehnte Anlaß, einen Vernichtungskreuzzug gegen die Albigenser zu führen, als wenn jeder Herrscher nur nach den Vorstellungen der Kirche regieren könne. Die geistliche Macht gebärdete sich nicht anders als die weltliche.

Im Juni wurde Philipp von Schwaben, Sieger und Herr von Köln, und von da an auch fast sicher, einziger Kaiser zu bleiben, von einem Anhänger seines Rivalen ermordet. Stand der Mörder, Otto von Wittelsbach, im Solde Ottos von Braunschweig, oder steckte der Papst dahinter? Man verwandelte das politische Verbrechen in ein Drama aus Leidenschaft und streute das Gerücht aus, ein abgewiesener Bewerber um die Hand seiner Tochter Beatrice hätte in rasender Wut den Monarchen im Gang des Bischofspalastes in Bamberg erstochen. Und man war so klug, dem Mörder auf der Stelle den Garaus zu machen! Der Reichstag zu Frankfurt machte Otto zum alleinigen Kaiser, und der Papst glaubte, nun endlich über einen ihm ergebenen Kaiser zu verfügen. Aber er sollte schnell ernüchtert werden und wieder einmal von seiner beliebten und stets treffenden Waffe Gebrauch machen, von der Exkommunikation, die die gekrönten Häupter zur römischen Vernunft brachte. Doch soweit war es noch nicht.

1209 war Innozenz III. ein Mann in den besten Jahren. Geboren in Anagni, wo einer seiner Nachfolger, Bonifaz VIII., von französischer Hand eine Ohrfeige erhielt, von der die ganze Welt sprechen sollte, stammte er aus der adeligen Familie der Grafen von Segni, die der Christenheit neun Päpste schenkte, und betrachtete sich als Gesalbten des Herrn, als unumschränkten Inhaber der irdischen wie der geistlichen Macht, der zwar kleiner als Gott, aber größer als der Mensch war (das Wort Übermensch gab es noch nicht), Richter über alle und nur dem Gericht Gottes unterworfen. So groß war seine Macht als Schiedsrichter der Könige, daß er sie selbst für unbegrenzt hielt. Ein Herrscher, der sich nicht fügen wollte, wurde exkommuniziert. Um Philipp II. August für seinen Ehebruch zu bestrafen, brachte er eine Lehnsklausel ins Spiel und unterstellte ihn dem König von England. Wenn man solche Details aneinanderreiht, kann man sich ungefähr vorstellen, welchen Schrekken er bei manchen Anlässen verbreitete. Andererseits war er aber auch ein großer Kirchenmann und setzte, sobald er Papst war, eine tiefgreifende Reform der Kirche in Gang und rette sie schließlich.

Das Bild, das uns ein Fresko im Kloster von Subiaco von ihm vermittelt, zeigt uns ein straffes Gesicht mit eng beieinander liegenden Augen, einen festen und beherrschenden Blick, eine lange dünne Nase, einen kleinen Mund und stark abstehende Ohren, die auf alles, was irgendwo in der Welt geschieht, zu lauschen scheinen. Eine Kleinigkeit, die nicht ohne Interesse ist, war seine Vorliebe für Zitronen, von denen er sich ernährte.

Durch eine Ironie des Schicksals, wie die Geschichte sie liebt, war an dem Tage, als Franziskus sich ihm vorstellen wollte, kein Mensch vom äußersten Zipfel Siziliens bis zum letzten Winkel Norditaliens zu finden, der mehr beschäftigt und mit mehr Sorgen belastet war als dieser, der sich Fürst der ganzen Erde nannte. Einer der Gedanken, die sich unaufhörlich hinter der Stirn unter der spitzen goldenen Tiara umtrieben, war, wie man in ganz Europa durch einen Kreuzzug für Verzicht und Armut mit den verworrenen Verhältnissen der Kirche Schluß machen könne. Außerdem hatte er soeben den Bannfluch über die Katharer ausgesprochen und den Krieg gegen die Albigenser angeordnet.

An diesem Frühlingstag des Jahres 1209 ging er im Lateranpalast sorgenvoll auf und ab, und als er in der sogenannten Spiegelgalerie von weitem Franziskus und seine elf Gefährten erblickte, ließ er sie hinausweisen. So verbannte er den Mann aus seiner Gegenwart, der vor allen anderen von der Vorsehung dazu ausersehen war, seinem Ideal zum Siege zu verhelfen. Doch jeder Monarch hat krankhafte Angstvorstellungen, und bei Innozenz III. war eine davon die Häresie. Denn Häresie bedeutete Revolution. Er mißtraute den „Guten Leuten von Lyon", den Lumpenmännern von Mailand, den sogenannten Patarenern – zwei Jahre zuvor hatte er ihre Häuser in Viterbo einäschern lassen –, wie überhaupt all diesen Schwarmgeistern, die mit dem Evangelium in der Hand die Sitten des Klerus attackierten. Wozu die Kirche denn eigentlich gut sei, sagten sie, wenn sie sich nicht an den Buchstaben des Evangeliums halte. Reform also, Reform um jeden Preis. Von außen gesehen, ein unangreifbares Prinzip, aber gefährlich. Wozu diente denn die Kirche, wenn das Evangelium allein genügte, und wer hätte zu sagen gewagt, daß es nicht genügte? Ein Scheinargument, aber stark, es enthielt im Keim bereits alle künftigen Protestantismen. Diese kleine Schar von Barfüßern, die um eine Audienz nachsuchte, das waren sicher auch solche erleuchteten Tölpel, die klüger sein wollten als das Haupt der Christenheit. Hinaus mit ihnen!

Man möchte nun gerne wissen, wie die Dinge weitergingen, aber den Berichten, die wir darüber haben, haftet etwas Amtliches an, etwas, auf das man sich geeinigt hat, außer einem, der 1236 aus England kommt und als absurd abgetan worden ist. Man wird sehen.

Franziskus mit seiner kleinen Armenschar bittet also um Audienz bei dem größten Staatsmann unter den Nachfolgern Petri. Aber so leicht gelangt man nicht zu den Stufen des Throns, auf dem der Diener der Diener Gottes sitzt. Zum Glück weilt Guido, der Bischof von Assisi, gerade in Rom. Er ist erstaunt, Franziskus dort zu treffen, und noch erstaunter über die Bitte dieses Mannes, den er unlängst mit seinem Mantel bedeckt hat, aber er ist bereit, ihm zu helfen. Er findet unter seinen Freunden eine ehrwürdige Persönlichkeit, den Kardinal Giovanni von San Paolo, aus der Familie der Colonna, der kürzlich beauftragt wurde, das Verfahren gegen die Waldenser einzuleiten, und deshalb mit allen Problemen der Häresie vertraut ist. Monsignor Guido erklärte ihm das Programm des Franziskus. Schon wieder das Evangelium! Aber der Bischof beruhigt den Kardinal; Franziskus ist ein Katholik, wie man ihn sich gehorsamer gar nicht vorstellen kann. Als kluger Diplomat hatte der Kardinal nun den Einfall, die ganze kleine „Evangelistenschar“ in seinem Palast zu beherbergen. Eine zusätzliche Information kann nicht schaden. Franziskus kann dort reden, soviel er nur will, und auf diese Weise seine innersten Gedanken offenbaren.

Der Kardinal von San Paolo war die Kurie. Er bemühte sich, Franziskus zu zeigen, daß seine Regel, so schön sie auch war, nicht in die gegenwärtige Welt paßte. Warum entschloß er sich nicht, das Gesetz Christi in einem der vielen religiösen Orden zu erfüllen? Aber dazu fühlte Franziskus sich nicht berufen. Christus hatte ihm seinen Willen mitgeteilt, das genügte, und er begriff, daß er jetzt da war, um für Christus zu kämpfen. Vergeblich bestand der Kardinal auf seiner Meinung, und es ist ein bewegender Anblick, wie der für Häresien zuständige Richter von der leidenschaftlichen Rede des Franziskus schließlich doch überzeugt wird. Eine Audienz beim Papst kann stattfinden.

Hier gehen die Zeugnisse auseinander. Franziskus machte sicher keine gute Figur in seinem schäbigen Elendsgewand, und seine Gefährten, die ihn umgaben, machten die Sache auch nicht besser. Wenn man Roger of Wendower, einem Mönch der Abtei St. Alban, Glauben schenkt, betrachtete der Papst ihn mit Ekel, hörte sich aber die Lesung der neuen Regel an. Sein Kommentar war einfach und brutal: „Bruder, geh Schweine hüten. Man sollte dich eher mit ihnen als mit Menschen vergleichen. Wälze dich mit ihnen auf dem Misthaufen, schenke ihnen deine Regel und sei ihr Prediger..." So sprach der Übermensch der Christenheit.

Franziskus, so fährt der Erzähler fort, senkte den Kopf und hatte nichts Eiligeres zu tun, als sich auf die Suche nach einer Schweineherde zu machen, sich mit ihnen im Dreck zu wälzen, bis er von Kopf bis Fuß voller Schmutz war, und kam in diesem stinkigen Zustand wieder zurück zu Innozenz III. Es wird uns nicht erzählt, wie ihm das gelang, denn Legenden halten sich kaum mit so trivialen Einzelheiten auf. Diese überwältigende Einfalt versetzte den Papst in Erstaunen, und mit viel sanfterer Stimme gab er dem Schweineprediger Weisung, sich zu waschen und dann wiederzukommen. Unverzüglich fand eine zweite Unterredung statt, und der Papst übertrug diesem Vorbild an Gehorsam sowie auch seinen Brüdern das Predigeramt.

Das ist eine sehr erbauliche Geschichte, die glauben mag, wer will. Vielleicht wird darin etwas von der gewalttätigen Natur Innozenz' III., von seinem instinktiven Mißtrauen gegenüber religiösen Neuerungen und von der Unbeirrbarkeit des Franz von Assisi sichtbar.

Die Wahrheit scheint mir ganz anders auszusehen. In derselben Nacht, die jenem Nachmittag folgte, als Innozenz III. in der Spiegelgalerie auf und ab gehend die zerlumpten Mönchlein bemerkte und hinauswies, hatte er einen mit einer Vision verbundenen Traum. Wollte man die Träume aus der Geschichte des Mittelalters herauslassen, dann ginge nichts mehr voran. Der Papst träumte also, daß zu seinen Füßen langsam eine Palme emporwuchs, bis sie eine sagenhafte Höhe erreicht hatte, und Gott offenbarte ihm, daß dieser Baum niemand anders war als der aschgraue Bettler, den zu empfangen er abgelehnt hatte.

Unverzüglich ließ er den unbekannten Armen durch seine Diener suchen. Da der Kardinal Giovanni von San Paolo Franziskus nicht von seinem Vorhaben abbringen konnte und vor seiner Begeisterung und seiner Entschlußkraft kapituliert hatte, bat er ihn, ihn als einen seiner geliebten Brüder zu akzeptieren, und nun sah er keine andere Lösung, als eine Audienz beim Papst zu erlangen. Innozenz III. hörte zu, wie der Bettler seine Regel darlegte, und bewunderte ihre Einfachheit. Die bei der Unterredung anwesenden Kurienkardinäle erklärten jedoch, die Vorschläge des Poverello gingen über Menschenkraft hinaus. Es gab heftige Einwände: „Die Mystik führt zur Politik". Eine Ansammlung von Bettlern außerhalb eines Ordens würde nur Verwirrung stiften. Es gäbe genügend Ordensregeln, um sich für eine davon zu entscheiden. Wollte man aber einen neuen Orden gründen, wie konnte man dann ohne Geld auskommen?

Da kam dem Kardinal von San Paolo der Gedanke, daß die Behauptung, die Regel sei undurchführbar, eine Ablehnung des Evangeliums und eine Lästerung Christi bedeute. Heute noch, achthundert Jahre später, kann man sich fragen, ob es eine Antwort auf dieses unwiderlegbare Argument gibt. Der Papst jedenfalls muß etwas davon gespürt haben; denn er sagte zu Franziskus: „Mein Sohn, bitte Christus, uns seinen Willen zu offenbaren, dann werde ich dir gewähren, was dein großes Herz ersehnt."

Macht der Träume

Skeptische Biographen haben es leicht, das sogenannte traumhafte Element in traditionellen Biographien abzulehnen; denn, so fragen sie, wo ist der Beweis, daß das alles nicht eine spätere Erfindung ist?

Das hieße, die Psychologie des mittelalterlichen Menschen völlig zu verkennen, der so oft aufgrund von Vorahnungen handelte und im Traum ein von Gott gewähltes Mittel sah, um mit ihm in Verbindung zu treten und ihm nicht selten auch seinen

Willen kundzutun. Ebenso verhielt es sich mit Visionen, die geistiger Natur waren, sich aber mit einer solchen Genauigkeit zeigten, daß der Mensch sicher war, ein Bild außerhalb seines Ichs zu sehen. In seinen Augen war eine Täuschung nicht möglich, und er handelte widerspruchslos danach. Die Psychoanalyse gab es noch nicht, um dieses System von Geisteskräften, die aus einer anderen Welt kamen, durcheinanderzubringen. Für die Menschheit dieser fernen Zeiten war der Schlaf eine Quelle seelischer Kraft, sogar mystischer Erfahrungen. Haben wir alle uns in diesem Punkt sehr geändert?

Die wissenschaftlichen Forschungen über die Vorgänge im Gehirn des schlafenden Menschen liefern uns interessante Feststellungen über Traumunterbrechungen. Man kann einen Menschen um seine Träume bringen, indem man ihn in dem Augenblick weckt, wenn der Traum beginnt, aber nach einer bestimmten Anzahl von traumlosen Nächten wird er sterben. Wir brauchen unsere Träume zum Leben. Diese herrliche Wahrheit ist eine Entdeckung unserer Zeit, aber sie läßt das Geheimnis dieses sonderbaren Lebens unangetastet, wo die Seele sich während eines Drittels unserer irdischen Erfahrung aufhält. Sobald die Träume ihre Rolle gespielt haben, verflüchtigen sie sich. Solche, die bleiben, bewahren bisweilen einen Schein von trügerischer Realität. Der Mensch des Mittelalters machte ihretwegen keine Umstände und ließ sich von ihnen lenken, weil er glaubte, sie seien von oben gekommen; doch für uns ist diese etwas gespenstische Bilderfabrik wie eine Serie von Erinnerungen an eine nicht bei klarem Verstand gemachte Reise, und wir lehnen das Zeugnis eines Reisenden ab, den nicht die Göttin Vernunft leitet. Trotzdem bleibt es nicht weniger wahr, daß diese zu unserem Leben gehörenden Traumgebilde ihren Platz in unserem Schicksal haben.

Der Träumer des 12. und 13. Jahrhunderts, der Welt der Instinkte näher als wir, wußte vielleicht besser, als wir es zu tun glauben, welchen Anteil Körper und Geist an diesen nächtlichen Kämpfen des Ichs mit sich selber haben. Beispiele, die wir noch für historisch halten, wurden ihm reichlich durch Texte aus der Schrift geliefert. Der Traum Jakobs, der auf einer Leiter, die bis zum Himmel reichte, Engel auf- und niedersteigen sah, der Traum Pharaos, der von sieben fetten Kühen träumte, denen sieben magere folgten, und den Joseph deutete. Solche Offenbarungsträume zerreißen plötzlich die Nacht der Geschichte bis in die jüngste Zeit hinein.

Es ist interessant, daß Präsident Lincoln am Vorabend seines tragischen Todes zu seinen versammelten Ministern von dem Traum sprach, den er in der vergangenen Nacht gehabt hatte. Er sah sich auf einem Kahn, der ihn aufs hohe Meer hinaustrug „ohne Ruder, ohne Steuer, auf einem grenzenlosen Ozean. Nichts kann mich retten. Ich werde abgetrieben, abgetrieben, abgetrieben!" Und er schloß: „Meine Herren, das hat nichts mit unserer Arbeit zu tun, widmen wir uns den Tagesgeschäften." Fünf Stunden später starb er im Theater durch den Revolverschuß eines Fanatikers.

Zwischen Innozenz III. und Franz von Assisi findet ein Austausch von Visionen statt, die eine antwortet auf die andere, wie Schiffe, die sich in der Nacht auf hoher See begegnen.

Der Bettler und der Papst

Als Franziskus den Papst von neuem aufsuchte, hatte dieser noch die Bemerkungen seiner Kardinäle im Kopf, und da sie immer um ihn versammelt waren, nahm er in ihrer Gegenwart ihre Einwände wieder auf und machte sich zu einem Advocatus Diaboli: „Wie wollt ihr leben? Wovon wollt ihr leben ohne Geld?" Der gesunde Menschenverstand spricht hier seine Alltagssprache.

Auf so einfache Fragen antwortete Franziskus ebenso einfach: „Herr, da vertraue ich mich meinem Herrn Jesus Christus an. Wenn er sich verpflichtet hat, uns das ewige Leben zu schenken, dann wird er uns im gegebenen Augenblick bestimmt nicht das für unser materielles Leben auf dieser Erde Notwendige vorenthalten." Aber der Papst wollte nicht nachgeben, wenn er auch im tiefsten Innern von den Worten dieses sichtlich ungebildeten Menschen bewegt war. „Der Mensch ist von Natur aus unbeständig und hält es nie sehr lange auf den gleichen Wegen aus. Geh und bitte den Herrn, dir eine vernünftigere Vorstellung von deiner Zukunft einzugeben, und wenn du deiner Wünsche ganz sicher bist, kommst du wieder zu mir, und dann will ich deine Regel bestätigen."

Franziskus zog sich zurück. Als er in der Stille betete, gab ihm Gott ein Gleichnis ein, und sofort suchte er Innozenz III. wieder auf. Das war die dritte Begegnung zwischen dem rot und golden wie die sinkende Sonne gewandeten Papst und dem kleinen erdfarbenen Mann.

Beim Anblick des sanften Starrkopfs erinnerte sich der Papst eines Traumes, der ihn kurz zuvor heimgesucht und mit Unruhe erfüllt hatte. Er sah sich mit der Tiara auf dem Kopf schlafend in seinem Bett, während die Lateranbasilika sich gefährlich zur Seite neigte. Da stemmte sich zum Glück ein kleiner Mönch, der wie ein Bettler aussah, mit seiner Schulter gegen die Kirche, stützte sie und bewahrte sie vor dem Einsturz. Den Bettler erkannte er wieder, es war der gleiche, mit dem er jetzt sprach. Und als dieser nun eine Allegorie erzählte, mußte der Papst ihm zuhören, während ihm sein eigener Traum immer noch durch den Kopf ging:

Ein über die Maßen reicher König hatte in der Wüste eine sehr schöne und sehr arme Frau geheiratet. Sie schenkte ihm zahlreiche Kinder, doch blieb sie in der Wüste. Als ihre Söhne groß waren, beklagten sie sich, weil sie nichts besaßen. Sie sagte zu ihnen: „Ihr seid Kinder des Königs, geht an seinen Hof, und er wird euch alles geben, dessen ihr bedürft." Da eilten sie zum Palast des Königs, und dieser staunte ob ihrer Schönheit. „Woher kommt ihr?" fragte er sie. „Wer seid ihr?"

„Die Söhne der armen Frau, die in der Wüste lebt."

„Habt keine Angst, ihr seid meine Söhne. Jene, die mir nichts bedeuten, werden an meiner Tafel gespeist, mit um so größerem Recht will ich mich um euch kümmern."

Und Franziskus fügte hinzu: „Keine Gefahr, daß die Erben des ewigen Königs Hungers sterben." Denn der König im Gleichnis war Christus, der für alles sorgte und alle als Erben annahm, die des Franziskus Söhne waren.

Dieses Gespräch überzeugte den Papst schließlich, aber noch nicht so ganz, wie es nötig gewesen wäre, um von ihm eine formelle Anerkennung zu erwirken. Er gab Franziskus herzliche Empfehlungen mit auf den Weg und lud ihn ein, wieder vor ihm zu erscheinen, wenn die Zahl seiner Brüder sich vervielfacht habe; dann, aber nur dann könne er ihm mehr gewähren. Er erlaubte ihm jedoch, zu predigen.

Siebenundvierzig Jahre später beschreibt uns der heilige Bonaventura im Sinn der idealen Hagiographie die Szene etwas anders. Er zeigt uns den Papst, der, „begeistert von der Rede des Franziskus", ohne Vorbehalt seine Einwilligung gibt. „Nicht allein gewährte er ihm alles, worum er bat, sondern versprach anschließend, ihm noch mehr zu geben ... Er bestätigte seine Regel, gab ihm den Auftrag zu predigen und ließ allen Laiengefährten des Franziskus kleine Tonsuren schneiden als Zeichen, daß es ihnen erlaubt war, das Wort Gottes unbehelligt zu verkünden."

Ein Detail, das dabei nicht uninteressant ist: Die Kurie fügte hinzu, daß die Brüder einen Vorgesetzten wählen sollten, und das bedeutete, einen weiteren Orden innerhalb der Kirche einzurichten. Auf diese Weise wurde das Gespenst einer Häresie, wie es bei den „Guten Leuten von Lyon" der Fall war, gebannt.

Eine schriftliche Bestätigung der Regel gab es nicht.

Mit einem tiefen Kniefall vor dem Papst verabschiedete sich Franziskus und verließ mit seinen Brüdern über die Via Salaria sogleich die Stadt. Welche Gedanken bewegten ihn beim Verlassen Roms? Mit der ganzen wiedergefundenen Unbefangenheit des Italieners und mit seinem angeborenen Scharfsinn wurde ihm klar, wie teuer gute Worte waren. Aber wie sollte er, der nichts war und nichts wußte, mit einem mit der Tiara gekrönten Mann diskutieren? Wie konnte er vor diesen Männern mit ihrem erdrükkenden Wissen bestehen? Der Papst hatte ihm seine mündliche Zustimmung gegeben; das Wort des Papstes genügte ihm. Was aber war, wenn der eine oder der andere von ihnen starb? Verba volant, Worte sind flüchtig. Als der Poverello hörte, wie die Brüder jubelten und den Sieg besangen, muß er selbst insgeheim gelitten haben. Er sah keinen Mißerfolg voraus, wohl aber etwas Schlimmeres, einen Scheinerfolg. Die Kardinäle hatten laut gemurrt. Sie wollten von der zu einfachen Regel nichts wissen, und er wollte keinen Orden gründen. Hier schweigen die Dokumente wohl aus Furcht, das schöne Bild anzukratzen. Am päpstlichen Hof zu Rom benahm sich Franziskus wie ein Kind, aber er besaß eine übernatürliche Kenntnis des verborgenen Sinns der Ereignisse und spürte bei den zurückhaltenden Glück- und Segenswünschen, daß sie völlig unverbindlich waren. Die Anerkennung, die er auf höchster Ebene errungen hatte, war lediglich eine prinzipielle Erlaubnis. Er durfte sich nur auf Jesus verlassen, und Christus in seiner Milde gab ihm die Freude, die die Welt ihm niemals hätte geben können. In einer nächtlichen Vision fand er seinen ganzen Mut wieder. Er sah einen riesigen Baum, in dessen Wipfel er sich mit beiden Händen festhielt, und es gelang ihm ohne Anstrengung, den Baum nach seinem Willen bis zum Boden niederzubeugen. Dieser Baum war der Papst.

Eine beglückende Rast als Falle

Der Fußmarsch nach Spoleto unter glühender Sonne war hart, und die müden und erschöpften, ausgehungerten Brüder fanden nur darin Trost, sich über den glücklichen Ausgang ihres römischen Unternehmens zu unterhalten und über die Hoffnung, die sich damit verband. Doch schließlich waren sie am Ende und machten in einer gottverlassenen Ebene halt, als plötzlich ein Unbekannter auftauchte und ihnen Brot gab. Als sie ihm danken wollten, war er verschwunden. Soll man noch fragen, wer es war? Das Wunder ist etwas ganz Alltägliches für die ersten Brüder. Wieder bei Kräften, setzten sie ihren Weg fort und erreichten in der Nähe von Orte einen so angenehmen Platz, daß sie dort vierzehn Tage blieben.

Tatsache war, daß sie keinen einzigen Menschen vorbeikommen sahen, aber sie wären keine echten Franziskaner gewesen, wenn die Schönheit der Landschaft keine Wirkung auf sie gehabt hätte. Sie erbettelten ihre Nahrung in Orte oder auf der Straße nach Narni und versteckten den Überschuß in einem alten etruskischen Grab. Alle fühlten sich glücklich, und sie beschlossen, diesen reizenden, abgeschiedenen Ort nicht wieder zu verlassen, wo es ihnen gut ging und sie fern von den Menschen beten und sich in völliger Armut der Meditation hingeben konnten. Es gab Felsen, von denen das Quellwasser in glitzernden Kaskaden heruntersprang, es gab Höhlen, die Unterschlupf boten, es gab hohe Pinien, es war eine herrliche Gegend.

Franziskus sah hier eine Falle; er wußte, ihre Berufung lag anderswo. Es galt, die Welt zu bekehren, nicht nur in der nächsten Nachbarschaft, in Spoleto und Assisi, sondern in der ganzen Welt! Und sie brachen, ohne zu murren, in heiterem Gehorsam auf, denn alles machte ihnen Freude, wenn Franziskus es anordnete.

Der Papst hatte ihnen Predigterlaubnis erteilt. Franziskus empfand es als ein unbeschreibliches Gefühl, von diesem Privileg Gebrauch zu machen. Ohne daß sie es selber auch nur ahnten, nahmen sie den

Platz einer lauen und routinierten Priesterschaft ein, die, von wenigen Ausnahmen abgesehen, nur die Fron der Sonntagspredigten kannte und nicht auf den Gedanken kam, das Wort Gottes auf den Landstraßen zu verkünden. Solche Methoden paßten für Häretiker. Doch Innozenz III. hatte an eine geschickte katholische Gegenoffensive gedacht, als er Franziskus und seinen Gefährten mündlich das gestattete, was sie mit solcher Leidenschaft ersehnten.

Der Bruder

Wir können uns schwerlich eine Vorstellung von der Begeisterung machen, die Franziskus in einem Lande hervorrief, das in religiöser Hinsicht so darniederlag wie das Italien dieser Jahre. Überreizung der Sinne lähmte das Wirken der Gnade. Eine in ihren Formen erstarrte und zur Schau getragene Frömmigkeit konnte darüber hinwegtäuschen. So blieb, und hier liegt ein Berührungspunkt mit unserer Epoche, eine Leere zurück, die die Jagd nach dem Vergnügen nicht ausfüllte, ein Hunger nach etwas anderem, eine Unruhe des Herzens. Die Kirche verstand es nicht mehr, die Seelen anzusprechen, weil sie zu sehr dem Irdischen verfallen war.

Da erschien nun auf einem Platz oder an einer Wegbiegung ein barfüßiger Mensch, wie ein Bettler gekleidet, und begann, mit fröhlicher Stimme „Pace e bene" zu rufen. Man hörte unwillkürlich zu. Er verstand zu reden, und was er sagte, war so einfach, daß alles wie neu erschien, er hatte eine Sprache ohne schwer verständliche Wörter, ohne jene Wörter, die die Ideen nur vernebeln. Man mußte nicht studiert haben, um ihn zu verstehen. Zunächst folgte man ihm, weil er im Gehen sprach, und dann vor allem, weil er alles glaubte, was er sagte, und es mit einer solchen Kraft glaubte, daß man wie er und mit ihm glaubte. Alle Dinge, die man als Kind gelernt und halb vergessen hatte, begannen auf erschreckende Weise wieder wahr zu werden.

Man mußte, koste es, was es wolle, seine Seele retten und mußte das Paradies erlangen. Das wußte man zwar, hatte es aber noch nie so empfunden wie jetzt, wenn man sich an die Fersen des kleinen Mannes heftete. Alles, was ein italienisches Herz vor Liebe schlagen läßt, empfand man im dumpfen Pochen seines eigenen Herzens. Es war kaum zu glauben: Er war in Gott verliebt, aber das war es nicht allein; denn der Narr mit der wohlklingenden Stimme kannte überhaupt kein Maß, er sagte, daß Gott auch in uns verliebt sei, und fing plötzlich zu weinen an, weinte vor lauter Liebe. Da begannen die Frauen auch zu weinen, sie zuerst, denn ihnen sitzen die Tränen locker, dann die Männer und zuerst die jüngeren. Er redete und redete und schien gar nicht zu merken, daß eine große Volksmenge ihm folgte. Die Leute ließen ihre Arbeit liegen und kamen aus den Häusern gelaufen. Man hätte meinen können, er habe sie verhext und entführe sie nun von dieser Erde, um sie geradewegs zu Gott zu geleiten.

Wie stellte er es an, um sie von der höchsten Liebe in die tiefste Unruhe zu stürzen? Indem er mit einemmal jene schwarze Feuerwand vor ihnen aufrichtete, die ihnen den Weg zum himmlischen Garten und zur ewigen Seligkeit versperrte. Geizhals, wirf dein Gold mit der Teufelsfratze weg, als sei es der widerlichste Dreck, falls du ins Paradies gelangen willst! Lüstling, lasse deine Frauen und deine Vergnügungen im Stich, denn ihretwegen merkst du nicht, daß dir der Tod bereits im Nacken sitzt!

Schauder vor ihren verborgenen Sünden, an denen in ihrem Leben kein Mangel war, empfanden sie, auch ohne daß Franziskus es ihnen erst sagen mußte. Er sagte es trotzdem, aber nicht mit der heiligen Entrüstung des Klerus, der mit Höllenqualen und dem ewigen Feuer drohte, sondern mit einer unendlichen Traurigkeit und einer zu Herzen gehenden zärtlichen Liebe, als würde er innig geliebte Kinder verlieren. Wenn ihm die Stimme versagte, sprachen seine Hände, und Tränen flossen über sein Gesicht. Welche Beredsamkeit steckte in diesen Händen, die sich nach den Menschen ausstreckten! Man hätte sich am liebsten auf die Knie geworfen, um ihn zu trösten und ihm zu versprechen, zum Herrn zurückzukehren. Es gab Frauen, die das auf der Stelle taten, ohne falsche Scham, in Gott verliebt, in den Himmel und in alles, natürlich auch in den Prediger, denn schließlich waren sie Italienerinnen. Manche Männer taten es ihnen gleich, vor allem junge, denn jeder fühlte sich getroffen.

Vorbeikommende Priester stellten ihre Beobachtungen an und schwiegen.

Rivo Torto

Die Chronisten werden nicht müde, uns immer wieder an die schwache Konstitution von Franziskus zu erinnern, dessen zerbrechlicher Körper von einer ungewöhnlichen inneren Glut belebt wurde. Es ist ein Geheimnis seines Schicksals, daß die körperliche

Kraft ihm an den Tagen genommen wurde, an denen er sie am meisten brauchte, um seine Berufung zu erfüllen. Seine innere Kraft ersetzte alles.

Nach den spirituellen Erfolgen, die er errang, und den Massenbekehrungen, die ihn in einen Abgrund von Demut und Verehrung stürzten, galt es eine feste Bleibe zu finden. Man ging auf die Suche, eine erste Eingabe beim Bischof von Assisi blieb erfolglos. Schließlich entschied man sich für eine äußerst bescheidene Hütte, nahe an einem Wildwasserbach gelegen, der gewöhnlich trocken war, aber nach einem Wolkenbruch gefährlich werden konnte, er hieß „Rivo Torto". Ehemals zu einer Leprosenstation gehörend, hatte die Unterkunft jetzt keinen Besitzer mehr, und die kleine Schar richtete sich dort, so gut es ging, ein. Es war mehr ein Unterschlupf gegen Sonne und Regen als eine wirkliche Bleibe, aber Franziskus erklärte mit seinem üblichen Humor, daß hier ein besserer Ausgangspunkt für den Weg ins Paradies sei als in einem Palast. Man mußte eng zusammenrücken, damit alle Platz hatten; es war unmöglich, zu sitzen oder sich auszustrecken. Jeder Bruder hatte seinen Namen auf einen Balken geschrieben. Für Laien wäre dieser absolute Mangel an Komfort, ja schon der Gedanke daran, unerträglich gewesen, die Brüder erlebten jedoch unvergeßliche Stunden durch die Ausstrahlung, die von Franziskus ausging, der Gott zu ihnen brachte. Der Sommer 1210 verging und auch der Winter. Die heißen Tage und eiskalten Nächte machten ihnen nichts aus; denn Franziskus war mitten unter ihnen und wachte mit Liebe über seine Kinder.

Die Liebe war das Geschenk, das er ihnen machte. Er schenkte ihnen Gott, und das war für die von allem Irdischen befreiten Seelen jene Freude, die alles überstrahlte. Franziskus hatte richtig gesehen, als er auf den Zustand der völligen Armut solchen Wert legte. Da war kein Irrtum möglich. Sie ist die erste der acht Seligkeiten und hat etwas Störendes für eine Gesellschaft, die christlich sein will und sich für christlich hält; aber Franziskus ist ein Extremist, der keine falsche Ausrede duldet. Tugenden sind unerläßlich als Begleiter der Frau Armut; wenn sie fehlen, wird die Botschaft des Evangeliums verraten. Mildtätigkeit, Demut, Herzensreinheit und alle anderen Tugenden. Man unterliegt einem Trugschluß, wenn man den umgekehrten Weg gehen will; da bleibt nicht viel. Es ist nämlich sehr leicht, sich einen auf Reichtümer versessenen Armen vorzustellen, einen von Stolz zerfressenen Armen, einen von Wollust besessenen Armen, einen armen Emporkömmling, der von der Begierde nach Macht verzehrt wird. Die Welt ist voll davon, aber das sind nicht die Armen im Geiste.

Der wahre Arme hat Hunger. Ihn hat Franziskus als Vorbild genommen. Der wahre Arme hat nichts und will alles, was Gott ihm geben will, nichts anderes: an erster Stelle das tägliche Brot. Der wahre Arme ist Christus, weil Christus sich arm gemacht hat für die Menschen.

Der Reiche ist eine besondere Art von Mensch. Das Magnifikat sagt uns, daß Gott ihn mit leeren Händen wegschickt. Das ist lähmend für den Kapitalismus, selbst wenn er sich wie ein Wolf im Schafspelz mit totalitären Zügen tarnt. 2000 Jahre nach dem Kommen Christi sucht man immer noch nach einem System, das die ganze Welt befrieden könnte. Hungersnot und Krieg fand man – mit der Gottlosigkeit. Franziskus glaubte, daß er die richtige Antwort im reinen und schlichten Evangelium gefunden hatte. Der Papst hatte sich den kleinen Dickkopf angeschaut und ihm empfohlen, nachzudenken. Noch war nicht jede Hoffnung verloren.

Mit seinen beiden Hütten, durch ein Vordach voneinander getrennt und von den Brüdern mit Laub gedeckt, war Rivo Torto ein Ort der Wonnen für die Seele, aber ein Fegefeuer für den Leib. Eines Nachts hörte Franziskus eine Stimme rufen: „Ich sterbe." Es war ein Bruder, der so seufzte. Franziskus fragte ihn, was er habe. „Ich sterbe vor Hunger!" Schnell sind alle auf den Beinen, und es wird ein Essen für die ganze Gruppe zubereitet. Ein Bruder darf erstens nicht Hungers sterben, und zweitens darf er sich nicht schämen, weil er allein essen muß. Franziskus ist aus gutem Hause, er gibt nun ein Nachtmahl. Sicher ist es sehr karg: ein paar Kanten Brot, Rüben von den Feldern, vielleicht auch ein paar Eier. Was braucht es sonst noch? Klares Wasser aus dem Bach und Fröhlichkeit als Dessert. Durch den Charme von Franziskus mußte ein Festessen daraus werden. Vielleicht streifte ihn dabei eine flüchtige Erinnerung an vergangene Zeiten.

Die Freude, die bei diesen Männern herrschte, mag uns unerklärlich erscheinen. Sie sangen, beteten, hörten den Unterweisungen dessen zu, den sie ganz schlicht den Bruder nannten. Im Abstand von acht Jahrhunderten kommt uns die kleine, überschwengliche Gemeinschaft höchst fremdartig vor, nicht durch ihr Ideal, sondern durch ihre Existenzform, die hundert Fragen aufwirft. Die Regel war streng, die Arbeit Pflicht. „Wer nicht arbeiten will, soll auch nicht essen." Als Entgelt für ihre Arbeit konnten die Brüder alles annehmen, was notwendig war, außer Geld, und wenn das Notwendige nicht kam, baten sie um Almosen wie die andern Armen. Vor dem Geld hatte Franziskus Abscheu, er verglich es mit Exkrementen.

Es war strikt verboten, Geld anzunehmen, und er fügte hinzu: „Seien wir auf der Hut, wir, die wir alles verlassen haben, daß wir nicht um so weniges das Himmelreich verlieren."

Welche Arbeiten verrichteten sie? Die Pflege der Aussätzigen in einem benachbarten Leprosenhaus zählte zu den nützlichsten Arbeiten. Man brachte die Aussätzigen sogar in die Hütte, um sie zu pflegen. Einmal gab es einen, der so ekelhaft aussah, daß Franziskus ihm den Eintritt verwehrte. Nun geschah es aber, daß ein Bruder, Giovanni der Einfältige, es aus Schwerhörigkeit oder übertriebener Ergebenheit auf sich nahm, das unglückliche, stinkende Etwas in die winzige Bruderschaft zu bringen. Franziskus regte sich darüber keineswegs auf, sondern schämte sich. Er gab dem Aussätzigen einen Ehrenplatz an seiner Seite, gab ihm zu essen und zu trinken und trank aus der Schale, die der Kranke an seine eiternden Lippen gesetzt hatte. Solche Akte der Nächstenliebe vollbrachten sie immer wieder.

Es ist zu verstehen, daß die Enthaltsamkeit allerhand Anfechtungen ausgesetzt war. Wenn ein Bruder von unreinen Wünschen geplagt wurde, gab es ein ganz einfaches Mittel, für dessen Wirksamkeit Franziskus bürgte, weil er es selbst erprobt hatte. Er mußte sofort ins eiskalte Wasser des Gebirgsbaches tauchen, bis die Versuchung vorbei war. Dann kehrte er zitternd und befriedigt ins warme Nest zurück, als das er die Hütte empfand.

An einem Septembertag 1209 zog ein Kaiser mit seinem ganzen glänzenden Gefolge in nächster Nähe vorbei. Es war Otto IV., der, von Perugia kommend, sich nach Viterbo begab, um sich dort vom Papst krönen zu lassen. Aber was ist schon ein Kaiser? Franziskus und seine Brüder bleiben in der Hütte bis auf einen, den man zu dem hohen Herrn schickt, um ihn daran zu erinnern, daß seine Siege ohne Dauer sind. Einige Monate später wird der Herrscher exkommuniziert, und seine Erfolge verlieren sich. Diese Gleichgültigkeit, die Franziskus gegenüber dem Prunk und Pomp der Macht an den Tag legte, machte auf die Menschen in Umbrien einen gewaltigen Eindruck.

Predigt in der Kathedrale

So groß die Popularität des Franziskus auch schon war, sie wuchs mit einem Schlag ganz außerordentlich, als die Anerkennung seiner Regel durch den Papst bekannt wurde. Franziskus brauchte die Menschen darüber nicht zu informieren, das besorgten die Brüder. Daß sie nur mündlich ausgesprochen worden war, beeinträchtigte keineswegs die von Innozenz III. erteilte Predigterlaubnis. Wer wäre auch auf die Idee gekommen, sie anzufechten? Franziskus' Erscheinen genügte, um das religiöse Verlangen in allen Gesellschaftsschichten neu zu beleben, wobei der Hunger nach dem Evangelium ebenso im Spiel war wie die Neugierde. Assisi wollte den Mann, der früher ein Ärgernis gewesen war, von Christus reden und in einer Kirche predigen hören, damit die ganze Stadt ihren Sohn, den sie bereits für einen Heiligen hielt, sehen konnte. San Giorgio wurde für zu klein erachtet, um die Menge zu fassen. Weshalb spricht man nie von diesem erregenden Auftritt in der Kathedrale, wo Franziskus seinen Mitbürgern Aug in Auge gegenüberstand?

Von der Kirche San Rufino ist nur die Fassade noch

halbwegs so erhalten, wie Franziskus sie sah. Sie bewahrt die etwas massive Majestät des romanischen Stils, der in seiner Gesamtheit und Gesamtwirkung einfach, im Detail aber reich ist. Eine Säulengalerie schließt die Fassade von rechts nach links unter drei Fensterrosen ab, die wie unbewegliche Räder über den Portalen kreisen, deren grauer Stein im oberen Teil manches Rätsel aufgibt. Im Tympanon des großen Hauptportals thront Christus als bärtiger König mit Krone zwischen Sonne und Mond. Auf der einen Seite sitzt seine Mutter und stillt ihr Kind, auf der anderen Rufino, der Bischof und Märtyrer. Das ist der himmlische Bereich, aber höchst seltsame Dinge geschehen im Rundbogen des Portals, das von zwei wilden Löwen bewacht wird, von denen der eine gerade einen Mohren verschlingt, der andere den jüdischen Widder. Das seltsamste aber ist ein Reigen höchst eigenartiger Tiere, die beißend einander verfolgen und sich wie eine unheilvolle Girlande um den ganzen Eingang schlingen. Der Künstler hat sie so lebendig herausgemeißelt, daß man meint, sie bewege sich. Wie vom Teufel gejagt, bringen diese Tiere wie so häufig das höllische Element in die mittelalterliche Kunst. Sie machen den Stein unheimlich lebendig und rufen ein nicht zu erklärendes Unbehagen hervor. Des weiteren sieht man um die Mittelrose, die von Löwe, Stier, Adler und Engel, den Symbolen der Evangelisten, beschützt wird, die Schatten von Tieren kriechen, die bereits so stark verwittert sind, daß nur noch die Spur ihrer Pfoten zurückgeblieben ist.

Assisi war eine halbe Wegstunde von Rivo Torto entfernt. Man mußte Franziskus, der vom Fasten geschwächt war, behilflich sein und brachte ihn auf dem Rücken eines Esels sicher zur Kathedrale. Dort ließ man ihn, wie es in manchen Kirchen Italiens noch Brauch ist, auf eine Tribüne steigen, statt ihn in einer Kanzel einzusperren. So hatte er genügend Bewegungsfreiheit, denn er mußte beim Predigen hin und her gehen und mit den für ihn typischen Handbewegungen sprechen können.

Als er sah, daß seine Geburtsstadt fast vollständig versammelt war, verschwand vor den Tausenden ihm zugewandter Gesichter seine körperliche Schwäche, und er spürte plötzlich, wie die Kraft seiner Jugend zurückkehrte. Was er sagte, können wir nur erraten, aber er hatte nur den Christus der frohen Botschaft in seinem Herzen, und aus der Glut dieses Herzens drang ein einziger Schrei der Liebe wie bei einem Propheten. Seine Worte waren von bewegender Schlichtheit und trafen direkt in das Gewissen eines jeden. Die zärtliche Liebe Gottes lag in dieser Stimme, die wie ein Lied auf geheimnisvolle Weise den Hörer verzauberte, aber es ging nicht allein darum, beunruhigte Seelen, die sich um ihr Heil sorgten, wieder froh zu machen. Die ganze Stadt war in Schuld verstrickt, der Geiz verschloß wie die Schnüre einer Geldbörse die Herzen, die Wollust tötete die Liebe, die politischen Feindschaften vertrieben das Evangelium mehr als Waffengewalt. Das alles kannte er, weil er alle Bewohner seiner Stadt kannte und als einer der Ihren mitten unter ihnen gelebt hatte.

Und sie kannten ihn natürlich auch. Die Konfrontation muß spannend gewesen sein. Diesen Mönch da, schäbig gekleidet und mit einem Strick gegürtet, der von Gott sprach und ihnen Tränen und Seufzer entlockte, hatten sie vor vier Jahren als König der Jugend erlebt, als er wie ein großer Herr wahllos mit den Dukaten seines Vaters, des Tuchhändlers, um sich geworfen hatte. Alle erinnerten sich genau, und er selbst hatte es auch nicht vergessen, aber etwas ließ die Zuhörer erschauern: Der Herr hatte sich dieses Lebemannes bemächtigt, um an seiner Statt mit jedem einzelnen Einwohner von Assisi zu sprechen. Gott hatte sich als Armer verkleidet und verkündete sein Evangelium wie einst im Heiligen Land. Es war, als wäre Franziskus hinter der Gestalt dessen verschwunden, dessen Sprache er sprach.

Als er zur Buße aufrief, steigerte sich das Seufzen und Stöhnen der Menge bis zur religiösen Raserei, wie es im Mittelalter häufig genug der Fall war. Wenigstens für diese wenigen Stunden wollte das hart ins Gebet genommene Assisi sich bekehren. Es hatte seinen Propheten, es hielt ihn fest, es ließ ihn nicht mehr los. Hoffentlich lebte die gute Pica noch und konnte ihrem Sohn zuhören, dem sie geistlichen Ruhm vorausgesagt hatte. Und Bernardone? Wer weiß, vielleicht stand er hinter einem Pfeiler und stellte sich mancherlei Fragen.

Die Brüder waren bei diesem Triumph nicht mit dabei. Sie waren in Rivo Torto geblieben und empfingen dort einen ganz besonderen Trost in Form einer erstaunlichen Vision. Franziskus war noch nicht zurückgekehrt, da sahen sie einen feurigen Wagen durch die Tür hereinfahren, er durchquerte die Hütte, fuhr hinaus, kam zurück, fuhr wieder hinaus, kam noch ein letztes Mal zurück und verschwand. Die Brüder ließ er starr vor Schreck, aber voller Entzücken zurück, denn in diesem überirdischen Licht hatten sie die Gnade empfangen, einander in die Herzen zu schauen, wobei sie sicher nur Gutes sahen. Die Seele ihres Bruders Franziskus entschädigte sie auf diese Weise für seine Abwesenheit, indem er ihnen diesen Beweis seiner Liebe erbrachte.

Gib Frieden, Assisi!

Das Seufzen und Stöhnen Assisis, das die Kathedrale San Rufino erfüllte, war sehr berechtigt. Assisi hatte es dringend nötig, sich zu bekehren, nicht nur wegen der üblichen Schandtaten – in dieser Hinsicht war ihm die verworfene Nachbarin Perugia voraus –, sondern wegen der Feindseligkeiten zwischen den Bürgern, zwischen niederem Volk und Patriziern, die tagtäglich blutige Spuren in den Straßen hinterließen. Die Lage war verworren. Perugia war päpstlicher Vasall, während Assisi theoretisch immer noch wie die lombardischen Städte unter kaiserlichem Schutz stand. Die Bewohner Assisis verziehen den nach dem Krieg mit Perugia zurückgekehrten Edelleuten nicht, sie waren für sie Verräter, und diese forderten trotz des von ihnen unterzeichneten Vertrags die Besitztümer zurück, um die sie während ihrer Abwesenheit gebracht worden waren. Die Auseinandersetzungen waren unerbittlich und grausam und dauerten bereits zehn Jahre.

Im März hatte Otto in Perugia mit fast erzwungener Zustimmung des Papstes die früheren kaiserlichen Kommandanten wieder in ihre alten Rechte eingesetzt, namentlich den Herzog von Spoleto, was die Bewohner Assisis zur Einigkeit zwang. Man schaffte einerseits die Leibeigenschaft ab, gab aber andererseits dem Adel manche Güter zurück.

Welche Rolle spielte Franziskus bei der Befriedung seiner Stadt? Innozenz III. hatte sie mit dem Bann belegt, der Podestà war exkommuniziert – in solcher Lage suchte Assisi schließlich nach einer Verständigung zwischen den Parteien. Das war dringend notwendig, denn in der einstmals blühenden Stadt hatte sich die Not eingenistet. Mit seiner ganzen Beredsamkeit rief Franziskus zum Frieden auf. Der stellte sich nicht ein, sondern wurde wieder einmal durch seinen armen Verwandten, den Waffenstillstand, ersetzt, und zwar am 9. November 1210. Beide Seiten machten Konzessionen. Möglicherweise hatte der leidenschaftliche Appell des Heiligen doch Wirkungen gezeigt; mehr läßt sich nicht behaupten.

In diesem Jahr trat der Sohn einer der vornehmsten Familien Assisis, der Offreduccios, in die Fraternität ein. Hatte Franziskus einen ihm selbst vielleicht nicht bewußten Hang, sich mit anderen gelegentlich einen Scherz zu erlauben, freilich einen Scherz höherer Art, wenn man so sagen kann? Diese Frage kann man sich stellen, wenn man liest, welche Prüfungen dieser Rufino aus einer spirituellen Laune heraus erleiden mußte. Rufino war klein und empfindlich und war ein Vetter von Klara, was nicht unwichtig ist. Zum Predigen hatte er kaum Talent, und dazu kam noch erschwerend hinzu, daß er leicht stotterte. Franziskus hatte nun eines Tages die absonderliche Idee, etwas Unmögliches von ihm zu fordern: „Geh und predige in San Rufino." Bestürzt bat Rufino in aller Demut, von einer Aufgabe befreit zu werden, die er mit Sicherheit nicht erfüllen konnte. Es handelte sich nicht um eine Gehorsamsverweigerung, aber Franziskus gefällt es, darin einen Mangel an Bereitwilligkeit zum Gehorsam zu sehen, und befiehlt Rufino, in der Kathedrale halbnackt, nur mit seinen Hosen bekleidet, zu predigen. Diesmal gehorcht Rufino und macht sich auf den Weg zur Kirche San Rufino, des Märtyrers. Dort angekommen, steigt er auf die Tribüne und beginnt eine Predigt über die Buße. Ein Lachkonzert empfängt die komische Erscheinung. Sollte das ein Scherz sein? Durchaus nicht. Der unglückliche Stotterer versucht, von

Gott zu reden, aber seine Worte gehen im allgemeinen Gelächter unter.

In Portiunkula kommen Franziskus plötzlich Bedenken. Wozu dieser absurde Befehl, der einen vorbildlichen Bruder leiden läßt? Hier darf er keinen Augenblick zögern. Unverzüglich macht er sich auf, um sein menschliches Versagen wiedergutzumachen. Von Bruder Leo begleitet, der einen Rock über dem Arm trägt, begibt er sich zur Kathedrale, entledigt sich seines Überrocks und nimmt halbnackt Rufinos Platz ein. Erneut dröhnendes Gelächter. Haben die Brüder den Kopf verloren? Franziskus beginnt von der Nacktheit Christi bei seiner Passion zu sprechen, und plötzlich wird es still. Eine tiefe Bewegung bemächtigt sich der Gläubigen, als sie Worte hören, die ihnen das Herz zusammenschnüren. Tränen rollen über die Gesichter, die vor wenigen Augenblicken noch schadenfrohes Grinsen verzerrt hatte.

Rufino sollte einer der drei Brüder werden, die Franziskus begleiteten und bis zu seinem Tode umsorgten.

Portiunkula

Im Frühjahr 1211 wurde die franziskanische Gemeinschaft vom Rivo Torto, dem Bach mit den vielen Windungen, verjagt, und zwar auf völlig unerwartete Weise. Die Brüder waren eines Tages im Gebet versunken, als ein Bauer mit einem derben Stoß seinen Esel in die von ihm als Loch bezeichnete Hütte jagte: „Los, da hinein, Grauer!“ Franziskus beschloß auf der Stelle, mit seinen Gefährten das Feld zu räumen, und der Abschied fiel ihm ebenso schwer wie ihnen.

So unansehnlich das verfallene Gemäuer auch war, sie hingen an ihm wie an einem jener Orte, die der Herr durch seine Gegenwart gesegnet hatte. Es würde bestimmt andere Augenblicke der Gnade geben, aber nicht solche, wie sie sie hier bisweilen erlebt hatten, wo die Erde gleichsam den Himmel berührt hatte.

Von diesem Bauern, der sein dummes Langohr in das „Loch" getrieben hatte, könnte man sagen, daß er selbst von der Vorsehung getrieben worden war, um die Brüder an einen besseren Ort zu verjagen. Franziskus wandte sich noch einmal an den Bischof von Assisi, aber da der Herr Guido noch immer nichts für ihn hatte, begab er sich zu den Benediktinern von Subasio. Der Abt überließ ihm großzügig gegen den Zins von ein paar Fischen jährlich die Kapelle Unserer Lieben Frau von den Engeln – Santa Maria degli Angeli –, ein sehr bescheidenes Gebäude, von einem winzigen Stück Land umgeben, aber – o Wunder – mitten im Walde gelegen. Franziskus kannte es gut, von hier aus war er aufgebrochen, die Welt zu erobern, und hierher kehrte er zurück. Es war ein idealer Zufluchtsort, und die Fraternität ließ sich mit Begeisterung nieder. Ein kleines strohgedecktes Haus entstand in wenigen Tagen, und bald erhoben sich ringsum Hütten für die Ordensbrüder. Jeder hatte seine Hütte. Es war ein bäuerliches Kloster, wo die Armut ihr Zuhause hatte. Franziskus hätte sich nichts Besseres erträumen können und erlebte hier mit seinen Brüdern eine Zeit wie auf dem Goldgrund einer Heiligenlegende, deren Zauber wir in den „Fioretti" wiederfinden. Es gibt kein Buch, auf dessen Seiten das Mittelalter uns die ganze Frische seines christlichen Glaubens köstlicher überliefert hat. Wunder reihte sich dort an Wunder, aber auch die Wahrheit kommt in reichem Maße auf ihre Rechnung in den Porträts dieser Franziskaner der ersten Stunde.

In Portiunkula wechselten Gebet, Betrachtung und Arbeit miteinander ab. Auch das Predigen darf nicht vergessen werden. Einem „laschen Bruder", der dem Müßiggang frönte, gab Franziskus den Laufpaß. Keinem der Ordensbrüder fehlte es an Gelegenheit, Nächstenliebe zu praktizieren; er konnte den Bauern helfen oder die Aussätzigen der benachbarten Leprosenstation pflegen. Lohn dafür wurde natürlich nur in Form von Lebensmitteln angenommen, denn Geld war verpönt, außer in Krankheitsfällen, wenn Medikamente gekauft werden mußten.

Die sechs im Kloster Unserer Lieben Frau von den Engeln verbrachten Jahre hafteten wie ein vorweggenommenes Paradies im Gedächtnis der Brüder. Hier waren sie Christus nachgefolgt und hatten das Evangelium gelebt. Wie Christus, der sein einziges Vorbild war, schenkte Franziskus seinen Brüdern alles, was er von Gott empfangen hatte. Eine besondere Gnade bewirkte, daß sie allein durch seine Gegenwart geheiligt wurden, ohne deswegen ihre Individualität zu verlieren. Wenn Heiligkeit überspannt sein kann, dann war sie es bei ihnen bisweilen in extremer Weise. Es handelte sich um sehr eigenwillige Typen, und man wird nicht müde, die Berichte über ihre köstlichen Einfälle zu lesen. Den Spaßvögeln eignet eine Einfachheit, die bestürzend ist, weil sie Seelen offenbart, deren kristallene Klarheit nicht vom Schatten eines Schattens getrübt wird.

Woher kamen sie? Von überallher, vom Lande und aus der Stadt, aus dem Adel und aus dem Volk, von der Universität, aus dem reichen Bürgertum wie Bernardo di Quintavalle, aus dem geistlichen Stand wie Sylvester. Wenn Franziskus sie aufnahm, hob er ihren früheren Rang auf. Wenn sie an seiner Seite lebten, wurden sie für immer zu Söhnen des Franziskus, ohne daß jemand etwas von seiner eigenen Persönlichkeit verloren hätte, ob er Priester war oder Laie. Denn nach Sylvester kamen noch andere Geistliche. Dabei darf nicht vergessen werden, daß Franziskus selbst kein Priester sein wollte. Davon abgesehen, hätte auch die fehlende theologische Ausbildung ihm von vornherein die Führung dieses Titels untersagt.

Was ihr sucht, werdet ihr nicht in Büchern finden

Manche opferten frohen Herzens ihre ganzen Reichtümer und nicht selten ihre prunkvollen Häuser. Andere, die weniger begütert waren, verzichteten mit gleicher Großherzigkeit auf ihren Besitz, so gering er auch sein mochte. Zeuge dafür ist jener bäuerische Bruder, der sich nur schweren Herzens von seiner Kuh trennte. Andere wiederum, und das war eine schwierige Probe, vor die sie gestellt wurden, verzichteten auf den ganzen Reichtum ihrer Bildung, die sie sich durch jahrelanges Studium erworben hatten, wie es bei Bernardo di Quintavalle der Fall war. Er vermachte Gott seine ganze Bibliothek: das Vergessen eines großen Wissens. Sein Ruf als Jurist blieb deshalb nicht weniger lebendig an seiner Alma mater Bologna; und nach Bologna gedachte Franziskus ihn eines Tages um des Gehorsams willen zu schicken, damit er dort ein Kloster gründete. Bernardo zögerte keine Sekunde. Er ging hin, sah die alten vertrauten Gassen wieder, die von stolzen

Türmen überragten Paläste und die lärmende Menge der Studenten, die Tag und Nacht geschäftig über die Plätze der Stadt eilten. Auf dem größten von ihnen, auf der Piazza Maggiore, hielt man den ehemaligen gelehrten Doktor, der dort barfüßig und im sonderbaren Habit seiner Fraternität umherlief, für einen Verrückten. Die Gassenjungen verspotteten ihn mit der zu allen Zeiten und an allen Orten üblichen Grausamkeit. „Pazzo! Pazzo!" Dieses allen Franziskaner-Ohren vertraute Geschrei ließ er mit einem fröhlichen Lächeln im Gesicht über sich ergehen. Er hätte sich aus dem Staub machen können, aber er setzte sich auf einen Eckstein. Männer gesellten sich zu den Kindern; er wurde zuerst mit Dreck, dann mit Steinen beworfen und beschimpft, aber er wich nicht von der Stelle.

Anderntags kam er wieder, um den gleichen Spott über sich ergehen zu lassen, und am folgenden Tage wieder, ein Märtyrer jenes liebenden Gehorsams, der für die Söhne des heiligen Franziskus bezeichnend war. Eine so einmalige Ausdauer zog die Aufmerksamkeit eines Neugierigen auf sich. Er beobachtete Bernardo. Dieses Gesicht, aus dem Freude strahlte, gehörte keinem Verrückten. Der Fall beschäftigte ihn, er trat näher und fragte ihn, wer er sei und was er hier treibe auf dem großen Platz der Stadt. Statt einer Antwort zog Bernardo die Regel des Franziskus aus seiner Kutte und reichte sie ihm. Der Mann las sie und kam aus dem Staunen nicht mehr heraus über die hohe geistige Qualität des Dokuments.

Die Gassenjungen hatten von ihm abgelassen, lauernd umringten sie die beiden und warteten ab. Die Meinung dieses Passanten hatte Gewicht, er war kein Geringerer als der gelehrte Doktor der Rechte, Nicola dei Pepoli. Der wandte sich nun an seine

Freunde, die ihn begleiteten, und erklärte: „Es handelt sich hier um die bewundernswürdigste religiöse Verfassung, von der ich je habe reden hören." Danach bot er Bernardo ein Haus an, wo er ein Kloster gründen konnte. Nichts anderes hatte Bernardo gewollt, aber die Dinge nahmen nach seiner Meinung einen zu guten Verlauf. Einige Zeit nach der Gründung des Klosters sah sich der einst so verspottete Gründer zum Gegenstand allgemeiner Bewunderung werden, die wegen seines harten Lebens in Verehrung umzuschlagen drohte. Es fehlte nicht viel, und man hätte ihn für einen Heiligen gehalten. Ohne lange zu überlegen, floh er aus der Stadt und kehrte nach Assisi zurück. „Bruder", sagte er zu Franziskus, „das Kloster ist fertig, schicke Brüder hin. Von mir kann ich nur sagen, daß ich fürchte, durch die große Ehre, die man mir dort erweist, mehr verloren als gewonnen zu haben." Und andere Brüder wurden entsandt.

Was nun Nicola dei Pepoli angeht, den gelehrten Doktor, so trat er später in den Orden ein, den er von Anfang an bewundert hatte.

Giovanni der Einfältige

Man fände kein Ende, wollte man versuchen, das Bild der ersten Gefährten des Franziskus mit Worten nachzuzeichnen. Der Ausdruck „köstlich" drängt sich unabweisbar auf, wenn man an die Frische und Einfalt oder an die Herzensreinheit denkt, die man dort findet. Bruder Egidio bliebe ein besonderer Liebling, falls man wählen müßte, aber nicht minder liebt man auch Bruder Giovanni, den Einfältigen, der bei der Arbeit auf dem Felde erfuhr, daß Franziskus im Dorf war, und sogleich losrannte, um ihn zu suchen. Er fand ihn, als er gerade die Kirche ausfegte; denn Franziskus achtete sehr darauf, daß das Haus des Herrn immer sauber und einladend war.

Ohne zu zögern, nahm Giovanni ihm den Besen weg, machte sich an die Arbeit und reinigte die Kirche. Danach setzte er sich neben den Heiligen und sagte ihm frei heraus, daß er, da der Herr diese Begegnung herbeigeführt hat, bereit ist, alles zu tun, was er, Franziskus, will. Franziskus, von diesem plötzlichen Entschluß bewegt, bittet ihn, sich all seiner Habe zu entledigen, wenn er sich den Brüdern anschließen will. Statt einer Antwort läuft Giovanni der Einfältige wieder aufs Feld und kommt mit einem seiner Ochsen, seinem Erbteil, zurück, das er gleich verkaufen will, um das Geld den Armen zu geben. Doch zu Hause erfährt man die Geschichte, und die ganze Familie bricht in Tränen aus. Vor allem die Kinder, seine jungen Brüder, schluchzen vor Kummer laut auf. Giovanni geht weg, Giovanni verläßt sie für immer, und der Ochse ist auch weg.

Franziskus kann diese Verzweiflung nicht mit ansehen. Mit der Liebenswürdigkeit, die ihm seit früher Jugend die Herzen zufliegen ließ, verspricht er, alles in Ordnung zu bringen und alle wieder froh zu machen. Man soll ein Essen bereiten: „Wir wollen jetzt zusammen essen, weint nicht mehr.“ Er spricht so herzlich und fröhlich mit ihnen, daß niemand seinem Charme widerstehen kann. Nach einer Weile ist die gute Laune zurückgekehrt, und es ist, als feiere man ein Fest. Franziskus erklärt nun, daß Gott Giovanni und seiner Familie dadurch eine große Ehre erwiesen hat, daß er ihn auserwählte, ihm zu folgen: „Diener Gottes sein heißt König sein.“ König sein!

Darauf muß man stolz sein, und alle brechen in Jubel aus. Franziskus entgeht es nicht, daß die Leute arm sind, und sagt zu ihrer großen Erleichterung: „Macht euch keine Sorgen, ich nehme euch den Bruder und gebe euch dafür den Ochsen." Giovanni geht fort, das muß sein, aber den Ochsen behalten sie. Und die Chronik sagt uns in aller Einfalt: „Vor allem freuten sie sich darüber, daß sie den Ochsen zurückerhalten hatten." Franziskus war zu feinfühlig, um nicht zu erraten, daß der Ochse mehr zählte als der junge Mann.

Giovanni legte also den Habit der Franziskaner an und war fortan bestrebt, Franziskus so getreu wie möglich nachzuahmen. Das war, wie er dachte, das sicherste Mittel, ein guter Ordensbruder zu werden. Wenn er sah, daß Franziskus einen Kniefall tat, machte er auch einen. Er ging so weit, daß er alle seine Gesten wiederholte. Erhob Franziskus die Hände zum Himmel und stieß beim Beten einen Seufzer aus, konnte er sicher sein, daß zwei Schritte von ihm entfernt Giovanni der Einfältige ebenfalls die Hände erhob und auf dieselbe Art und Weise seufzte. Franziskus, der sofort Freundschaft für ihn empfunden hatte, amüsierte sich erst darüber, aber schließlich wurde ihm diese sklavische Nachahmung lästig, und eines Tages schalt er ihn deswegen. Vergebens. „Vater", sagte Giovanni der Einfältige zu ihm, „ich habe versprochen, alles zu tun, was du tun wirst, ich will deshalb auch alles machen, was du machst." Vor der Lauterkeit dieser Seele, die von der Welt nicht befleckt worden war, streckte Franziskus die Waffen. Giovanni wurde übrigens so offenkundig ein Heiliger, daß man ihn nur schweigend bewundern konnte. Kurze Zeit später, um 1213, starb er. So kurz sein religiöses Leben war, so vollkommen war es, und er hinterließ eine unauslöschliche Erinnerung. Wenn Franziskus von ihm sprach, empfand er keine Trauer, sondern eine wunderbare Freude und nannte ihn immer nur den „heiligen Giovanni".

Zusammen mit Franziskus, der im „Paradies" der „Göttlichen Komödie" einen der herrlichsten Plätze findet, läßt Dante auch Bernardo, Egidio und Sylvester zum seligen Verweilen auftreten, die drei ersten bekannten Brüder. Aller Wahrscheinlichkeit nach konnte er nur diese drei rühmen, weil er lediglich die „Legende" des heiligen Bonaventura kannte. Das würde voraussetzen, daß er weder Celano noch die „Legende von Perugia" lesen konnte, die bereits in den Klöstern versteckt waren, damit sie der von Bonaventura angeordneten Vernichtung nicht zum Opfer fielen. Bonaventura war ein Heiliger, aber auch Generalminister des Ordens und wollte von dessen Gründer ein Bild hinterlassen, das mit seinen eigenen Vorstellungen übereinstimmte.

Das Leben in Portiunkula

Man könnte versucht sein, in Portiunkula so etwas wie ein Paradies zu sehen, ein zwar unbequemes, aber trotz allem ein Paradies, weil aller Komfort, für den wir eine schreckliche Schwäche haben, schlechthin lächerlich wird angesichts der inneren Freude, die die Brüder dort erlebten. Man darf sicher sein, daß dort im Gebet, in der Aszese und in der Armut eine solche Freude herrschte, wie sie nur wenige Fraternitäten auf Erden gekannt haben. Von ihren materiellen Gütern befreit, deren sie sich wie Unrats („tanquam stercora") entledigt hatten, hatten sie sich ganz Gott hingegeben. Franziskus hatte ihnen gesagt, wie sie dabei zu Werke gehen müßten, und sie erkannten in seiner Stimme den unnachahmlichen Klang der Stimme Christi.

Schon in den ersten Tagen, als sie noch nicht mehr als ein Dutzend zählten, hatte Franziskus sie in den Wald von Portiunkula geführt und ihnen gesagt, daß sie zum Heil vieler Menschen aufgerufen seien. Nachdem sie sich von der Last ihres Besitzes befreit hatten, befahl ihre Berufung ihnen, ihr Brot zu erbetteln und Buße zu predigen. So zogen sie, zu zweit hintereinander, über die Straßen und durch die kleinen Dörfer und mußten dabei oft genug Spott und Hohn auf sich nehmen, aber wenn der Tag sich neigte, kamen sie in Portiunkula mit kindlicher Heiterkeit wieder zusammen. „Sie liebten einander mit einer unbeschreiblichen Liebe", sagte der „Anonymus von Perugia", der die Erinnerungen von Egidio am Ende seines Lebens in Empfang nahm.

Dieser hatte sich nach Franziskus' Tod an einen abgeschiedenen Ort zurückgezogen, den er nie mehr verließ, und wo er nur die Anwesenheit seines Beichtvaters Bruder Giovanni duldete, der alles, was er behalten hatte, aufschrieb. Deshalb berührt uns von allen Zeugnissen über den Franziskanerorden das des Anonymus von Perugia am stärksten, weil es so frisch und lebendig und völlig frei von literarischer Kunstfertigkeit ist. Durch ihn dringt die Stimme eines Menschen zu uns, der niemals lügen konnte und den Franziskus herzlich liebte und seinen „Ritter der Tafelrunde" nannte. Denn das Rittertum, dieses früheste aller Phantasiegebilde des Poverello, behielt für ihn seinen ganzen Zauber und seine unzerstörbare Anziehungskraft in einem solchen Maße, daß man den Menschen Franziskus unmöglich verstehen könnte, wenn man dieses Ideal unberücksichtigt ließe.

Wie alle Jungen seiner Zeit hatte Franziskus als Heranwachsender den König Artus und seine Ritter der Tafelrunde bewundert. Dieses schillernde Werk erregte die Phantasie der gesamten europäischen Jugend. Es ging um die Ehre bei diesen Helden, die, mit Schwert oder Lanze bewaffnet, gleich bereit waren, wie eine Gestalt Shakespeares sagt, „mit Größe Streit um einen Strohhalm nur zu suchen", wenn sie eine Beleidigung witterten. Die vom Ritter erwählte Dame, der wie einer Königin sein Dienst und seine Verehrung galten, wurde durch das übersteigerte Streben nach Vollkommenheit zu einer fast irrealen Gestalt. Dieses unnahbare Geschöpf um den Preis des eigenen Lebens zu verteidigen war ebenso Pflicht, wie für den christlichen Glauben zu kämpfen und so viele Ungläubige, wie man nur wünschen konnte, niederzuhauen.

Dieser große Traum des Mittelalters mußte von der Einbildungskraft des Franziskus Bernardone Besitz ergreifen und seinen Ehrgeiz in einem irdischen und wörtlichen Sinn wie in der mystischen Schau seiner schicksalhaften Bestimmung hervorrufen. Sosehr er bar jeden Stolzes war, bewahrte er doch immer einen ritterlichen Instinkt, seiner Dame treu, die Christus ihm bestimmte. Es ist nur zu wahr, daß man bis zu seinem Tode der bleibt, der man ist. Wenn man einen Handschuh wendet, bleibt er ein Handschuh. Der Sünder und der Heilige liegen zusammen im gleichen Sarg. Sie mögen sich weit voneinander entfernt haben, sie sind gezwungen, eng miteinander zu leben, auch wenn sie kein Wort mehr miteinander wechseln. Die Adresse ändert sich nicht, im Leben und im Tode nicht.

1211 muß Innozenz III. feststellen, daß Otto sich über seine Verpflichtungen ihm gegenüber hinweggesetzt. Zum Vertrag, der die päpstliche Oberhoheit über die italienischen Besitzungen des Kaisers anerkennt, erklärt er zynisch: „Das ist ein gutes Dokument für Eure Archive." Heute nennt man das einen „Fetzen Papier". Der Papst belegte den Kaiser mit dem Kirchenbann. Wie es der Brauch wollte, wurden nach Verlesung der Bannbulle die Kerzen umgestürzt und die Kirche in Finsternis gehüllt. Otto erklärte ganz einfach, daß er vor den „Drohungen eines Priesters" keine Angst habe, und ließ nicht davon ab, sich des Südens Italiens zu bemächtigen. Auf Geheiß der deutschen Bischöfe wurde er auf dem Reichstag zu Nürnberg abgesetzt, und der siebzehnjährige Friedrich zu seinem Nachfolger gewählt. Dieser, der nicht vermögend war und deshalb Bettelkaiser genannt wurde, hatte bereits das eine mit Franziskus gemein, daß er über demselben Porphyrbecken in San Rufino getauft worden war. Er wird in der Folgezeit das Interesse für den Islam mit ihm teilen.

Auch ein Franziskus konnte sich den Zeitereignissen gegenüber nicht taub stellen. Zu den größten Ärgernissen zählte die Anwesenheit der Ungläubigen im Heiligen Lande. Jerusalem befand sich in den Händen der Moslems. Franziskus vergaß nie, daß er am Tag seiner Bekehrung mit eigener Hand ein großes Kreidekreuz auf sein Gewand gezeichnet hatte. Er war also bereits ein Kreuzritter, und das brennende Verlangen nach großen Abenteuern war in ihm seit seiner Kindheit nicht erloschen.

Die drei ersten Kreuzzüge waren gescheitert, der vierte noch nicht beendet, und Johann von Brienne bereitete den fünften vor. Mach dich auf, Ritter Christi! Wenn er die Ungläubigen nicht ausrotten konnte, mußte er sie bekehren, sich in ihre Mitte begeben, ihnen den wahren Glauben predigen und die kostbare Gnade des Martyriums erlangen, die zweite Taufe, die mit einem Schlag die Tore des Paradieses öffnete. Wie viele Ordensleute nährten im tiefsten Innern die geheime Hoffnung auf einen gewaltsamen Tod, der die Sünden eines ganzen Lebens auslöschte! Dieser Ruhm strahlte auf die ganze Kirche zurück, denn das Blut der Märtyrer ist nach Tertullian ein Same, und die Christen, die an die Stelle ihrer Märtyrerbrüder treten, sind ohne Zahl. Diese Gedanken schwirrten Franziskus durch den Kopf und erhitzten sein Gemüt. Die Fraternität war gegründet, das Kloster in Bologna empfing ununterbrochen neue Bekehrte, die aus allen Winkeln Italiens und sogar aus anderen Ländern kamen. Hatte er nicht einst den Lärm ihrer Schritte gehört? Seine Mission im eigenen Vaterland war vollendet, er konnte nun mit seinem Blut das Königreich Christi ausbreiten und die heißbegehrte Palme davontragen.

Mit einem Gefährten brach er auf nach Ancona, zum nächsten Hafen. Eine Reise von Ancona nach Syrien ist kein Spaziergang. Um durch die Adria zu segeln und Griechenland zu umschiffen, muß man mit drei Wochen rechnen, falls die Winde günstig sind. Aber der Wind hat den Psalmen zufolge eine Besonderheit: Er erfüllt das Wort des Ewigen, einerlei, ob es sich um die unbesiegbare Armada oder um ein Schiff mit Franziskus an Bord handelt. Und dieses Boot liegt im Streit mit dem Wind, der um keinen Preis im Sinne der Reisenden wehen will und sie nicht seewärts treibt, sondern zum gegenüberliegenden Land, nach Dalmatien. Sie sind gezwungen, den Hafen von Zara anzulaufen. Was soll Franziskus tun? Wer dächte nicht an die Nacht von Spoleto: Gott hatte dort den Weg zu den Schlachtfeldern für einen Franziskus in schöner Rüstung, mit Lanze und Schild bewaffnet, versperrt. Mit dem Ewigen läßt sich nicht rechten, mag er sich einer Krankheit bedienen oder eine Mauer aus Wind errichten. Franziskus ist enttäuscht; es bleibt ihm nichts anderes übrig, als nach Umbrien zurückzukehren. Nur mit welchen Mitteln? Er besitzt keinen Pfennig. Was macht das schon? Er und sein Gefährte schleichen sich heimlich auf ein Schiff, das nach Italien segelt. Unten im Schiffsraum wird man sie schon nicht finden. Irrtum. Den schnell entdeckten blinden Passagieren droht das Schicksal, an der nächstbesten Küste ausgesetzt zu werden, aber da taucht auch schon einer jener von der göttlichen Vorsehung geschickten Unbekannten auf, der Mitleid mit ihnen hat und den Matrosen eine Riesenmenge Proviant gibt. Um diesen Preis wollen sie die beiden Mönche natürlich gern heimbringen. Diesmal verhält sich der Wind, wie er soll, und nach ein paar Tagen kann der Kreuzfahrer und Martyriumskandidat gehorsam und beschämt den Weg nach Santa Maria degli Angeli wieder einschlagen.

Auch an komischen Begebenheiten fehlt es in Portiunkula nicht. Lachen war nicht verboten, im Gegenteil; denn für Franziskus stammt die Melancholie geradewegs vom Teufel. Eines Tages hatte er eine Meinungsverschiedenheit mit Bruder Bonaparte, dem die Küchen anvertraut waren. Dieser sagte zu Franziskus:

„Ich gebe mir die größte Mühe, dir Gerichte zuzubereiten, die du essen könntest, und was tust du damit? Du mengst Wasser und Asche darunter.“

„Bruder Bonaparte“, antwortete ihm Franziskus, „der gute Wille allein zählt, er ist bei dir wie bei mir ganz rein vorhanden. Dafür wird Gott uns beide belohnen."

Die Entrüstung Bruder Bonapartes gibt zu denken. Die Askese ging bei Franziskus sehr viel weiter als diese sonderbaren Diätpraktiken. Geißelungen, Kasteiungen und langes, häufiges Fasten überforderten seine ohnehin schon schwache Gesundheit. Wir wissen heute ziemlich sicher, daß Franziskus an Knochentuberkulose und Malaria litt. Sein Testament bestätigt, ohne Einzelheiten anzuführen, dieses Krankheitsbild. Wie verkraftete er das? Man denkt natürlich, daß der Himmel ihm zur rechten Zeit die erforderlichen Kräfte schenkte, und wir glauben das auch, aber man darf dabei nicht vergessen, daß auch das Leben in frischer Luft ein übriges tat. In der wohltuenden Nachbarschaft seiner großen Freunde, der Bäume von Portiunkula und der Wälder des Alvernerberges, lebte er auf. Fügen wir noch hinzu, daß er seine Aufenthaltsorte stets dort suchte, wo die ozonreichste Luft ihn kräftigte, in Wäldern, in der Nähe von Quellen. Beweis dafür sind die Einsiedeleien im Tal von Rieti: Fonte Colombo, La Foresta – diese Namen sprechen für sich – und die abgelegene Insel im Trasimenischen See. Dennoch gilt, daß eine solche Existenz, die allen Strapazen um des Heils der Seelen willen trotzt, in sich schon eine Art Wunder ist.

Die Carceri

Etwas später im Sommer erhält Franziskus noch ein Geschenk von seinen Freunden, den Benediktinern. Sie bieten ihm die Carceri, die Kerker, an, jene Höhlen, wohin Franziskus ganz zu Beginn seiner Bekehrung gekommen war, um dort, von seinem geheimnisvollen Freund beschützt, die Einsamkeit zu suchen. Es handelte sich um grünbewachsene Höhlen, die in den Wäldern, die die Hänge des Monte Subasio bedeckten, versteckt waren, und wo höchstens das Rauschen eines Bachs die Stille durchdrang. Bernardo und Sylvester waren die ersten kontemplativen Franziskaner, die sich in diese „Kerker" zurückzogen, wo die Seele dem Körper entfloh. Später bauten die Brüder hier eine kleine Einsiedelei.

Von Anfang an gab es zwei verschiedene Strömungen in der franziskanischen Spiritualität, das tätige und das beschauliche Leben. Das tätige Leben hatte seinen Platz in den Werken, im Apostolat, in der Predigt und natürlich in jeder Form von Caritas: Das bedeutete also, eine dem heidnischen Aberglauben zuneigende Bevölkerung wieder zum Christentum zurückzuführen und Unglücklichen Hilfe zu leisten.

Das kontemplative Leben in wenigen Sätzen zusammenzufassen ist schier unmöglich. Man denke an die zahllosen Abhandlungen zu diesem Thema. Ohne Gefahr zu laufen, sich in verworrene Erklärungen zu verlieren, läßt sich kurz folgendes sagen: Die Kontemplation erfordert, daß der Mensch sich selbst verläßt, um Gott den Platz zu überlassen und sich mit ihm zu vereinen. Soweit wir es beurteilen können, geht es nicht etwa nur darum, eine bestimmte Lebensweise aufzugeben, die ein Hindernis für das innere Leben bildet, sondern darum, sich in Einsamkeit und Schweigen von den Sorgen der Welt zu trennen, die Erinnerung an alles beiseite zu schieben, was das 17. Jahrhundert in Frankreich „divertissement", Zerstreuung genannt hat, alles, was die Augen sehen, die Ohren hören, jeder unserer Sinne empfinden kann. Aber das ist erst ein Anfang:

absolute innere Stille erlangen, den Aufruhr unserer Gedanken zum Schweigen bringen, alle Vorstellungen aus unserem Kopf verbannen, vor allem jene, die wir uns von Gott machen, weil sie fast alle ohne Unterschied falsch sind. In dieser Nacktheit des Geistes hat die gläubige Seele am ehesten die Möglichkeit, zu dem zu gelangen, der sie erschaffen hat, ausgehend von der Menschheit Christi, um bis zum Mysterium der Dreifaltigkeit emporzusteigen...

Von den Höhen des Monte Subasio dringt der Blick durch die Lichtungen der Tannen- und Buchenwälder und erfaßt die ganze Ebene, während weiter oben, über dem dunklen Waldkranz, der Berg sein kahles Haupt zeigt. Wenn man hier oben steht, begreift man besser, was Männer wie Sylvester und Bernardo in diesen Höhlen suchten, wohin kein Laut der Außenwelt drang. „Das sind meine Ritter der Tafelrunde", sagte Franziskus, „die Brüder, die sich an einsamer Stätte verbergen, um sich mit größerer Inbrunst der Meditation hinzugeben... Gott kennt ihre Heiligkeit, von der die Brüder und Menschen meistens nichts ahnen. Und wenn ihre Seelen einst von den Engeln zum Herrn geleitet werden, wird der Herr ihnen das Ergebnis und den Lohn all ihrer Mühen offenbaren: die große Zahl der durch ihre Gebete geretteten Seelen. Und er wird zu ihnen sagen: ‚Seht da, meine Söhne, die Seelen, die durch eure Gebete gerettet wurden; da ihr in den kleinen Dingen treu gewesen seid, werde ich euch mit großen betrauen!'" Das ist die Sprache der großen Mystiker. Franziskus tauchte des Nachts in diesen Abgrund der Gottsuche, und bei Tage nahm er am Leben seiner Gemeinschaft teil, aber er war auch besonderer Gnaden teilhaftig, ohne die die eine wie die andere Lebensform nicht zu verwirklichen ist.

Liebesgeschichte

Als Franziskus in der Kathedrale San Rufino predigte, konnte er nicht ahnen, daß ein siebzehnjähriges Mädchen, das in Begleitung seiner Mutter und seiner Schwester gekommen war, dem großen Verzauberer der Seelen, der über die Gottesliebe sprach, mit größter Hingabe lauschte. Nun war dieser nicht gerade schön zu nennen und außerdem zwölf Jahre älter als sie, aber das war unwichtig; denn sie, deren mädchenhafte Schönheit vollkommen zu nennen war, nahm jedes seiner Worte mit einer unbeschreiblichen Erregung in sich auf, weil sie aus ihrem eigenen Herzen zu kommen schienen. Mit ihm verliebte sie sich in die Gottesliebe, aber wie soll man diese Liebe von der Liebe zu dem trennen, der sie verkündet! Verschmolzen beide miteinander? Wir besitzen nur ein einziges Herz, um Gott und seine Geschöpfe zu lieben. Hätte man ihr gesagt, sie sei in Franziskus verliebt, hätte sie das entsetzt und wäre ihr unbegreiflich gewesen, aber als sie wieder zu Hause war, verfolgte sie die leidenschaftliche und zugleich sanfte Stimme, die zur Buße aufrief, zur Verachtung des Reichtums und zur Abtötung des Fleisches.

Ebenso wie er konnte auch sie sich nicht dagegen wehren, zu lieben. Das lag in ihrer wie in seiner Natur. Aber zum ersten Mal hatte sie jetzt selbst gehört, wie er die Liebe verherrlichte, und das ließ sie erkennen, daß in ihnen die gleiche Leidenschaft brannte, das unendliche Verlangen, mit Gott ganz eins zu werden.

Während ihrer ganzen Kindheit hatte sie von ihm reden hören, sowohl vor als nach dem Kriege und nach der Verbannung ihrer Familie nach Perugia, und zweifellos mußte sie ihn auf ihren Spaziergängen wenigstens bemerkt haben, die ganze Stadt war doch im

Bilde über die Verrücktheiten dieses Burschen, der als König der Jugend und als ärgster Ruhestörer galt. Was dachte man in der hochadeligen Familie der Offreduccio von diesem Menschen? Vielleicht amüsierte man sich mit diskreten Worten über ihn, ohne indes zu billigen, wie er auf den Festen mit dem Geld um sich warf, dem Geld seines Vaters, des Tuchhändlers. Trotz allem ging man nicht zu streng mit dem schlimmen Burschen ins Gericht, der zu jeder Tages- und Nachtzeit sang, vorwiegend allerdings zur Nachtzeit. Doch weil er stets so heiter und lustig war, konnte ihm kaum jemand böse sein. Das kleine Mädchen hörte aufmerksam zu.

Als Klara zwölf Jahre alt war, schlug eines Tages wie ein Blitz die Nachricht ein, daß der König der Jugend sich bekehrt habe und splitternackt unter den Mantel des Bischofs geflohen sei, nachdem er sich öffentlich von seinem Vater losgesagt hatte. Sicherlich hatte Klara diese Szene selber nicht miterlebt; denn sie mischte sich nicht unters Volk. Aber was man sich über das Ereignis erzählte, mußte sie betroffen machen. Von einer Stunde zur andern verließ dieser junge Mann die Welt mit ihren Reichtümern und Eitelkeiten, um Christus nachzufolgen. Auch Klara liebte Christus, aber der Welt ade zu sagen ... schon war von ihrer Heirat die Rede, die eines Tages stattfinden würde.

Die junge Klara war sehr fromm, und das ist noch zu wenig gesagt, sie war damals schon eine Heilige. Dafür gibt es Zeugnisse in Hülle und Fülle. Wie ein Engel lebte sie seit ihren Kindertagen. Zu ihren typischen Eigenschaften gehörte der dringende Wunsch, von keinem gesehen oder beachtet zu werden. Ihre Kleider waren von erlesener Eleganz, aber darunter trug sie auf der nackten Haut ein grobes Gewand aus kratzender Wolle, ein wahres Büßerhemd. Stets fand sie Mittel und Wege, die köstlichen Gerichte, die auf die Tafel ihrer Eltern kamen, beiseite zu schaffen, um sie den Armen bringen zu lassen. Nur wer sie näher kannte, kam dahinter, daß sie Stunden im Gebet verbrachte und schon damals auf ihre Weise wie eine Nonne lebte. Franziskus hätte sich keine glühendere Zuhörerin wünschen können und keine, die sich vollkommener Gott hingegeben hätte.

Ob er es war, der 1210 die Bekanntschaft dieses zurückhaltenden Mädchens machte, das so fest entschlossen war, sich niemals zu zeigen? Das ist sehr unwahrscheinlich. Er hatte wohl von ihr gehört, und zwar durch ihren Vetter, eben jenen Rufino, den er halbnackt zum Predigen geschickt hatte. Das Unausweichliche geschah innerhalb kürzester Zeit.

Wir wissen genau, was Franziskus nach seiner Bekehrung von den Frauen dachte. Daß er ihren Anblick mied, ist noch zu schwach ausgedrückt. Er hatte seinen Brüdern sogar verboten, das Wort an sie zu richten, und er selbst schloß sie ganz einfach aus seiner Welt aus, woraus – in Klammern gesagt – sich erraten läßt, wieviel sie ihm vorher bedeutet hatten. Er hatte einfach Angst vor ihrer Gegenwart.

Für die junge Klara rückte die Heirat in immer bedrohlichere Nähe, und da schon der bloße Gedanke daran sie entsetzte, wollte sie nun mit aller Gewalt diesen Bruder, der so herrlich von Christus gesprochen hatte, um Rat fragen und ihm ihr Herz aufschließen. Mit der Hartnäckigkeit der Erwählten entschloß sie sich, ihn um jeden Preis und in aller Heimlichkeit aufzusuchen, allerdings nicht allein, sondern in Begleitung einer verläßlichen Verwandten, der Donna Buona di Gualfuccio.

Franziskus seinerseits wurde von diesen Absichten

durch Rufino unterrichtet, der auch als Mittelsmann diente, und willigte ein. Filippo Longo, ein Bruder mit lauterstem Herzen, war ausersehen, der Unterredung beizuwohnen. Wo fand sie statt? In einem Wald? Diese Hypothese ist nicht auszuschließen; denn man wollte doch, daß die Familie nichts erfuhr.

Ohne sich in Andeutungen ergeben zu wollen, ist es bei derartigen Vorsichtsmaßnahmen unvermeidlich, daß uns Erinnerungen an die Liebesromane jener Zeit durch den Kopf gehen, wo die ersten erlaubten Annäherungsversuche mit Argusaugen überwacht werden, damit sich nach außen hin alles in Ehren vollzog. Schießen wir ruhig ein wenig übers Ziel hinaus: und wenn es sich hier exakt so verhielte, wenn es sich um Liebe handelte? Um mystische Liebe. Jenseits allen körperlichen Verlangens fliegen zwei Seelen aufeinander zu. Auch hier ist noch Vorsicht geboten. Das Terrain birgt Gefahren in sich. Ist es denn vorstellbar, daß der „alte Widersacher“, wie Dante ihn nennt, eine solche Gelegenheit ungenutzt vorübergehen läßt? Ein Mann begegnet einer Frau, beide sind zwar Heilige, aber keine Geistwesen. Man soll dem Teufel nicht auf den Schwanz treten, sagt ein Sprichwort. War den beiden denn nicht klar, daß sie nichts anderes taten? Klara sicher nicht, aber wie verhielt es sich mit Franziskus? Wie sollte Franziskus mit seinen dreißig Jahren angesichts dieses bildschönen Mädchens nicht von Liebe ergriffen werden? Wäre er ihr erlegen, dann wäre eine Katastrophe von unvorstellbarer Tragweite eingetreten, von der Millionen Seelen, die unter beider Führung zum Heil gelangen sollten, betroffen gewesen wären. Doch nicht der leiseste Schatten fällt auf diese Begegnung, und darin liegt das Wunder. Bei Franziskus ist uns das Problem klarer. Bei ihm bewegen wir uns sozusagen auf dem sicheren Boden der Erkenntnis. Die Gnade wirkte in ihm sichtlich auf das Menschliche ein, er ist ein Mensch mit Begierden und Leidenschaften wie wir. Bei dem jungen Mädchen jedoch, das ihm in vollkommener Unschuld den wundersamen Ruf der göttlichen Liebe offenbart, haben wir das Gefühl, als prallten wir gegen strahlendes Licht.

Versuchen wir einmal, uns die Szene vorzustellen, um das Verhalten von Franziskus besser zu begreifen. Nicht zufällig hat er Filippo Longo als Begleiter gewählt, einen besonnenen und nachdenklichen Mann, einen aufmerksamen Beobachter, dem nichts entgeht und der keine Hemmungen hat, seine Meinung frei heraus kundzutun. Seine Anwesenheit macht Franziskus doppelt vorsichtig. Wird dieser seinen Worten nicht mißtrauen? Gar nicht so einfach, ein Heiliger zu sein; er bleibt rasch entflammbar und soll – ausgerechnet er, der nie wieder eine Frau anschauen wollte – eine der schönsten zu seinen Füßen sehen, wenn nicht wirklich, so doch bildlich gesprochen. Daß Franziskus dem Franziskus nur mißtraut! Er wird kämpfen müssen.

Auch Klara ist erregt. Liebende sind keine Psychologen; sie haben den Kopf verloren. Klara ist in Christus verliebt und vielleicht auch, ohne es zu wissen, in Franziskus, denn sie ist nicht imstande, die notwendige Unterscheidung zu treffen. Sie ist von höchster Freude erfüllt, diesem Mann, der ihr Gott gibt, ihre Seele hinzugeben, und es ist durchaus möglich, daß sie ihm in ihrer Euphorie zu Füßen liegt, während sie, so gut sie es vermag, von ihrem Verlangen spricht, die Welt und all ihre Reichtümer zu verlassen, um Christus nachzufolgen. Die Worte, die sie so lange in stummer Meditation im Herzen zurückgehalten hat, strömen jetzt über ihre Lippen. Er hört ihr zu, und dann spricht er fast brutal diese Worte, die sie treffen müssen wie ein Degen, der auf das Herz eines Feindes gerichtet ist:

„Ich glaube dir nicht."

Hat sie richtig gehört? Sie reagiert überhaupt nicht, und Franziskus fährt fort:

„Wenn du aber dennoch willst, daß ich deinen Worten Glauben schenke, dann tu, was ich dir sage. Bekleide dich mit einem Sack, geh durch die ganze Stadt und bettele um Brot."

Leidet sie unter dieser unerwarteten Forderung? Überhaupt nicht. Sie ist entzückt, Christus einen Beweis ihrer Liebe darzubringen. Es ist eine Wonne, diesem Manne zu gehorchen, der stellvertretend für den Herrn zu ihr spricht.

Vielleicht leidet eher Franziskus darunter? Wie hat er ihr nur diesen Befehl erteilen können? Er hat nun einmal diesen Einfall gehabt, und nach und nach geht ihm auch dessen tieferer Sinn auf. Dadurch, daß er Klara befahl, sich um der Liebe Christi willen zur Bettlerin zu machen, gab er der Frau Armut das Gesicht eines jungen Mädchens. Das ist der Triumph höfischer Liebe in höchster Form. Keine zweifelhafte Regung wird fortan zu fürchten sein. Die erwählte junge Dame wird unerreichbar, außer auf einer mystischen Ebene, wo die Seelen sich begegnen wie in einem vorweggenommenen Paradies. Eine reinere Form der Liebe läßt sich nicht einmal erträumen.

Klara hüllt sich in Lumpen und bettelt in den Straßen von Assisi. Von einem Menschen ihrer Art kann man das Unmögliche verlangen. Es heißt, daß sie sich mit einem Sack bekleidete, einen weißen Schleier um den Kopf legte und heimlich wie zu einem Rendezvous das Haus verließ, zum Rendezvous mit dem großen Unbekannten, mit dem Elend.

Niemand merkte etwas, aber wer hätte auch seinen Augen geglaubt, wenn er sie in diesem Aufzug gesehen hätte? Niemand, außer Franziskus.

Das war der Beginn eines der herrlichsten Liebesträume, den die Menschheit je geträumt hat. Ob die beiden es auch so sahen? Das ist mehr als zweifelhaft. Ihre Liebe ging auf in der Liebe zu Christus, und alle Worte sind zu schwach, um auch nur eine annähernde Vorstellung von dieser mystischen Verbindung geben zu können. Das Fleischliche konnte dabei überhaupt keine Rolle spielen. Es existierte zwar, aber tief verborgen in den tiefsten Tiefen des Unbewußten, ohne sich je zu äußern. In einer Franziskus betreffenden Vision, die Klara später hatte, einer der eigenartigsten, die uns das Mittelalter hinterlassen hat, begreifen wir etwas davon. Sie offenbart sogar noch in ihrer bestürzenden Deutlichkeit vor allem eine geradezu unauslotbare Unschuld. Sie begriff ganz offensichtlich nicht den Sinn dessen, was sie sagte. Wer könnte auch eine Sprache der Seele finden, die sich nicht der Worte bediente, mit denen wir körperliche Empfindungen ausdrücken? Man kann sich leicht vorstellen, wie unsere modernen Amateurpsychologen dieses Dokument ausschlachten würden, aber die Theologen, die es im 13. Jahrhundert vor Augen hatten, gaben sich keiner Täuschung hin. Herzensreinheit strahlt uns aus der Unschuld der Geständnisse entgegen. Sicher hatte Franziskus davon keine Ahnung, so blieb ihm wenigstens dieses Kreuz erspart. Und Klara selbst hätte es als ein großes Ärgernis empfunden, hätte man ihr gesagt, daß sogar in dieser übernatürlichen Liebe die Natur nicht abwesend sein könne; denn wie sollte bei der Einheit von Leib und Seele diese Liebe sich anders ausdrücken als in der Sprache der irdischen

Liebe mit dem ganzen unvermeidlichen Wortschatz für sinnliches Begehren! Wenn man den Bericht von der Vision liest, der von den Schwestern ihrer Umgebung, denen sie sich anvertraut hatte, überliefert ist, wird man an das schönste Liebesgedicht erinnert, an das Hohelied, worin die ganze Kirche die von Gott leidenschaftlich geliebte Seele erblickt hat. Auch hier wird die Sprache der sinnlichen Begierde gesprochen, weil es keine andere gibt, um das Übermaß einer unaussprechlichen Leidenschaft auszudrücken.

Schwester Klara

Natürlich wußten Klaras Eltern nichts von den geheimen Ausflügen ihrer Tochter. Sie war fast achtzehn, und seit ihrem zwölften Lebensjahr suchten sie einen Mann für sie. Das konnte nur noch kurze Zeit dauern, deshalb beschloß sie, das Elternhaus zu verlassen.

Am 18. März 1212, einem Palmsonntag, wohnte Klara zum letzten Mal mit ihren Eltern der Messe bei. Für immer würde sie ihre Wünsche und Hoffnungen enttäuschen, denn noch in der gleichen Nacht wollte sie fliehen. Sie konnte ihnen nicht einmal Lebewohl sagen, und dieser Gedanke bekümmerte sie so sehr, daß sie vergaß, einen der Palmzweige zu holen, die am Altar verteilt wurden. Bischof Guido stieg deshalb die Stufen hinab und brachte Klara höchstpersönlich einen Palmzweig und gab ihn ihr in die Hand. War das so wichtig? Die Geste könnte befremdlich erscheinen. Dadurch wurde zumindest symbolisch die Anerkennung der Berufung Klaras durch die Kirche ausgedrückt. Der Bischof, von Franziskus ins

Benehmen gesetzt, kannte nämlich das Fluchtvorhaben.

Bei Tagesanbruch gingen Klara und ihre Kusine Pacifica, die ebenfalls Nonne werden wollte, in aller Heimlichkeit aus dem Haus und benutzten dabei eine Hintertür, die sogenannte Totenpforte. Kein Lebender hätte je durch diese Tür hinausgehen wollen, weil sie nur als Durchlaß für die Särge diente. Aber sahen sich Klara und ihre Gefährtin nicht schon der Welt abgestorben und zu einem neuen Leben berufen? Sie erreichten Santa Maria degli Angeli, wo Franziskus sie erwartete. Alles war vorbereitet. Es war die Stunde der Frühmesse und noch finster, die Postulantinnen wurden mit brennenden Kerzen empfangen, die die Brüder vor ihnen hertrugen, und der Wald von Portiunkula hallte wider von Jubelhymnen. Als echter Italiener verstand es Franziskus, für die ersten Schritte zum Paradies, die diese Bräute Christi nun machten, einen stimmungsvollen Rahmen zu finden. Aus eigener Machtvollkommenheit schnitt er den beiden die Haare ab. Dann entledigten sie sich ihrer reichen Gewänder und vertauschten sie mit dem groben Wollkleid der Franziskaner.

Normalerweise hätte der Bischof dieses Amt ausüben müssen, das Kleid zu übergeben und vor allem den jungen Mädchen die Haare abzuschneiden. Franziskus übernahm selbst diese Aufgabe und setzte wie üblich mit sanfter Gewalt seinen Kopf durch. Es mußte ihn mit besonderer Freude erfüllen, als er mit der Schere durch die Haarpracht des Mädchens fuhr, das jetzt die leibhaftige Frau Armut war, seine Dame, die er der Welt entrissen hatte. Der Vorgang glich einer geistigen Besitzergreifung wie die Handauflegung nach kirchlicher Rechtsprechung.

Als die ersten Gelübde abgelegt waren, brachte Franziskus seine geistlichen Töchter zu den Benediktinerinnen von San Paolo di Bastia, das nur wenige Kilometer entfernt an der Straße nach Perugia lag. Wie zu erwarten, durchsuchten die durch Klaras Verschwinden empörten Eltern das Land so lange, bis sie sie gefunden hatten. Die berühmte Szene an der Klosterpforte von Port Royal kommt einem in den Sinn, wo der Vater Angélique Arnauds losdonnerte, um seine Tochter zurückzubekommen. Das Schreien und Fluchen von Klaras Onkel, der eine Schar bewaffneter Genossen anführte, trieb die junge Nonne in die Kapelle des Klosters, wo sie sich mit beiden Händen an das Altartuch klammerte. Das Gejohle verstummte sofort, als sie ihren rasierten Kopf zeigte. Onkel Monaldo, das Familienoberhaupt, begriff, daß sie niemals nachgeben würde, und zog sich zurück.

Acht Tage später geschah dasselbe mit der fünfzehnjährigen Katharina, die ebenfalls geflohen war, und ihrer Schwester nacheilte zu den Benediktinerinnen. Diesmal zeigte sich Onkel Monaldo als ältester Bruder entschlossen, Gewalt anzuwenden, koste es, was es wolle, und drang mit einem Dutzend Ritter ins Kloster ein. Dort versuchte er es zunächst mit sanften Tönen, aber das fruchtete nichts, die kleine Katharina blieb genauso hartnäckig wie ihre ältere Schwester, die sie zur Hilfe rief. Wutentbrannt verprügelte ein Ritter sie und schleifte sie an den Haaren in die Berge, gefolgt von der kleinen wütenden Schar. Und da geschah etwas Wunderbares. Monaldo gab seiner Nichte einen heftigen Schlag ins Gesicht und stieß allsogleich einen Schmerzensschrei aus. Ein fürchterlicher Schmerz hatte ihm den Arm gelähmt. Katharina, die die anderen Entführer mitzuschleppen versuchten, wurde schwer wie ein Bleiklumpen.

Unterdessen war Klara herbeigeeilt und fing an, die Männer so kräftig abzukanzeln, daß sie von ihrer Beute abließen und mit gesenktem Kopf nach Assisi zurückkehrten, während die beiden Schwestern wieder ihrer Zelle zustrebten. Diese dramatischen Ereignisse jagten den Benediktinerinnen wohl Angst ein, jedenfalls mußten Klara und Katharina sich ein anderes Asyl suchen. Nachdem sie eine Zeitlang bei den Benediktinerinnen von Sant'Angelo auf der anderen Gebirgsseite Zuflucht gefunden hatten, erhielten sie als Bleibe San Damiano, das ihnen großzügig vom Bischof von Assisi angeboten wurde. So entstand dort, wie Franziskus es vorhergesagt hatte, als er seinerzeit diese Kirche instandsetzte, das erste Kloster des Ordens der Armen Schwestern. Katharina erhielt von Franziskus den Namen Agnes als Symbol der Reinheit, die der Welt entronnen war. Er gab den Seinen immer gern einen Namen, der in seinen Augen am besten zu ihnen paßte.

Weitere Berufungen ließen nicht lange auf sich warten. Wie ein Vater über seine Kinder, so wachte Franziskus über seine geistlichen Töchter, besonders über seine heißgeliebte Klara. Die Erinnerung an seine bewegte Jugend und die geringe Entfernung zwischen den beiden Klöstern machten ihn aber nachdenklich. Eines Tages, vor der Predigt bei den Schwestern von San Damiano, kniete er zunächst nieder und betete lange, dann ließ er sich Asche bringen, mit der er einen Kreis um sich zog und seinen Kopf damit bestreute. Anschließend setzte er, immer noch auf den Steinplatten kniend, sein Gebet fort. Die Schwestern warteten ganz erstaunt. Schließlich erhob er sich, sprach ein „Miserere" und verließ die Kirche. Das war seine ganze Predigt, eine Predigt, aus Schweigen gewoben.

Tief in seinem Innern steckte ein Gefühl der Angst vor dem weiblichen Geschlecht, das nicht nachließ. Stellte er vielleicht bei seinen Brüdern eine leicht übertriebene Nächstenliebe fest, wenn sie ihren heiligen Nachbarinnen galt?

Einmal entfuhr ihm ein aufschlußreicher Satz:

„Der Herr hat uns davor bewahrt, Frauen zu nehmen, aber wer weiß, ob es nicht der Teufel war, der uns Schwestern geschickt hat?"

Und in seiner ersten Regel schrieb er: „Nehmen wir uns wohl in acht und halten wir alle unsere Glieder rein, denn, so sagt der Herr: ‚Wer eine Frau ansieht und sie begehrt, hat in seinem Herzen bereits die Ehe gebrochen!'" Und er entschied, daß nur die unter seinen Brüdern damit beauftragt würden, die Schwestern zu besuchen, die dabei einen gewissen Widerwillen zeigten.

Das Leben ist neu zu erfinden

Das franziskanische Ideal erstrahlte in einem der Morgenröte vergleichbaren Glanz, der nach und nach die Finsternis der entstehenden Sekten zerstreute. Die Fraternität verbreitete sich in ganz Umbrien. Überall in kleinen Marktflecken und Dörfern tauchten die frohen Gesellen in ihrer groben Kutte auf, sangen aus vollem Halse oder machten ihre Späße, um die Leute anzulocken und ihnen die frohe Botschaft zu verkünden. Man könnte fast meinen, bereits das Tamburin der Heilsarmee zu hören. Franziskus nannte diese gewitzten Missionare die Gaukler Gottes, als bekäme der Herr die Seelen mit Taschenspielertricks. Die Brüder bettelten ihr Brot zusammen und boten als Gegenleistung ihren Arm an, indem sie Heu machten, fegten, wuschen oder, wenn sie die nötige Handfertigkeit besaßen, Holzgeräte herstellten. Nie nahmen sie Geld an, und ein Nachtlager fanden sie, wie es sich gerade traf: manchmal beim Pfarrer, mal unter irgendeinem Vordach, auf einem Dachboden oder in einer Scheune, und nicht selten mußten sie die Nacht auch unter freiem Himmel verbringen.

Man gewöhnte sich an sie. Ob sie gut oder schlecht empfangen wurden, sie predigten immer mit dem ganzen Eifer der Neubekehrten, und ihr Glaube hatte eine tiefe Wirkung. Sie waren die Propheten einer neuen Welt, in der die Verachtung für den Reichtum und die leidenschaftliche Liebe zum Evangelium das Leben verwandelten und allen das Glück brachten. Wozu sollte man sich noch die Waldenser anhören und diese absonderlichen „Vollkommenen", deren Sprache nicht zu verstehen war. Die franziskanische Einfachheit brachte die Häresie nach und nach zum Verschwinden. Die neuen Brüder zogen zu zweit, einer hinter dem anderen, die Straße entlang, genau wie jene, deren Schritte Franziskus einst in seiner prophetischen Vision gehört hatte.

Diese ersten Anfänge des Franziskanertums, die die Züge sanfter Anarchie trugen, mußten schließlich einem Orden Platz machen. Jedes Jahr verdoppelte sich die Zahl der Brüder, die aus allen Himmelsrichtungen kamen und von denen einige dazu bestimmt waren, eine bedeutsame Rolle in einem der größten Abenteuer des Christentums zu spielen. Die Frauen, noch empfänglicher für einen mystischen Anruf als die Männer, suchten in San Damiano den inneren Frieden, der von der Zügellosigkeit einer der Gewalt verfallenen Welt bedroht war. Das Licht des

Franziskus ergoß sich über die ersten Klöster der in Christus verliebten Frauen. Ein Freudengesang stieg zum Himmel empor. Es war ein Augenblick, der sich in dieser Form nie wiederholte. Derselbe Blitz schlägt nicht ein zweites Mal ein.

Der Kinderkreuzzug

Daß das Grab Christi in den Händen der Ungläubigen war und daß die Kreuzzüge zu seiner Befreiung nacheinander gescheitert waren, war das große Ärgernis jener Zeit. Vier hatten bereits stattgefunden, und zum fünften wurde soeben in Deutschland und Ungarn gerüstet. Das war eine Angelegenheit der Könige und der Ritter, aber überall im Westen wurde das Volk von einer Bewegung nach Christus erfaßt, die die dogmatischen Grenzen der Kirche hinter sich ließ. Sie glich einem Feldzug der Seelen, die sich getrieben fühlten, eine ideale Welt zu erobern, in der das Evangelium triumphierte. Auf die Katholiken übte die Gestalt des Erlösers eine Anziehungskraft aus, die uns in ihrer Tiefe verlorengegangen ist, weil unser Glaube, von Ausnahmen abgesehen, saft- und kraftlos und reine Formsache geworden ist. Wir haben das Wesentliche verloren, die Glaubensbegeisterung, die wir gern als Fanatismus abtun. Ohne daß Franziskus es wußte, folgten ihm ganze Scharen von Menschen, die strenggenommen Häretiker genannt werden mußten und wie er von Liebe zu Christus entbrannt waren. Es hatte Männer gegeben, die mit einem Lächeln auf den Lippen auf den Scheiterhaufen stiegen, weil sie die Gewißheit hatten, daß Jesus zu ihnen sprach. Wer könnte zweifeln, daß im

Schoße der Kirche vor allem die Kinder am leichtesten für die göttliche Liebe zugänglich waren, um nicht zu sagen, am leichtesten durch sie verwundbar waren? Sie zu beeinflussen und ihnen den Kopf zu verdrehen war nur allzuleicht; sie hatten ein franziskanisches Herz, ein Kreuzfahrerherz, wie Franziskus es hatte.

Wessen Hirn hatte nur die Idee ausgebrütet, daß dort, wo Männer gescheitert waren, Kinder Erfolg haben könnten? Die Bewegung scheint mit einem Schlage und wie auf Verabredung in Frankreich, Italien und an den Ufern des Rheins um sich gegriffen zu haben. Ein Zisterziensermönch, Alberich von Trois-Fontaines, aus einer Abtei bei Châlons-sur-Marne, hat uns aus dem Jahre 1241 einen Bericht über das französische Unternehmen hinterlassen. Stephan, ein junger Hirte aus einem Dorf in der Touraine, glaubte, daß Gott ihn auserwählt habe, die Jugend des Landes in den Heiligen Krieg zu führen. Eine Art mystischen Wahns ergriff Kinder aus allen Schichten, arme wie reiche. Es kamen 30 000 von acht Jahren an zusammen, und die achtjährigen rissen die älteren Knaben noch mit. Es war, als riefe Jesus Christus um Hilfe. Die Eltern ließen sie gewähren, überwältigt von der geheimnisvollen Macht, die alle mitriß. Singend zogen sie das Rhône-Tal hinunter mit Kreuzen in den Händen, die Kleinsten saßen auf den Schultern der älteren.

Diese Armee aus unschuldigen Kindern erreichte Marseille, und dort schifften zwei verschlagene Schiffseigner, Hugues de Fer (Hugo Eisenhart) und Guillaume Porc (Wilhelm Schwein) – die Namen könnten vom Teufel erfunden sein –, sie kostenlos auf sieben Schiffen nach Palästina ein. Zwei gingen unter, die fünf anderen nahmen Kurs auf Bougie und

Alexandria, wo die ganze Ladung auf dem Sklavenmarkt verkauft wurde. Einigen dieser vor Angst halb wahnsinnigen Opfer gelang es zu entfliehen, viele gingen zugrunde, andere dienten auf diese oder jene Weise der Lust und Laune ihrer Herren; und aus der Tiefe eines Harems drangen bisweilen schwermütige französische Lieder.

Deutschland bekam auch sein Teil von dem Schrecken ab. In Köln trommelte ein junger Bursche namens Nikolaus 20 000 kleine Kreuzfahrer, Mädchen und Jungen, zusammen. Er brachte es fertig, daß sie unter fürchterlichen Strapazen die Alpen überwanden; er hatte ihnen versprochen, sie würden bei ihrer Ankunft in Jerusalem erleben, daß die Pforten des Paradieses sich weit für sie öffneten und alle ohne Ausnahme aufgenommen würden. Als sie endlich Genua erreicht hatten, glaubten sie, sie bräuchten nicht zu Schiff ins Heilige Land fahren, sondern könnten zu Fuß bis Jerusalem gehen, weil das Mittelmeer auf wunderbare Weise unter ihren Schritten trocken sein würde. Da lachte man sie aus, und völlig demoralisiert und erschöpft versuchten sie, auf getrennten Wegen wieder nach Hause zu kommen. Wer das schaffte, konnte von Glück reden, aber zahllose kleine Leichen mußten an den Straßen in den Bergen begraben werden.

In Italien versuchte der Bischof von Brindisi, die Einschiffung dieser an Wahnvorstellungen leidenden Armee zu verhindern, aber es gelang ihm nicht, die jungen Mädchen zu retten, die entführt wurden und den Weg in die Bordelle nahmen oder als Dienstboten verkauft wurden, denn es existierte immer noch Sklaverei, sogar in Assisi. Ganz Europa war von diesen Unternehmungen wie vor den Kopf geschlagen, aber es hatte nicht den Mut gehabt, sie zu verbieten. Innozenz III. hatte ausgerufen: „Diese Kinder gereichen uns zur Schande. Während wir schlafen, ziehen sie fröhlich ins fremde Land", aber was hatte er getan, um sie davon abzuhalten?

Es ist kaum denkbar, daß Franziskus von dieser schrecklichen Verwirrung, die eine Schmach für die Christenheit war, nicht tief betroffen war. Wir wüßten gerne, was er darüber gedacht oder gesagt hat, aber die Chronisten jener Zeit haben es für klüger gehalten, darüber schamhaft zu schweigen, falls die Dokumente nicht vernichtet worden sind.

Generationen von Historikern folgen einander und widersprechen einander. Jeder Generation scheint es ein besonderes Vergnügen zu bereiten, die vorangegangene zu widerlegen, und am Ende werden die seit Jahrhunderten für authentisch erachteten Fakten in Bausch und Bogen abgetan. Zu den strittigen Punkten von gestern kommen neue Irrtümer, aber dieses Hin und Her ist nicht völlig nutzlos; denn es können dabei auch manche Wahrheiten zutage gefördert werden. Manchmal muß man die Geschichte beim Wort nehmen, um zu verhindern, daß sie dem frommen Schwindel der Legende weicht, allerdings kann man in dieser Hinsicht auch zu weit gehen. So haben wir in unsern Tagen erlebt, daß die Verbrennung der Jeanne d'Arc in Rouen in Zweifel gezogen wurde. Im Falle des heiligen Franziskus hätte nur wenig gefehlt, und alle seine Jugend betreffenden Dokumente wären vernichtet worden, wie man im Laufe der Jahrhunderte immer wieder Dokumente verbrannt hat, so daß neben der Geschichte, die durch Dokumente zu uns spricht, das stumme Gespenst einer Geschichte steht, die zu Asche wurde.

Was nun den sogenannten Kinderkreuzzug betrifft,

so beruht das Wesentliche, das wir wissen, auf einem Dokument aus dem Jahre 1240, das aber zwanzig Jahre später abgeändert wurde. Das läßt die Hypothese zu, daß andere Dokumente durch ein frommes Brandopfer zum Verschwinden gebracht wurden, um das Ansehen bestimmter raffgieriger Städte oder bestimmter Personen, wie etwa des Königs von Frankreich, Philipp II. August, zu retten, der die jungen Kreuzfahrer aus den Vorstädten von Paris verjagen ließ.

Wie dem auch sei, die Zeugnisse, die uns überkommen sind, lassen sich nicht unterdrücken. Einige Jahre später ereignete sich das, was wir die irdische Gerechtigkeit nennen: Hugues de Fer und Guillaume Porc, die Kaufleute und Seelenverkäufer aus Marseille, wurden auf Befehl Friedrichs II. gehängt.

Einen eigenen Berg

Im Frühjahr 1213 folgte Franziskus wie so oft einer plötzlichen Eingebung und verließ Spoleto, um sich mit Bruder Leo in die Romagna zu begeben. Unterwegs machte er am Fuße der Burg von Monte Feltro Rast, wo ein Fest stattfand, dessen besonderer Höhepunkt ein Turnier zu Ehren eines Grafen der Familie war, der zum Ritter geschlagen wurde.

„Wir wollen zu diesem Fest gehen", sagte Franziskus, „denn mit Gottes Hilfe werden wir dort etwas sehr Sinnvolles tun." Eine gute Absicht, deren Wert man auch nicht herabsetzt, wenn man vermutet, daß das Wort „Ritter" Franziskus noch zusätzlich reizte, denn bis zum Ende seiner Tage sollte er die imaginäre Rüstung seiner Jugendträume tragen. Deshalb konnte er sich eine solche Feier, wie sie in der Burg stattfand, nicht entgehen lassen. Als ob der Herr nicht auch daran gedacht hätte!

Im großen Hof fand ein Bankett statt, und zahlreiche Edelleute waren dort versammelt. Es ging ebenso glänzend wie geräuschvoll zu, und Franziskus hatte keine Bedenken hineinzugehen und strebte gleich zum Festplatz. Um von der großen Welt besser gesehen zu werden, kletterte er auf eine niedrige Mauer. Man stelle sich einmal die Gesichter der großen und kleinen Herren vor, als sie plötzlich wie auf dem Präsentierteller einen Bettler auf der Mauer sahen, der sich laut und deutlich und dazu noch mit schöner Stimme Gehör verschaffte, um eine Ansprache zu halten und ihnen von Märtyrern und all den Heiligen zu erzählen, die aus Liebe zu Christus gelitten hatten. Sein Wort war so schlicht und gleichzeitig so kraftvoll, daß sie zuhörten und sich in ihrem Herzen angesprochen fühlten. Eine solche Sprache kam bei den Seelen jener Zeit immer an.

Als Franziskus geendet hatte, kam ein Mann auf ihn zu und nahm ihn beiseite. Es handelte sich um eine durch Rang und Reichtum angesehene Persönlichkeit, den Messire Orlando di Chiusi.

„Bruder, ich möchte mich mit dir über mein Seelenheil unterhalten."

Auf diese rührende Bitte gab Franziskus eine Antwort, in der die ganze Höflichkeit des Mittelalters und des geborenen Edelmanns aufscheint:

„Das gefällt mir sehr, aber geh und erweise erst deinen Freunden, die dich eingeladen haben, die Ehre; nach dem Essen wollen wir miteinander reden, soviel du magst."

Demütig gehorchte der Edelmann dem Bettler und kehrte, als das Festmahl beendet war, zu Franziskus zurück und vertraute ihm seine Sehnsucht nach einem vollkommenen Leben an. Franziskus machte ihm klar, daß alles Äußere kein Hindernis sei, weil jeder Mensch in seinem Innern seine Wüste, seine Einsamkeit habe. Worauf Orlando zum Gottesmann sagte:

„Ich besitze in der Toskana einen Berg, der sehr geeignet ist für deine Brüder, den Alvernerberg, dicht bewaldet und weitab von der Welt. Wenn du magst, gebe ich ihn dir und deinen Gefährten um meines Seelenheils willen."

Von Freude überwältigt, konnte Franziskus nur ja dazu sagen. Gott lenkt die Dinge in wahrhaft königlicher Weise. Franziskus suchte einen geeigneten Ort für das Gebet in der Stille, und Gott schenkt ihm den Monte La Verna. Franziskus bekommt seinen Zauberberg.

Wieder in Portiunkula, machte Franziskus seinen Brüdern Mitteilung von diesem Geschenk der Vorsehung, das seinen Wünschen nach Zurückgezogenheit in vollkommener Weise entsprach. Dennoch mußte man diesen steilen Berg wenigstens ein bißchen in Augenschein nehmen, und im Augenblick besaß er nicht die nötige Kraft dazu. Durch seine Krankheit verursachte Schwächeanfälle lähmten seine Aktivitäten, deshalb schickte er an seiner Statt zwei Gefährten hin. Sie suchten zuerst Herrn Orlando auf, um ihn über ihr Vorhaben zu unterrichten, und erhielten von ihm für alle Fälle an die fünfzig bewaffnete Männer als Begleitung, denn in dieser Einöde mußte man mit wilden Tieren rechnen.

Nach sorgfältigen Erkundungen fiel ihre Wahl auf eine Hochfläche unterhalb des Berggipfels, und dort errichteten sie mit Hilfe des Trupps aus Ästen und Zweigen eine Hütte und nahmen daraufhin im

Namen Gottes den Alvernerberg in Besitz. Franziskus wurde dadurch – schrecklicher Gedanke – Grundbesitzer. Ob ihm das überhaupt in den Sinn kam? Die Frage ist berechtigt, aber er sah die Dinge bestimmt ganz anders an: Auch wenn später eine Schenkungsurkunde von den Erben des Grafen von Chiusi kam, war für ihn der Alvernerberg von den Händen des Messire Orlando in die Hände Gottes übergegangen, und der Alvernerberg gehörte Gott.

Mit dem zum Reisemarschall ernannten Bruder Masseo, einem Bruder des Ritters Angelo Tancredi von Rieti, der dem Waffenruhm entsagt hatte, um Bruder zu werden, und Bruder Leo, dem er so häufig sein Herz öffnete, beschloß Franziskus schließlich, trotz körperlicher Schwäche die Örtlichkeiten zu besichtigen, und machte sich auf den Weg.

Am ersten Abend machten sie Rast in einem Kloster, um zu übernachten, aber die Nacht, die Franziskus in der Kirche, wohin er sich zurückgezogen hatte, verbrachte, sollte im wahrsten Sinne des Wortes eine Höllennacht werden. Satan hetzte seine ärgsten Teufel auf ihn, um ihn mit allen Mitteln irre zu machen. Mit einem Höllenspektakel, das übrigens niemand aufzuwecken schien, wurde Franziskus einer Prüfung unterworfen, wie er sie noch nicht erlebt hatte, aber der Ritter Christi hielt sich tapfer. „Verdammte Geister", sagte er zu seinen Feinden, „macht mit meinem Leib alles, was Gott euch erlaubt hat. Ich will es ertragen, denn ich habe keinen schlimmeren Feind als meinen Leib." Da schleiften ihn die Teufel kreuz und quer über den Steinboden der Kirche und quälten ihn um die Wette, während Franziskus dem Herrn für dieses Zeichen seiner großen Liebe dankte. Verdrossen ließen die Teufel von ihm ab, und Franziskus eilte in den nahen Wald, wo er mit Christus sprach und in der Erinnerung an die Passion Ströme von Tränen vergoß.

Als die Brüder erwachten, fanden sie ihn der Erde entrückt und „in eine strahlende Wolke gehüllt". Als es Tag wurde, war er außerstande, einen Schritt zu gehen. Wenn er auf den Alvernerberg hinauf wollte, konnte er es nur auf dem Rücken eines Esels tun. Seine Gefährten machten sich auf die Suche und fanden schließlich einen Bauern, der bereit war, ihnen sein Tier zur Verfügung zu stellen, als er hörte, daß es für Franziskus sei, von dem alle Welt sprach. Der Heilige, der bereits wie gerädert war, wurde also auf den Esel gehievt.

Hier geschieht nun etwas, was zu den ergreifendsten Begebenheiten in Franziskus' Leben gehört. Sie hatten schon ein gut Stück Wegs zurückgelegt, als der Bauer an seiner Seite die ausgefallene Idee hatte, dieser vorbildlichen Persönlichkeit, die sich doch jetzt in seiner Schuld befand, ins Gewissen zu reden. Und es entspann sich der folgende unglaubliche Dialog:

„Sag mal, bist du Bruder Franz von Assisi?"

„Ja."

„Dann sieh zu, daß du auch genau so tugendhaft bist, wie alle Welt glaubt; denn viele Leute setzen großes Vertrauen in dich. Deshalb gebe ich dir den guten Rat, nichts in dir zu haben als das, was sie von dir erhoffen."

Statt zu antworten, ließ Franziskus sich zur Erde gleiten, kniete vor dem Bauern nieder und küßte ihm die Füße, um ihm für die wohlgemeinte Mahnung zu danken. Betroffen und ganz still geworden, hob der Bauer ihn mit Hilfe der Gefährten wieder auf den Esel, und sie setzten ihren Aufstieg fort, bis sie am Fuße des Alvernerberges angekommen waren.

Dort legte Franziskus sich erschöpft unter einer Buche nieder, und plötzlich flogen Hunderte von Vögeln aus allen Himmelsrichtungen herbei, umflatterten ihn und sangen, als hätte Gott sie geschickt, und viele setzten sich mit leisem Freudengezwitscher auf seine Arme, seine Beine, seinen Kopf. Der Bauer und die drei Brüder trauten ihren Augen nicht. Franziskus aber war begeistert, daß der Herr ihm durch seine Brüder, die Vögel, kundtat, es sei richtig gewesen, den Alvernerberg zu wählen.

Frisch gestärkt, konnte er jetzt seinen Weg fortsetzen und entdeckte nach einigem Suchen den Ort, wo in einer Felsschlucht Gott auf ihn wartete: Hier sollte Franziskus in seiner Seele noch einmal die Passion Christi durchleben.

So wurde das große Problem gelöst und der Ort der Wahl bezeichnet. War Franziskus nun zufrieden? Sicher, aber er war noch unentschieden; denn er fragte sich, ob seine Berufung jetzt darin bestehe, sich der Betrachtung, dem beschaulichen Leben, zu widmen, oder vielmehr darin, tätig zu sein für das Heil des Nächsten. Als ob Betrachtung nicht ein Handeln auf höherer Ebene wäre? Wittert er darin eine Versuchung nach den Stürmen der letzten Nacht? Wen soll er um Rat fragen? Nach einigen Überlegungen schickt er Bruder Masseo mit einem Gefährten zu Frau Klara nach San Damiano und anschließend zu Bruder Sylvester in den Carceri. Die Antwort kommt unverzüglich und ist gleichlautend: Tätig sein. Das ist die Meinung der beiden beschaulichen Seelen, und das war auch das, was Franziskus erwartet hatte. Die Kontemplation würde später kommen, wenn ihre Stunde da war.

Der Mann mit den flinken Füßen

Über eine Reise nach Spanien, die Franziskus machte, gibt es außer einem kurzen Bericht Celanos nur Vermutungen. Vielleicht ging er nach Santiago de Compostela, doch seine eigentliche Absicht war es, nach Marokko zu ziehen und den Sultan zu bekehren, der den Heiligen Krieg ausgerufen hatte. Dadurch fand seine ständige Hoffnung auf den Märtyrertod neue Nahrung. Sein Verlangen, endlich das Ziel der Reise zu erreichen, war so groß, daß sein Gefährte ihm nur mit Mühe folgen konnte, denn hin und wieder konnte Franziskus geradezu ein Schnellläufer sein. Aber wieder einmal, wie in Spoleto, wie in Ancona, wurde ihm der Weg versperrt. Er wurde krank und mußte nach Italien zurückkehren.

Im nachhinein versteht man seine, man könnte fast sagen: gemischten Gefühle, als er darangeht, sich in den Felsen des Alvernerberges einen idealen Platz für sein Einsiedlerleben einzurichten. Ebenso versteht man seine ungetrübte Freude darüber, daß die beiden kontemplativen Seelen ihm zu einem tätigen Leben raten. Um einen von Baudelaire bevorzugten Ausdruck zu gebrauchen, spielte sich in ihm ein doppelter Prozeß ab, sicher nicht zwischen Gott und dem Teufel, sondern zwischen Gehen und Bleiben. Sagen wir besser, zwischen dem tätigen und dem beschaulichen Leben. In Spanien fand er die Energie seiner Jugend wieder und eilte über die Landstraße, nicht um dem Vergnügen nachzujagen, sondern dem Martyrium. Franziskus blieb seiner Natur treu, geändert hatte sich nur die Richtung.

Soviel war klar, daß die Vorsehung wollte, daß er in Italien blieb. Nach Portiunkula zurückgekehrt, kam er rasch zu Kräften und erlag doch wieder, da er irgendwie unverbesserlich war, dem Lockruf der Landstraße. Ein Martyrium in Umbrien war zwar nicht zu erhoffen, aber es gab viel zu tun, predigen zum Beispiel, die kleinen Gruppen der Brüder besuchen, die auf dem Land verstreut oder zurückgezogen in Einsiedeleien lebten; denn immer mehr Menschen, arme und reiche, sagten der Welt Lebewohl und zogen betend zu zweit hintereinander über die Straßen und Wege. Sie waren zahlreich, diese Unbekannten, deren Schritte Franziskus einst vernommen hatte. Sie mußten besucht, mußten instruiert werden. Außerdem darf man nicht vergessen, daß Franziskus ein Mensch war, der die freie Natur liebte; unmöglich, ihn sich für lange Zeit in einer Klosterzelle eingeschlossen vorzustellen. Straße und Wege riefen, das Wort Gottes mußte in allen Himmelsrichtungen ausgestreut werden. Die Kontemplation durfte dabei keinesfalls zu kurz kommen, sie hatte ihren Platz im Herzen der Nacht. Bei Tage hieß es: tätig sein, handeln. Und doch stand hinter all dem die Sehnsucht nach dem Martyrium. Es würde später kommen als höchster Lohn vor dem Eintritt in das Paradies ... mit Sicherheit, aber nicht so, wie er es sich vorstellte.

Inzwischen machte er sich auf den Weg mit Bruder Leo, um aufs neue das Tal von Rieti zu evangelisieren, das immer noch nicht von seinem Heidentum ablassen wollte. Es war sicher keine Buße, sich in diesem Paradies aufzuhalten. In Italien gibt es kaum eine Gegend, die unmittelbarer zum Herzen spricht als diese Hügel mit ihren schattigen Hängen, wo hochragende Zypressen wie Wächter die Dörfer, die Felder und saftigen Wiesen umstehen. Kein Wunder, daß diese Landschaft so tief im Einklang mit der Seele Franz' von Assisi war. Es würde eher verwunderlich sein, wenn damals oder in einem anderen Augenblick der Geschichte kein heiliger Franz auf dem Boden dieses zauberhaften Fleckchens Erde erschienen wäre.

Der fast überirdische Zauber dieser Natur ließ den Menschen, der dem Himmel so nahe war, eines Tages den verzückten Lobgesang der Erde vernehmen. Mit den strahlenden Augen eines Geliebten betrachtete Franziskus immer wieder diese Landschaft. Auch die Gewohnheit änderte nichts daran, denn alles bewahrte seine ursprüngliche Kraft, blieb immer neu, neu wie Gott.

Franziskus' Herz war erfüllt von der umbrischen Erde, deren Farbe er und seine Brüder für ihre Kleider bei ihr entliehen hatten. Weit weg waren die Tage, da man mit Dreck und Steinen nach ihm geworfen hatte. Wenn er jetzt in eine Stadt kam, empfingen ihn die Menschen mit Jubelrufen, gingen mit grünen Zweigen in den Händen vor ihm her und sangen Psalmen. Er predigte über die Rückkehr zu Gott und den Gehorsam gegenüber der Kirche. Ein Reformator war er nie. Die Menschenmenge, die ihn umdrängte, schnitt sich Stücke von seinem Gewand, bis er fast nackt dastand.

„Der Heilige! Seht den Heiligen!" schrie die Menge. Was hielt er selbst von diesen Hochrufen? Wir wissen es sehr gut. „Sprecht mich nicht zu schnell heilig", sagte er einmal angesichts eines solchen Triumphzuges, „ich bin durchaus noch imstande, Kinder zu zeugen." Ein köstlicher Ausspruch, der eine ganze Seite seines Innern erhellt, seine tiefe Demut, den vollständigen Verzicht auf irdischen Ruhm und eine gesunde ironische Selbstbeobachtung, die ihm gestattete, angesichts eines schwindelerregenden Erfolgs sein inneres Gleichgewicht zu bewahren.

Vielleicht stellte er sich auch die schwierige Frage

nach der Zukunft seiner Fraternität. Sie mußte organisiert und geführt werden. War er dazu imstande? Doch hier wie in allen anderen Dingen würde der Herr ihn leiten. Das würde sich zeigen.

Es wird erzählt, Sankt Bernhard sei zu Fuß um den ganzen Genfer See herumgegangen, ohne überhaupt zu merken, daß an der einen Straßenseite Wasser war. Er hatte die Kapuze über den Kopf gezogen und wanderte und meditierte gleichzeitig. Ein Verhalten, das man bewundern kann, das aber auch Licht auf Franziskus' Weltanschauung wirft, auf seine völlig andere Sicht oder Beziehung zur Welt. Der meistgeliebte Heilige war selbst ein großer Liebender aller Dinge dieser Welt, der sichtbaren wie der unsichtbaren. Als aus seiner Fraternität ein Orden gemacht wurde, mußte ihm das weh tun, denn er sah in jedem lebenden Wesen einen Bruder, und der Ausdruck Bruder lag ihm sehr am Herzen. Alles fand in dieser Bruderschaft Platz, weil alles aus den Händen des Schöpfergottes kam, der die Liebe ist. Seine Liebe umfaßte die Sonne und schloß auch den letzten Grashalm und das letzte Insekt noch mit ein. Im Winter ließ er den Bienen Wein und Honig geben, damit sie während der großen Kälte am Leben blieben. Er redete mit den Blumen, atmete ihren Duft mit Wonne ein und lud sie ein, auf ihre Weise den Herrn zu loben. Es ist erstaunlich, daß ein fast ungebildeter Mensch Italien sein erstes großes Gedicht in der Volkssprache schenken konnte. Doch viel erstaunlicher noch wäre es gewesen, wenn diese Liebeserklärung an die Schöpfung nicht aus der Brust des Franziskus gekommen wäre; diese Liebe trug er seit seiner Kindheit in sich.

Sein Verhältnis zu den Tieren hat seit achthundert Jahren jeder Generation viel Freude bereitet. Mit wel-

chem Instinkt erkannten sie in ihm den Bruder im wahrsten Sinne des Wortes? Wir wissen es nicht, weil wir fast überhaupt nichts von ihrer Verbindung mit der menschlichen Rasse wissen, und vor allem nichts über ihr Entzücken vor dem Geheimnis der Heiligkeit, wenn diese in einem außerordentlichen Menschen spürbar wird. Das Leben Franz' von Assisi bietet so viele Beispiele dafür, daß die Wahl schwerfällt. Der Wolf von Gubbio ist ein besonderer Fall und wird erst später an der Reihe sein. Verweilen wir einmal einen Augenblick am See von Rieti, wo ein Fischer Franziskus gerade eine Schleie geschenkt hat. Franziskus nennt sie Bruder und ermahnt sie, sich nicht fangen zu lassen, wie er es bei solchen Gelegenheiten immer tat, und ließ sie über den Bootsrand wieder ins Wasser gleiten. Die Schleie dachte gar nicht daran, schnell zu verschwinden, sondern fing vor dem Mann Gottes fröhlich zu zappeln an. Sie schwamm nicht eher fort, bis Franziskus ihr mit seinem Segen dazu die Erlaubnis gegeben hatte.

Geschichten dieser Art bewahren ihre Frische, ihren Zauber und ihre Wahrscheinlichkeit. Den Skeptikern steht es frei, darüber zu lächeln, wir wollen sie fröhlich zappeln lassen in ihren Zweifeln. In Rußland bezeugten andere Tiere beim heiligen Sergius die gleiche zärtliche Liebe zur Heiligkeit dieses Menschen.

Es läßt sich kein anhänglicherer Gefährte für Franziskus denken als Bruder Leo und keinen, der aufmerksamer auf seine Worte gehört hätte, die später auf kleinen Pergamentrollen festgehalten werden sollten. Es sind die berühmten „rotuli", die man immer noch in allen Winkeln der franziskanischen Welt sucht. Könnte man sie eines Tages, in einer Bibliothek vergraben oder in einer Mauer versteckt,

wiederfinden, brächten sie uns vielleicht einen Franz von Assisi ans Licht, den wir nie wirklich vollständig kennen werden.

Bis dahin folgen wir ihm über die Hänge des Monte Rosato bis zum Kloster Poggio Bustone, das auf einer Höhe von achthundert Metern liegt und bei einer ersten Reise gegründet wurde. Das Tal liegt ganz im Glanz jenes sanften, goldenen, Glück verströmenden Lichts. Ein idealer Ort, um ein beschauliches Leben zu führen. Dennoch will Franziskus höher steigen. Er ist von schönen Landschaften hingerissen wie einst Sankt Benedikt und findet schließlich auf diesem Berg in einer Höhe von ungefähr elfhundert Metern seine Lieblingseinsiedelei, von hohen Felswänden überragt. Er ist berauscht von der reinen Schönheit. Was zählt da noch das kaum je nachlassende körperliche Leiden. Es wird von der unbeschreiblichen Freude des Herzens bezwungen. Das Unsichtbare ist zum Greifen nahe, im Schweigen dieser Berge und in den flimmernden Fernen dieses gelobten Landes.

Es heißt jedoch, sich wieder loszureißen, wieder ins Tal hinabzusteigen zu den Menschen und sie an der göttlichen Freude teilnehmen zu lassen, die er in solchen Augenblicken reiner Liebe empfängt. Er hat die Gabe, den Frieden wiederzubringen und ein Lächeln auf die Lippen der Menschen zu zaubern. Dennoch bleibt die Einsamkeit eine ständige Verlockung für ihn. Das Gebirge schenkt ihm diese Einsamkeit, aber der unermüdliche Gottsucher findet sie auch anderenorts, z.B. auf einer Insel im Trasimenischen See, nicht weit von Assisi und Perugia. Langgestreckt und bewaldet, bietet sie sich im Dämmer hoher Baumwipfel als ein noch geheimnisvolleres Refugium an. Wilde Tiere kommen zu ihm, weil ein unwiderstehlicher Zauber von ihm ausgeht. Wenn

Bruder Leo ihn in einem Boot dorthin gerudert hat, läßt er ihn allein zurück für die ganze Zeit solcher Exerzitien.

Aber Franziskus blieb nie lange an einer Stelle, nach kurzer Zeit machte er sich wieder auf den Weg und zog über die Straßen und Hügel Umbriens und weiter hinauf nach Norden, um die Einsiedeleien zu besuchen, die immer zahlreicher wurden. Um diese Zeit arbeitete die Kurie in Rom an seiner Regel und modifizierte sie, bog sie, wenn man so sagen kann, nach ihrem Willen zurecht, um etwas Vernünftiges daraus zu machen. Ein Traum entschwand, ohne daß der Träumer etwas davon wußte. Das Erwachen sollte hart sein.

Bruder Elia von Assisi

Vermutlich 1213 trat jene große, geheimnisvolle Persönlichkeit, Sohn eines Matratzenmachers aus Assisi, in den Orden ein, der der drittmächtigste Mann der Christenheit werden und eine Bedeutung haben sollte, die fast an die des Papstes und des Kaisers heranreichte. Von den einen gepriesen, von den anderen verflucht, verschwand er aus den Chroniken der Zeit und tauchte wieder auf, je nachdem, ob Haß oder Bewunderung dem Chronisten die Feder führte. Wer war er eigentlich? In Assisi als Sohn einer einheimischen Mutter und eines aus Castel Britti, einem Ort in der Nähe von Bologna, stammenden Vaters geboren, ist er ungefähr im gleichen Alter wie Franziskus. Anfangs verdient er seinen Lebensunterhalt als Matratzenmacher und als Schulmeister. Er kannte Franziskus, weil in Assisi jeder jeden kannte,

vor allem im Leinen- und Tuchgewerbe. Ob sie eng befreundet waren?

Wir erinnern uns an den jungen Mann, den Franziskus häufig sah, weil er ihm von all seinen Altersgenossen den Vorzug gab, und den er auch zur Zeit seiner Bekehrung ins Vertrauen zog. Ihm verriet er auch die Entdeckung eines unerhörten, kostbaren Schatzes. Der unbekannte Freund war darüber freudig bewegt und zeigte Neugier, mehr darüber zu erfahren.

Er war äußerst neugierig, aber nichts von dem, was er damals zu Franziskus sagte, ist uns überliefert. Dabei muß man sich den Überschwang und die kindliche Redseligkeit des Neubekehrten einmal vorstellen. Seine Lippen, die Lippen eines Verliebten, der von seiner Liebe spricht, fließen über, und sein Vertrauter hört zu. Willig folgt er diesem einzigartigen Jüngling, der ganz von Gott erfüllt ist. Eines Tages führt Franziskus ihn zu jener Höhle, wo er von einem heftigen Weinkrampf geschüttelt wird, dem ersten einer ganzen Serie, wodurch seine Sehkraft schließlich in Mitleidenschaft gezogen wurde. Der Vertraute hält sich ein wenig abseits, taktvoll, aber sehr aufmerksam und auf Franziskus achtgebend, dessen außerordentliche Seelenkraft ihn besticht. Um es einfach auszudrücken, er ahnt, daß er es hier mit einem besonderen Menschen zu tun hat, und daß dort, wo Franziskus ist, auch Größe ist. Franziskus mag ihn sehr. Vielleicht ist dieser Unbekannte Elia, ich möchte behaupten, kein anderer als Elia. Die wenigen Jahre, die er Franziskus voraus hat, sein Amt als Konsul bei der ersten Selbstverwaltung Assisis, die ihn betreffenden und auf Befehl der Generaloberen Giovanni di Parma und Bonaventura vernichteten Papiere, seine Intelligenz und sein Cha-

rakter bringen mich zu der Auffassung, daß Elia der Unbekannte war, vor allem sein Charakter; denn Elia war ehrgeizig.

Er verließ Assisi, um in Bologna zu leben, wo er Notar wurde, aber dieser Beruf hinderte ihn nicht daran, sich in der Universitätsstadt, der ersten Europas, weiterzubilden, und eines Tages gilt Elia als einer der gelehrtesten Männer seiner Zeit. Wir entfernen uns hier etwas von Franziskus, nur um seine Freundschaft mit Elia zu beleuchten und ihn darin wiederzufinden. Aber welche Höhen und Tiefen gibt es in ihren Beziehungen zueinander! Niemand hat Franziskus mehr bewundert als Elia, aber warum mußte er auch als sein schlimmster Gegenspieler erscheinen? Er hat Celano einen beträchtlichen Teil der ersten Biographie geliefert, die wir von dem Heiligen besitzen, als dessen bestinformierten Vertrauten er sich bezeichnete. Dagegen erhebt Bruder Leo Einspruch und beansprucht für sich den Titel des engsten Franziskus-Freundes. So gibt es ständig Streitigkeiten ohne Ende um ihn, die alles nur noch unklarer machen. Auf wen soll man hören? Wer hat recht?

Im Laufe der Jahre wird der eine dem anderen gegenübergestellt, hier ein Heiliger, dort ein höchst politischer Mensch. Daher die Auseinandersetzungen, die schnell vergessenen Zerwürfnisse, aber auch die andauernden, von Versöhnungen unterbrochenen Meinungsverschiedenheiten. Elia erlebte fürchterliches Unglück und glänzende Erfolge, und seine Feinde gehen so weit, ihm den letzten Segen streitig zu machen, den ihm sein heißgeliebter Bruder in seiner Todesstunde gibt.

Zu welchem Zeitpunkt ist er in den Orden eingetreten? Wohl um 1213 in Cortona. Sicheres weiß man

darüber nicht. Die betreffenden Dokumente sind verschwunden. Das einzige Datum, das etwas Licht in das Dunkel bringt, ist 1217; denn in diesem Jahr schickte Franziskus ihn nach Syrien, zusammen mit vier anderen Brüdern, um zu missionieren. Diese Mission, die Elia leitete, war wichtig, es war die erste, die zu den Heiligen Stätten ging. Elia muß also bereits ein erprobter Franziskaner gewesen sein, aber es stellt sich auch die andere Frage: Warum war er in diese Fraternität eingetreten, deren ursprünglichen Charakter er stark verändern sollte? War er berufen? Wir haben nicht das Recht, es zu verneinen. Er liebte Franziskus. Aber wie soll man sich gegen den Gedanken wehren, daß er, wie Franziskus übrigens auch, die ungeheure Zukunft der kleinen Fraternität von gestern sah, die die ganze Welt mit den Minderbrüdern überflutete, die wie ein auf wunderbare Weise losgelassener Schwarm von Sperlingen zum Himmel aufflogen und die Erde hinaufzutragen schienen, der sie ihre Farbe entlehnt hatten. Der Erfolg würde für den, der ihn geschickt auszunutzen verstand, beispiellos sein. Ruhm war zu ernten, Bruder Elia...

Irdischen Ruhm hat er erlangt, er hat mit Friedrich II. und Innozenz III. seinen Platz unter den größten Persönlichkeiten des 13. Jahrhunderts. Er hat der franziskanischen Bewegung eine feste Basis gegeben. Absolut gesehen aber, was bedeutet er da neben dem Poverello? Doch überlassen wir ihn lieber seinen hochfliegenden irdischen Träumen. Er strebte nach Ruhm, den soll man ihm lassen. Wenn wir ihm so manchen Irrtum verzeihen, dann wegen seiner Liebe zu Franziskus.

Das Jahr 1214

Im Leben eines Heiligen, bei dem tätiges Leben und Kontemplation zusammenfließen, besteht eine innere Kontinuität, die unserm Wunsch, alle Ereignisse mit genauen Daten festzuhalten, Hohn spricht. Wir wollen den genauen Zeitablauf Schritt für Schritt verfolgen, während die Seele sich in einer ewigen Gegenwart bewegt. Wir lassen uns durch die bloße Abfolge der Fakten blenden, hinter denen das Wesentliche verborgen ist. Nichtsdestoweniger können einige feste Anhaltspunkte uns die Illusion geben, daß wir das, was sich unserer Neugierde entzieht, besser verstehen.

Das Jahr 1214 ist im Leben des Franziskus von Assisi durch zwei Todesfälle gekennzeichnet. Der erste betraf Giovanni den Einfältigen. Wir haben gesehen, daß Franziskus, wenn er von ihm sprach, und er sprach oft von ihm, ihn den „heiligen Giovanni" nannte. Durch seine spirituelle Vollkommenheit war dem Abgeschiedenen die ewige Seligkeit sicher, deshalb beweinte Franziskus ihn nicht. Ob er den anderen beweinte, dessen Tod wir lediglich aus den Notariatsurkunden über das Vermögen Bernardones entnehmen können, in denen von da an Angelo statt Pietro steht? Wer könnte das wissen? Vater Bernardone wurde ungewollt Zeuge der sozusagen vorweggenommenen Heiligsprechung seines von ihm so reichlich verfluchten Sohnes. Mit der Zeit mußten die Verwünschungen vor der einhelligen öffentlichen Meinung verstummen, so daß der nette Bettler Albert, der die väterlichen Donnerwetter ableitete, sich ohne Beschäftigung sah und vermutlich in die Fraternität eintrat. Was ist aus dem Stolz des Tuchhändlers geworden? Was ging im Laufe der Zeit in seinem

Herzen vor sich? Wer kann ihm die Lossprechung versagen? Auf Erden hatte Gott ihm alle Hoffnungen genommen, und was hatte er zum Ausgleich dafür erhalten? Wir können nur hoffen, daß der Vater seinen harten Sinn änderte, bevor er seine erzürnte Seele in die Hände des Schöpfers zurückgab.

In diesem Jahr der Schlacht von Bouvines, als die Throne von neuem wankten, bemühte Franziskus sich, alle Neuankömmlinge in Portiunkula trotz ihrer immer größer werdenden Zahl persönlich in die Fraternität aufzunehmen. Mit der ihm eigenen Herzlichkeit fand er dabei für jeden das passende Wort, was viel Takt und Einfühlungsvermögen von ihm erforderte; denn die Neuen waren ihrer Herkunft nach bunt gemischt, sie kamen aus allen Gegenden und aus allen Schichten, waren Gebildete und ganz einfache Menschen. Die Anstrengung, die das kostete, zählte nicht, seine Liebe war die Willkommensgabe, die jeder Postulant ohne Ausnahme empfing.

Den unversiegbaren Strom zärtlicher Liebe, dieses Geschenk des Himmels an ihn, gab Franziskus weiter an den Unbekannten, der vor ihm kniete und glaubte, diese Liebe von Christus selbst zu empfangen.

Meine Brüder, die Vögel

Es gab allerdings etwas in seiner Natur, das ihn immer wieder dem Ruf der Landstraße erliegen ließ. Eines Tages verließ Franziskus in Begleitung einiger Gefährten Portiunkula und ging in Richtung Spoleto, wobei er nach alter Gewohnheit auf französisch sang. Sie waren nicht mehr weit von Bevagna, einem

kleinen reizenden Städtchen, das eines Tages in der Auseinandersetzung zwischen Kaiser und Papst eine Rolle spielen sollte und dessen gezackte Mauern immer noch so aussehen, als könne kein Verdächtiger sich ihnen unbemerkt nähern. Auf einer großen Weide vor den Toren der Stadt wartete eine große buntgescheckte Vogelschar auf Franziskus, und auf den Bäumen, die dort standen, hatten sich noch mehr Vögel in unvorstellbarer Menge niedergelassen. Die Krähen und ihre Verwandten, die langschnäbeligen Saatkrähen, brachten eine ernste Note in die Versammlung, aber die hellen Farben der Wildtauben und die orangefarbigen Brustlätze der Gimpel lockerten das Bild auf. Alle Vögel der Gegend waren vertreten: die Traubenpicker aus den Weinbergen, die Singvögel und die Vögel, die in den Felsen lebten oder in den Ackerfurchen nisteten. Kein einziger Vogel, nicht einmal eine neugierige Elster bewegte sich, als Franziskus näherkam.

Er begrüßte sie mit dem in der Fraternität üblichen Segenswunsch: „Der Herr sei mit euch." Dann bat er seine Brüder, die Vögel, immer auf der Hut zu sein, und hielt ihnen eine von Herzen kommende, liebevolle Predigt.

Zuerst pries er sie glücklich wegen ihres Gefieders, ging aber nicht auf ihr Gezwitscher ein, um keinem weh zu tun, und beglückwünschte sie zu der herrlichen Unabhängigkeit, die ihnen ihre Flügel schenkten. Den ganzen Himmel hätten sie als Tummelplatz, sie lebten, ohne sich um den nächsten Tag zu sorgen, denn Nahrung würde ihnen jeden Tag in reichem Maße geboten. Wie Gott sie liebte! Und er, Franziskus, sage ihnen, daß sie Gott jeden Tag dafür danken müßten.

Die Vögel schlugen vor Freude mit den Flügeln, als

sie diese Worte hörten, und reckten die Hälse, um ihren Bruder Franziskus besser sehen zu können, aber was auffiel, war ihr andächtiges Schweigen. Als er dann in ihrer Mitte umherging und sie mit seiner Kutte streifte, blieben sie ganz in seiner Nähe und flogen erst davon, als er ihnen die Erlaubnis dazu gegeben hatte.

Danach predigte er auf dem Platz des kleinen Städtchens zu den Menschen, und wir wüßten natürlich zu gerne, was er ihnen an diesem Tag gesagt hat.

Das Vierte Lateran-Konzil

Die Reform der Kirche war so dringend geworden, daß sie keinen Aufschub mehr duldete. Vielleicht war das die Sendung der Häresien, die die Reform in Rom auf ihre Weise und in allen Sprachen lauthals forderten. Entweder gesund werden oder sterben. Abgesehen von Unzucht und Geiz, die einen Teil des Klerus verdarben, machten dogmatische Irrtümer die Runde, die es um jeden Preis auszuräumen galt, abgesehen von dem neuen Kreuzzug, der unternommen werden sollte. Der Traum Innozenz' III. sah nach einer letzten Warnung aus. Ob er 1209 tatsächlich glaubte, daß ein Bettler die Kirche vor dem Zusammenbruch retten würde? Jedenfalls nahm er sich Zeit für seine Entschlüsse. Erst 1213 schickte er seine Einladung an alle Patriarchen, Erzbischöfe, Äbte, Bischöfe, Priore und Könige der Welt. Die Versammlung wurde für den 11. November, den Tag des heiligen Martin, in der Basilika St. Johann im Lateran anberaumt.

Mehr als vierhundert Bischöfe sowie achthundert

Äbte und Priore folgten dem Aufruf. Als eine der wichtigsten Persönlichkeiten war der Patriarch von Konstantinopel anwesend. Die griechischen Bischöfe waren nicht gekommen. Die Könige schickten ihre Gesandten. Die Basilika konnte die dichtgedrängte Menge nicht annähernd fassen. Die Eröffnungssitzung gab Gelegenheit, den ganzen römischen Prunk zu entfalten. Nach dem Gesang des „Veni Creator" ergriff Innozenz III. das Wort und sprach über eine Textstelle, deren prophetischer Sinn ihm vermutlich entging: „Sehnlich hat es mich verlangt, dieses Paschamahl mit euch zu essen, bevor ich leide" (Lk 22,15). Auch redete er nicht so gut, wie man erwartet hatte, und er selbst ahnte nicht, daß ihn in zwölf Monaten der Tod erwartete.

Die nächsten Sitzungen waren der Organisation des fünften Kreuzzugs gewidmet, das war eine ständige Sorge des Papstes, seit die vier ersten gescheitert waren. Es wurde beschlossen, daß der allgemeine Aufbruch im Juni 1217 stattfinden sollte.

Und dann taucht jene große Klippe auf, deren verhängnisvolle Bedeutung das Konzil nicht ermessen konnte. Es ging um die Formulierung des Dogmas von der Heiligen Dreifaltigkeit: „Der Vater ist der Zeuger, der Sohn ist Fleisch geworden, und der Heilige Geist geht vom Vater und vom Sohne aus." Es war das tragisch berühmte „filioque", das heute noch tief im Herzen der Christenheit Orient und Okzident trennt und die eine Kirche in zwei Hälften spaltet, die noch immer nicht wieder zueinanderfinden können.

Die Transsubstantiation wurde feierlich verkündet und die Pflicht jedes Katholiken, in der Osterzeit den Leib Christi zu empfangen, andernfalls drohte ihm die Exkommunikation. Ebenso wurde es

Pflicht, einmal im Jahr in der Ohrenbeichte alle Sünden zu bekennen.

Ebenfalls wurde die Albigenser-Affäre, wie man in der Sprache der Diplomatie sagte, schlecht und recht beigelegt. Ohne auf den grausamen Krieg einzugehen, der schwer auf dem Pontifikat Innozenz' III. lastet, schmerzt es tief, hier den Namen des abscheulichen Simon de Montfort auftauchen zu sehen, dem die Gebiete überlassen wurden, die er ungerecht erobert hatte. Zur Entlastung des Papstes glaubt man sagen zu können, daß er niemals klar gesehen hat in dieser dunklen und blutigen Geschichte, weil man ihm nicht alle Briefe seines Legaten zustellen ließ. Den Großen wird eben nie die ganze Wahrheit gesagt.

Bliebe schließlich noch das gründliche Großreinemachen, um die Kirche von allem Schmutz zu befreien. Die Liste der Mißstände ist so lang, daß eine Zusammenfassung genügen muß. Prostitution und Ausschweifungen, wie nicht anders zu erwarten war, denn das betrifft alle Länder und Zeiten, und so bildet das Sexualleben in fast all seinen Erscheinungsformen den allgemeinen Hintergrund. Doch am Beginn der zahllosen Verstöße gegen die Norm steht das ungezügelte Bedürfnis nach Luxus und Wohlleben, beim Klerus wie bei den Laien. Trunksucht ist an der Tagesordnung, und wenn wir nichts anderes zu unserer Information hätten als die päpstlichen Bullen, die Exzesse jeglicher Art anprangern, so genügte das, um uns ein Bild jener genußsüchtigen Gesellschaft zu liefern. Festgelage und üppiges Essen, die in Ausschweifung und Prasserei endeten, zügellose Gesellschaften, bei denen Gaukler mit lästerlichen Chansons, erotischen Tänzen und Liedern auftraten, die bis in die Kirchen drangen (auch Franziskus hatte solche Dinge in seiner Jugend kennengelernt). Die

Vorliebe für schöne Kleider und kostbare Stoffe verschlang riesige Summen, immer noch riß man sich um die wehenden Mäntel, wie Franziskus sie als junger Mann getragen hatte, sogar beim Klerus. Man konnte Laien nicht mehr von Klerikern unterscheiden, die farbige Kleider, grüne oder rote, trugen und sich wallendes Haar wachsen ließen. Die Messen wurden schlecht gelesen, abgekürzt und heruntergerasselt, es herrschten sonderbare Sitten. Man brauchte Geld und nochmals Geld, um zu feiern, um einen Prozeß zu gewinnen, um Zutritt bei den hohen Herren zu haben, die das Beispiel für dieses „unnachahmliche Leben" gaben, das das heidnische Rom wieder auferstehen ließ. Bestechlichkeit war gang und gäbe in der Verwaltung, selbst beim hohen Klerus. Trinkgelder und Bestechungsgelder, über die seit je Klage geführt wird, standen hoch im Kurs. Groß und klein waren dafür empfänglich, auch beim Handel mit geistlichen Ämtern, dieser unheilvollen, Simonie genannten Krankheit, die selbst vor Bischöfen nicht haltmachte.

Was das sexuelle Leben betrifft, so war das Konkubinat bei den Männern der Kirche schon kein Ärgernis mehr. Schließen wir diese Liste mit dem Fall eines Erzbischofs von Lund in Schweden, der die Kühnheit besaß, beim Papst anzufragen, ob es sich um Bigamie handele, wenn man zwei Konkubinen nacheinander ausgehalten habe!

Die Mißstände beim weltlichen Klerus waren nicht größer als in den Abteien und Klöstern, die so stark in Mitleidenschaft gezogen waren, daß sogar der Grundsatz der evangelischen Armut als gefährdet gelten konnte. Die Verlockung des Goldes, die Ausschweifungen der Mönche und Nonnen waren zum Unterhaltungsstoff für das Volk, zum Gespött der

Welt und zur unerschöpflichen Quelle liederlicher Geschichten und satirischer Chansons geworden, die noch die Runde machten, als die Reformen den einzelnen Orden schon längst ihre ursprüngliche Strenge zurückgegeben hatten. Aber der Kampf war lang und hart.

Bei diesem traurigen Bild einer von Auflösung bedrohten Kirche darf man etwas nicht vergessen, was der Mensch von heute leicht übersehen kann, daß trotz des tiefwurzelnden Übels der Glaube, obwohl mit Aberglauben durchsetzt und empfänglich für das Gift der Häresie, dennoch präsent und stark blieb. Auserwählte Seelen in geheimnisvoller Einsamkeit wurden verschont, und wie immer in Zeiten tödlicher Gefahr erschienen Heilige.

Man hat sich gefragt, ob Franziskus am Konzil teilgenommen hat, ebensogut könnte man sich die Frage stellen, ob er sich Sorgen um die Zukunft seiner Fraternität machte. Aber welche Figur konnte er in der konstantinischen Basilika machen, wo die Kirchenfürsten und das Heer der Äbte den Erklärungen des Herrn Papstes lauschten? Wo war sein Platz? Wenn seine Fraternität nun auch anerkannt war, die Armut, die sie in ihrem häßlichen Gewand aus grobem Stoff verkörperte, war nicht gerade dazu angetan, Respekt einzuflößen, während die Priore in ihrem vornehmen Habit auf Erfolg und jene Reichtümer erpicht waren, deren donnerndes Verdammungsurteil sie bald hören würden. Die Masse der Laien, die aus aller Herren Ländern gekommen war, und von den Wachen in Schach gehalten wurde, bewegte sich ungeduldig in der aus vierzig Säulen heidnischer Tempel errichteten Vorhalle und auf dem Platz, wo das Volk zechte und schmauste, und wo fromme und unfromme Lieder in einer Mischung aus

kindlicher Begeisterung und derbem Spaß gesungen wurden. Man wartete auf etwas, auf ein Ereignis, auf eine Erscheinung, auf die Öffnung der fünf großen Portale, die den staunenden Blicken die ganze Herrlichkeit der Kirche preisgeben würden. Sie war auf dieses sieghafte äußere Ansehen bedacht, das an großen Festen wie ein Abglanz der ewigen Seligkeit war und das Alltagsleben mit einem Schlag verwandelte und mit Geheimnis und Poesie erfüllte.

Bei den Sitzungen des Konzils mußte Franziskus eine geheime Freude empfinden, wenn er hörte, wie Innozenz III. den protzigen Prunk der hohen Geistlichkeit anprangerte, während so viele Arme nach Brot schrien. War er trotzdem empfänglich für den Glanz dieses triumphalen Schauspiels, das etwas ankündigen sollte, aber was? Das Evangelium, die Rückkehr zu den Geboten Jesu? Es war, als brächte ein leichter Hauch von den Ideen der Katharer die Flammen der Tausende von brennenden Kerzen in der Basilika zum Flackern. Doch der Glaube war gut geschützt gegen den Wahnsinn der Häresien. Es war viel die Rede von den Kirchenvätern, aber Franziskus hatte nicht studiert und sich nur mit der Kenntnis der Texte begnügt, ohne sich ihrer Analyse zu widmen.

Wenn Rom sprach, widersprach er nicht. Er erklärte gleichwohl, daß er weder den heiligen Augustinus noch auch den heiligen Bernhard brauche. Sein Einfluß sollte sich allerdings bemerkbar machen, wenn es auch nur der dem Klerus von den Brüdern bezeugte Respekt war, der den Priestern allmählich bewußtgemacht hatte, was die Menschen von ihnen erwarteten. Alles in allem sollte er beim Verlassen Roms ein unvergeßliches Bild von der Herrlichkeit einer mit den Gewändern des Mammons geschmückten Welt mitnehmen. Jene kostbaren Stoffe, mit denen

sich Hochmut und Stolz einhüllten, unterstrichen die Freude an irdischen Gütern, doch wie sollte man diese Menschen verurteilen? Das war seine Sache nicht, und hatte er zudem nicht selbst zu jenen gehört, die vom weltlichen Leben verwöhnt wurden?

Er hatte mit dem Kardinal von San Paolo gerechnet, um Einlaß in die Basilika zu erhalten, aber sein Schirmherr war gestorben, bereits vor vier Monaten. Er war im Herzen ein Franziskaner gewesen. Er hatte Franziskus dem Papst vorgestellt und für ihn Partei ergriffen, denn er hatte ihn gern. Irgendein anderer würde ihn schon ersetzen, und Gott wird wie immer alles zum Guten lenken, dachte Franziskus. Und tatsächlich ist auch einer da, ein hochgewachsener Mann, Verwandter des Papstes und dessen Ratgeber zugleich, der Kardinal und Bischof von Ostia, Ugolino di Segni. Er ist ein stattlicher hochgewachsener Mann, auf dessen besonnenes Wort man hört. Franziskus ist für ihn kein Unbekannter mehr. Er hat ihn schon 1209 in Rom gesehen und genau beobachtet. Es ist die verblüffende Einfachheit dieses kleinen Armen, dieses Poverello, über die er sich wundert. Und dann diese Ausstrahlung von Heiligkeit, der niemand widerstehen kann, ob er Kirchenfürst oder Schuster ist. Wir erleben etwas Einzigartiges: Nachdem der Charme des Franziskus seinerzeit die Jugend Assisis behext hatte, erliegt ihm jetzt sogar die Kurie. Ugolino nimmt ihn unter seine Fittiche. In seinem produktiven Hirn, das unablässig arbeitet, gewinnt eine Idee Gestalt, die anscheinend von der Vorsehung eingegeben ist. Franziskus stellt in seinen Augen eine ungeheure, aber noch ungenügend organisierte Macht dar; die Brüder sind in ganz Italien und anderswo anzutreffen, man muß sie alle in einem Orden zusammenfassen.

Seit einigen Wochen befindet sich ein spanischer Mönch in Rom, auch er Gründer einer Gemeinschaft von Predigerbrüdern, Dominikus von Guzmán. Er ist etwa ein Dutzend Jahre älter als Franziskus und unterscheidet sich in vieler Hinsicht von ihm, aber nicht in seiner glühenden Liebe zu Christus. Er denkt so juristisch, wie Franziskus es kaum tut, und ist von dem leidenschaftlichen Wunsch beseelt, dem katholischen Glauben dort, wo er ihm am meisten bedroht erscheint, zum Siege zu verhelfen. Genau gesagt, kommt er aus dem Kriege zurück, nämlich aus Südfrankreich, das seit 1209 gegen Simon de Montfort, den Grafen von Leicester, kämpft. In diesem verwüsteten Gebiet der Albigenser brennen die Städte und fließt Blut, aber der Häresie der Katharer muß ein Ende bereitet werden, und diese Strafexpedition wird als Kreuzzug bezeichnet. Was sagt Franziskus dazu? Wir wissen es nicht, aber seine Liebe zu Frankreich ist allgemein bekannt, und unter dieser Methode, Christus den Menschen aufzuzwingen, kann er nur leiden. Was denkt Ugolino darüber?

Ugolino wird begeistert sein, daß die beiden großen Menschenführer gleichzeitig auf dem Konzil sind. Die göttlichen Gaben sind vielfältig und unbeschränkt. So bestehen zwischen Franziskus und Dominikus auffällige Unterschiede, die bis in ihr äußeres Erscheinungsbild reichen. Beim Poverello in seinem schmutziggrauen Gewand denkt man unwillkürlich an die von ihm geliebten Vögel, die Sperlinge. (Im Französischen nennt man den Sperling auch „moineau", was dem Wort für Mönch: „moine" sehr ähnlich ist; so wäre denn ein Sperling nichts anderes als ein kleiner Mönch.) Von seinen geliebten Sperlingen hat Franziskus die Demut und den Sinn für Unabhängigkeit und Freiheit. Christus selbst hat

von diesen kleinen Geschöpfen gesprochen, die sich ihres Lebens freuen und fast überall zu Hause sind. Ganz anders Dominikus. Er trägt einen schönen hellgelben Habit, der fast weiß wirkt, und etwas Hoheitsvolles geht von ihm aus, das einschüchtern könnte. Weil es an diesem Novembermorgen kalt ist, hat der Mönch noch den schwarzen Mantel der Domherren über seine Schultern geworfen. Dadurch erinnert auch er an einen Vogel, an eine Schwalbe etwa. Die Schwalben fliegen – anders als Sperlinge – nicht plan- und ziellos. Im Herbst, wenn ihre Zeit gekommen ist, sehen wir, wie sie am Himmel in großer weitgespannter Dreiecksformation fliegen, und bewundern diese perfekte Ordnung ihres Flugs.

Welche Gedanken mochte Ugolino sich machen? Er könnte beide Ordensgründer gebeten haben, sich während einer Pause des Konzils bei ihm zu treffen. Aber eine Begegnung der beiden größten Männer des Mittelalters unter vier Augen ist reine Hypothese. Was gäbe man darum, wenn man es wüßte! Hätte sie tatsächlich stattgefunden, würde Franziskus, der in den Seelen zu lesen verstand, sofort begriffen haben, daß er einen Gottesfreund vor sich hatte. Da er flinke Augen im Kopf hatte, hätte sein Kennerblick auch festgestellt, daß dessen weißer Habit vorteilhaft geschnitten und der Stoff von solider Qualität war. Dominikus hätte auch seine Beobachtungen machen können, die gleichzeitig überirdischer und ganz praktischer Natur gewesen wären. Unverkennbar war die Heiligkeit des Franziskus, und sein erbärmliches Gewand verriet, daß er jede menschliche Eitelkeit abgelegt hatte. Das einzige, was man diesem Bettler noch nehmen konnte, war seine Armut, und die schenkte er jedem, der davon etwas haben wollte.

Die vollkommene Freude

Wer hätte besser als Franz von Assisi jenes Glück gekannt, das jedes Glück übersteigt, das Glück, Gott zu lieben und sich von ihm geliebt zu fühlen; und wie oft hat er dieses Glück auch seinen Brüdern vermittelt! Um es zu erlangen, ist es unerläßlich, sich von der Erde loszureißen, der Welt und sich selbst zu entfliehen und in der Höhe Zuflucht zu suchen. Dieser Ausbruch der Seele ist unerläßlich, und wer hat schon den Mut, sich auf ein so ungewisses Abenteuer einzulassen?

Nach der Rückkehr aus Rom verlangt es Franziskus danach, darüber mit Bruder Leo, seinem Vertrauten, Sekretär und Beichtvater, zu sprechen, damit wenigstens er begreift, daß es kein Vergnügen ist, wie die meisten Sterblichen meinen, zuerst den schmalen Weg zu finden und ihm dann zu folgen, bis er ins Paradies führt; denn es ist nicht leicht, zu Gott zu gelangen. Diese Geschichte ist ebenso berühmt, wie sie sich hart anhört, und kann nicht weggelassen werden, weil sie auf denselben Ton gestimmt ist wie das Evangelium.

Ob das Gespräch nun tatsächlich auf der Straße von Perugia stattgefunden hat oder ob Franziskus Bruder Leo das Gleichnis in Santa Maria degli Angeli diktiert hat, ist unwichtig. Die beiden befinden sich also ob tatsächlich oder nur in unserer Phantasie auf der Straße von Perugia und gehen nach franziskanischem Brauch im Gänsemarsch hintereinander her, wie es uns Dante in der „Göttlichen Komödie" beschrieben hat, zuerst Leo, dann Franziskus. Beide leiden unter der grimmigen Winterkälte, vor allem der schwächere Franziskus, der bald mit deutlich vernehmbarer Stimme das folgende Zwiegespräch beginnt, das wir sowenig wie möglich kürzen wollen.

„Bruder Leo, selbst wenn die Minderbrüder überall

ein großes Beispiel von Heiligkeit gäben, so liegt darin nicht die vollkommene Freude."

Er schweigt, sie setzen ihren Weg fort, und dann beginnt die Stimme von neuem:

„Bruder Leo, selbst wenn der Minderbruder Blinde und Krüppel, Taube, Stumme und Lahme heilen, die Dämonen verjagen und die Toten auferwecken würde, so liegt darin nicht die vollkommene Freude."

Sie gehen weiter, und wieder dringt seine fröhliche Stimme durch die Eiseskälte:

„Bruder Leo, selbst wenn der Minderbruder alles wüßte, was man nur wissen kann, Wissenschaft und Heilige Schrift, wenn er prophezeien, die Zukunft und die Geheimnisse der Herzen offenbaren würde, so liegt darin nicht die vollkommene Freude."

Er weiß sehr gut, daß das alles bei Paulus steht, wo er über die Liebe spricht, aber unter Eingebung des Heiligen Geistes fügt er hinzu, was der heilige Paulus weggelassen hat. Vielleicht fragt sich Bruder Leo, worauf das hinaus soll, aber Franziskus will, daß er sich noch geduldet.

„Bruder Leo, kleines Schäfchen Gottes (so nannte er seinen Vertrauten), selbst wenn der Minderbruder die Sprache der Engel spräche und ihm alles über die Gestirne geoffenbart würde, über die Schätze der Erde, die Eigenarten der Vögel, der Fische, der Menschen, der Bäume und Steine, so liegt darin nicht die vollkommene Freude."

Noch ein paar Schritte weiter, und Franziskus' Stimme wird immer lauter:

„Bruder Leo, selbst wenn der Minderbruder alle Ungläubigen zum Glauben an Christus bekehrte, so liegt darin nicht die vollkommene Freude."

Über eine Wegstrecke von fast zwei Kilometern hinweg hat er nun den heiligen Paulus paraphrasiert,

und Bruder Leo fängt an, sich Gedanken zu machen, und ergreift nun seinerseits das Wort:

„Bruder, um Gottes willen bitte ich dich, sage mir endlich, worin die wahre Freude liegt!"

Nachdem nun alle auserlesenen Gnaden aufgezählt sind, erfolgt, wenn man so sagen darf, völlig unerwartet die kalte Dusche. Sie sind durchnäßt und vor Kälte zitternd in Santa Maria degli Angeli angekommen, klopfen an die Klosterpforte und möchten sich geschwind trocknen und aufwärmen. Aber man denkt gar nicht daran, sie einzulassen. Der Bruder Pförtner beschimpft sie und wirft ihnen vor, sie seien falsche Brüder, Landstreicher und Diebe, die den Armen die Almosen wegnehmen, sie sollten verschwinden. Schon halbverhungert stehen sie im Schneetreiben bis in die Nacht hinein, ohne sich zu beklagen. Auch dem unmenschlichen Pförtner fluchen sie nicht, sondern denken, daß er hoffentlich weiß, wer sie sind, und daß Gott ihn veranlaßt hat, so hart mit ihnen umzuspringen. Darin, Bruder Leo, liegt die vollkommene Freude. Wenn sie dann aufs neue hartnäckig an die verschwiegene Pforte pochen, die auch diesmal geöffnet wird, und wenn sie dann verjagt, beleidigt und ins Spital geschickt werden, und das alles frohen Herzens und in Liebe annehmen, dann, Bruder Leo, liegt darin die vollkommene Freude. Aber das geht zu weit, sie haben doch Hunger und bitten kniefällig, daß man ihnen um der Liebe Gottes willen öffnet. Dann werden sie noch mit einem derben Knotenstock verbläut, bei der Kapuze gepackt, in den Dreck gezerrt und windelweich geschlagen. Wenn sie auch das alles ertragen und dabei an die Leiden Christi denken, dann ist sie da, die vollkommene Freude. Jetzt haben sie den schmalen Weg erreicht, von dem Christus sagt, daß nur wenige ihn

finden, um ihm überhaupt folgen zu können. Aus Liebe zu Christus haben sie sich selbst besiegt, sie haben alles ertragen, sie haben das Kreuz angenommen. Das Ziel ist erreicht, die ewige Seligkeit steht ihnen offen.

Sic transit...

Der Name Perugias ist nicht ohne Interesse in der berühmten Geschichte von der vollkommenen Freude. Als Franziskus und Bruder Leo sich auf die Suche nach dem Absoluten begeben, kehren sie der hochmütigen Stadt den Rücken, und nicht zufällig hat der Heilige diese Stadt genannt, mit der ihn düstere Erinnerungen verbinden. Nach der schlimmen Niederlage am Ponte San Giovanni hat er ein Jahr in den päpstlichen Gefängnissen von Perugia verbracht, und obwohl diese Stadt der Herrschaft Roms unterstand, war sie durch alle möglichen Exzesse berühmt und berüchtigt. Die beiden Mönche flohen gewissermaßen symbolisch vor einer kleinen Hölle, um in Santa Maria degli Angeli Zuflucht zu finden. Daran erkennt man, eine wie große Abneigung Franziskus gegenüber diesem italienischen Babylon empfand. Eines Tages würde er es verfluchen, aber vorher sollte dort noch ein schauerliches Ereignis stattfinden.

Wie erinnerlich, lag dem Papst die Durchführung des fünften Kreuzzugs ganz besonders am Herzen, aber vorher war es dringend geboten, Pisa und Genua, die am Feldzug teilnehmen sollten, miteinander zu versöhnen, und vor allem galt es, das Ränkespiel Venedigs zu hintertreiben, das wie gewöhnlich versuchte, auch die Marschroute dieses Kreuzzugs,

dessen Ziel Jerusalem war, zu seinen Gunsten zu verändern. Deshalb lag Innozenz III. sehr an einer Verständigung zwischen den beiden Städten am Tyrrhenischen Meer. Er beschloß, am 1. Juli 1216 in Begleitung der meisten Kardinäle, mehr als zwanzig an der Zahl, nach Perugia zu gehen, um diese Schwierigkeiten zu lösen. Das konnte viel Zeit in Anspruch nehmen. Er zählte damals fünfundfünfzig Jahre, aber die drückende Last seiner Aufgaben hatte ihn vorzeitig verbraucht.

Jakob von Vitry, der gerade zum Bischof von Akko ernannt worden war, hätte es gern gesehen, wenn er anläßlich dieser Reise des Papstes durch Umbrien aus dessen Händen die Bischofsweihe empfangen hätte, aber eine schlimme Überraschung erwartete ihn. Am 16. Juli war der Papst plötzlich an einer Embolie gestorben. Vermutlich wegen der großen Hitze hatte man das Zeremoniell überstürzt abgewickelt, und niemand hielt in der verschlossenen Kathedrale bei dem Leichnam Totenwache.

Im Morgengrauen des folgenden Tages betrat Jakob von Vitry mit einigen Mitgliedern der Kurie die Kathedrale und entdeckte Innozenz III. nackt und schon übel riechend auf dem Fußboden der wuchtigen romanischen Kirche liegend, in der noch nächtliche Finsternis herrschte. Stab, Tiara, Prunkgewänder hatten die Diebe im Schutze der Dunkelheit mitgehen lassen. In einem berühmt gebliebenen Brief beschreibt der französische Bischof diesen entsetzlichen Anblick:

„Mit diesen meinen Augen habe ich gesehen, wie eitel, kurz und vergänglich der Ruhm dieser Welt ist."

„Sic transit gloria mundi." Das war das Ende eines Großen dieser Erde, des Autors eines Traktats über

die Verachtung der Welt, „De contemptu mundi", den der Tod mit einem so meisterhaften, zynischen Kommentar versah.

Thomas von Eccleston, ein englischer Franziskaner des 13. Jahrhunderts, behauptet, Franziskus sei beim Tod des Papstes dabei gewesen. Das scheint uns unwahrscheinlich zu sein und wird sonst nirgendwo erwähnt. Franziskus hätte bestimmt Wache halten wollen an der Leiche dessen, dem er die Anerkennung seiner Gemeinschaft verdankte, wie es später die Minderbrüder bei Honorius III. und Gregor IX. taten.

Konklave in Perugia

In einer so ernsten Lage konnte die Kirche nicht lange ohne Oberhaupt bleiben, und das Heilige Kollegium wurde in aller Eile zusammengerufen. Der Fall war übrigens von Papst Alexander III. vorgesehen worden, der 1179 bestimmte, daß der neue Papst gleich nach der Bestattung des Vorgängers gewählt werden sollte, und zwar in eben der Stadt, wo dieser gestorben war. Das geschah deshalb, weil in Rom nicht selten Aufruhr und Empörung herrschten. Für die Beschlußfähigkeit des Konklave brauchte nur die Hälfte der Kardinäle plus einem anwesend zu sein. Die Wahl durch Akklamation des Volkes war abgeschafft worden.

Am 18. Juli wurde Kardinal Savelli zum Papst gewählt, der den Namen Honorius III. annahm. Er war ein gütiger alter Mann, der fast alles, was er besaß, den Armen gegeben hatte. Seine Frömmigkeit war bei allen bekannt, und man hätte keine glücklichere

Wahl treffen können, wenn man vom Alter absah, das nur ein kurzes Pontifikat erwarten ließ, was vielleicht in der Absicht der Wähler lag. Er war Legat in Sizilien und Erzieher jenes großen unruhigen Friedrich gewesen, dem seine Nachsicht zugute gekommen war, eine Nachsicht, wie man sie einem hochbegabten, aber schwierigen Kind gegenüber übt. Seine angeborene Heiterkeit ließ ihn den Ausgleich bevorzugen, aber er besaß trotzdem einen ausgeprägten Realitätssinn. Es steckte ein hervorragender Finanzmann in ihm, und als Franziskus sich ihm vorstellte, muße er nicht mit sich zu Rate gehen wegen der Mission dieses einfachen und reinen Menschen, der der Poverello war, sondern wegen der großen materiellen Probleme, die die Organisation dieses neuen Ordens stellte. Er liebte Franziskus, und man könnte hinzufügen, daß er es ohne große Worte tat und daß er sein Ideal und seine überströmende Herzensgüte bewunderte, aber...

Eine seiner ersten Amtshandlungen war die Weihe von Jakob von Vitry zum Bischof von Akko. Dieser war bestens in der Lage, sich Einblick in die Kurie zu verschaffen, und gewann einen schlechten Eindruck von diesem von Intrigen beherrschten Milieu. Die weltlichen Angelegenheiten rangierten vor allen anderen, wobei zuzugeben ist, daß sie so kompliziert waren wie nie zuvor. In Sizilien übte Friedrich II. im Namen seines fünfjährigen Sohnes Heinrich die Macht aus, und der Papst konnte nicht ohne Besorgnis sehen, wie das verhaßte Reich der Hohenstaufer wieder erstand. In Frankreich bot Philipp II. August Rom die Stirn, wie gewöhnlich wegen seiner Weibergeschichten, und spielte weiter den Schiedsrichter der Könige. Der Thronerbe, der künftige Ludwig VIII., unterstützte offen die Sache der engli-

schen Barone, die sich gegen Johann ohne Land erhoben und ihm die Magna Charta aufgezwungen hatten. Nach dem Tode König Johanns ergaben sich, wie bei Shakespeare, Schwierigkeiten bei der Thronfolge: Sein Nachfolger, Heinrich III., war neun Jahre alt, und die römischen Legaten regierten an seiner Statt. Man begreift die Abneigung, die ein Jakob von Vitry gegen dieses politische Treiben empfand, wo Machtbesessenheit mit Kinderrassel oder Narrenschelle eine verhängnisvolle Rolle spielte. Er war für nichts mehr empfänglich als für das franziskanische Ideal, das nur Liebe kannte, wie in den ersten Zeiten der christlichen Kirche. An Lobeshymnen auf die Gemeinschaft des Franziskus kann er sich nicht genugtun. „...sie haben nur eine Leidenschaft: die gefährdeten Seelen den Eitelkeiten der Welt zu entreißen ... sie leben wie die Christen der Urkirche ... bei Tage widmen sie sich dem tätigen Leben und dem Apostolat ... in der Nacht ziehen sie sich in die Einsamkeit zurück, um ein kontemplatives Leben zu führen."

Nach der Papstkrönung verließ er Perugia, um in Frankreich für den fünften Kreuzzug zu predigen, und er sollte Franziskus erst in den Ländern jenseits des Mittelmeeres wiedersehen.

Alle ins Paradies!

Franziskus seinerseits machte sich wieder auf den Weg, um nach Portiunkula zurückzukehren. Auch er mußte sich Gedanken machen über die Ereignisse, deren Zeuge er gewesen war. Was hatte ihm die Audienz bei Honorius III. gebracht, diesem gütigen, aber

vorsichtigen Greis? Worte der Ermunterung und ein Segen. Das war gut, sogar viel, aber nicht genug.

Indessen bereitete sich etwas von weittragender Bedeutung vor, und wir müssen hier auf den Bericht eines Franziskaners zurückkommen, des Bruders Bartoli von Assisi, der ein Jahrhundert später, 1335, eine Vision des Franziskus beschreibt. Danach war er in der Kirche Santa Maria degli Angeli im Gebet versunken, und zwar im gleichen Monat Juli. Da erschien ihm Christus mit seiner Mutter und forderte ihn auf, eine Gnade zu erbitten, die Gott verherrlichen und die Menschen retten sollte, und dann sofort nach Perugia zurückzukehren, um sein Anliegen dem Papst vorzutragen.

Franziskus konnte dem Wunsch nicht widerstehen, eine Bitte vorzutragen, die so unendlich groß war wie sein Herz. Sogar in dieser Vision scheint er imstande zu sein, bis zum Äußersten zu gehen, wenn es sich um die Liebe zum Nächsten handelt. Die ganze Menschheit retten ... Dabei muß man unwillkürlich an das Gebet denken, das Charles de Foucauld gesprochen hat: „Mein Gott, gib, daß alle Menschen gerettet werden!"

Von einer ähnlichen Geisteshaltung war Franziskus, als er in Begleitung von Bruder Masseo den Papst von neuem aufsuchte. Sein Plan stand fest: mit Christi Erlaubnis wollte er einen gigantischen Ablaß erbitten.

In Perugia bekommt er gleich seine Audienz, denn Franziskus kann man nicht vergessen, wenn man ihn einmal gesehen hat, und schon kniet er zu Füßen von Honorius. In Anwesenheit seiner Kardinäle fragt der Papst ihn nach dem Grund seines Besuches, und dann folgt ein unglaublicher Dialog, von dem uns einige Sätze überliefert sind. Franziskus will einen höchst

bedeutsamen Ablaß. Man glaubt geradezu das Lächeln auf dem Gesicht des alten Mannes zu sehen:

„Einen Ablaß? Von wieviel Jahren?"

„Nicht um Jahre bitte ich, sondern um Seelen."

Die Sprache ist ungewöhnlich, und der Papst braucht Erläuterungen.

„Erkläre dich, mein Sohn."

„Heiliger Vater, daß jeder Gläubige, der gebeichtet und bereut hat, beim Überschreiten der Schwelle von Santa Maria degli Angeli in Portiunkula Verzeihung aller seiner Sünden und Nachlaß aller damit verbundenen Sündenstrafen erlangt."

Die vollständige Vergebung aller ihrer Sünden und der Nachlaß aller Sündenstrafen, dieser Ablaß wird den Kreuzrittern gewährt, die für Christus kämpfen wollen, Franziskus weiß das, aber das Ritterideal ist immer noch lebendig in seinem Herzen. Er ist, wenn es sein muß, bereit zu kämpfen. Der Papst ist überrascht, aber trotzdem gibt es im Auftreten des Franziskus etwas, das die Einwände beiseite schiebt. Allerdings will eine so ungewöhnliche Bitte reiflich überlegt sein. Wie zu erwarten war, werden die Kardinäle unruhig: Ein solcher, jedermann gewährter Ablaß wird bestimmt das Privileg der Kreuzritter beeinträchtigen und Unzufriedenheit, wenn nicht gar Rückzieher zur Folge haben.

Da macht Franziskus von seinem stärksten Argument Gebrauch: Christus selbst hat ihn beauftragt, diese Bitte dem Papst vorzutragen. Mit welchen Mitteln soll man einem Heiligen, der auf so wunderbare Weise gesandt ist, widerstehen? Honorius gibt nach, aber er trägt der Kritik des Heiligen Kollegiums Rechnung. Der außerordentliche Ablaß kann nur einmal im Jahr, am 2. August, erlangt werden. Mehr begehrte Franziskus nicht. Außer sich vor Freude, sieht er be-

reits die Menschenmengen, die in die Kirche der Heiligen Jungfrau strömen und dem ewigen Tode entrissen werden, und eilt fort, nachdem er dem Papst seinen Dank ausgesprochen hatte.

„Kleiner, einfältiger Mensch", ruft ihm der Papst, von seiner Arglosigkeit gerührt, nach. „Du gehst fort ohne eine schriftliche Ermächtigung?"

Hat Franziskus seine Meinung über den Wert von Pergamenten und Unterschriften seit seinem Gespräch mit Innozenz III. geändert? Seine Antwort, die er prompt und ohne zu überlegen gibt, klingt wunderbar: „Wenn dieser Ablaß von Gott kommt, dann ist die Heilige Jungfrau das Dokument und der Herr Christus der Notar."

Kurz darauf, als er auf dem Heimweg bei den Aussätzigen von Collestrada haltmachte, sah er im Traum den Herrn, der ihm die Approbation des Papstes bestätigte, und am 2. August verkündete er in der Kirche von Portiunkula selbst den Ablaß. Sieben Bischöfe waren bei dem feierlichen Akt zugegen und zweifellos ein wenig verlegen. Franziskus strahlte, als er ausrief: „Ich werde euch alle ins Paradies schicken."

Es ist nicht notwendig, darauf hinzuweisen, daß über diesen Ablaß im Laufe der Jahrhunderte heftig diskutiert wurde. Er hat Modifizierungen erlebt, die sich nach der jeweiligen „Glaubenstemperatur" richteten, wie man es nennen könnte. Man wollte ihn auf eine große Anzahl von Kirchen ausdehnen, wodurch sein Ansehen etwas gemindert wurde. Heutzutage sind Ablässe, die die harten Worte Luthers überlebt haben, nicht mehr in Mode, doch richtig interpretiert, gehören sie nichtsdestoweniger zum spirituellen Schatz der Kirche. Hinter alldem leuchtet die Liebe des Poverello auf. Der Rest ist Schweigen.

Wenn wir auch nicht gehalten sind, daran zu glauben, so können wir über dieses Gnadenzeichen doch nachdenken an der Stätte, wo Franziskus es verkündet hat. Aber wie läßt sich die Enttäuschung verbergen, die uns dort erwartet? Eine wachsende Frömmigkeit stachelte den Baueifer der Menschen an, und ohne zu zögern, ging man daran, diesen Ort, der in seiner ursprünglichen Kargheit hätte erhalten bleiben müssen, auszuschmücken und immer prächtiger auszugestalten. So geht es immer mit den Werken der Menschen. Betrachten wir nur Santa Maria degli Angeli, das von Franziskus mit eigener Hand instandgesetzt wurde, und versuchen wir das Fresko aus dem 19. Jahrhundert zu vergessen, das uns Mitleid mit der Zeit einflößt. Die ursprüngliche Kapelle mit ihren bescheidenen Dimensionen greift noch immer ans Herz. In der Renaissance, die jedes Maß verlor, wurde sie großartig in eine Basilika eingepackt. Franziskus bleibt trotz alledem auf seltsame Weise dort gegenwärtig, wo er für die Welt gebetet hat. Seine Hütte steht noch an der gleichen Stelle, wenige Meter von der Kapelle, doch muß man sie erst unter Marmor und Gold suchen. Und wo sind die Wälder geblieben, in denen er in der Nacht eine noch tiefere Einsamkeit fand?

Subiaco

Im fernen England traten Ereignisse von weittragender Bedeutung ein. Der König war ein Kind, und es entstand ein Vakuum, das der Papst politisch dadurch auszufüllen suchte, indem er Legaten über den

Kanal schickte, die das Königreich regieren sollten. Dabei hatte er seine Rechnung ohne das Nationalgefühl der Engländer und ihren leidenschaftlichen Unabhängigkeitswillen gemacht. Aber wie sollte man 1216 den Aufstand der ersten protestantischen Märtyrer gegen Rom und den großen Bruch mit dem Papsttum voraussehen?

Im gleichen Jahr stattet Franziskus den Benediktinern von Subiaco einen Besuch ab. Ihre Mitbrüder vom Monte Subasio hatten ihm doch die Kapelle Santa Maria degli Angeli und die Carceri geschenkt. Es ist auch heute noch eine durchaus anstrengende Reise, wenn man die Ebene Umbriens verläßt und bis zum heiligen Benedikt hinaufsteigt, aber die herrliche Natur läßt jede Anstrengung vergessen und ist wie geschaffen, über Gott und die Welt nachzudenken, wie es Franziskus getan haben mag. Man muß die alten Straßen und Wege nehmen. Je weiter man kommt, desto höher erheben sich die bewaldeten Sabiner Berge und lassen unwillkürlich an mächtige Schultern denken, die den Eindruck erwecken, als wollten sie den Himmel daran hindern, mit seiner Herrlichkeit die Erde und das schwache Menschengeschlecht zu erdrücken. Nur wenige Landschaften rufen eine so starke Vorstellung von der Größe Gottes hervor, und man kann verstehen, was Franziskus an diesen Höhen anzog. Hätte er jedoch die Herde verlassen, nur um sich an einem solchen Ort niederzulassen?

Hier läßt sich am besten der Unterschied zwischen der benediktinischen und franziskanischen Spiritualität begreifen, aber Dante hat trotzdem beiden Ordensgründern zusammen einen Platz ganz oben in seinem Paradies angewiesen. Es hatte sechshundert Jahre zuvor eines Riesen von der Gestalt Benedikts

von Nursia bedurft, eines Umbriers wie Franziskus, um den von Osten kommenden Eroberern den Weg zu versperren und Europa zu retten, dessen Schutzpatron er wurde. Er bildet einen Höhepunkt wie die Gipfel dieser Berge, die seine Nachbarn waren. In seiner Strenge und Beharrlichkeit war er dazu geschaffen, die Männer, die vor den Barbaren flohen, in die Einöde seiner Abteien zu ziehen und die Kultur zu schützen und zu bewahren. Seine Regel ist so perfekt, daß sie unverändert auf uns gekommen ist, aber sie ist auch streng. Gerade in dieser Strenge lag ihre Anziehungskraft, die Generationen von jungen, nach Härte und Gehorsam trachtenden Männern zu Tausenden in ihren Bann zog. Sein Glaube vereinigte Geist und gesunden Menschenverstand miteinander. Neben ihm erscheint Franziskus wie ein Narr, aber die Vorsehung hatte die außerordentliche Intelligenz des einen und die unwiderstehliche Tollheit des anderen geweckt, und zwar durch die Lektüre einiger Verse des Evangeliums. Die Vorsehung brauchte beide.

Dieser Aufenthalt des Franziskus in Subiaco wird von manchen Biographen übergangen; aber die auf Genauigkeit bedachten Benediktiner gehen nicht leichtfertig darüber hinweg, sondern bewahren wie einen kostbaren Schatz die Erinnerung an den Heiligen und an seine Gegenwart. In der Zelle, die er bewohnte, ist sie um so spürbarer, als sie durch das lebendigste aller Franziskus-Porträts bezeugt wird. Aber was ist Subiaco eigentlich, und wie soll man es beschreiben? Unser erster Besuch dort, im Jahre 1935, hinterließ einen einmaligen Eindruck, den die Zeit nicht auszulöschen vermochte und den wir fünfundvierzig Jahre später von neuem hatten. Und vielleicht erschien uns dieser zweite Besuch noch erstaunli-

cher, weil er unserer Erinnerung mit äußerster Genauigkeit entsprach.

Man gelangt von einer mit Fresken geschmückten Kapelle in eine andere, die ebenfalls Wandmalereien aufweist, die das Leben des Gründers und seiner Jünger darstellen. Die teils klaren, teils verblaßten Farben lassen an eine unmittelbare Nähe zu Byzanz denken. Weitere Kapellen folgen, und jede führt etwas tiefer in den Fels hinein bis zu einer Treppe, über die man zu kleinen, zellenähnlichen Oratorien steigt und Gestalten in liturgischen Gewändern, Zeugen einer unwandelbaren Religion, erblickt. Über dem ganzen liegt ein matter Glanz, und wir fragen uns, ob wir im Westen oder an einem geheimnisvollen Ort eines fernen Rußland sind. Wir müssen an Boris Godunow denken und warten fast darauf, die sanfte, langsam auf und ab schwellende Donnerstimme einer orthodoxen Glocke zu hören. Ein kleiner Gebetsraum fesselt uns ganz unten in diesem Felsen, den die Mönche ausgehöhlt haben, um darin eine ganze Abtei unterzubringen. Die Mauern verschwinden unter blassen oder lebhaften Farben, je nachdem aus welcher Zeit sie stammen. Wenn Franziskus diese Stätten gesehen hat, wo der fromme Glaube gleichsam aus den Mauern dringt, und diese Altäre, wo im Flackern der kleinen roten Flamme die großen Gestalten auf den Mauern lebendig werden, dann hat er sicher an das bescheidene Kirchlein Santa Maria degli Angeli denken müssen, das für ihn von gleicher, wenn auch anderer Schönheit war. Hier, wo wir uns jetzt befinden, hat er geweilt und hat er gebetet. Von einer Wand herab blickt er uns an, lächelnd, jugendlich, fröhlich, mit klarem Blick, seinem schütteren Backenbart und seinen weit geöffneten Ohren. Nach der Tradition hat ein unbe-

kannter, begabter Maler dieses schmale Gesicht und diese noch nicht stigmatisierten Hände auf die Wand gemalt. Ganz nahe am Kopf sein Name: Fr. Franciscus, nicht mehr und nicht weniger, er ist immer noch ein Bruder, der Bruder, der zufällig vorbeikommt, den man liebt und von dem man dieses Andenken bewahren will, eine Skizze, aus der der Zeichner später ein großes Porträt macht, das uns so vertraut geworden ist, daß es mit dem schmerzlich berührenden Franziskus von Cimabue wetteifert. Doch während Cimabue uns nur ein Bild nach der Eingebung zeichnen konnte, zeigt uns der 1223 vollendete Franziskus von Subiaco den Heiligen vor der Reise nach Syrien, auf der er sehr gealtert ist.

Man verläßt diese mystische Festung durch einen langen Hof, in dem zwei prächtige Raben, Männchen und Weibchen, in tiefes Nachdenken versunken scheinen, das nur von plötzlichen Flügelschlägen unterbrochen wird, als wollten sie das metallische Schwarz ihres Federkleides bewundert wissen. Von Zeit zu Zeit läßt das Männchen ein nicht sehr freundliches Krächzen hören. Er und seine Gefährtin sollen an die Freundschaft erinnern, die Benedikt für sie hegte. Wenn sie in Scharen krächzend durch die Luft fliegen, mag das Schwarz ihres Kleids an strenge Mönche erinnern, doch Franziskus sollte auch sie für sich gewinnen und wie in Bevagna von ihnen eine stumme Huldigung entgegennehmen.

Um wieder auf seinen Aufenthalt in Subiaco zurückzukommen, so ist der Hinweis interessant, daß die Biographen, auch wenn sie nicht darüber sprechen, doch nicht das Bild unbeachtet lassen, das der unbekannte Künstler uns hinterlassen hat. Heute ist dieses Bild wahrscheinlich bei allen Bewunderern des Heiligen das beliebteste, weil es zweifellos dem Bild

entspricht, das sie sich von ihm machen möchten: ein junger, glücklicher, strahlender Heiliger. Die Gründe für eine solche Heiligsprechung durch das Volk, die einer inneren Wahrheit entspricht, sind nicht bloß gefühlsmäßig bedingt. Thomas von Celano stellt ihn uns schon vor seiner Bekehrung als einen „vortrefflichen Jüngling" vor, und er beschreibt ihn mit minutiöser Genauigkeit, die Zweifel jeder Art ausschließt: Die Form der Ohren, das lange Gesicht, der fein geschwungene Mund, auch der heitere Gesichtsausdruck fehlt nicht. Noch beweiskräftiger ist ein anderes Bild, das nie erwähnt wird und Franziskus hinter dem Bischof von Ostia zeigt, als dieser die Kapelle konsekriert, in der sich diese Fresken befinden. Das klar zu erkennende Gesicht von Franziskus zeigt ein zusätzliches Merkmal, das dem scharfen Beobachter Celano nicht entgangen ist. Die Augenbrauen sind nicht bogenförmig, sondern beinahe schnurgerade gezogen.

Es steht fest, daß das erste Porträt 1223 überarbeitet worden ist, aber die Hand des Künstlers wollte die Jugendlichkeit des Modells festhalten, und auf dieses Jahr müssen wir unser Augenmerk richten. Wir werden einige Überraschungen erleben.

Der Verdammte, der dem Satan entrissen wurde

Es gibt eine ganze Fülle von Geschichten über die Wunder, die Franziskus gewirkt hat. Wir müssen eine Auswahl treffen und beschränken uns vor allem auf diejenigen, welche seine Ähnlichkeit mit Christus hervorheben und bei denen durch die Heilung des Leibes auch die Seele geheilt wird. Feste Daten

gibt es dabei nicht, aber Franziskus lebt und handelt bereits in der Ewigkeit, wo Daten nicht mehr zählen.

Erinnern wir uns an die Geschichte von dem abstoßenden Aussätzigen, den er pflegen wollte. Den berühmtesten Kranken im Leben des Franziskus gab es ja bereits, jenen Aussätzigen, den er küßte und der die Selbstüberwindung des jungen Mannes bedeutete wie auch das Sich-für-immer-Gott-Anvertrauen. Aber es stand ihm noch bevor, nach vielen anderen auch das am furchtbarsten gezeichnete dieser ausgestoßenen, dem Entsetzen preisgegebenen menschlichen Wesen zu pflegen. Jakob von Vitry sagte, daß dazu der Mut eines Märtyrers gehöre, um ihnen trotz ihres Gestanks Hilfe zu bringen. Hören wir, was ein hochberühmter Angehöriger des Dritten Ordens der Franziskaner in seiner „Göttlichen Komödie" sagt:

> „Kein Stallknecht striegelt also flink die Pferde,
> Wenn er voll Unrast weiß die Herrschaft warten...
> Wie hier die zwei von ihres Leibes Schwarten,
> Gequält vom steten Juckreiz, sich den nassen,
> Grindigen Schorf mit ihren Nägeln scharrten.
> Das schuppte bodenwärts in dichten Massen,
> Wie wenn des Koches Stahl aus gutem Fange
> Die Karpfen schrappt, die schuppengroßen Brassen..."

und Dante legt Vergil, der sich an einen Aussätzigen in der Hölle wendet, folgenden leidenschaftlichen Satz in den Mund:

„Ihr zwei, die ihr in ungestümem Drange die Haut euch reinigt, zerkratzt und kneift mit eurer Nägel Zange, daß ewig euch die Nägel nicht versagen, vom Balg zu bürsten, was euch juckend peinigt..."

Der Aussätzige, den Franziskus eines Tages sah, hatte eine große Ähnlichkeit mit den Verdammten des florentinischen Dichters. Außer sich vor Schmerzen, schlug und beleidigte er sogar jene, die ihm zu helfen versuchten. Jedes Wort von ihm war eine einzige Lästerung Christi und der Jungfrau Maria. Vom Teufel besessen, spürte er nach den Vorstellungen der damaligen Zeit bereits die ersten Qualen der Verdammnis, als Franziskus behutsam auf ihn zuging und ihn segnete: „Gott möge dir Frieden schenken." Es ist verständlich, daß der Aussätzige, der Höllenqualen litt, in diesen Worten nur die bare Verständnislosigkeit für seinen Zustand erblicken konnte, und seine Antwort hatte den Ton grimmiger Verzweiflung, wie ihn Dante in seinen Begegnungen mit den verlorenen Seelen der anderen Welt so meisterhaft getroffen hat. „Welchen Frieden kann ich von Gott erhalten, der mir Frieden und Wohlergehen genommen und völlig verfault und stinkend wiedergegeben hat?" Franziskus erwidert ihm, er möge Geduld haben, denn sein Körper leide für das Heil seiner Seele ... Wütend gibt der Kranke zurück, daß er nicht geduldig Schmerzen ertragen kann, die niemals nachlassen, und beklagt sich über die Brüder, die ihn nicht gut pflegen. Franziskus verläßt den Kranken für einen Augenblick, um zu beten, dann kommt er zurück und erklärt ihm, daß er ihn selber pflegen will. Der Aussätzige ist skeptisch, und es entspinnt sich der folgende überraschende Dialog:

„Was willst du denn besser machen als deine Brüder?"

„Ich werde alles tun, was du willst."

„Dann will ich, daß du mich ganz wäschst; denn ich stinke so sehr, daß ich mich selbst nicht mehr ausstehen kann."

Unverzüglich läßt Franziskus heißes Wasser mit wohlriechenden Kräutern herbeischaffen und beginnt, ihn mit seinen Händen zu waschen. Der schmutzige Schorf fällt unter seinen Fingern ab, das Fleisch erhält sein natürliches Aussehen wieder, und der Aussätzige, der sich nach und nach geheilt sieht, erkennt seinen inneren Verfall und vergießt bittere Tränen der Reue. Die gereinigte Seele wird wieder froh; denn nicht der Körper, sondern die Seele war am stärksten vom Aussatz befallen.

Es sei hier die Anmerkung gestattet, daß manche diese rein evangelische Episode bei Franziskus erst nach Empfang der Wundmale ansetzen, was mir wenig wahrscheinlich erscheint, hätte er doch einen Aussätzigen nicht mit seinen wunden Händen, die er stets sorgfältig zu verstecken pflegte, waschen können.

Fest der Freude

Zweimal im Jahr, an Pfingsten und am 29. September, dem Fest des heiligen Michael, ließ Franziskus alle Brüder, die nicht zu weit entfernt waren, nach Portiunkula kommen. Diese Zusammenkunft wurde Kapitel genannt und hatte zum Ziel, den Geist der Brüdergemeinschaft neu zu beleben und darüber zu entscheiden, welche Gegenden evangelisiert werden sollten.

Die Wahl des Pfingstfestes erinnerte an die Herabkunft des Geistes auf die Jünger, wie Jesus sie versprochen hatte. Hatte Franziskus in seinem Innern eine unbewußte Erinnerung an Joachim von Fiore und dessen Weissagungen über das „dritte Reich des

Geistes"? Das kann niemand wissen, aber sicher ist, daß er beschloß, Ordensprovinzen zu gründen. Es war ein erster Versuch, der Fraternität eine Organisation zu geben. Jede Provinz, Umbrien, Toskana, die Mark Ancona, die Lombardei, Caserta, Apulien, Calabrien, wurde einem „Minister" unterstellt. Missionare sollten auch ins Ausland geschickt werden.

Selbstverständlich nahmen alle mit Eifer und großer Andacht an der heiligen Messe teil. Eine Einzelheit, die nicht besonders hervorgehoben wird, aber sehr viel besagt, war, daß Franziskus seinen Brüdern empfahl, die Augen fest auf die Hostie zu richten, wenn der Priester sie emporhob, und aus tiefstem Herzen die wirkliche Gegenwart Christi anzubeten. Wenn das auf der Apenninenhalbinsel üblich gewesen wäre, hätte Franziskus nicht so sehr darauf gedrängt, sich so zu verhalten, aber wie wir bereits weiter vorn bei den Reisen in seiner Jugend erwähnten, handelte es sich um einen französischen Brauch, als Protest gegen die Häresie Berengars. Es ist sicher ein Beweis, daß er anläßlich einer Reise mit seinem Vater davon stark beeindruckt wurde. In dieser Geste war ihm die Verehrung Christi besonders eindringlich und ergreifend deutlich geworden, weil sie ihm das ganze Geheimnis der Transsubstantiation vor Augen stellte.

Es fehlt nicht an Einzelheiten über das Verfahren bei diesen Kapiteln. Sie sind deshalb so wertvoll, weil sie uns Franziskus in seinem ganzen gesunden Menschenverstand zeigen. Das Gesetz des Evangeliums stand über allem anderen, das mit Strenge daraus abgeleitet wurde. Der Respekt, den man der Kirche schuldig war, durfte nicht im geringsten angetastet werden. Wenn man einen Priester traf, hatte man ihn zu grüßen und ihm dann die Hand zu küssen. Es war

ausdrücklich untersagt, prächtig gekleidete Reiche samt ihrem ganzen Luxus- und Freudenleben zu verurteilen. Man schuldete auch ihnen Respekt; denn wer konnte wissen, ob aus den großen Sündern und den vom Leben am meisten Begünstigten nicht eines Tages Jünger Christi würden? Das war oft genug seit Gründung der Fraternität geschehen. Vor allem die „Gentilezza", die Höflichkeit, wurde als eine Form der Nächstenliebe empfohlen. Es war nicht erlaubt, laut zu sprechen, und die neuesten Ereignisse in der Welt – an denen damals wahrhaftig kein Mangel war – durften niemals Gesprächsstoff für die Brüder sein, vielmehr sollten sie sich über das Leben der heiligen Wüstenväter unterhalten und über die beste Art der Christusnachfolge.

Wenn Franziskus einmal einen Bruder tadeln mußte, geschah es mit Güte und ohne den Schuldigen zu kränken. Ein schwerer Verstoß wurde allerdings mit sofortigem Ausschluß geahndet.

Für ihn, wie für alle Brüder, die von nah und fern gekommen waren, bewahrten diese Kapitel den Charakter einer Wiedersehensfeier, so stark waren die Bande geistlicher Liebe, die all diese Botschafter des Friedens umschlangen. Als wahre Freudenfeste riefen sie im Herzen von Franziskus den verlokkenden Reiz jener Festmähler wach, die er in seiner Jugend so gern gegeben hatte. Denn die innerste Natur des Menschen, auch wenn sie einen Reinigungsprozeß durchgemacht hat, bleibt dieselbe. Gott nimmt uns so, wie wir sind.

Wenn alle Angelegenheiten geregelt waren, schmauste man in den Wäldern um die Kirche, und ein Kanten Brot war jetzt der Hauptgang. Diese Bettler, die so glücklich waren, sich um ihr Bruderideal scharen zu können, hatten sich tausend Dinge

zu sagen, aber das wahre Glück für sie bestand darin, die Stimme des Vielgeliebten zu hören, wenn er zu ihnen von Gott sprach. Aus der vollkommenen Armut brach ein Strom mystischer Freude hervor. Er entsprang in den Herzen, die sich für immer von der Welt losgesagt hatten.

Mit der Zeit wuchs die Bedeutung dieser Kapitel. Männer der Kirche kamen aus Neugierde, oder weil sie über das Anwachsen der Fraternität beunruhigt waren, und wohnten als Beobachter diesen Versammlungen unter den Bäumen von Portiunkula bei. Bald trifft man dort sogar Bischöfe und Kardinäle an. Zwischen der offiziellen Kirche und dem erfolgreichen Franziskanertum entstand, ohne daß Franziskus selbst sich dessen bewußt war, so etwas wie eine Konkurrenz, die sich in zwei Worten zusammenfassen läßt: Wo die Sonntagsprediger in ihren Bemühungen, das Volk innerlich anzusprechen, scheiterten, hatten die einfachen Minderbrüder, die, ohne Theologie betrieben zu haben, von Gott sprachen, eine begeisterte Menschenmenge hinter sich. Das war nicht nur eine Frage des Vokabulars. Vielschichtige Probleme kamen auf die Gesellschaft zu. War es möglich, durch die Lektüre des Evangeliums zum Revolutionär zu werden, ohne daß man es selber wußte? Sanfte Revolutionäre wie diese Poverelli besaßen als einzige Waffe die Liebe.

Franziskus sah, wie sich sein Traum fast erfüllte. Diese Brüder, die von allen Seiten zu ihm fanden und die er ausschickte, die Saat des Evangeliums in Ländern auszustreuen, die er selbst nicht kannte, war diese Entwicklung nicht das, was ihm in seinen Visionen verheißen worden war? Man ist geneigt, anzunehmen, daß alles reibungslos ablief, aber es fehlte auch nicht an Enttäuschungen. Die nach Deutsch-

land gegangenen Brüder verstanden kein einziges Wort deutsch, konnten aber nur ein einziges sagen, nämlich „Ja", das in seiner Wirkung häufig durchaus befriedigend sein konnte, aber meistens fatale Folgen hatte. Fragte man die Brüder, ob sie katholisch seien, und die Antwort lautete „Ja", dann wurden sie freundlich empfangen. Wenn man sie anderenorts aus Mißtrauen fragte, ob sie Häretiker, Katharer usw. wären, wurden sie für die gleiche Antwort geprügelt und eingesperrt. Die erste Mission in Deutschland scheiterte, man mußte sie einstellen, was nicht ohne großen Verdruß geschah.

Inzwischen war es der Orient, der Franziskus faszinierte, und er rechnete fest damit, sich eines Tages dorthin zu begeben, um die Moslems zu bekehren. Um die Wege dafür zu ebnen, wählte Franziskus Bruder Elia, eine Persönlichkeit, die allem Anschein nach dafür das nötige Format hatte. Dieser reiste mit dem Titel eines Kustos von Syrien in den Teil des Vorderen Orients, von dem aus er durch Vermittlung der Franken die arabische Welt erreichen konnte. Diese Mission war eine Vertrauenssache, und Elia besaß die erforderlichen Voraussetzungen dafür. Was dachte Franziskus über ihn? Das ist für den Augenblick eine unlösbare Frage, sicher mochte er ihn, sogar sehr, aber manchmal stellte er sich Fragen über ihn, die ihren Grund hatten, wie wir sehen werden, weil er bei diesem bemerkenswerten Menschen spürte, daß er Freude an der Macht hatte und sich zur Welt hingezogen fühlte. Trotzdem war Elia der richtige Mann in dieser Situation. Wie sehr hätte Franziskus sich gewünscht, an seiner Stelle zu reisen. Dann bat er seine Brüder, für ihn zu beten, damit er eine eigene Aufgabe erkenne, und als sie das getan hatten, erklärte er: „Ich wähle Frankreich." Wie oft

handeln wir, auch wenn wir Rat eingeholt haben, doch nach unserem eigenen Kopf ... Franziskus liebte nun einmal Frankreich.

Unverzüglich machte er sich auf den Weg und begab sich nach Florenz, der ersten wichtigen Etappe. Wie es der Anstand erforderte, machte er dem Legaten der Toskana, Kardinal Ugolino, seine Aufwartung, der schon in Rom eine ausgesprochene Sympathie für ihn gezeigt hatte. Der Kirchenfürst mußte sich glücklich schätzen, sich mit dem Mann zu unterhalten, der riesige Menschenmassen in Bewegung setzte, aber als erfahrener Seelenkenner empfand er, daß es diesem Menschen mit dem sanften und zugleich brennenden Blick doch an einer gewissen Menschenkenntnis fehlte. Sein Leben lang sollte Franziskus von „großen Persönlichkeiten" oder solchen, die sich dafür hielten, umgeben sein, die besser als er über das Geschehen in der Welt informiert und ihm bald dienlich waren, bald auch Mißbrauch mit ihrem Einfluß trieben. Kurz und gut, Ugolino sah keinen Grund, daß Franziskus nach Frankreich ging, und sagte ihm, er solle lieber in Italien bleiben, wo er über seine Brüder wachen müsse. Um ihn vollends zu überzeugen, warnte er ihn vor einer bestimmten Gruppe von Gegnern in der Kurie, die aus seiner Abwesenheit Nutzen ziehen würde. Das mußte Franziskus hart ankommen, aber er gab nach und war trotz seiner Enttäuschung doch sehr angetan von der Freundlichkeit und Liebenswürdigkeit des Bischofs, der mit ihm wie mit einem Freund sprach. Ugolino bedauerte, daß so viele Franziskaner in den Orient geschickt worden seien, wo sie „fern der Heimat solche Prüfungen auf sich nehmen und Hungers sterben müssen".

Vielleicht hatte der abschlägige Bescheid Fran-

ziskus so tief getroffen, daß er darauf eine glänzend formulierte Antwort fand: „Herr, glauben und denken Sie denn, daß unser Herrgott die Brüder nur für diese Provinz hier entsandt hat? Gott hat die Brüder erwählt und ausgeschickt zu Nutz und Frommen aller Menschen auf der ganzen Welt; sie werden nicht nur in den gläubigen Ländern, sondern auch bei den Ungläubigen empfangen werden. Damit sie halten, was sie Gott versprochen haben, wird Gott ihnen bei den Ungläubigen wie bei den Gläubigen alles geben, wessen sie bedürfen."

Ugolino bewunderte diesen hoheitsvollen Ton und sah ein, daß Franziskus recht hatte, aber er hielt trotzdem mit sanfter Entschlossenheit an seinem Verbot fest, nach Frankreich zu gehen. Franziskus würde also nicht die Freude haben, in Vézelay und Paris dabeizusein, wo Jakob von Vitry zum fünften Kreuzzug predigte, gar nicht zu reden von dem unsäglichen Glück, die Heimat seiner Mutter wiederzusehen. Aber er mußte gehorchen.

Bis an sein Lebensende wird er nie ganz nach seinem Kopf handeln können. Immer wird jemand auftauchen, um ihn daran zu hindern, eine wichtige Persönlichkeit, die sicher ihre guten Gründe hat, und auch seine Fraternität wird ihm aus den Händen gleiten. Traum eines Kindes, das seiner Kindheit treu geblieben ist.

Das Kind, die Nacht...

Von ergreifender Poesie ist die franziskanische Geschichte von dem „reinen und unschuldigen Kind", das Franziskus aufsucht und ihn bittet, in die Fraternität aufgenommen zu werden. Zu jung, um Bruder

zu sein, hätte es mit freundlichen Worten abgewiesen werden können, aber hatte Christus nicht gesagt: „Lasset die Kleinen zu mir kommen"? Deshalb fand es Aufnahme. Wenn man nach Ort und Zeitpunkt fragt, ist das Datum 1218 nicht unwahrscheinlich, und der Ort war ein kleines Kloster auf einem Hügel Umbriens, wo Franziskus sich für eine Weile aufhielt.

Franziskus hatte die Angewohnheit, sich zur Stunde der Komplet auf die Holzbank zu legen, die ihm als Bett diente, und lange vor Tagesanbruch in aller Heimlichkeit aufzustehen, um in den Wald zu gehen und allein für sich zu beten.

Der junge Neuankömmling, auf alles gespannt, was der Heilige tat, und sicher von dem Wunsch beseelt, ihm nachzueifern, wartete auf einen günstigen Moment, kroch dann zum eingeschlafenen Poverello und band ihre beiden Gürtelstricke aneinander, damit er bestimmt aufwachen würde, wenn Franziskus sein Bett verließ. Diese kleine List wurde schnell zunichte gemacht. Tief in der Nacht knotete Franziskus den Strick auf und ließ seinen kleinen, neugierigen Gefährten ruhig weiterschlafen.

Einen Augenblick später erwachte das schlafende Kind und sprang aus dem Bett, als es sich allein sah. Wo war Franziskus zu finden? Eine Ahnung führte es in den Wald, der gewöhnlich durch eine Schranke abgesperrt war, die aber nun offenstand. Stolz darauf, so pfiffig zu sein, wanderte es zwischen den Bäumen umher, bis es auf einmal Stimmen vernahm, von denen es sich leiten ließ. Eine unerhörte Überraschung wartete dort auf den Jungen, die ihn zugleich mit Furcht und mit Entzücken erfüllte: Bruder Franz, ganz von Licht umgeben und von ihm wie eingehüllt, sprach mit Christus und der Jungfrau, die von Jo-

hannes dem Täufer begleitet waren, während Engel ohne Zahl singend durch die hell schimmernde Nacht flogen.

Das Kind fiel wie tot zu Boden. Als die Vision vorüber war, verließ Franziskus diesen Ort, und auf dem Weg zum Kloster, unter den Bäumen des Waldes, stieß sein Fuß gegen das ohnmächtige Kind.

Gerührt hob Franziskus es auf und trug es auf seinen Armen zurück. Wieder zu sich gekommen, gestand es alles, ohne dafür von Franziskus getadelt zu werden. Er gebot ihm nur, nie in seinem Leben preiszugeben, was es in der Nacht im Wald gesehen und gehört hatte. Muß man noch hinzufügen, daß der so jung in die Fraternität eingetretene Knabe dort bis zu seinem Tode ein heiligmäßiges Leben führte? Solche Episoden lassen an die kleinen Bilder auf mancher Predella denken, vor deren Frische wir bewundernd stehen.

Rasch tritt der Tod den Menschen an

Fern von den Orten, an denen Franziskus sich der Betrachtung hingab, erschütterten Kämpfe und Kriege wie ein Alptraum die Welt. Der Kreuzzug gegen die Albigenser nahm und nahm kein Ende. Wieder einmal belagerte der furchtbare Simon von Montfort Toulouse, das mit großer Wachsamkeit von einem neunzehnjährigen jungen Mann, dem Sohn Raimunds VI., des Grafen von Toulouse, verteidigt wurde. Die Belagerung zog sich endlos hin und dauerte schon fast sechs Monate. Ein Sturmangriff der Kreuzfahrer nach dem anderen schlug fehl.

In einem anderen Winkel Europas hatte Otto IV.

nach der Niederlage von Bouvines abgedankt und sich auf sein Schloß im Harz zurückgezogen. Diesen ebenso verschlagenen wie intelligenten Mann hatten seine ganzen Verbündeten im Stich gelassen, und er regierte nur noch in seinem Herzogtum Braunschweig. In zweiter Ehe mit einer jungen Prinzessin von Brabant verheiratet, die ihn auf den Tod nicht leiden konnte, wurde er nun endgültig schizophren, für welche Krankheit es schon seit Jahren Anzeichen gegeben hatte. Er ließ sämtliche Fenster vernageln, die Räume mit schwarzen Stoffen drapieren, wie später Karl V. in Juste, lebte nur bei Kerzenlicht und bekannte laut schreiend seine Sünden in der Hoffnung, von Gott und dem Papst, der den Bann über ihn verhängt hatte, Verzeihung zu erlangen. Infolgedessen war die Gegend um das Schloß verödet und alle Kirchen geschlossen. Er bat die Mönche eines benachbarten Klosters, zu ihm zu kommen und ihn beim Gesang des Miserere zu geißeln. Auf diese Weise glaubte er, den Zorn Gottes zu besänftigen. Er starb blutüberströmt und entkräftet auf den steinernen Fliesen der Rüstkammer.

Honorius hob den Bann nur auf, damit er in seinem Dom zu Braunschweig bestattet werden konnte. Friedrich II. hatte nun keinen lebenden Rivalen mehr.

Das geschah am 19. Mai 1218. Keine zehn Jahre zuvor, als Otto das Herzogtum Spoleto durchzog, um aus der Hand Innozenz' III. die Kaiserkrone zu empfangen, war er in unvorstellbarem Prunk am Rivo Torto vorbeigekommen. Wie erinnerlich, war das Volk wie verrückt danach, den prächtigen Reiterzug zu sehen, und Franziskus hatte nur einem einzigen Bruder die Erlaubnis gegeben, ihre Hütte zu verlassen und sich den Zug des Kaisers anzusehen, um ihn

daran zu erinnern, daß der irdische Ruhm nicht von Dauer war. Wer von beiden, der Heilige oder der wahnsinnige Kaiser, dachte noch an dieses Ereignis? Vielleicht beide, und beide erkannten, wie schnell der Ruhm vergeht.

Gut einen Monat später, am 25. Juni, holte der Tod zu einem weiteren spektakulären Schlag vor den Mauern von Toulouse aus. Guy von Montfort, Simons Bruder, wurde von einem Pfeil aus der Stadt getroffen, und Simon eilte sofort zur Hilfe, um ihn in Sicherheit zu bringen. Da geschah etwas, was Verwirrung in die Reihen der Kreuzfahrer brachte. Frauen und Mädchen, die mit der ganzen Entschlossenheit ihres Geschlechts die Stadt verteidigten, bedienten eine Steinschleuder und zielten so genau, daß die schwere Maschine ihren Stein just dorthin schleuderte, wo er das Schicksal wenden sollte. Er zerschmetterte den eisernen Helm des Grafen von Montfort und machte aus Augen und Hirn, aus Zähnen und Backenknochen einen blutigen Brei. Simon von Montfort stürzte als schwarze blutige Masse zu Boden. Die Belagerung wurde aufgehoben.

In diesem Augenblick der Geschiche verbreiteten sich Nachrichten mit größerer Schnelligkeit, als wir annehmen möchten. Sie liefen quer durch Europa und beschäftigten den Kontinent mehr als heute, weil sie nicht regelmäßig eintrafen, sondern in größeren Zeitabständen.

Nach dem grausamen Tod Ottos mußte auch die Kunde vom tragischen Schicksal Simons von Montfort Franziskus zu Ohren kommen. Der Kreuzzug ging zu Ende, die Häresie der Katharer war auf dem Boden der Provence, wohin die Blicke des Heiligen so oft gerichtet waren, ausgerottet worden. Wieviel Blut mußte fließen, um dem Glauben zum Sieg zu ver-

helfen! Und zu dem Blut kam noch der Schrecken der Scheiterhaufen ... Auch die Häresie hatte ihre Märtyrer. Wenn das Wort Tertullians stimmte, welche Ernte würde im Laufe der Zeit aus dieser Saat erwachsen! Franziskus konnte Gott dankbar sein, daß die Kirche in Italien nicht derart teure Siege erringen mußte. Ob ihm bewußt war, daß seine Person und die liebevolle Verkündigung der franziskanischen Brüder es bewirkt hatten, daß die unglaubliche Irrlehre verschwand, die den Leib als ein Werk Satans ansah und die Göttlichkeit Jesu leugnete? Ihm, dem Poverello, folgte man, wie man Christus gefolgt war. Es bedurfte keiner bewaffneten Ritter, keines mörderischen Blutvergießens und keiner Folterqualen. Die Stimme, die aus den Seiten des Evangeliums gekommen war, bewahrte die ganze Einfachheit der ursprünglichen Botschaft. Wo war die Grenze dieser Macht, die stärker war als die Gewalt der Heere? Mußte man nicht glauben, daß Franziskus am Ende noch die Welt bekehren würde? Doch welchen Wert haben die Träume großer Visionäre, wenn die Experten bestrebt sind, Ordnung in sie hineinzubringen. Veränderungen waren nicht zu vermeiden, aber sie glichen eher Deformationen, die vom gesunden Menschenverstand diktiert waren. Indessen strömten immer mehr Menschen zu Franziskus. Klöster wurden errichtet. Satzungen machten die ursprüngliche Regel, die von unerbittlicher Kürze war, schwerfällig. Ein ungeheurer Erfolg kündigte sich an, aber der Traum von 1209 lief Gefahr, im Erfolg unterzugehen.

Trotzdem wußte er zu handeln und seine Ideen zu verteidigen; denn schließlich ging es darum, für Gott zu kämpfen. Es wurde ihm nicht erlaubt, nach Frankreich zu gehen, an seiner Stelle würde Bruder Pacifico gehen. Um diese Zeit wurde er auf Bitten des Kardinals von Ostia eingeladen, in Gegenwart des Papstes und seiner Kardinäle zu predigen. Alle waren natürlich neugierig, diesen Mann zu hören, der in ganz Italien wegen seiner besonderen Rednergabe berühmt war, die ihn von den gelehrten Predigern völlig unterschied. Sicher wollten sie sich als gute Theologen auch vergewissern, ob er die reine Lehre verkündete. Wußte man denn nicht, daß er gar nicht studiert hatte? Eine Überraschung kam auf sie zu.

Der Kardinal von Ostia liebte Franziskus und wollte, daß er diese Prüfung in Ehren bestand, deshalb setzte er ihm selbst eine Rede in gutem und wohlgesetztem Latein auf. Franziskus bekam den guten Rat, sie auswendig zu lernen, was er auch mit Eifer tat. Doch als er eingeschüchtert vor der erlauchten Zuhörerschaft stand, mußte er feststellen, daß er sich an kein Sterbenswörtchen des Textes, den er am Abend zuvor noch so gut gekonnt hatte, zu erinnern vermochte.

Hier zeigte sich der wahre Mann Gottes. Ohne sich im geringsten beirren zu lassen, sammelte er sich einen Augenblick und bat den Himmel, ihm zur Hilfe zu kommen. Was dann geschah, kann heute noch erstaunen lassen. Er schlug den Psalter auf dem Altar auf und las den Vers: „Den ganzen Tag hat Scham mein Gesicht bedeckt.“ Das Thema lieferte ihm eine Predigt von unerhörter Kühnheit. Was waren diese Prälaten denn anders als das Gesicht der Kirche, ein

Gesicht, besudelt durch ihren Stolz, ihre Prunksucht und ihr schlechtes Beispiel, das sie der christlichen Welt gaben. Dabei sollte dieses Gesicht von Schönheit strahlen wie das Gesicht Christi selber. In der Sprache des Volkes strömten die Worte wie klares Bergwasser von seinen Lippen, und statt den Zorn der Zuhörer zu erregen, stürzten sie sie in tiefste Betroffenheit. Sein Blick, der über ihre reichen Gewänder glitt, drang ihnen mitten ins Herz. Sie verstummten vor diesem Mann im erdfarbenen Habit, der ihnen mit der Kraft und Schlichtheit eines Propheten erklärte, daß Gott mit seiner Kirche nicht zufrieden war, und ihre Tränen flossen.

Die Freude

Wie erlangte man jene Freude, die Franziskus in die Herzen Tausender von Menschen senkte? Genügte es, zu tun wie er? Die Leute eilten zu ihm, um ihn um Frieden und Befreiung von sinnlichen Begierden zu bitten. War es also nur ein Willensakt? Das Geheimnis lag anderswo. Von allen Wundern, die Franziskus gewirkt hat, bleibt das erstaunlichste das große franziskanische Abenteuer, das beinahe die Welt für immer verändert hätte. Man sieht ein, warum es plötzlich zu einer Wende kommen mußte. Schwieriger ist zu verstehen, welche Chance es hatte, nach den Vorstellungen seines Urhebers ganz zum Erfolg zu gelangen.

Man stelle sich einmal eine Jugend vor, die ihre Jugend zum Opfer bringt, Buße tut, als feiere sie ein Fest, und, von der Welt für verrückt gehalten, plötzlich auf alles verzichtet, auf sinnliche Genüsse und alle Glücksverheißungen, die das Jahrhundert für sie bereithält.

Und warum? Weil 1204 ein überspannter Jüngling drei Verse des Evangeliums las und die Liebe errang, die ohne Grenzen ist. Wenn man diesem Nachfolger Christi nachfolgt, setzt man darauf, zu einem ähnlichen Ergebnis zu gelangen. Die Wette ist hoch. Wie aber, wenn man für diesen totalen Verzicht nichts als Ausgleich erhalten sollte? Diese Möglichkeit verdient nicht, auch nur einen Gedanken an sie zu verschwenden. Man ist durch die Stimme des Poverello von Gott gerufen, und Franziskus kann sich nicht täuschen. Franziskus ist wie Christus. Der Irrtum läge darin, ihn für Christus zu halten. Hier lauert eine Falle. Aber auf Gott kann man sich verlassen. Mit einer Begeisterung, wie die Kirche sie seit den ersten Jahrhunderten nicht erlebt hat, empfingen die Franziskaner der ersten Generation das Reich Gottes wie gläubige Kinder.

Die Erwachsenen folgen ihnen mit dem gleichen glühenden Eifer, aber für sie ist die Prüfung unter Umständen härter. Die jungen Leute haben weder Karriere oder Vermögen noch prächtige Häuser zu opfern, sie können blindlings alles hingeben, die Männer müssen Überlegungen anstellen. Sie schieben sie in den meisten Fällen einfach beiseite, wie ein junger Mann alle Vernunftgründe beiseite schiebt, wenn er sich unsterblich verliebt; und in Italien ist die Liebe nun einmal zu Hause.

Es kamen Männer, die mit den Brüdern wie Brüder lebten und manchmal, nach Wochen oder Jahren, wieder zurückgingen, solange es noch keinen festgefügten Orden gab, aber ihr Leben hatte sich für immer verändert.

Das bedeutet nicht, daß damit alle Fragen gelöst sind. An erster Stelle steht das Problem des sündigen Fleisches. Es wird oft von der Sanftmut des Franziskus gesprochen, und noch heute hat diese Eigenschaft einen wichtigen Platz in den Porträts, die man von ihm entwirft. Mit einem Blick, mit einem Lächeln brachte er es fertig, daß man die schwersten Anforderungen, die das Gemeinschaftsleben stellt, auf sich nahm. Seine Regel enthielt zweifellos die ganze Strenge des Evangeliums, aus dem sie abgeleitet ist. Darin lag für viele ihre Anziehungskraft. Es ist jene Strenge, die die Jugend von der Religion fordert, ebenso verzichten auch die Erwachsenen nicht deshalb auf die Annehmlichkeiten der Welt, um sie unter der Kutte wiederzufinden. Wer erleben möchte, wie sich das alles miteinander in Einklang bringen läßt, braucht nur nach Umbrien zu gehen und sich die Gesichter der jungen Brüder anzusehen, denen er in den Klöstern begegnet. Was auffällt, ist ihre liebenswerte Fröhlichkeit, die bei den Älteren einer lächelnden Ausgeglichenheit Platz gemacht hat. Franziskus, das Musterbild eines Bruders, ist im Geiste bei ihnen geblieben, er, der die Traurigkeit entsetzlich fand, hat seinen zahllosen Söhnen und Töchtern seine Freude hinterlassen. Wir spüren seine Anwesenheit und haben das Gefühl, als atmeten wir, unseren verpesteten Städten entronnen, plötzlich frische Waldluft.

Dabei wissen wir, daß Franziskus unerbittlich streng war in allem, was das Fleischlich-Sinnliche betraf. Sein Abscheu vor sexuellen Verfehlungen würde heute als krankhaft eingestuft werden, ist aber so be-

zeichnend für ihn, daß es sich lohnt, einen Augenblick dabei zu verweilen. Eine kurze Anekdote mag dafür als Beispiel stehen. Ein Bruder, in Unkenntnis des Verbots, sich in ein Frauenkloster zu begeben, war auf Geheiß eines Ministers zu den Armen Schwestern gegangen, um ihnen behilflich zu sein. Der Bruder hieß Stephan.

An einem kalten Dezembertag ging er mit Franziskus am Tiber spazieren und gestand ihm seinen Verstoß gegen die Regel. Das Donnerwetter, das sich nun über seinem Haupte entladen sollte, konnte er bestimmt nicht voraussehen. Der allzu diensteifrige Bruder wurde erbarmungslos in den Senkel gestellt und erhielt den Befehl, in die Fluten des Tiber zu tauchen. Stellvertretend für Franziskus? Als er aus dem eiskalten Wasser stieg, schlotterte er vor Kälte an allen Gliedern, bis er schließlich mit Franziskus eine zwei Kilometer entfernte Einsiedelei erreichte. Aber nun hatte er ein für allemal begriffen, daß der „Umgang mit Frauen wie vergifteter Honig" ist. Wer mit ihnen spricht, ohne infiziert zu werden, könnte ebensogut durchs Feuer gehen, ohne sich die Füße zu verbrennen. „Man hätte", bemerkt Celano, „eher an Angst oder Ekel geglaubt als an Vorsicht." Denn Franziskus hielt sich bei aller Heiligkeit von den Frauen fern und antwortete nur einsilbig auf ihr Geplapper. Er würdigte sie selten mehr als eines flüchtigen Blicks. Eines Tages vertraute er einem Bruder an, er würde, falls er sie einmal ansehen müsse, in ihnen immer nur zwei Frauen erkennen. Man hat sich viel Mühe gegeben, zu erraten, wer diese beiden Frauen sein könnten. Die eine war zweifellos Frau Pica, weil man das Gesicht seiner Mutter nie vergißt. Und die zweite? Auch hier gibt es keinen Zweifel. Er sah Klara, die Dame aus den Träumen des getreuen

Ritters, die zu der von Christus gesandten Frau Armut geworden war.

Da die Welt nun einmal voll neugieriger Leute steckt, hat man noch eine dritte Frau gefunden. Bruder Giacopa, auf die wir später in diesem Buch kommen werden.

Der Abscheu, den Franziskus vor fleischlicher Begierde empfand, machte aus der Liebe eine Leidenschaft, die engelhafte Züge trug. Was er bei anderen Leuten manchmal scharf verurteilte, versuchte er bei sich selbst durch alle möglichen Kasteiungen auszurotten. „Macht nicht so schnell einen Heiligen aus mir, ich bin durchaus noch fähig, ein Kind zu zeugen." Man muß hier, nebenbei bemerkt, betonen, daß es sich nicht um den Ausspruch eines unschuldigen Mannes handelt, sondern eines Menschen aus Fleisch und Blut, dem das Vergnügen nicht fremd war und der sehr gut weiß, wovon er spricht.

Nun äußerte Schwester Klara häufig den Wunsch, mit ihm zu speisen. Es war ein ganz unschuldiger Wunsch, bei dem sie nichts von den Schwierigkeiten ahnte, die dadurch heraufbeschworen wurden. Was fürchtete er denn bloß? Daß er sich im üblichen Sinne des Wortes verliebte? Jedenfalls verstand niemand seine Haltung der heiligen Nonne gegenüber, der er einst das üppige Haupthaar abgeschnitten hatte, und die Brüder drängten so lange, bis er schließlich nachgab und einverstanden war. Das Mahl fand in Portiunkula zur Erinnerung an den Empfang des Ordenskleides statt. Klara kam mit einer Begleiterin. Alle Brüder waren anwesend, und die Tafel wurde an derselben Stelle wie damals hergerichtet. Die Gäste hatten kaum Platz genommen, als Franziskus schon anfing, von Gott zu sprechen, und mehr war nicht nötig, damit alle entzückt waren und außer sich gerieten.

Groß war jedoch der Schrecken der Leute, die vorbeikamen und sahen, daß die Wälder und auch Portiunkula selbst in Flammen standen. Von den Stadtmauern Assisis aus entdeckten die Einwohner ebenfalls einen Feuerschein und eilten herbei, um den Brand zu löschen. Aber als sie an die Tore des Klosters kamen, begriffen sie, daß dieses Feuer nichts verbrannte, sondern nur ein Beweis der Gegenwart Gottes war, die die Herzen entflammt hatte.

Das Mattenkapitel

Es wurde „Mattenkapitel" genannt, obwohl alle Kapitel seit dem ersten, das an Pfingsten, dem 29. Mai 1216, stattfand, diese Bezeichnung tragen könnten, denn eine Strohmatte, die der Minderbruder auf dem Boden ausbreitete, war sein Bett, auf dem er hockte oder ruhte. Für den Minderbruder, der ein hartes Leben gewöhnt war, hatte Schlafen unter freiem Himmel dazu noch in einer milden umbrischen Frühlingsnacht nichts von Kasteiung an sich. Bei diesen Kapiteln könnte man eher an ein Fest denken. Das vom 26. Mai 1219 lockte die Brüder aus ganz Italien in so großer Zahl herbei, daß die Bezeichnung „Kapitel der Fünftausend" passend wäre. Wenn Franziskus einen Beweis seiner Berufung von Gott gebraucht hätte, dann hätte ihm dieses wunderbare Zusammenströmen Tausender von Brüdern ihn geliefert. Durch einen unglücklichen Umstand war er jedoch bei der Ankunft der großen Masse dieser Braunröcke nicht anwesend. In Assisi war man angesichts einer solchen Invasion einen Moment kopflos geworden. Wo sollte man sie unterbringen? Wie sie ver-

pflegen? In aller Eile wurde ein Haus errichtet. Es war wohl gerade so weit gediehen, daß es ein Dach tragen konnte, als Franziskus eintraf und in dem allgemeinen Tohuwabohu nicht die geringste Ahnung hatte, was dort vor sich ging. Als er das Haus sah, traute er seinen Augen nicht. Man würde ihn schlecht kennen, wüßte man nicht, wie weit er in seinem Zorn gehen konnte, und in diesem Falle kletterte er aufs Dach und begann wie wild die Ziegel herunterzureißen; vom Maurerhandwerk verstand er nämlich einiges. Ein Haus! Welche Beleidigung für die Armut! Die Ziegel flogen durch die Luft wie Geschosse, die auf des Teufels Kopf gerichtet waren. Große Bestürzung bei der ganzen Fraternität, die nicht wußte, wie sie diesem Abbruch Einhalt gebieten sollte. Einigen aus Neugierde herbeigeeilten Rittern gelang es schließlich, Franziskus zu beruhigen, und sein eigener Bruder Angelo, der Gemeinderichter war, ließ ihn wissen, daß das Haus Eigentum der Stadt Assisi sei und nicht der Fraternität gehöre.

Als das Ärgernis erregende Haus nicht mehr zur Verfügung stand, fehlte es den meisten Brüdern an allem. Franziskus war darüber hoch erfreut, denn Gott sorgte immer für sie, und das sollte sich auch jetzt erweisen.

Bald schossen auf den Feldern ringsum Schilfhütten aus dem Boden. Diese Mönche wußten sich immer zu helfen, in jedem von ihnen steckte ein Pfadfinder. Strohmatten wurden ausgebreitet, denn mehr brauchte man nicht, jene unvergeßlichen Strohmatten, die dem Kapitel den Namen gaben.

Das Versorgungsproblem war schnell gelöst. Aus Assisi, Spoleto, Foligno, Perugia kamen so große Mengen von Lebensmitteln jeder Art, daß man sämt-

liche Bettler Italiens hätte einladen können. Dieser spontane Beweis von Nächstenliebe erfüllte die Herzen mit großer Freude, doch auch der Leib der Brüder kam nicht zu kurz. Franziskus dagegen mußte er wie ein Fingerzeig erscheinen und ihn erkennen lassen, wie groß die Kraft war, die ihn vorwärtstrug und seinem Jahrhundert voraus. Die Bewegung reichte tiefer, als er es je hätte träumen können. Sein Gebet und das Gebet seiner Brüder hatten eine Begeisterung entfesselt, der man eine Richtung geben mußte. War er denn dazu fähig? Bei allen Gedanken, die er sich machte, hatte er sich natürlich auch diese Frage gestellt und war deshalb Gott dankbar, daß Kardinal Ugolino seinen Weg gekreuzt und ihn in Florenz unter seine Fittiche genommen hatte. In seiner Demut hatte er erkannt, daß kluge und in den Geschäften der Welt erfahrene Männer ihm helfen konnten, irdische Probleme zu lösen. Doch in welcher Stimmung war er auf dem Mattenkapitel? In einer Kampfstimmung; bereits die Zerstörung des Daches ließ nichts Gutes von diesem Tag erwarten. Tat es ihm leid, daß er sich seinerzeit so folgsam bei seinem Kardinal und Schirmherrn gezeigt hatte?

Ugolino, der Nachfolger von Papst Honorius werden sollte, wohnte diesem Kapitel bei, das mit keinem der bisherigen zu vergleichen war. Besonnene Leute hielten es für gut, ihm Ratschläge zu geben. Die Ausmaße, die diese Zusammenkunft annahm, erschienen ihnen beunruhigend. Täte Franziskus nicht besser daran, sich an gelehrte und erfahrene Mönche zu halten? Man könnte ihm die Regeln des heiligen Augustinus oder des heiligen Benedikt vorschlagen. Ugolino, der ebenfalls zu dieser Ansicht neigte, sprach mit Franziskus darüber, aber an diesem Tag war Franziskus nicht der übliche Fran-

ziskus. Zur allgemeinen Überraschung legte er seine Hand in die des Kardinals und bat ihn, ihn zur Kapitelversammlung zu begleiten, wo er die kühnsten Worte fand, die über seine Lippen gekommen sein dürften: „Meine Brüder, meine Brüder", rief er mit leidenschaftlicher Stimme, „Gott hat mir den Weg der Einfachheit gezeigt. Ich will nichts mehr hören von der Regel des heiligen Augustinus, des heiligen Benedikt, des heiligen Bernhard. Der Herr hat mir gesagt, daß er aus mir einen neuen Narren (Pazzo) in der Welt machen will, und Gott will uns durch keine andere Erkenntnis führen als diese. Eure Gelehrsamkeit und eure eigene Weisheit benutzt Gott, um euch zu bestrafen." Und dann die überraschende Drohung: „Gott hat seine Polizisten, um euch zu bestrafen, und ich vertraue ihm." Betretenes Schweigen. Die Brüder zitterten. Ugolino begriff, daß der „Pazzo" in solchen Augenblicken seine Worte in einer plötzlichen Eingebung sprach, und schwieg.

Trotz aller Verdienste Ugolinos muß man beim Lesen dieses Berichtes doch an den Kommentar von Jakob von Vitry über die Kapitel der Fraternität denken: „Ich glaube, es gereicht den Prälaten zur Schande, die wie junge Hunde unfähig sind zu bellen, daß der Herr durch diese einfachen und armen Männer viele Seelen vor dem Ende der Welt retten will." Seiner Berufung treu, konnte Franziskus, wenn es sein mußte, kräftig bellen. Bereits in Florenz hatte Ugolino Franziskus über Manöver an der Kurie unterrichtet, die darauf hinausliefen, die Vorstellungen des Poverello den traditionellen Normen des religiösen Lebens anzupassen. Eine Annahme bedeutete Verrat für Franziskus. An diesem Tag konnte man ihn nicht zum Schweigen bringen; man mußte warten.

Während die Entrüstung ihres Vaters verflog, unterhielten sich die Brüder in den Wiesen und Wäldern rings um Santa Maria degli Angeli. In Gruppen zu fünfzig oder sechzig saßen sie auf ihren Strohmatten und plauderten. Manchmal unterbrachen alle ihr Gespräch und versanken in tiefes Schweigen, und das war besonders eindrucksvoll, weil es mehr ausdrückte, als alle gelehrten Reden es vermocht hätten. Von überallher kamen die Leute und betrachteten sie staunend mit stummen Blicken.

Es handelte sich dabei nicht bloß um Neugierde. Ein instinktiver Drang zog diese Männer und Frauen zu den Brüdern, die alles um des Evangeliums willen verlassen hatten. Der Welt zu entfliehen, das war eine dunkle Versuchung, der zahlreiche Seelen dieser Zeit ausgesetzt waren. Doch davon träumen die Seelen seit den frühesten Zeiten unserer Geschichte. Mehr als einmal geschah es in diesen Tagen, daß Postulanten sich aus der Menge lösten, nach Portiunkula gingen und um den Habit der Brüder baten. Franziskus empfing sie persönlich und so, wie er jeden ihm von Gott Geschickten zu empfangen wußte. Die Gabe, im Herzen eines Menschen zu lesen, gab ihm Worte ein, die niemand mehr vergaß und die sein ganzes Leben mit Glanz erfüllen konnten.

Unter den hohen Persönlichkeiten, die zum Teil von weither angereist waren, befand sich der Legende nach auch Dominikus von Guzmán, der soeben den Predigerorden gegründet hatte. Er bewunderte Franziskus und schlug nichts Geringeres vor, als einen Zusammenschluß der Minderbrüder und der Predigerbrüder, um eine einzige Gemeinschaft mit einer einzigen Regel zu bilden. Aber der Poverello habe höflich abgelehnt. Dominikus wunderte sich bei diesem Kapitel von 1219, daß Bruder Franz nichts für

die Versorgung seiner riesigen geistlichen Familie in die Wege geleitet hatte und sich allein auf die Freigebigkeit der Leute verließ. Nun, Franziskus rechnete ganz schlicht und einfach mit der Liebe Gottes, während Dominikus darin Unbekümmertheit und einen ernsten Mangel an Organisationstalent erblickte. Darin dachten die beiden Männer, der Spanier und Italiener, sehr verschieden. Die Lebensmittel aber trafen weiterhin ein, und zwar in überreichem Maße.

Es muß noch ergänzt werden, daß die Brüder, die körperlich nicht gefordert waren, in den folgenden Tagen zu murren begannen. Sie waren gut versorgt, Verpflegung war reichlich vorhanden, und trotzdem wurden Beschwerden laut. Bruder Leo hatte eine Vision, bei der sich Christus über ihre Undankbarkeit beklagte. Was wollten sie eigentlich? Zu Tausenden versammelt, waren sie bekümmert darüber, daß die Bischöfe ihnen nicht erlaubten, zu predigen. Da schritt Franziskus ein und wies seine Kinder deutlich zurecht: „Ihr kennt den Willen Gottes nicht und laßt mich nicht, wie Gott es will, die ganze Welt bekehren. Wenn die Bischöfe ablehnen, was ihr predigt, dann bekehrt doch die Prälaten durch euern Gehorsam ... und ihr werdet sehen, daß sie euch selbst darum bitten, das Volk zu bekehren."

Diese anhänglichen, wenn auch manchmal streitsüchtigen Brüder gaben Kardinal Ugolino Anlaß zu einer Selbstbesinnung, als er sich mit seinem Gefolge, das aus Rittern und Geistlichen bestand, in der Gegend erging, wo das Kapitel stattfand und seinem Ende zuneigte. Wie eine Herde Tiere lagen die Brüder dort und schliefen. Angesichts dieses Zeichens vollkommener Armut machte Ugolino aus seiner Rührung kein Hehl und brach in Tränen aus. Mit einer Eloquenz, die eine große Wirkung hinterließ, rief er

plötzlich aus: „Seht, wie die Brüder dort schlafen! Was wird das Schicksal von uns Elenden sein, die wir im Wohlstand leben?" Man stelle sich einmal den Luxus vor, den er sich verzeihen lassen mußte ... Geistliche und Ritter begannen nun um die Wette zu weinen angesichts dieses demütigen Geständnisses eines Kirchenfürsten. Und ihre Gewissen fühlten sich danach beruhigter.

Es wurde beschlossen, eine andere Organisation zu versuchen, um das Problem der Armut besser in den Griff zu bekommen; es wurden die Provinzen festgesetzt, in die der einzelne sich auf Anordnung seiner Oberen begeben sollte. Eine vom Kardinal gelesene Messe beschloß die Arbeit dieser denkwürdigen Versammlung.

Das „Mattenkapitel" ist von größter Wichtigkeit, wenn wir verstehen wollen, was für ein Mensch der Poverello war. Wenn es darum geht, sein Ideal gegen die Mächte dieser Welt zu verteidigen, dann ist er, koste es, was es wolle, bereit zu kämpfen. Anschließend entschloß er sich übrigens, in den Orient zu gehen, und das war ein etwas unüberlegter Entschluß.

Der Orient

Niemand rührte eine Hand, um ihn von seinem Vorhaben abzubringen, gleichviel ob er davon überrascht war oder nicht. Dem alten Papst Honorius war sehr am Erfolg des Kreuzzuges gelegen, und die Anwesenheit des Mönchs konnte dazu beitragen. Ugolinos Haltung Franziskus gegenüber hatte sich geändert. Unlängst hatte er seinen geistlichen Sohn noch

gedrängt, in Italien zu bleiben und über seine Brüder zu wachen, statt nach Frankreich zu gehen; aber seither schien es, als stelle ihn dieser Mann ungewollt vor schwere Probleme. Nicht, daß Ugolino ihn weniger geliebt hätte oder wegen seiner unerwartet scharfen Worte verärgert war, ein Mann seines Formats ging über den heiligen Zorn hinweg, über den Franziskus in Augenblicken der Inspiration verfügte. Man tadelt keinen Propheten, der vom Geist Gottes erfüllt ist, man beugt sich und seufzt höchstens über seine Fehler. Das alles hatte er getan, aber trotzdem blieb die schwierige und lästige Frage nach einer vernünftigen Gliederung des Ordens bestehen. Solange der Gründer mit seinem nicht realisierbaren Traum und seiner rührenden Hartnäckigkeit da war, konnte sich nichts bewegen.

Franziskus sah die Dinge anders. Wie konnte er Ugolino mißtrauen? Der Prälat hatte ihn doch eines Tages vor der Kurie gewarnt, der er als Kardinalbischof von Ostia selbst angehörte. Aber dem Poverello waren solche Überlegungen fremd. Ihn kam es hart an, seine Kinder zu verlassen, die der Himmel ihm anvertraut hatte. War das nicht Fahnenflucht? Die Torheit des Kreuzes, verbunden mit dem Wahnsinn des Kreuzzugs, war seine einzige Rechtfertigung. Das große Kreuz, einst mit Kreide auf seinen Gärtnerkittel gezeichnet, hatte sich in sein Herz eingegraben. Kämpfen konnte und wollte er nicht. Sein Ziel war es, die Ungläubigen zu bekehren, allen voran den Sultan. Seine höchste Hoffnung und sein tiefster Wunsch war das Martyrium.

Bevor er in Ancona an Bord ging, legte er seine Amtsgewalt in die Hände von zwei Mönchen ... Matthäus von Narni erhielt den Auftrag, die Neuzugänge in Portiunkula in Empfang zu nehmen, und

Gregor von Neapel, ein gelehrter, vielleicht zu gelehrter Mann, sollte die Provinzen besuchen. Es läßt sich denken, wie bestürzt die Brüder über seine geplante Abreise waren und wie viele auf der Stelle mit ihm gehen wollten. In Ancona kam die große Ernüchterung; das Schiff konnte unmöglich alle mitnehmen. In diesem herzzerreißenden Augenblick zeigt sich die ganze Feinfühligkeit, deren Franziskus in seiner Liebe zum Nächsten fähig war: „Die Bootsleute lehnen es ab, uns alle an Bord zu nehmen, und ich habe nicht den Mut", sagte er, „eine Auswahl unter euch zu treffen, ihr könntet sonst glauben, daß ich euch nicht alle gleichermaßen liebte. Laßt uns versuchen, den Willen Gottes zu erkennen." Franziskus bat ein Kind, das in der Nähe stand, mit dem Finger diejenigen zu bezeichnen, die mitfahren sollten. Für das Kind war es ein Spiel, aber für die anderen wurde der Finger eines Kindes zum Finger Gottes. Niemand war gekränkt, auch wenn er den Tränen nahe war. Zwölf, einschließlich Franziskus, wurden solchermaßen ausgewählt.

Am 24. Juni, dem Fest des heiligen Johannes, des Namenspatrons von Franziskus, lichtete das Schiff die Anker und segelte, unterwegs Zypern anlaufend, nach Syrien. Einen Monat später erreichten die Reisenden Akko, wo der Kustos von Syrien, Bruder Elia aus Assisi, sie in Empfang nahm.

Verschlungen sind die Wege des Schicksals und voll merkwürdiger Zufälle. In Italien ließ Franziskus den großen Zertrümmerer seiner Träume, Ugolino, zurück, um dafür jetzt einen anderen zu treffen, der sich zu einem späteren Zeitpunkt als noch viel schlimmer erweisen sollte.

Wie wir gesehen haben, war Franziskus' Verhalten Elia gegenüber oft merkwürdigen Schwankungen un-

terworfen. Aus Zuneigung wurde Abneigung, die dann wieder einer plötzlichen Regung seines Herzens wich. Er ahnte etwas, ohne zu wissen, was es war. Wenn Franziskus es mit schlauen Füchsen zu tun hatte, tappte er meistens im dunkeln.

Elia, der eine außergewöhnliche Intelligenz besaß und einen von Ehrgeiz besessenen Eifer an den Tag legte, hatte Franziskus immer geliebt, geliebt und bewundert, und auch Franziskus machte aus seiner Zuneigung kein Hehl, allerdings mit einer gewissen Zurückhaltung, als sähe er sich einem Geheimnis gegenüber. Zwischen diesen beiden Männern wird es in der Folgezeit nicht selten zu heftigen Zusammenstößen kommen.

Im Augenblick befinden wir uns also in dieser syrischen Stadt des fränkischen Königreiches, wo Bruder Elia allen Grund hatte, zufrieden zu sein. Mit ihren Gärten, Terrassen und Kühlung spendenden Springbrunnen könnte sie an das heutige Granada im vollen Glanz seiner maurischen Schönheit denken lassen, an das Granada des Generalife und des Albaïcin. Das gleißende Sonnenlicht stach unbarmherzig in die Augen, aber die Zedernalleen boten Franziskus Schutz, bis er sich im Haus von Elia ausruhen konnte, wo der Schatten wie ein kostbarer Schatz gehütet wird; denn der Kustos von Syrien ist dem Charme des Orients erlegen, Strenge und Nüchternheit sind in seinen exquisiten Räumen nicht zu finden. Wetten, daß es Franziskus die Sprache verschlug?

Es wäre allerdings ein Irrtum, in Elia nur einen Genießer zu sehen. Er versteht die moslemische Bevölkerung und erreicht sogar einzelne Berufungen, was fast an ein Wunder grenzt. Vor allem weiß er überzeugend zu reden. Von den tausenden Gaben, die dieser

gescheite Kopf besitzt, scheint seine Überzeugungskraft die glänzendste zu sein, und als ehemaliger Konsul in Assisi, später in Ancona, weiß er, was Organisation bedeutet. Sein ganzes Streben geht dahin, Einfluß auszuüben.

Ein Mann in seiner Umgebung, der es ihm verdankt, zum Sinn seines Lebens gefunden zu haben, kann dafür als Zeuge dienen: Cäsar von Speyer. In seiner Heimatstadt hatte er, als er noch nicht einmal Geistlicher war, angefangen zu predigen und den wütenden Ehemännern zum Trotz ihre Frauen bekehrt. Aus Angst vor ihren Drohungen war er nach Paris geflohen, um nicht dem Scheiterhaufen überantwortet zu werden. Von dort war er in den Orient gezogen, wo Bruder Elia ihm den Frieden zurückgab, indem er ihn in die Fraternität aufnahm. Franziskus kam also nicht in ein völlig wildfremdes Land, er fand jenseits des Mittelmeeres etwas von seinem ursprünglichen Traum wieder.

Sein Aufenthalt in Akko war kurz. Mit einigen Brüdern, unter ihnen Pietro von Cattaneo und Bruder Illuminato, begab er sich fest entschlossen nach Damiette im Nildelta, um dort den Sultan aufzusuchen und zu bekehren. Das Programm in seiner Einfachheit und Kühnheit war echt franziskanisch.

Der Mann, den die Chronisten den Sultan von Babylon nennen, residierte in Damiette, aber die Kreuzfahrer hatten die Stadt eingeschlossen und wollten sie erstürmen. Wer Damiette eroberte, schnitt damit Ägypten von Palästina ab und versetzte durch einen Überfall auf die riesigen Getreidefelder der Versorgung der Araber einen harten Schlag. Die Heiligen Stätten würden ohne den Nachschub durch den Sultan in die Hände der fränkischen Armeen des Königreichs Antiochia fallen. Sollte ein solcher Überfall

scheitern, besaß man mit Damiette und Alexandria den Schlüssel zu Ägypten und damit das wirkungsvollste Pfand, die Rückgabe Jerusalems zu erwirken. Franziskus' und seiner Brüder erste Sorge galt einem Besuch im Kreuzfahrerlager. Beim Anblick des heillosen Gewimmels, das den Namen christliches Heer trug, war er für einen Augenblick wie vor den Kopf geschlagen. So also sah der Kreuzzug aus, und dieses Wort hatte in seiner Jugend eine magische Anziehungskraft auf ihn ausgeübt. Was er hier jedoch entdecken muße, war eine große Menschenmasse, in der alles vertreten war, was man sich nur denken konnte. Soldaten, Strauchdiebe, Galgenvögel und Verbrecher, die Straßen und Wege unsicher machten, bildeten mit den Dirnen, Troßbuben und Marketenderinnen im Gefolge der Versorgungswagen ein fürchterliches Durcheinander, das nicht mehr zu entwirren war. Verrückte und Seher liefen durch die bunt zusammengewürfelte Menge, in der Sprachen aus allen Ecken und Enden Europas durcheinanderschwirrten. Es gab Franzosen, Deutsche, Italiener, Engländer, und unter ihnen Gläubige, die für Christus kämpfen wollten, neben Atheisten, die ständig Gotteslästerungen im Munde führten und deren Herzen nur nach Profit gierten.

Ein Blick genügte, um Franziskus seine Aufgabe klar erkennen zu lassen: Zuerst mußten die Christen bekehrt werden und erst danach die Sarazenen. Dieses Lager war sein Schlachtfeld für den Kampf mit dem Teufel, und Gott hatte ihn aus Italien geholt, um ihn mitten in diesen Höllenpfuhl zu setzen, damit er Seelen rette. Dutzende farbiger Zelte boten den Führern, den hochmütigen und streitbaren Baronen, Schutz vor der August-Sonne, schützten auch die Kapellen, wo unaufhörlich Messen gelesen wurden, und

die Schlafplätze der Bewaffneten, die gleich weit von der moslemischen Stadtbefestigung mit ihren hundert rötlich schimmernden Türmen und den schlammigen Fluten des Nil entfernt waren. Über diesem Lärm und Geschrei erhob sich jetzt die klare, leidenschaftliche Stimme, die Italien in ihren Bann geschlagen hätte. Dem Strom der Liebe, der von dieser Predigt ausging, konnte sich niemand entziehen, er erreichte auch die härtesten Herzen. Auf der Stelle erfolgten Bekehrungen an dieser Stätte der schleichenden Hoffnungslosigkeit und Langeweile. Die Gefährten waren hocherfreut, aber Franziskus blieb voller Unruhe. Der Sturm auf Damiette und auf die sandfarbenen Zelte des Sultans, der bald erfolgen sollte, schien ihm zum Scheitern verurteilt, aber er hatte Hemmungen, es laut zu sagen.

Bruder Illuminato, der kein Wenn und Aber kannte, drängte ihn, endlich zu reden, diese Warnung des Himmels durfte nicht überhört werden. Franziskus gab nach. Zuerst dumpfes Gemurmel, dann lautes Geschrei und Beleidigungen: „Du Feigling, du!" Franziskus blieb, ohne mit der Wimper zu zucken, bei seiner Prophezeiung, aber seine Warnung interessierte keinen von den verantwortlichen Führern; denn das Lager war voll von solchen überspannten Sehern, die von Gott geschickte Katastrophen ankündigten.

Der Sturm fand am 29. August statt. Die Kreuzfahrer rannten gegen Damiette an und gerieten in eine Falle. Der Sultan tat so, als fliehe er in Richtung Wüste, und die Franken verfolgten ihn bis zu den Sanddünen, wo sich das Gros der moslemischen Armee versteckt hatte. Die überraschten Christen fielen einem Massaker zum Opfer, und fast 6000 kamen ums Leben. Franziskus, der im Lager ge-

blieben war, um zu beten, schickte Bruder Illuminato aus, um Ausschau zu halten; denn offensichtlich wurde nicht vor Damiette gekämpft. In einer Wolke von Staub sah er das Ausmaß der Katastrophe. Franziskus war tief bestürzt, daß seine Voraussagen sich auf so schmerzliche Weise erfüllt hatten, und dachte an nichts anderes, als mit allen Mitteln den Frieden herbeizuführen. Seine Überlegungen führten zu der festen Überzeugung, daß es nur einen Weg dazu gab, nämlich direkt zum Sultan zu gehen. Das Vorhaben grenzte an Wahnsinn, aber Franziskus dachte eben einfach und unkompliziert.

Einige Tage später, als die Kreuzfahrer ihre Gefallenen im Nilsand begraben hatten und der Krieg mit ständigen Plänkeleien weiterging, entschloß sich Franziskus, da sein Plan nun feststand, den Mann darüber zu unterrichten, der an der Spitze des Lagers stand, obwohl er nicht militärischer Befehlshaber war: den päpstlichen Legaten, Kardinal Pelagius Galvao. Als leidenschaftlicher Spanier und maßlos überzeugt von seiner Bedeutung und Würde, begnügte er sich nicht bloß damit, sich von Kopf bis Fuß in Kardinalsrot zu kleiden, sondern ritt auch auf einem Pferd mit purpurroter Satteldecke und entsprechendem Zaumzeug. Da sein Hochmut durch nichts zu brechen war, hatte er auch seine eigenen unheilvollen Vorstellungen von der Führung dieses Krieges und forderte, daß der Sultan sowohl auf Ägypten als auch auf Jerusalem verzichtete. Franziskus ging nicht das erstemal zu einem Kardinal, aber dies war eine harte Sache.

Als Franziskus vor dem Kirchenfürsten stand, trug er ihm seine Absicht vor und wartete auf dessen Antwort. Sie war völlig negativ. Den Sultan bekehren, welch absurder Traum! In was mischte sich dieses

Mönchlein da eigentlich ein? Er solle lieber zu seinen Gebeten zurückkehren. Mit diesen Worten komplimentierte die rote Robe die erdbraune Kutte hinaus. Franziskus verabschiedete sich ehrerbietig. Der Höflichkeit war Genüge getan, jetzt würde er der Eingebung gehorchen, die der Himmel ihm geschickt hatte.

Franziskus kam es nicht in den Sinn, während einer Waffenruhe zu den Feinden zu gehen, wie einige fälschlicherweise angenommen haben; sein Vorhaben führte er durch, während die Kämpfe weitergingen; denn die Niederlage hatte die Kreuzfahrer in rasende Wut versetzt, und sie griffen Tag für Tag die Vorposten des Sultans an. Mit Bruder Illuminato verließ Franziskus das Lager in Richtung Damiette. Illuminato, ein kräftiger und sonst mutiger Kerl, zitterte vor Angst, und der Weg war lang unter der mörderischen Sonne. Franziskus marschierte entschlossenen Schrittes, wie er es gewohnt war. Das schreckliche Flimmern des Lichts bereitete seinen empfindlichen Augen heftige Schmerzen. Am Stadtrand griffen zwei Soldaten sie auf und drohten, sie kurzerhand zu köpfen, denn ein Christenhaupt wurde im wahrsten Sinne des Wortes in Gold aufgewogen. Franziskus schrie: „Sultan! Sultan!", und die Männer, im Glauben, daß das Lager der Besiegten Unterhändler schickte, brachten die beiden zum Palast des Sultans.

Vor dem Sultan

Was konnte Franziskus erwarten? Daß es ihm gelang, aus dem Sultan einen Oberbefehlshaber der Gläubigen, einen Christen zu machen oder im Gegenteil das Opfer eines glorreichen Martyriums zu werden? Letztere Möglichkeit hatte etwas Verführerisches an sich und beschäftigte ihn wohl auch tief. Doch es sollte eine Überraschung auf ihn warten.

Der Neffe Saladins, Melek el-Kamil von Ägypten, stand im gleichen Alter wie Franziskus und hatte nichts von einem blutrünstigen Tyrannen an sich. Er zählte zu den kultiviertesten Männern seiner Zeit, begeisterte sich für religiöse Dichtung, war an jeder Art geistiger Tätigkeit interessiert, hatte Medizin studiert und verstand sich ausgezeichnet mit Venedig, dessen Kaufleute seinen Schutz genossen. Er hatte genug vom Krieg, den er für unnütz hielt, und fürchtete eine neue Offensive der westlichen Welt gegen das ägyptische Flachland, wo Hungersnot herrschte. Er umgab sich mit Gelehrten, Astronomen und Ärzten aus der Schule des Averroës und mit Sufi-Philosophen, denen er mit Vorliebe Fragen über die Unsterblichkeit der Seele stellte. Eine der schönsten Zierden des Hofes war Scheich Alam ed-Din Tasif, der sich mit allen Problemen der Geometrie befaßte und die Gedichte des persischen Dichters Attar, dem er als Kind begegnet war, auswendig kannte. Als der Sultan die beiden armen Brüder erblickte, hielt er sie zuerst für zwei Deserteure, die sich gerade ergeben hatten und zum Islam übergetreten waren. Das geschah nicht selten, aber Franziskus erklärte, daß er nie ein Moslem werden würde, sondern die Sache Gottes vertrete und seine Seele retten wolle.

Der Neffe Saladins ließ sich dadurch nicht beirren

und fand die Situation recht interessant. Es schien sich ein philosophisches Gespräch anzubahnen, das sehr reizvoll sein konnte, denn Franziskus machte einen höchst intelligenten Eindruck, und beide Männer fanden sich auf den ersten Blick sympathisch. Der Sultan beschloß, den unerwarteten Besucher ein paar Tage im Palast zu behalten, wo er zuvorkommend behandelt werden sollte.

Dessen ungeachtet wollte er den christlichen Glauben dieses glühenden „Missionars" auf die Probe stellen. Nach der Überlieferung, die von den Malern mit Eifer aufgegriffen wurde, soll er Franziskus aufgefordert haben, ein glühendes Feuer zu durchschreiten. Melek el-Kamil war zu liberal, um ein derartiges Ansinnen zu stellen, und es ist in diesem Zusammenhang nicht unwichtig, darauf hinzuweisen, daß auch die Kirche solche Gottesurteile untersagte, denn das bedeutete in der Tat, Gott zu versuchen. Aber es ist in allen Religionen üblich, auf solche gelungenen Feuerproben hinzuweisen, bei den Moslems ebenso wie bei den Christen. Ich neige zu der Ansicht, daß der Sultan Franziskus eine harmlose, aber seelisch schmerzliche Prüfung auferlegte, nämlich über das Kreuz hinwegzugehen. Zu diesem Zweck wurde ein prächtig gewirkter und mit Kreuzen übersäter Teppich vor ihm ausgebreitet. Er schritt mutig über die Kreuze hinweg und sagte dann ganz schlicht: „Wie ihr seht, bin ich über die Kreuze gegangen. Es sind die Kreuze des bösen Schächers. Ihr könnt sie behalten, wenn ihr wollt. Wir behalten das unsere, denn das ist das wahre Kreuz." Vor dieser scharfsinnigen Antwort streckte der Sultan die Waffen, und Franziskus nahm die Gelegenheit wahr, um ihm den christlichen Glauben darzustellen. Er fand einen freundlichen und aufmerksamen Zuhörer,

und Melek el-Kamil zog daraus folgenden Schluß: „Ich würde mich gern zu eurer schönen Religion bekehren, aber ich kann es nicht; dann würden nämlich wir beide hingerichtet." Die beiden gingen sehr zuvorkommend miteinander um in dieser Geschichte. Der große Traum vom Martyrium flog wie ein Pfeil davon. Außer den guten Umgangsformen, die beide Seiten zeigten, ist bei Franziskus noch sein Mut und sein Charme, der eine unfehlbare Wirkung hatte, bemerkenswert. Der Neffe des Sultans, der Freundschaft für Franziskus empfand und ihn Bruder Franz nannte, wollte ihn nicht mit leeren Händen ziehen lassen. Er bot ihm, wie es die wunderbare orientalische Gastfreundschaft verlangte, kostbare Geschenke an, die aber höflich abgelehnt wurden. Geht man zu weit, wenn man – wie geschehen – behauptet, er habe Franziskus überredet, ihn in eine Moschee zu begleiten? Der Heilige würde es nicht abgelehnt haben, hätte aber wohl betont, daß er dort zu seinem Gott bete, und später jenen Satz hinzufügt, der ihn uns nach acht Jahrhunderten noch näher bringt: „Gott ist überall."

Den Passierschein für die Heiligen Stätten nahm er jedoch an und versprach dem Sultan auf dessen Bitte, für ihn zu beten. Anschließend wurde er mit allen Ehren bis auf den Weg zum Kreuzfahrerlager gebracht.

Dieser offenbar erfolglose Besuch sollte sehr viel später Früchte tragen. Es scheint festzustehen, daß Melek el-Kamil einen unvergeßlichen Eindruck von Franziskus erhielt, und Franziskus in der Person seines Gastgebers eine neue Menschlichkeit entdeckte. Seine Vorstellung vom Islam änderte sich: Der Glaube als solcher, der Glaube an Gott konnte auch außerhalb des Christentums angetroffen

werden, und dieser Glaube mußte geachtet werden. Eine so umfassende Betrachtungsweise enthielt eine gewaltige, fast revolutionäre Kraft. Nur durch Sanftmut und gutes Beispiel lassen sich Seelen gewinnen. Welchen Sinn hatten dann die Kreuzzüge? Diese Frage, falls sie ihm durch den Kopf ging, sollte ihre Antwort finden.

Zehn Jahre später gab Melek el-Kamil ohne Schwertstreich – vielleicht von den Gedanken des Poverello gewonnen – Jerusalem an Friedrich II. zurück. Selbst wenn auf beiden Seiten politisches Kalkül im Spiele war, das Abkommen hatte kein einziges Menschenleben gekostet.

Die Franziskaner bekamen die Erlaubnis, ihre Religion zu verkünden, falls sie die gläubigen Moslems nicht provozierten. Diesen Sieg der Klugheit und Toleranz sollte Franziskus nicht mehr erleben; im Gegenteil, er wurde 1219 Zeuge zahlloser Grausamkeiten.

Im Kreuzfahrerlager vor Damiette verschaffte sich der Kardinallegat Galvao Gehör und verlangte seine Offensive, von der Johann von Brienne, König von Jerusalem und Anführer des Kreuzfahrerheeres, abriet. Aber der Papst mischte sich seinerseits auch in die militärischen Fragen ein und befahl, seinem Legaten zu gehorchen. Die fränkische Armee setzte zum Sturm auf Damiette an, das beim Angriff vom 5. November fiel. Der Sultan hatte die Stadt verlassen und sich ins Nildelta auf uneinnehmbare Stellungen zwischen zwei Flußarmen zurückgezogen. Die Stadt, die er dort erbauen ließ, sollte Mansur – d. h. die Siegreiche – genannt und jahrhundertelang Schauplatz zahlreicher Schlachten werden.

In Damiette feierten die rasend gewordenen Christen ein blutiges Massaker. Die Leichen türmten sich

zu Bergen, so daß die Pest nicht lange auf sich warten ließ und die Stadt offiziell erst mehrere Monate später, im Februar, betreten werden konnte. Drei Monate lang war Damiette nicht einmal mehr eine tote Stadt, sondern eine Stadt der Toten, und Johann von Brienne zog sich vom Kreuzzug zurück und überließ es dem blutbefleckten Kardinal, seinen Sieg auszukosten.

Für Franziskus muß das ein furchtbarer Schock gewesen sein. In Collestrada hatte er das Gemetzel aus nächster Nähe gesehen, aber dort handelte es sich um einen Krieg zwischen zwei Städten, einen Bruderkrieg, was damals leider nicht ungewöhnlich war. Hier in Damiette aber tötete man in Christi Namen. Das Kreuz triumphierte in einem Meer von Blut über den Halbmond, und das nannte sich Kreuzzug! Angewidert beschloß er, sich dem Gefolge Johanns von Brienne anzuschließen. Ein Schiff brachte sie im März nach Akko, wo Franziskus, ein von seinen Ritterträumen geheilter Franziskus, Elia und Cäsar von Speyer wiedertraf. Ob er mit ihnen die Heiligen Stätten besuchte?

Hier fällt der Vorhang. Von März bis Juli 1220 lassen sich nur Vermutungen über sein Tun und Lassen anstellen, aber nach dem, was wir von ihm wissen, ist er bestimmt nicht seßhaft gewesen. Wir haben keinerlei Beweise, daß eine Pilgerfahrt nach Palästina stattgefunden hat. Seit 1217 bestrafte der Papst die Christen, die Jerusalem besuchten, mit Exkommunikation, weil sie den Moslems Tribut zahlen mußten, um die Stadt betreten zu können. Es konnte offensichtlich nicht zugelassen werden, daß dadurch die Ungläubigen noch reicher gemacht wurden. Aber mit dem Passierschein, den ihm der Sultan gegeben hatte, konnte Franziskus mit seinen

Brüdern gratis hingehen, der päpstliche Einwand fiel hier weg.

Jerusalem war indessen nur noch eine Geisterstadt. El Muazzam, der Sultan von Damaskus, hatte es bei einem Überfall zerstört. Die berühmten Mauern waren nur noch Felsschluchten, es gab keine Befestigungsanlagen mehr, und es blieb kein einziges großes Bauwerk stehen, mit der einen bemerkenswerten Ausnahme: das Heilige Grab, und natürlich standen auch noch zwei große Moscheen. Man mag sich einmal die Erschütterung des Poverello am Grab Jesu vorstellen. Aber man kann sie sich eben nur vorstellen. Nichts ist uns überliefert von dem, was er seinen Brüdern gesagt haben könnte. Keine Spur von dieser Reise ist in den schriftlichen Dokumenten zu finden, und dabei wäre der geringste Hinweis kostbar. Zweifel sind erlaubt und Vermutungen nicht auszuschließen, das ist alles, was sich sagen läßt. Zu viele Dokumente sind verlorengegangen oder wurden vernichtet.

Eine immer wieder bewegende Episode ist die Freundschaft, die Johann von Brienne für Franziskus empfand, als sie an Bord des Schiffes waren, das sie nach Syrien brachte. Der König von Jerusalem wurde nach dem Tode des Heiligen Minderbruder, und 1237 wünschte er, in der Oberkirche von Assisi begraben zu werden. So zog Franziskus, der einst von dem Wunsch beseelt war, dem tapferen Walter von Brienne zu folgen, und dabei kein Glück hatte, einen anderen Brienne in seine Herde, eben diesen König von Jerusalem.

Nach Akko zurückgekehrt, nahm er seine Predigttätigkeit wieder auf; vielleicht wollte er seinen Aufenthalt auch für eine gewisse Zeit verlängern, um die Ungläubigen in diesen überseeischen Ländern zu evangelisieren.

Sein Wort bewegte die Menschen wie immer mit unerklärlicher Macht. Dabei war sehr viel der unmittelbaren Wirkung seiner Persönlichkeit zuzuschreiben, es war, als ob die Seele seine ganze Person durchstrahlte. Leute, von denen man es nicht erwartet hätte, kamen zu ihm, bekehrten sich und traten in seine Fraternität ein: ein Würdenträger, der Prior von St. Michael, legte sein Amt nieder und wurde Minderbruder. Jakob von Vitry, Bischof von Akko, der dieses Beispiel bringt, führt auch andere an, nicht ohne einen Schuß Humor. Franziskus nahm ihm einen Geistlichen, den Engländer Colin und zwei seiner Begleiter weg. Der eine von ihnen, Dom Matthias, stand an der Spitze einer Pfarrei; trotzdem ließ er sie im Stich, um sich dem Poverello anzuschließen. Seiner Anziehungskraft konnte niemand widerstehen. Auch der Kantor wollte mitgehen, und der Bischof mußte seinen ganzen Einfluß geltend machen, um ihn zu halten, aber andere konnte er nicht zurückhalten, darunter eine ganze Johannitergarnison. Die Erklärung, die der Bischof gibt, ist festzuhalten, weil das franziskanische Ideal uns sonst zu leicht aus dem Blickfeld gerät. „Der Orden der Minderbrüder", schreibt er, „macht unerhörte Fortschritte in der ganzen Welt, und zwar aus dem Grunde, weil er bewußt der Lebensweise der Urkirche und der Apostel folgt." Die Zeit zurückdrehen, zurückgehen bis zur frühesten christlichen Erfahrung, und die Welt wäre gerettet. Was dachte die offizielle Kirche darüber? Zu viele Häresien gab es, die eine solche Sprache redeten, aber Franziskus hielt mit all seinen Kräften an der Kirche fest . . .

Gegen Ende des Frühjahrs erreichte ihn eine Nachricht, die ihn erschauern ließ: Fünf seiner Brüder hatten im Januar in Marokko den Märtyrertod er-

litten. Freude erfüllte Franziskus' Herz. Zum ersten Mal floß franziskanisches Blut bei den Ungläubigen, wie einst im heidnischen Rom Märtyrerblut geflossen war. Das war kein Grund, nun traurig zu sein, sondern sich zu freuen und dem Herrn zu danken. Der Prozeß war gewonnen, das Evangelium ging weiter, man kam zur Apostelgeschichte. Die Namen der fünf Zeugen Christi wurden mit Begeisterung vermerkt. Sie hatten sich alle Mühe gegeben, die Palme zu erringen. Als sie in Sevilla gegen den Koran gepredigt hatten, waren sie mit Stockschlägen bestraft worden. Das hatte ihnen nicht genügt. Sie stiegen auf einen Turm und riefen lauthals Betrug, während die anderen Mohammed verherrlichten. Aus Sevilla vertrieben, gingen sie nach Marokko, um dort ihr Glück zu versuchen. Hier schmähten sie vor dem Miramolin den islamischen Glauben, wurden gefoltert und aus dem Lande gejagt. Sie kehrten zurück, gingen nach Marrakesch, schlichen sich in die Moscheen und wiederholten ihre Flüche und Verwünschungen. Um sich dieser aufdringlichen Kerle zu entledigen, ließ der Miramolin („Amir al mu' minim = Befehlshaber der Gläubigen) ihnen Geschenke anbieten, die sie sofort höhnisch zurückwiesen. Als man sie durch die Folter umzustimmen versuchte, setzten sie alles daran, sogar noch ihre Henker zu bekehren, bis sie schließlich, ihrem Wunsche entsprechend, enthauptet wurden. Sanftmut war nicht ihre Stärke noch ihr Stil, aber wie die ersten Christen hatten sie das Himmelreich mit Gewalt erobert. Der vielgeliebte Bruder konnte stolz sein auf seine Kinder, die statt seiner gestorben waren. Gestorben an seiner Stelle? Dieser Gedanke traf ihn mitten ins Herz. Hatte er sein eigenes Martyrium im Palast des Sultans verpaßt? In der Faszination, die

von Franziskus ausging, lag auch seine Tragik. Er wußte sich dieser Macht zu bedienen und hatte Melek el-Kamil verzaubert. Aber sein Blut würde eines Tages fließen, und sein Kreuz wartete auf ihn, ein großes, breites Kreuz.

Kommt zurück, Brüder, kommt zurück . . .

Im Juli 1220, als Franziskus Zukunftspläne schmiedete, kam Bruder Stefano aus Italien und brachte beunruhigende Nachrichten mit. Auf dem Kapitel im Mai hatten in Franziskus' Abwesenheit Matthäus von Narni und Gregor von Neapel, seine beiden Stellvertreter, die beauftragt waren, über die Fraternität zu wachen, eigenmächtig Änderungen eingeführt, und zwischen den Brüdern herrschte deshalb Uneinigkeit. Die Änderungen waren mannigfacher Art. Eine der wichtigsten betraf die Fastenvorschriften, die denen der bestehenden Orden angepaßt werden sollten. Es war ein Schritt zur Umwandlung der Fraternität in einen Orden. Andererseits hatte Giovanni di Capella, einer der ersten Brüder, einen Leprosenorden gegründet, und Filippo Longo hatte von Ugolino und der Kurie für die Armen Schwestern Privilegien erwirkt, die diese um keinen Preis haben wollten. Es ging auch das Gerücht, daß Franziskus tot sei. Bruder Giordano di Giano berichtet, daß Franziskus, als er von diesen Dingen erfuhr, gerade mit Pietro di Cattaneo, dem ehemaligen Juristen, bei Tische saß und ihn ganz ruhig gefragt habe, was zu tun sei. Darauf Pietro:

„Ihr seid der Meister, ihr müßt einen Entschluß fassen. Ich bin bereit, euch zu gehorchen."

„Nun wohl, Meister Pietro, gehorchen wir dem Evangelium, das uns heißt, das zu essen, was vor uns steht.“

Franziskus war nicht der Mann, der gleich den Kopf verlor.

Sobald als möglich, nahm er mit Elia, Cäsar von Speyer und Pietro di Cattaneo ein Schiff, das nach Italien segelte. Franziskus begriff nun wohl, warum man nichts unternommen hatte, um ihn zurückzuhalten, als er sich entschlossen hatte, nach Syrien zu gehen. Für die Reise von Akko nach Venedig mußte man bei günstigem Wind drei Wochen rechnen. Zeit genug zum Nachdenken. Und wo kann man besser nachdenken als auf hoher See? Franziskus gehen die ärgerlichen Nachrichten von Bruder Stefano immer wieder durch den Kopf, und er betet, denn das läßt ihn Abstand gewinnen. Man hatte ihn wiederholt wissen lassen, daß es ihm an Organisationstalent fehle. Vielleicht hatte Dominikus von Guzmán es zur Sprache gebracht, als er am Mattenkapitel teilgenommen hatte. Die Fraternität ist tatsächlich in einem Zustand der Unordnung. Elia, der mit ihm reist und den er liebt, möchte sich in dieser Prüfung nützlich erweisen, doch was denkt Elia wirklich? Schwer zu erraten, denn er ist ein verschlossener Mensch und sieht seine Chance kommen, Ruhm und Ehre zu erlangen.

Franziskus ist kein Träumer, wenn es um seine Fraternität geht. Seine Abwesenheit hat sie, wie er ganz klar sieht, in Gefahr gebracht. Zu ihrer Rettung muß man sie spalten und eine parallel laufende Fraternität gründen. Es gibt schon eine für die Männer, die Minderbrüder, und eine für die Frauen, die Armen Schwestern. Es muß eine für jedermann ins Leben gerufen werden, für Männer und Frauen, die, ohne der

Welt zu entsagen, nach der franziskanischen Regel leben. Und da doch überall Orden eingesetzt werden sollen, wird dies der dritte sein, der später auch so genannt wird: Dritter Orden. Seinen grenzenlosen Traum, daß die ganze Welt gerettet werden muß, verliert er nicht aus den Augen. Aber alles deutet darauf hin, daß er trotzdem seine Heiterkeit bewahrte; denn nach der Ankunft in Venedig nimmt er sich Zeit für Exerzitien auf einer Laguneninsel. Die Vögel dort mußte er erst zum Schweigen bringen, denn sie zwitscherten laut vor Freude, als sie ihn sahen. Dann schrieb er an Schwester Klara, als ahne er, daß sich etwas gegen ihr Gelübde richtete: Sie sollte um die Armut gebracht werden. Der Brief ist so schön, daß man ihn ganz zitieren muß: „Ich, der kleine Bruder Franz, will dem Leben und der Armut unseres hohen Herrn Jesus Christus und seiner heiligen Mutter nachfolgen und daran festhalten bis zum Tode. Und ich bitte Euch und gebe Euch den Rat, immer in diesem heiligen Leben und dieser Armut zu leben. Achtet gut darauf, daß Ihr Euch nie in irgendeiner Weise davon entfernt, auf wessen Lehre oder auf wessen Rat auch immer."

Die Befürchtungen von Franziskus waren durchaus begründet. Honorius III. drängte Klara, das Recht auf Eigentum zu akzeptieren, aber sie war treu und trieb kein falsches Spiel. In Orvieto war Franziskus gegenüber keine Rede mehr davon, den Armen Schwestern Privilegien zu geben oder ihr Leben zu verändern; die 1219 und 1220 hintereinander erlassenen päpstlichen Bullen „Cum dilectis", „Sacrosancta romana" und „Pro dilectis" wurden schlicht und einfach annulliert, doch 1228, nach dem Tode des Heiligen, kam der inzwischen Papst gewordene Ugolino auf den Auftrag zurück und erhielt von Klara die

folgende herrliche Antwort: „Heiliger Vater, sprechen Sie mich von meinen Sünden los, aber lassen Sie mich dem Weg Jesu Christi folgen", und der Papst fügte sich darein.

Sechs Jahrhunderte später, im Jahre 1893, wurde die heilige Klara exhumiert, um ihre Überreste in einem Reliquienschrein aus Kristall aufzubewahren. Dabei fand man in den Falten ihres Kleides die Regel der Klarissinnen, deren 16. Artikel der Brief des Franziskus war.

Der alte Honorius, den diesmal die Hundstage aus Rom vertrieben hatten, hatte sich mit seinem Hof nach Orvieto begeben. Die Stadt, die dem Papst Gehorsam geschworen hatte, war durch ihre Lage auf einem Felsen leicht zu verteidigen und gehörte zu den Orten, in welche die Päpste gern vor den blutigen Schlägen des römischen Pöbels flohen. Orvieto war auch eine Geisterstadt; hier hatten die Etrusker Brunnen gegraben und Mauern errichtet, und ihre beunruhigende Anwesenheit war immer noch spürbar in der Totenstadt, von der man am Fuß der Felsenmauer bis heute immer wieder etwas ans Licht holt.

Als Franziskus Venedig verließ, nahm er den Weg nach Orvieto über Verona. In Bologna machte er halt, um das von Bernardo da Quintavalle gegründete Haus der Brüder zu besuchen, doch zu seiner großen Überraschung sah er statt eines bescheidenen Klosters ein prächtiges Gebäude, das von seinen Franziskanern bewohnt wurde. Voll Zorn über die Schande, die sie der Frau Armut damit angetan hatten, warf er alle hinaus bis auf den kranken Bruder Leo, der sich dort befand, und befahl ihnen, anderswo eine Unterkunft zu suchen. Seine Autorität war noch unangetastet, aber er hatte nur noch unter Aufbietung aller

Kräfte handeln können. In Wirklichkeit war er am Ende seiner Kräfte.

Auf dem Weg nach Orvieto hatte er einen Traum, der ihm seine künftige Situation blitzartig erhellte: Ein schwarzes Huhn versuchte vergeblich seine Küken zu sammeln. Diese Andeutung verstand er sofort. Das schwarze Huhn war er, der nicht imstande war, seine zerstreuten Kinder neu zu gruppieren; und an dem Tag, da er vor dem Papst stand, bat er ihn, die Kirche möge seine Bruderschaft unter ihre Fittiche nehmen. Ein Kardinal, mit allen erforderlichen Vollmachten ausgestattet, sollte der Schirmherr der Minderbrüder werden, und er schlug den Mann vor, zu dem er volles Vertrauen hatte: Ugolino. Ohne zu zögern, erklärte sich Honorius mit dem Ersuchen, das genau den Vorstellungen Roms entsprach, einverstanden.

Wenn man die bisherige Haltung von Franziskus betrachtet, kann man sein jetziges Vorgehen als überraschend ansehen. Sicher muß man dabei seinen schlechten Gesundheitszustand in Rechnung stellen, der ihn befürchten ließ, fortan nicht mehr allein seine Brüder führen zu können. Leber und Magen waren durch das Klima im Orient angegriffen worden, und was noch schlimmer war, unter der Sonne Syriens und Ägyptens hatten seine Augen gelitten und waren durch eine immer weiter fortschreitende, damals unheilbare Krankheit stark in Mitleidenschaft gezogen worden, durch eine granulöse Bindehautentzündung.

Honorius, glücklich darüber, daß Franziskus einen so beispielhaften Gehorsam dem Heiligen Stuhl gegenüber an den Tag legte, genehmigte ohne Schwierigkeit die Gründung des Dritten Ordens, der die Macht der Kirche weiter ausbreitete, und er erteilte dem Gründer die Erlaubnis, die Regel dafür zu ent-

werfen. Da man das Eisen schmieden muß, solange es glüht, entschied der Papst auf Anraten Ugolinos, daß die Franziskaner-Postulanten ein Noviziatsjahr machen sollten, und Franziskus fügte sich. Wenn das Prinzip des totalen Gehorsams einmal angenommen war, würde sich bei den Klöstern, die gebaut werden mußten, alles andere von selbst ergeben. Die Zeit der sanften, aus dem Evangelium abgeleiteten Anarchie war vorbei. Am 22. September wurde die Bulle „Cum secundum" erlassen. Franziskus arbeitete gleich in Orvieto an der Abfassung seiner Regel. Es fehlte an der Kurie, die sorgfältig darauf bedacht war, die monastischen Traditionen zu bewahren, nicht an freundlichen Ratschlägen. Vor allem Ugolino erwies sich als Experte für kluge Formulierungen. Franziskus hörte zu und handelte dennoch nach eigenem Gutdünken, das heißt, er versuchte es wenigstens.

Körperlich war es nicht mehr derselbe Franziskus, der nach Portiunkula zurückkehrte, aber um so stärker schien er von innen her zu strahlen. Die Nachricht von seiner Rückkehr verbreitete sich im ganzen Land und machte Tausende von Brüdern, die durch seine lange Abwesenheit verunsichert waren, wieder froh und glücklich. Er war wieder mitten unter ihnen, und das, was der heilige Benedikt die „Züchtigung durch das Leben in der Gemeinschaft" nennt, hörte mit einem Schlage auf. Keine Auseinandersetzungen mehr, keine Spannungen. Wie ein Zauberer brachte dieser Mann, der unablässig die Tränen von seinen kranken Augen wischte, den Frieden mit, den unbeschreiblichen Herzensfrieden, den die Welt nicht zu geben vermag. Er war nicht Christus, aber der Gedanke an Christus drängte sich bei ihm auf.

Franziskus' erste Sorge war, sich über alles, was in Portiunkula und anderswo geschehen war, zu unter-

richten. Welche Überlegungen stellte er an? Der Unordnung Herr zu werden, alles wieder in die Hand zu nehmen war, da es sich um sechstausend Menschen handelte, eine gewaltige Aufgabe. Mit Gottes Hilfe sollte er es schaffen, aber seine Kräfte ließen nach. Vielleicht fiel ihm wie ein schlimmes Vorzeichen der Traum vom schwarzen Huhn wieder ein. Absurde, aber bedrohliche Gerüchte machten die Runde. Es wurde behauptet, daß die Lehre der Katharer während Franziskus' Abwesenheit bei den Brüdern Fuß gefaßt habe.

So kam der 29. September, der Tag des heiligen Michael, heran, der Eröffnungstag des Kapitels, zu dem sich alle Minderbrüder des ganzen Landes versammelten. Sie strömten mit noch größerer Freude als sonst herbei, weil sie nicht zuletzt die Rückkehr dessen feiern wollten, den Gott ihnen als Führer geschenkt hatte und den sie mit einer geradezu fanatischen Liebe verehrten. Sie dachten schon, sie hätten ihn verloren, und sollten ihn jetzt von neuem sehen und hören. Aber ihre Freude erlitt einen harten Schlag. Während des Kapitels, das eine ganze Reihe von Problemen lösen sollte, gab Franziskus plötzlich diese bestürzende Erklärung ab: „Von jetzt an bin ich tot für euch, aber ich stelle euch meinen Bruder Pietro di Cattaneo vor, dem wir alle gehorchen wollen, ihr und ich." Und mit dem ihm eigenen Sinn für dramatische Gesten warf er sich Pietro di Cattaneo zu Füßen und gelobte ihm Gehorsam. Man könnte bei dieser Szene fast an einen Roman von Dostojewski denken. Seiner Erklärung ließ er noch dieses herrliche Gebet folgen: „Herr, in deine Hände gebe ich die Familie zurück, die du mir bis jetzt anvertraut hattest. Unfähig wegen der Schwächen, die du kennst, weiterhin für sie zu sorgen, mildester

Herr, übergebe ich sie den Ministern. Sie müssen am Tage des Gerichts Rechenschaft ablegen vor dir wegen jener Brüder, deren Verderben sie durch ihre Nachlässigkeit, ihr schlechtes Beispiel oder durch ihre Strenge verursacht haben."

Franziskus dankte ab und behielt trotzdem das Recht, seine Regel auszuarbeiten. Die Wahl seines Nachfolgers war gut. Pietro di Cattaneo war ihm von der ersten Stunde an gefolgt, seit jenem Morgen des 12. April 1208, als Franziskus sich mit Bernardo da Quintavalle nach San Nicolò begeben hatte. Ganz spontan hatte Pietro sich für immer Franziskus angeschlossen. Klug und wohlvertraut mit allen Rechtsproblemen, gab er bis zu seinem baldigen Tode einen idealen Verwalter ab. Noch keine 6 Monate waren vergangen, als man ihn am 10. März 1221 begrub.

Die Ratlosigkeit, in die sein Ableben Franziskus stürzte, dauerte nicht lange. Mit Unterstützung Ugolinos fand sich jemand, der sofort bereit war, den leeren Platz einzunehmen. Elia mit seinem geduldig abwartenden Ehrgeiz konnte jetzt seine großartigen Vorstellungen hinsichtlich der Fraternität in die Tat umsetzen.

Eine erhebende und beschämende Geschichte

Ebenso wie Franziskus einen Mönch prüfte, unterwarf er sich selbst einer harten Prüfung, wenn es galt, den „alten Menschen" abzutöten, der nicht sterben wollte. Jugenderinnerungen geisterten wie Gespenster durch sein Gedächtnis, zum Beispiel seine Verschwendungssucht, die in Notzeiten zum Ärgernis

für ganz Assisi geworden war. Deshalb verwünschte er auch das Geld, vor dem er Abscheu empfand. Aber da war noch etwas anderes, eine Versuchung, die viel feiner war. Seit seiner Jugend hatte ihn der Gedanke beschäftigt, in den Adelsstand aufgenommen zu werden, und sein Vater hatte ihm diesen Wunsch keineswegs vergällt. Im Gegenteil, Ritter werden hieß adelig werden, und dazu war neben vielem anderen auch eine Rüstung erforderlich. Rüstungen ohne Zahl blitzten und funkelten in den Träumen des jungen Franziskus. Säle voller Rüstungen tauchten auf, als habe der Teufel selbst sich den Kopf zerbrochen, wie sie am besten auf Hochglanz gebracht werden konnten in diesen leicht kindischen Vorstellungen. Doch dahinter steckte durchaus etwas Ernsteres. Seine Mutter, die liebliche Pica, wurde als eine weitläufige Verwandte des ruhmreichsten aller Ritter, des Walter von Brienne, angesehen, der von einem Ende Italiens zum anderen und durch die Träume des jungen Italieners galoppierte. Leider, wenn man so sagen könnte, gab es aber den Tuchhändler, der alles verdarb, und dieser Tuchhändler war sein Vater. In seinen einsamen Stunden in Portiunkula, wenn der Schlaf ihn floh, begann das unerbittliche Gedächtnis zu arbeiten, und Franziskus glaubte, vor Scham vergehen zu müssen. War er sicher, daß in seinem tiefsten Innern nicht doch noch ein Rest von diesem Heimweh nach Rang und Adel war? Bernardo war ein Adeliger, aber er war von vollkommener evangelischer Demut. Franziskus würde es nie vergessen, daß er ihn vor Jahren nach Bologna geschickt und einem Empfang mit Schimpf und Schande ausgesetzt hatte. Er hatte davon in allen Einzelheiten Kenntnis erhalten, denn sein Mönch hatte ihm aus Gehorsam alles anvertrauen müssen. Befra-

gungen durch den Poverello waren stets peinlich genau. Was sollte er tun? Sühne leisten, aber wie?

So sehr beweinte Franziskus alle seine Fehler, daß er darüber erblindete. Nie hat ein Heiliger mehr geweint als er. Eines Tages suchte er Bruder Bernardo in den Carceri am Subasio auf und sagte zu ihm: „Komm und sprich mit diesem Blinden."

Nun war Bernardo aber gerade in Betrachtung versunken und hörte ihn nicht. Franziskus sprach ihn von neuem an, zweimal, dreimal, ohne Erfolg. Bernardo war, wie Franziskus wußte, ein Heiliger, und er verehrte ihn deshalb in seinem Herzen. Um so mehr betrübte ihn jetzt sein Schweigen, und als ihm Zweifel kamen, warf er sich mit dem Gesicht auf die Erde und fragte Gott, warum Bruder Bernardo ihm denn nicht geantwortet habe. Die Antwort erfolgte unverzüglich und war ganz klar: „Du armer, elender kleiner Mensch, warum regst du dich auf? Darf der Mensch Gott um eines Geschöpfes willen verlassen? Als du nach Bruder Bernardo riefst, war er mit mir vereint... Er hörte keines deiner Worte."

Franziskus war zutiefst beschämt, aber dieser Zustand hatte etwas Positives: Er hatte etwas gesucht, dessen er sich bei Bruder Bernardo anklagen konnte, und war nun, wenn man so sagen kann, bedient worden, bedient worden vom Herrn selber. Er fühlte sich schuldig und warf sich, von Gewissensbissen gepeinigt, dem Mönch zu Füßen, der gerade sein Gebet beendet hatte. Welchen Namen sollte er seiner Sünde geben? War es eine Anwandlung von Ungeduld? Das war unwichtig, er gestand es und bat Bruder Bernardo im Namen des heiligen Gehorsams zu tun, was er ihm befehlen werde. Was nun geschieht, ist von einer peinlichen Brutalität. Bernardo vernimmt folgenden Befehl und muß gehorchen: „Um meine Vermessen-

heit und den Übermut meines Herzens zu bestrafen, befehle ich dir, sobald ich mich auf den Rücken gelegt habe, mir einen Fuß auf den Hals und den anderen auf den Mund zu setzen und so dreimal von einer Seite zur anderen über mich herzugehen und mir dabei alle Schande zu sagen und mich zu beleidigen. Insbesondere sage mir: ‚Bleibe ausgestreckt liegen, du dummer Flegel, Sohn des Pietro Bernardone, woher kommt dir soviel Hochmut, dir, der nichtswürdigsten Kreatur?'" So geschah es. Die Prüfung muß für beide Männer qualvoll gewesen sein, qualvoller wohl noch für Bernardo, der sich innerlich dagegen aufbäumte, als für Franziskus, der in langen Zügen diesen gallenbitteren Kelch leerte und den Sieg über seinen Stolz auskostete.

Die zerschlagenen Träume

Das Kapitel von Pfingsten 1221 kündigte große Veränderungen bei den Söhnen des Franziskus von Assisi an. Dreitausend Brüder waren im gleichen grünen Rahmen wie letztes Jahr versammelt, aber es war trotzdem wie ein Morgen nach der Niederlage, und die neue Ära erzeugte eine unerklärliche Unruhe. Die natürliche gute Laune der Fraternität gewann jedoch bald wieder die Oberhand.

War das vorangegangene Kapitel schon aufregend genug gewesen, so sollte das vom Mai 1221 einen fast ebenso schmerzlichen Eindruck bei ihnen hinterlassen. Elia präsidierte. Seine ganze Persönlichkeit ist in diesem kurzen Satz enthalten. Seine natürliche Vornehmheit, seine Intelligenz, sein Charakter, seine Größe traten glänzend zutage, und seine Anwe-

senheit beherrschte alles. Zu seinen Füßen hatte ein durch seine Krankheit gezeichneter Mann demütig Platz genommen: Franz von Assisi. Wenn er die Aufmerksamkeit des Generalministers auf sich ziehen wollte, zupfte er vorsichtig an dessen Rock. Die Macht war in andere Hände übergegangen, und die neuen Hände brannten vor Tatendrang.

Das Problem der Deutschlandmission wurde untersucht. Der Empfang, den die Brüder in jenen unwirtlichen Gegenden erlebt hatten, war, gelinde ausgedrückt, schlimm gewesen, es war sogar Blut geflossen. Heißersehnte Märtyrerpalmen warteten also auf die Mutigen, die danach strebten, den Glauben zu verkündigen und für ihn zu sterben. Auf einen Schlag erhoben sich neunzig Brüder, als wollten sie sich zum Kriegsdienst anwerben lassen. Cäsar von Speyer und Thomas von Celano befanden sich unter denen, die aufbrachen. Einer wurde irrtümlich mitgenommen, Giordano di Giano, der glimpflich davonkommen sollte und uns Erinnerungen an diese Expedition und an die Anfänge des Ordens hinterlassen hat, die packend, aber parteiisch sind.

Dann hatte Franziskus das Wort. Er hatte Elia an der Kutte gezogen, um Redeerlaubnis zu bekommen, erhob sich und las seine Regel vor. In seiner ganzen Lebensgeschichte gibt es keinen traurigeren und ergreifenderen Augenblick. Franziskus glaubte aus ganzem Herzen, diese Regel von Gott erhalten zu haben, aber die Männer urteilten anders darüber. Sie wurde als zu lang, als mit zu vielen Bibelzitaten versehen bis auf weiteres beiseite gelegt. Franziskus bekam den guten Rat, eine andere, kürzer gefaßte, zu schreiben.

Sie kann tatsächlich zu lang erscheinen, dennoch ist sie von großer Schönheit und liefert uns ein psychologisches Dokument ersten Ranges. Der ganze

Mensch Franziskus ist darin enthalten, so wie er immer war, vor und nach seiner Bekehrung, mit jener Begeisterungsfähigkeit, die in seiner Natur lag, und seinem junggebliebenen Herzen, das allen Prüfungen standhielt. Ob Heiliger oder Sünder, er besitzt die gleichen typischen Eigenschaften, und seine Regel ist das Werk eines Menschen, dessen Fähigkeit, Liebe zu verschenken, grenzenlos ist. Da liegt ihre Stärke und die Anziehungskraft, die sie auf junge Menschen ausübt. Sie bannt die stets verdächtige Schwermut, die der Hoffnung entgegensteht, und endet mit einem Gesang der Freude, in dem der Jubel eines Siegespsalms mitschwingt.

Er selbst wird darin erkennbar. Manche Stellen rufen Erinnerungen wach an den extravaganten jungen Mann, der mit der Raffinesse eines Stutzers auf seine Kleidung bedacht war, aber jetzt handelt es sich um groben Wollstoff, der mit Sackleinen geflickt wird.

Abscheu vor dem Geld wird gefordert mit der Vehemenz eines Menschen, der zu seinem Vergnügen ein Vermögen verschwendet hat. Geld ist etwas Schmutziges.

Die Keuschheit, ohne die die Gottesliebe nur ein schöner Traum ist, glänzt wie ein Schatz, der durch nichts zu ersetzen ist.

Die Buße hebt sich auf in der Freude der Seele, die von der Knechtschaft der körperlichen Leidenschaften befreit ist.

Für einen unvorbereiteten Leser steckt in alledem eine Mischung aus gesundem Menschenverstand und metaphysischem Rausch. Es ist die Verworrenheit einer maßlosen Liebe, die mit ganz sachlichen Ratschlägen beginnt und sich in einem Zustand von Gottestrunkenheit vollendet. „Wenn ihr nicht

werdet wie die Kinder", sagt Christus, „werdet ihr nicht in das Himmelreich eingehen." Wir dürfen nicht vergessen, daß diese Regel unter Mitwirkung Cäsars von Speyer, der den Überschwang von Franziskus weitgehend teilte, verfaßt wurde. Man versteht auch den alten Honorius und glaubt sein Knurren zu hören, als er diesen vom Himmel gefallenen Text las. Es war nötig, all das Hehre und Erhabene zu beschneiden und dem schönen, überspannten Vogel ein wenig die Flügel zu stutzen.

Am siebten und letzten Tag des Kapitels trennten sich die Brüder mit einer auffälligen und bis dahin nie empfundenen Wehmut. Für gewöhnlich verabschiedete man sich mit großem Ernst, weil die Hoffnung auf das Martyrium in den Köpfen dieser Pilger nach dem Absoluten spukte, doch in diesem Jahr 1221 kam es sie bestimmt besonders hart an, den zu verlassen, der so lange ihr Führer gewesen war. Er blieb für immer das Idealbild eines Bruders, der aber nicht mehr an ihrer Spitze stand. Der neue Generalobere verströmte nicht diese große Liebe, Elia konnte befehlen, das war alles.

Und Franziskus, mit seinem Stock in der Hand, war wieder der Landstreicher Gottes.

Bruder Giacopa

Seinem Herzen ebenso nahe wie Bruder Leo und die ersten Jünger stand Giacopa dei Settesoli, die einen besonderen Platz einnimmt. Der Bischof von Ostia, Kardinal Giovanni von San Paolo, machte sie mit Franziskus bekannt, als dieser sich 1212 nach Rom begab, um Innozenz III. aufzusuchen. Sie war mit

zwanzig Jahren Witwe geworden, hatte zwei Söhne, stammte aus der berühmten adeligen Familie der Frangipani im alten Rom. Der Name allein war schon wie ein aus dem Altertum kommender Ruf des Evangeliums; denn ihr Vorfahr Flavius Anicius hatte die Einwohner Roms dadurch gerettet, daß er Brot an sie verteilte. Daher auch der Familienname, der sich von „frangere panem" ableitet. Natürlich war sie steinreich, ob sie auch schön war, weiß man nicht. Jedenfalls zeichnete sie sich durch eine grenzenlose Freigebigkeit aus und trug sich mit dem Gedanken, Nonne zu werden.

Bei der Begegnung mit Franziskus scheint es eine geistliche „Liebe auf den ersten Blick" gegeben zu haben. Es gibt Seelen, die aufeinander zugehen, als seien sie alte Bekannte. Bei der erstbesten Gelegenheit zog sie ihn ins Vertrauen und machte ihn zu ihrem Berater. Was Franziskus an ihr bewunderte, war, daß sie zwar in der Welt lebte, aber doch so, als ob die Welt sie nichts anginge. Sie verkörperte bereits, ohne es zu wissen, das Ideal des Dritten Ordens, und es ist sogar möglich, daß ihr Beispiel der zündende Funke dafür war, daß Franziskus die großartige Idee von einer weltumspannenden Laienbruderschaft hatte. Wegen ihrer durch nichts zu erschütternden Treue zu den Geboten Christi erregte sie die Bewunderung des Heiligen.

Da Franziskus bekanntermaßen den Umgang mit Frauen für gefährlich hielt, errichtete er zwischen Giacopa und der Fraternität eine Art psychologischer Barriere, die sie unschädlich machen sollte. Die Person des Bruders Giacopa bleibt trotz alledem etwas mysteriös, weil man sich über ihr äußeres Erscheinungsbild ausschweigt, was ein heikles Problem aufwirft. Vielleicht fehlten ihr jene ausgespro-

chen weiblichen Züge, die sie für die Brüder gefährlich gemacht hätte. Ich kann mir gut vorstellen, daß sie sich Franziskus zu Füßen warf, damit er sie von ihr selbst befreie. Wie viele Männer und Frauen suchen in den Klöstern Zuflucht, weil sie weniger vor der Welt als vor sich selber fliehen wollen. Mit seinem bekannten Einfühlungsvermögen kam Franziskus auf den Namen Bruder Giacopa. Er nannte sie so, weil das starke Geschlecht dazu neigt, den Frauen, die über eine bemerkenswerte Energie verfügen, einen Männernamen zu geben. Es ist hier gewiß nicht der Ort, diese merkwürdige männliche Angewohnheit näher zu beleuchten.

Jedesmal, wenn Franziskus sich in Rom aufhielt, war er Bruder Giacopas Gast. Sie backte für ihn einen kleinen Kuchen, den er nicht verschmähte. Als ob diese winzige Konzession an die menschliche Schwäche eine Bresche in seine dauernde Askese hätte schlagen können. Daß ihr Kuchen eine „Crème à la Frangipani" war, ist eine amüsante Anspielung auf die Herkunft des Familiennamens Frangipani.

Nebenbei bemerkt, hat das französische Mandelgebäck, „Pithiviers" genannt, den gleichen Ursprung: Minderbrüder und Klarissinnen haben das Rezept von Rom an die Ufer der Loire gebracht, wo es eine kleine Stadt dieses Namens gibt.

Der große böse Wolf

Der Wolf von Gubbio ist so bekannt, daß man ihn nicht vorzustellen braucht. Es ist das am wenigsten wunderbare Wunder aller Wunder des Franziskus. Ein wahres Wunder wäre es gewesen, wenn der Wolf

Franziskus gefressen hätte, denn es gibt kein Beispiel dafür, daß je ein Tier dem kleinen Kuttenträger etwas Böses angetan hätte. Das ganze Tierreich hatte Respekt vor ihm, die Gründe dafür bleiben ein Geheimnis. Fest steht nur, daß die Tiere ihn liebten. Umschwebte ihn eine Aura der Liebe, die sie sahen und die sie glücklich machte, während unsere Augen sie nicht erkennen können? Möglicherweise erschien sie ihnen wie der Heiligenschein, den wir von den Bildern des Heiligen kennen. Für solche Dinge gibt es genügend Beispiele. Das berühmteste ist das des heiligen Sergius von Radonesch, der im Urwald einen Bären als Gefährten hatte, mit dem er sein Brot teilte. Nicht zu vergessen der Löwe des heiligen Hieronymus, der sich geduldig einen Dorn aus der Pfote ziehen ließ, womit eine Dauerfreundschaft zwischen zwei Individualisten begann, die beide nicht gerade bequem waren.

Gubbio ist eine kleine, sehr alte Stadt, deren Befestigungsmauern im Zickzack über den Abhang des Monte Igino laufen. Weniger heiter als Assisi, macht sie eher einen etwas strengen Eindruck, aber die riesige Piazza della Signoria im Herzen der Stadt gibt ihr eine gewisse Größe und Weiträumigkeit. Auf einer Seite ist der Platz von Häusern begrenzt, ihnen gegenüber gibt eine Terrasse den Blick auf die Unterstadt mit ihren dunkelroten Dächern frei, während sich an den anderen Seiten des rechteckigen Platzes zwei Paläste gegenüberstehen. So sieht das Bühnenbild für die Schlußszene aus. Zu Franziskus' Zeiten lebte Gubbio in Angst und Schrecken. Ein riesiger Wolf machte die Gegend unsicher. Die Einwohner mußten die Stadttore geschlossen halten und gingen nur noch im äußersten Notfall, und dann mit Mistgabeln und Spießen bewaffnet, hinaus. Doch diese Ausgeburt der

Hölle fürchtete sich vor nichts und niemand und holte sich ihre Opfer wie weiland Minotaurus.

Franziskus faßte den Entschluß, hier Ordnung zu schaffen, und ging nach Gubbio, wo die Einwohner ihn jedoch inständig baten, davon abzulassen und bei ihnen zu bleiben. Doch er hörte nicht auf sie, verließ die Stadt durch das Römische Tor, nahm mit einem Gefährten den Weg zum Wald, wo das Untier sich versteckt hielt. Zunächst mußten sie ein wüstes Gelände durchqueren, einen Ort des Grauens, mit Totengebein übersät, das eine deutliche Sprache redete. Von den Stadtmauern herab schrien die Einwohner, sie sollten doch kehrtmachen. Franziskus kannte keine Furcht, aber sein Gefährte zitterte an allen Gliedern. Plötzlich drang aus dem Wald ein langes, allen wohlbekanntes Geheul.

Während der Gefährte starr vor Schrecken und wie angewurzelt stehenblieb, setzte Franziskus seinen Weg fort. In diesem Augenblick sprang der berühmteste aller Wölfe ihm in langen Sätzen entgegen.

Franziskus ging direkt auf das wilde Tier zu, machte ein großes Kreuzzeichen und rief: „Bruder Wolf, komm her. Im Namen Christi befehle ich dir, niemandem mehr Böses zu tun. Und du wirst auch nicht den Bruder Esel fressen (so nannte er seinen Leib)." Der Wolf blieb stehen. Die lang heraushängende Zunge verschwand in seinem aufgesperrten Rachen; er schloß das Maul und kam zu Franziskus, der ihm ernsthaft die Leviten las: „Du bist ein großer Bösewicht, du reißt die Geschöpfe Gottes und frißt sie, ohne seine Erlaubnis zu haben, und nicht nur die Tiere, sondern auch die nach dem Bilde Gottes geschaffenen Menschen. Deshalb verdienst du, als Räuber und Mörder mit Mistgabeln traktiert zu werden. Alle Welt schreit und wettert gegen dich,

aber ich will Frieden stiften zwischen dir und den Bewohnern von Gubbio." Der Wolf wedelte mit dem Schwanz, wackelte mit den Ohren und senkte den Kopf zum Zeichen, daß er einverstanden war. Das genügte noch nicht. Er mußte das Versprechen abgeben, daß er nichts Böses mehr tun wolle, und zu diesem Zweck seine Pfote in Franziskus' ausgestreckte Hand legen. Der befahl nun dem Neubekehrten, ihm bis zur großen Piazza della Signoria zu folgen. Die ganze Stadt hatte sich versammelt, um das Wunder zu sehen: Franziskus, dem der in aller Öffentlichkeit und auf wunderbare Weise zur Vernunft gebrachte Feind Nummer Eins auf dem Fuße folgte. Eine so gute Gelegenheit, das Evangelium zu verkünden, ließ Franziskus nicht ungenützt vorübergehen. Er machte den Zuhörern klar, daß die Sünden eines jeden von ihnen die Ursache für diese Plage gewesen seien und daß sie den feurigen Höllenrachen viel stärker zu fürchten hätten als die rote Schnauze eines wilden Tiers. Deshalb Buße und nochmals Buße, und zwar auf der Stelle.

Da der Wolf sich gebessert hatte, beschlossen die Einwohner von Gubbio, ihn jeden Tag mit einem ordentlichen Fressen zu versorgen; denn der Wolfshunger ist bekanntlich sprichwörtlich. Dadurch sollte er sich ruhig verhalten. Bruder Wolf wurde aufgefordert, das gute Vorhaben anzuerkennen, worauf er wiederum zustimmend Schwanz und Ohren bewegte. Zur Bekräftigung seines Versprechens hob er die rechte Pfote und legte sie in Franziskus' Hand.

Ein neues Leben begann jetzt für Gubbio wie für den Wolf, der allen Einwohnern ein guter Bekannter wurde und sie besuchte, als sei er bei ihnen zu Hause. Aber leider genoß er nur zwei Jahre lang dieses köst-

liche Leben. Als er starb, wurde er ausgiebig beweint und in einer Kapelle begraben, die dem heiligen Franziskus geweiht war. Beim Abheben einer Steinplatte im Jahre 1873 kam sein Schädel zutage, der auf seine Weise die Wundertat bezeugte und seinen ersten Freund unter den Menschen verherrlichte.

VIERTES KAPITEL

Gott allein

Minderbruder Franz

Die päpstlichen und bischöflichen Erlasse in Sachen der Fraternität hatten ihren Gründer auf den bescheidensten Platz zurückgestuft. Er selbst hatte diesen Wunsch geäußert. Er war nur noch ein Minderbruder unter tausend anderen, aber seine Ausstrahlung blieb unverändert. Wie hätte er sie auch verbergen können? Da nützte seine ganze Demut nichts. Er erteilte keine Weisungen mehr, blieb aber der Bruder, dem die Liebe der Menge entgegenschlug. So klein und unscheinbar er sich auch machte, seine Ausstrahlung verriet ihn.

Eine reizende Geschichte zeigt uns einen Charakterzug von ihm. Sie kann für jedermann von großem Nutzen sein. Ein Bruder wollte unbedingt ein eigenes Psalterium besitzen und vertraute dies Bruder Franz an. Der Obere hatte keinen Einspruch erhoben, aber der junge Bruder wollte sich an Franziskus selbst wenden. Da kam er jedoch gerade an den Richtigen. Franziskus mochte es nicht, wenn jemand von der Liebe zu Büchern angesteckt wurde: Bücher waren Sache der Wissenschaftler, des Klerus und der Orden mit Bibliotheken, wie der Benediktiner. Ein echter Minderbruder hatte es nur mit einem ihm gehö-

renden Buch zu tun. Das Evangelienbuch der Gemeinschaft, aus dem zu festgelegten Zeiten vorgelesen wurde, genügte für alle. Doch der junge Bruder kam noch einmal auf sein Anliegen zurück. Eines Abends, als er neben Franziskus am Feuer Platz genommen hatte, wagte er von neuem, seinen Wunsch vorzubringen. Franziskus sagte brummig: „Zuerst willst du ein Psalterium, und wenn du das hast, dann brauchst du ein Brevier, und hast du ein Brevier, dann willst du dich sehr bald auf einen Katheder setzen und sagst zu deinem Mitbruder: Bring mir mein Brevier!" Und plötzlich nahm er mit einer für ihn typischen Geste eine Handvoll kalter Asche, rieb damit den Kopf des Novizen ein und rief lachend: „Ein Brevier! Ein Brevier! Da hast du dein Brevier!" Darauf schlich der Bursche beschämt davon.

Doch die Geschichte ist noch nicht zu Ende. Einige Monate später traf Franziskus den Bruder Bücherfreund auf der Straße wieder. Es ist kaum zu glauben, aber dieser fing wieder mit seinem Psalterium an und sprach von der Erlaubnis des Oberen. Franziskus schickte ihn heim: „Geh und tu, was dein Oberer dir sagt." Der Bruder ging und ließ Franziskus allein auf der Straße zurück, einen Franziskus, der sich schämte und plötzlich rief: „Warte, Bruder, warte!" Als er ihn eingeholt hatte, bat er ihn, mit ihm zu dem Platz zu gehen, an dem zum erstenmal von dem Psalterium die Rede gewesen war. Dort kniete Franziskus vor dem Bruder nieder und bat ihn um Verzeihung: „Mea culpa", sagte er, fügte aber hinzu, daß es einem Bruder nicht erlaubt sei, mehr zu besitzen als seine Kutte, seinen Strick, seine Unterhose und, wenn es bei Krankheit notwendig war, noch Schuhe. Die Ablehnung blieb, aber der Ton hatte sich geändert. Von dem seligmachenden Psalter war keine Rede mehr.

Je tiefer wir in die Geschichte des Franziskus vordringen, um so mehr scheint er sich uns zu entziehen. Sogar seine Einfalt ist ein Hemmnis für unseren Wunsch, ihn zu verstehen. Es ist, als zöge er sich in eine jener Felshöhlen auf schwindelnder Höhe zurück, in denen er bisweilen Zuflucht suchte. Sein Verhalten irritiert uns oft genug, bis zum Schluß bleibt er ein Mensch der Gegensätze. Wir folgen ihm, so gut wir es vermögen.

Über die Einrichtung einer Franziskaner-Bibliothek in Bologna gerät er in Wut. Heißt das, daß er das Wissen verachtet? Weit gefehlt. Er bewundert es bei anderen, aber ihm selbst bedeutet es nichts. Er gibt zu, daß er „ohne Bildung" ist, aber er weiß instinktiv, daß diese sehr relative Unwissenheit bei ihm und bei denen, die ihm folgen, etwas Kostbareres als das menschliche Wissen bewahrt, die Fähigkeit, die Botschaft des Evangeliums ganz unverfälscht zu verstehen und ein kindliches Gemüt zu besitzen, das der Schlüssel zum Himmelreich ist. Wie der heilige Paulus kennt er nur Christus, der über alles menschliche Wissen erhaben ist.

Diese Liebe zur Unwissenheit ist um so bemerkenswerter, als sie sich zu einer Zeit, als Europa einen geistigen Aufbruch erlebt, äußert. Bologna hat die älteste und berühmteste Universität, aber andere werden in eben diesem Jahr 1222 ins Leben gerufen. Friedrich II. gründet die Universität Neapel und eine Hochschule für Medizin in Salerno. Er läßt Avicenna und Averroës und andere islamische Schriften über Astronomie, Anatomie und Allgemeinmedizin übersetzen. Es handelte sich um den ersten Versuch ernsthafter Beziehungen zwischen der christlichen Welt und dem Islam. Ähnliche Verständigungsbemühungen wurden mit den Juden von Córdoba und Se-

villa unternommen. In Italien wurde nach Neapel die Universität von Padua gegründet. Die Zahl der wissenschaftlichen Institute wächst. Daraus kann alles hervorgehen. In ihren Mauern finden nun die theologischen Dispute statt, die einst auf den Plätzen und Straßen gehalten wurden. Franziskus braucht nicht lange, um die Gefahr der Scholastik zu wittern.

Innerhalb der großen geistigen Bewegungen, die die Gesellschaft erfassen, bleibt er abseits und allein, getreu seiner Berufung zur Nächstenliebe. Wer ist er eigentlich? Mit Staunen betrachtet man ihn und hört ihm zu. Wie kommt es, daß seine Stimme selbst in das unglücklichste Herz Freude bringt? Sein Lächeln ist die Liebe. Wenn er lächelt, lächelt die Liebe. Die vertrautesten Sätze, die aus seinem Munde kommen, beleben den Glauben wieder und bringen den einzelnen wieder in Einklang mit sich selbst, auch wenn er in der Masse verloren ist, als setze sich diese Masse aus menschlichen Wesen zusammen und wäre nicht mehr, was sie gemeinhin ist, ein Ungeheuer ohne Kopf. Was man von Christus gesagt hat, ist man versucht auch von ihm zu sagen: daß nie jemand wie er geredet hat. Das Besondere an ihm ist, daß er für die Menge völlig unterschiedlicher Menschen, die ihn beobachten, ganz einfach der Mensch nach dem Willen Gottes ist. Nichts ist schwieriger, aber nichts ist auch erhabener. Wollte man alle Wunder von Bruder Franz aufzählen, käme man kaum an ein Ende. In fast allen Fällen aber handelt es sich um Heilungen an Leib oder Seele, die denen im Evangelium ähnlich und sichtbar gewordene Zeichen seiner Heiligkeit sind.

In diesem Jahr – vielleicht schon vorher, das steht nicht genau fest – nahm er vermutlich die Diakonswürde an, die ihm das Recht übertrug, bei der Messe

offiziell das Evangelium zu lesen, und, was ebenfalls von großer Bedeutung für ihn war, die Erlaubnis, bei bestimmten Gottesdiensten das mit dem Velum verhüllte Ziborium zu tragen, oder besser gesagt, Gott an seinem Herzen zu halten.

Predigt in Bologna

Gerät die Fraternität in diesem Durcheinander von Meinungen und unterschiedlichen Instruktionen in Bewegung, und was denkt Franziskus darüber? Franziskus schwankt nicht einen Augenblick. Das Kreuz bleibt unwandelbar für ihn auf unserer Erde, die sich dreht, und doch bringt ihm das Jahr 1222 keinen Frieden. Er muß versuchen, den Frieden in Fonte Colombo zu finden, in einer der Eremitagen im Tal von Rieti, die auf den Höhen im Schatten dichter Wälder versteckt liegen. Dort kann er nachdenken. Zu viele Dinge geschehen draußen in der Welt und kommen ihm zu Ohren. Die Fraternität verändert sich. Die Freunde von Franziskus, Elia und Ugolino, haben sie in Ordnung gebracht; sie haben einen Orden daraus gemacht. Die Verschwörung wurde mit sanfter Hand vom Meister angezettelt. Der große Traum von der ganzen, dem Heil zustrebenden Menschheit ist verflogen vor den praktischen Maßnahmen, die die „Idee" retten sollen, die am Anfang stand. Franziskus leidet darunter. „Wer hat meine Regel zerrissen?" schreibt er eines Tages schmerzbewegt. Dennoch hat kein Mensch je einen schöneren Traum gehabt als Franziskus, und mehr als zwanzig Generationen werden von der Erinnerung an diesen Traum leben. Eine Idee läß sich nicht umbringen.

Vermutlich in Begleitung von Bruder Leo ging er von Einsiedelei zu Einsiedelei, um die Brüder der ersten Stunde zu besuchen: Bernardo, Rufino, Masseo, Giunipero und Sylvester, den verschlossensten, um nicht zu sagen, menschenscheuesten von allen. Man würde Franziskus schlecht kennen, sähe man darin bloß eine nostalgische Reise, auf der er mit seinen Brüdern nur von den guten alten Zeiten in Portiunkula und Rivo Torto gesprochen hätte. Es ist anzunehmen, daß er diesen Einsiedlern, die ihm von ganzem Herzen ergeben waren, seine Probleme unterbreitete und auf ihre Ratschläge hörte. In der friedlichen und besänftigenden Schönheit der dunkelgrünen Wälder mußten alle Berechnungen und Überlegungen der Leute von Rom diesen nur Gott zugewandten Anachoreten winzig erscheinen...

Aber Franziskus hatte keine Zeit zu verlieren. Er wollte handeln, er hatte seine Regel zu verteidigen. Die erste war zurückgewiesen worden, eine zweite gewann Gestalt in ihm und antwortete dem unvergeßlichen Ruf Christi.

Wiederum verließ er seine Brüder, um woanders hinzugehen. Hatte er seit dreizehn Jahren denn etwas anderes getan? Ließ die unwiderstehliche Faszination der Landstraße ihn vergessen, daß der Herr ihm ganz genau den Ort gezeigt hatte, wo er auf dem Alverna seine Zeit dem Gebet widmen sollte, in einer Felshöhle über dem Abgrund? Er ging nicht sehr oft nach La Verna, aber wenn er schon in seinem Herzen das ganze Evangelium trug, dann hatte er in seinen reiselustigen Füßen bestimmt etwas vom heiligen Paulus.

Plötzlich kam ihm der Gedanke, nach Bologna zu gehen. An diese Stadt, die so stolz auf ihre herrlichen Bauwerke war, hatte er ungute Erinnerungen. Er

hatte nicht vergessen, daß ihre Einwohner zwei Tage lang einen heiligen Mann wie Bernardo da Quintavalle, der ein ganz bescheidenes Kloster für Minderbrüder gründen wollte, beleidigt und lächerlich gemacht hatten. Als Franziskus zehn Jahre später wieder dort gewesen war, wohnten seine Brüder recht komfortabel in einem reichen Haus und studierten, anstatt draußen in der frischen Luft zu leben und auf dem Lande und in den Dörfern zu predigen. Franziskus bedauerte die spektakuläre Vertreibung, die er damals vorgenommen hatte, nicht. Sie hatten die heilige Armut verraten und waren vor lauter Studieren hochmütig geworden. Er hatte klar und deutlich gesprochen und verurteilt wie ein Prophet des Alten Testaments, aber Ugolino, der sich gerade in der Stadt aufhielt, war eingeschritten. Alles konnte wieder geregelt werden, weil das Gebäude des neuen Klosters ihm gehörte. So übernahmen die Brüder das schöne Haus wieder. Ugolino war immer da, wenn es galt, die Dinge nach seinen Vorstellungen zu regeln. An das alles mußte Franziskus an diesem Tag von Mariä Himmelfahrt des Jahres 1223 denken.

Er stand auf den Stufen der alten romanischen Kirche mitten auf einem riesigen Platz, der die ganze Stadt fassen konnte, und schaute auf zwei herrliche Paläste mit drohenden Zinnen und Reihen prächtiger Arkaden: den des Podestà und den der Comune. Als ob diese Pracht nicht genügte, erblickte er über den Dächern noch die hohen Türme der Adelspaläste. Jeder Turm schien seinen Nachbarn übertrumpfen zu wollen, und einige waren sogar schief geraten, weil sie zu hoch hinaus wollten. Hier unter der glühenden Augustsonne regierten wie überall Hochmut und Stolz.

Schwerer noch wog der Gedanke an die ruhmreiche, im 5. Jahrhundert von Theodosius gegründete

Universität, die älteste der Welt, die berühmteste, die erste. Franziskus konnte sie von seinem Platz aus nicht sehen, hatte sie im Geiste aber trotzdem vor Augen. Was bewegte ihn bei dem Gedanken an sie? Wir wissen sehr wohl, daß er den Wert der Wissenschaft nicht ohne starke Vorbehalte anerkannte. Andere mochten Nutzen daraus ziehen, aber er nicht und seine Brüder auch nicht. Die Wissenschaft nährte den Stolz, durch sie gingen mehr Seelen verloren als gerettet wurden. Als Vermittlerin eines umfassenden und eitlen Wissens entließ sie aus ihren Mauern Menschen voller Selbstgefälligkeit, die eine leichte Beute für den ewigen Widersacher waren. „Ein einziger Teufel versteht davon mehr als alle Menschen", rief er eines Tages aus.

Die Piazza della Comune hat sich indessen gefüllt, es scheint, als habe die ganze Stadt sich auf diesem Pflaster versammelt; Menschen hängen sogar in den Fenstern oder sind auf die Dächer geklettert. Einfaches Volk und Edelleute, Rechtsgelehrte, Theologen, Philosophen, Mediziner, alle sind neugierig, wie dieser kleine Mann in Braun sich aus der Affäre ziehen wird. Mag ihm auch ein noch so großer Ruf vorauseilen, aber hier ist er in Bologna. Hier zählt das Wissen, während er sich zu einer freiwilligen Unwissenheit bekennt. Ob er dadurch eingeschüchtert ist? Das ist sehr unwahrscheinlich; denn er verläßt sich nicht auf sich selbst, sondern auf seinen Herrn. Hat er nicht seinerzeit die Kardinäle zum Weinen gebracht, ohne überhaupt zu wissen, was er ihnen sagen sollte? Hier hat er es mit einer streitlustigen Stadt zu tun, die durch blutigen Haß, der sich vom Vater auf den Sohn vererbt, entzweit ist. Franziskus wird es sich nicht entgehen lassen, ihr in aller Schärfe die Leviten zu lesen. Spürt er nicht, daß er diese Menge, die er vor

sich hat, nicht herausfordern darf, daß viele darunter sind, die nicht nach angelernter Redekunst hungern, sondern nach dem reinen, einfachen Wort Gottes? Aber der Zorn des Propheten will sich entladen, und das Thema, das er gewählt hat, lautet: „Die Engel – die Menschen – die Teufel", die Menschheit zwischen den Mächten des Himmels und der Hölle. Eine einmalige Gelegenheit, sie zittern und zagen zu lassen...

Doch kaum öffnet er die Lippen, da läßt der Herr aus seinem Mund Worte der Liebe und des Friedens kommen, als spräche er selbst an Franziskus' Stelle. Der Mann in Braun spricht so einfach und vertraut, als plaudere er mit der Menge, aber was er sagt, ist klar und deutlich, und seine Worte sind so treffend, daß alle mit gespannter Aufmerksamkeit zuhören, der Klerus so gut wie das einfache Volk. Die Professoren blicken einander erstaunt an: Das ist kein Unwissender, der da spricht. Die Bibeltexte, die er zitiert, sind mit einer Treffsicherheit gewählt, die einem Theologen zur Ehre gereichen würde, und trotzdem hat er nichts von einem Prediger an sich. Je mehr er in Eifer gerät, um so stärker klingen seine Sätze wie Herzschläge eines Verliebten, und es ist auch wirklich die Liebe, die hier spricht, so daß jeder Zuhörer das Gefühl hat, diese Liebe gelte ihm allein. Wie macht er das? Und wie macht er es, daß jede einzelne Silbe noch in der letzten Ecke des Riesenplatzes verstanden wird? Man weiß es nicht, man weiß auch nicht, wie es kommt, daß auf seine Bitte hin Feinde im Überschwang der Freude einander die Hände zur allgemeinen Versöhnung reichen. Es hat die Menschen so gepackt, daß sie von einem fast beängstigenden Sturm der Begeisterung mitgerissen werden, in Scharen zu ihm drängen und versuchen, seine

Kutte in Fetzen zu reißen, um Reliquien daraus zu machen. Ein Heiliger hat zu ihnen gesprochen, und eine italienische Volksmenge täuscht sich da nicht.

Thomas von Spalato, der Zeuge all dessen war, hat uns einen Bericht darüber hinterlassen.

Die verlorene Regel

Als er Bologna verläßt, beschließt Franziskus, nach Rieti zu gehen, denn seit seiner Rückkehr aus dem Heiligen Land bereiten ihm seine von der Sonne des Orients angegriffenen Augen ständig Schmerzen; und nach Rieti geht man seit jeher, um Augenkrankheiten zu heilen. Der Ruf der dortigen Ärzte läßt Franziskus wenigstens eine Besserung seines Zustandes erhoffen, wenn auch eine völlige Heilung nicht zu erwarten ist. Er legt den Weg in kleinen Etappen zurück, denn lange Märsche kann er nicht mehr machen. Das ganze Feuer seiner Jugend ist nur noch in seiner Seele zu finden, die kein Ermüden kennt, während der Körper immer schwächer wird. Unterwegs sucht er ein wenig Erholung in den zahlreichen Einsiedeleien der Minderbrüder. Auf dem Alvernerberg, in Farneto, in Buonriposo, im oberen Tibertal... Diese in der Kühle der Bergwälder verlorenen Zufluchtsorte gewähren ihm Schutz vor dem Licht, das er immer so geliebt hat und dessen gleißende Helle ihn jetzt quält. Dort kann er beten und auch seine Regel überdenken, der er eine genaue Formulierung geben will, die unangreifbar ist.

Schon der Name Rieti hat für Franziskus magische Anziehungskraft. Bei seiner Mission im Herbst 1208

mit seinen sieben ersten Brüdern war er nach Terni gekommen und hatte das Tal von Rieti entdeckt. Die herrliche Erinnerung daran war für ihn immer noch wie ein Ruf des Glücks. Er sah sich wieder auf der Straße der Wasserfälle, der berühmten Kaskaden von Marmore, wo das Wasser mit Donnergetöse hinunterstürzte und weißen Adern im grünen Marmor der Wälder glich. Dort war ihm die Versuchung gekommen, zu bleiben und eine Einsiedelei zu gründen, aber es galt, weiterzuziehen und eine Bevölkerung zu bekehren, die, von der lieblichen Landschaft verführt, wieder dem Heidentum verfiel. Als er am See von Piediluco entlang zog, der von den Reatiner und den Sabiner Bergen eingeschlossen wird, hatte er ein neues irdisches Paradies erreicht... In der ersten Dezemberwoche 1222 begab er sich in das kleine Kloster Fonte Colombo. Es lag in einem grünen Eichenwald versteckt und war der ideale Ort für das Vorhaben, das ihn beschäftigte. Es sei mir gestattet, hier eine kleine persönliche Erinnerung wachzurufen. An einem sonnigen Morgen in Fonte Colombo angekommen, hatten wir eine Tür geöffnet und einen großen Raum betreten, in dem das in Großbuchstaben geschriebene Wort VISITARE zu lesen war. *Visitare*, besuchen, genau das wollten wir, und mehrere, recht bescheiden gekleidete Personen hatten vermutlich die gleiche Absicht. Sie saßen bereits auf einer Bank und warteten. Wir nahmen neben ihnen Platz und sahen mehr nach einer Pilgergruppe als nach Touristen aus. Wir warteten und warteten, als plötzlich hinter einer Tür ein schmerzliches Wimmern und Stöhnen hörbar wurde und eine tiefe, beruhigende Stimme erklang. „Aber, aber“, sagte sie, „das ist keine Katastrophe! Sie werden sehen, es ist nichts.“ Wir hörten noch einmal ein tiefes Stöhnen

und fragten dann einen unserer Nachbarn, ob die Besichtigung des Klosters nicht bald beginnen würde. Dieser klärte uns auf und sagte: „Der Doktor ist da, wir müssen noch warten." Wir warteten also bei dem Bruder, der die Kranken betreute. Er setzte die alte franziskanische Tradition der Sorge für die Armen fort; die Liebe des Poverello hatte die Jahrhunderte überdauert. Als wir das winzige Hospital verlassen hatten, gingen wir einen schmalen Weg hinunter zu einer Kapelle aus dem 12. Jahrhundert, die kaum größer als ein Betraum war, deren Wände aber noch Reste der alten Fresken zeigten, die Franziskus in ihrer ursprünglichen Frische gesehen haben muß. Eine Christusgestalt, nach byzantinischer Art ein Buch haltend, war noch zu erkennen. In einer der Fensternischen, die kaum breiter als Schießscharten waren, hat Franziskus' feine Hand den griechischen Buchstaben „Tau" gemalt, der noch genau sichtbar und von einem orangefarbenen Rot ist. Diesen Buchstaben benutzte er als Unterschrift. Er hatte ihn wohl zum ersten Mal in Rom in einer dem heiligen Eremiten Antonius geweihten Kapelle gesehen. Es gibt überzeugende Gründe dafür, daß der Herr an ein Kreuz geschlagen wurde, das diese Form hatte. Hier in dieser winzigen Kapelle wohnte Franziskus der Messe bei, und seine Gegenwart ist hier viel stärker spürbar als im Glanz der von Bruder Elia zu seinem Gedächtnis errichteten Basilika.

Etwas tiefer am Berghang in der blendend weißen Grotte, die ihm als Zelle diente, zieht eine Felsspalte den Blick mit jener magischen Anziehungskraft in den Abgrund, der uns Schwindel verursacht. Franziskus scheint davon fasziniert gewesen zu sein; denn ein solcher Spalt findet sich in jedem Refugium, in dem er sich vor der Welt verbarg. Mit der Kühnheit

einer Bergziege muß er an dieser Stelle herumgeklettert sein, an der heute ein Geländer unerläßlich ist. In dieser Zelle kann man träumen. Hier fastete Franziskus vierzig Tage lang. Die Ausformung der Regel erforderte diese Anstrengung von ihm. Die beiden Gefährten, die Brüder Leo und Bonizo von Bologna, hatte er nicht zufällig gewählt: Leo als sein Vertrauter war durch niemand zu ersetzen, und Bonizo war ein Jurist aus Bologna. Ein Traum half ihm endgültig, seine Aufgabe ganz klar zu erkennen: Er hob winzige Brotkrümel von der Erde auf und wollte sie an mehrere tausend Brüder verteilen, aber wie sollte er das machen? Da sagte ihm eine Stimme: „Franziskus, mach aus all diesen Krümeln eine Hostie, dann kannst du allen davon geben, die danach verlangen." Er tat es, und wer sie, ohne Verlangen danach zu haben, empfing, wurde von Aussatz befallen. Franziskus konnte diesen Traum nicht deuten, aber als er abends betete, erklärte ihm die Stimme: „Franziskus, die Krümel sind die Worte des Evangeliums, die Hostie ist die Regel und der Aussatz die Sünde." Nach beendetem Fasten rief Franziskus Leo herbei und bat ihn, Schreibzeug zu bringen. Die beiden setzten sich vor der Höhle unter einen Baum, und Franziskus diktierte seine Regel unter göttlicher Eingebung. Man könnte sagen, daß die ganze Natur ihn in seiner inneren Sicherheit bestärkte. Vor ihm öffnete sich das Tal mit seinen bewaldeten Steilhängen, und am fernen Horizont glänzte der schneebedeckte Gipfel der Berge. Das Geplätscher der nahen Quellen störte das unendliche Schweigen nicht, sondern schien damit zu verschmelzen.

Sicher wurde der Text der Regel auch Bruder Bonizo vorgelegt, der nützliche Ratschläge für juristisch einwandfreie Formulierungen geben konnte, um

Vorbehalte und Bedenken der übergenauen Minister gar nicht erst aufkommen zu lassen.

In Portiunkula fing man indessen an, sich Gedanken über die lange Abwesenheit von Franziskus zu machen. Man hatte keine Nachricht von ihm, man wußte zwar, wo er sich befand, aber das war auch alles. Und als der Winter zu Ende ging, beschlossen Elia und mehrere Minister der Fraternität, sich zu ihm zu begeben. Sie beunruhigte in erster Linie das lange Warten auf die neue Regel, welche die erste, abgewiesene, ersetzen sollte. Brauchte er denn so lange für seine Arbeit? Je mehr Zeit verstrich, um so länger sahen sie die Regel werden, und sie wollten doch eine kurze und vernünftige haben. Sie gingen nach Rieti und ritten von dort nach Fonte Colombo. Franziskus betrachtete ihre Ankunft mit Mißvergnügen. Mit Elia allein hätte er ganz offen sprechen können, denn er konnte sich seiner alten Zuneigung zu diesem unsteten Menschen nicht erwehren, der sicher sein bester Jugendfreund war, aber die Anwesenheit der sechs oder sieben wichtigtuerischen Minister verdroß ihn. Er ahnte nicht, daß sie in Rieti aus Furcht, seine Regel könne zu hart ausfallen, darauf gedrängt hatten, daß Elia Franziskus aufsuchen und ihm sagen sollte, sie wollten diese Regel nicht, er solle sie für sich behalten. Elia hatte das strikt abgelehnt; um keinen Preis wollte er sich den Vorwürfen von Franziskus aussetzen, aber die Minister kamen immer wieder darauf zurück und ließen nicht locker. Schließlich gab Elia nach, und die kleine aufgeregte Schar machte sich auf den Weg zur Einsiedelei.

„Was wollen diese Brüder?" fragte Franziskus, als er sie sah. Elia überbrachte wohl nur mit Widerwillen die Botschaft. Die Szene ist auf verschiedene Weise dargestellt worden. Es ist traurig, schreiben zu

müssen, daß die Minister von vornherein gewonnenes Spiel hatten. Elia nahm die Regel mit, versprach, sie in Rieti zu prüfen und Franziskus seine Meinung darüber zu sagen, sobald alle darüber diskutiert hätten.

Der Poverello muß schrecklich gelitten haben. Er richtete folgendes schmerzliche Wort an Christus: „Herr, hatte ich dir nicht gesagt, daß sie kein Vertrauen zu dir haben würden?"

Die Tage vergingen, ohne daß eine Antwort kam. In einer Anwandlung von Ungeduld, wo er wieder ganz der alte Francesco di Bernardone ist, steigt er in die Stadt hinunter. Dort erklärt Elia dem völlig Überraschten, die Regel sei verlegt worden. Man konnte suchen, soviel man wollte, sie war nicht wiederzufinden. Solche Dinge gibt es...

Wieder einmal war Franziskus hintergangen worden, und er tat dann etwas, was niemand hätte vorhersehen können. Seine Regel war verlorengegangen, also beschloß er, sie neu zu schreiben. Ob diese Regel mit der „verlorenen" identisch war? Ich glaube es. Auf Anraten von Bruder Bonizo waren Zugeständnisse formaler und juristischer Art gemacht worden, ohne die sie Gefahr gelaufen wäre, nicht „durchzugehen". Aber wie immer in solchen Fällen kann man nicht an die Form rühren, ohne das Innerste zu treffen. Dort liegt ein Aspekt der Tragik des Franziskus. Wie beim „Albatros" von Baudelaire „hindern seine Riesenflügel ihn daran, zu laufen". Er hatte die Füße nicht auf dem Boden. Zwischen dem Evangelium, wie er es las, und der Interpretation des Evangeliums durch die Welt klaffte ein Abgrund, jener Abgrund, über den wir heute noch streiten, weil ganz offensichtlich auch in unserer Welt am Ende des 20. Jahrhunderts der Sieg des Evangeliums noch

unendlich fern ist. Um das evangelische Ideal des Franziskus zu retten, sah sich die Kirche gezwungen, ausgleichend zu wirken. Das war unerläßlich, weil sonst die Menschheit Schiffbruch erlitten hätte und wieder ins Heidentum zurückgefallen wäre. Wer wissen will, wo wir jetzt stehen, braucht nur die Prophezeiungen Christi zu lesen über die Ereignisse, die seiner Wiederkunft vorangehen werden. Demgegenüber sind die Hirngespinste des Nostradamus nur Kehricht. Eine Katastrophe ist angekündigt, wie sie die Welt seit ihrer Erschaffung noch nicht erlebt hat. Nur das Vorhandensein von Auserwählten wird die vollständige Vernichtung abkürzen. Es versteht sich von selbst, daß eine unschuldige Welt nicht mit einer Strafe von diesem Ausmaß geschlagen würde. Die Menschen werden vor Angst erstarren und die Gestirne vom Himmel stürzen. Der heilige Petrus fügt hinzu, daß die glühenden Elemente miteinander verschmolzen werden. Danach werden ein neuer Himmel und eine neue Erde kommen... Man liest diese Dinge, blättert weiter und sagt sich: „Das alles betrifft nicht den morgigen Tag." Doch innerhalb der Tage wird es einen Tag geben, der keinen Morgen kennt.

Der Traum des Franziskus, die Menschheit durch das Evangelium zu retten, ließ sich nicht verwirklichen, weil er es wörtlich nahm und, man muß es so nennen, maßlos an jedem Vers des Evangeliums festhielt. Beim Zustand der Welt um 1222 konnte die Kirche dieses Ideal nur dadurch retten, daß sie es soweit wie möglich dem Menschen jener Zeit anpaßte. Franziskus beugte sich diesen Gründen und wurde genötigt, die Regel von 1221 neu zu fassen. Paßte die neue Regel? Ja und nein. Man konnte vom Menschen nichts Unmögliches verlangen. Das war nicht unvernünftig, es war notwendig und bitter. Franziskus

hatte nicht das Kreuz des Martyriums erlangt, das er begehrte, aber Christus schickte ihm ein anderes, das vollends dem Kreuz glich, das Simon von Zyrene trug, und die Last erdrückte ihn.

Er wollte das Evangelium nicht auf menschliches Maß zurechtstutzen. Er wollte nicht „vernünftig" sein. Er gehört zu jener Art von Menschen, die „nichts wissen wollen", die keinen Kompromiß kennen. Zu ihren Lebzeiten werden sie schließlich von der Welt zerbrochen, aber sie wirken über ihren Tod hinaus. Franziskus ist heute lebendiger denn je, während die Großen seiner Zeit nur noch Schemen sind. Er wollte die Welt retten und hat die Hoffnung gerettet.

Fluch über Perugia

Als Franziskus sich in Greccio, seiner bevorzugten Einsiedelei, aufhielt, wurde ihm, wie ein Chronist aus Perugia uns sagt, die Gunst einer Vision zuteil. Das Wort Gunst kann hier überraschen; denn die Vision konnte nur unheilverkündend sein. Es ging um Perugia, das durch seinen Stolz, seine Gewalttätigkeiten und seine Laster in einem schlimmen Ruf stand, obwohl damals solche Dinge gang und gäbe waren. Es ist außerdem noch hinzuzufügen, daß Franziskus das Gemetzel von Collestrada nicht vergessen hatte und auch nicht das in der Finsternis eines päpstlichen Verlieses verbrachte Jahr. Hatte er Rachegefühle? Wir wollen nicht übertreiben, aber wir könnten wetten, daß Franziskus der Ansicht war, Perugia habe einen ernsten Denkzettel nötig. Schließlich ist noch zu bemerken, daß diesem großen

Heiligen ein Fluch leicht von den Lippen ging. Nicht umsonst war sein Patron der heilige Johannes der Täufer, der mit dem ganzen Zorn eines jüdischen Propheten verfluchen konnte. Der Taufname des Franziskus war nach dem Plan der Mutter, wie wir gesehen haben, Giovanni nach Johannes dem Täufer, den er im Abendgebet anrufen und dessen Einfluß sich sein Leben lang bemerkbar machen sollte... Deshalb wird Franziskus in vielen Bildern von der Renaissance bis zum Barock zusammen mit seinem Namenspatron dargestellt, der mit einem Kamelfell bekleidet ist.

Nichtsdestoweniger lautete der franziskanische Gruß stets „Pace e bene", und sicher hatte Franziskus diesen Gedanken im Herzen, als er sich nach Perugia auf den Weg machte. Er hatte die Absicht, die sündige Stadt zu bekehren, ihr Freude und Frieden zu bringen, indem er ihr das Wort Gottes verkündete und sie zur Buße aufrief, als er nun den großen Platz betrat. Das riesige, von Palästen mit schwalbenschwanzförmig gezackten Mauern umrahmte Geviert erhielt durch die graurosa schimmernde Kathedrale einen Anflug von Großartigkeit.

Neugierig auf den berühmtesten Prediger des Landes, strömte die Menge von allen Seiten herbei und zeigte keinerlei Feindseligkeit; denn der Hunger nach dem Wort Gottes war hier wie überall in Italien groß. Lediglich die Ritter äußerten ihre Verachtung und begannen unter lautem Klirren ihrer Schwerter und Schilde zu fechten und mit ihren Pferden herumzutänzeln, um sich über diesen moralpredigenden Kuttenträger lustig zu machen. Es war unmöglich, bei diesem Höllenlärm und Geschrei auch nur ein einziges Wort zu verstehen. Da fühlte Franziskus, wie die große Empörung des Ewigen über sein Volk in

ihm hochstieg. Er wandte sich der Menge zu und stieß eine unheimliche Drohung aus: „Hört gut zu, was der Herr euch ankündigt“, schrie er, „sagt nicht: ‚Was soll's, er ist bloß ein Mann aus Assisi!‘ Der Herr hat euch erhöht und Ruhm verliehen, deshalb müßt ihr euch demütigen vor Gott und euern Nachbarn. Euer Herz platzt schier vor Hochmut. Ihr raubt eure Nachbarn aus und tötet viele von ihnen. Deshalb sage ich euch, wenn ihr euch nicht bald bekehrt, hält der Herr eine schreckliche Rache für euch bereit. Die Menschen werden sich gegeneinander erheben, der Bürgerkrieg wird ausbrechen und euch Leiden ohne Ende bereiten.“

So groß war die Autorität des Franziskus, daß seine Rede nicht etwa den Zorn des Volkes hervorrief, sondern tiefe Betroffenheit und Scham auslöste, so daß viele sich bekehrten. Trotzdem brachen kurze Zeit darauf Unruhen aus. Die Partei des Volkes erhob sich gegen die Ritterschaft, und der Bürgerkrieg mit seinen verheerenden Folgen griff um sich. Landgüter gingen in Flammen auf, Äcker wurden verwüstet, die Reben von den Hufen der Pferde zertrampelt. Rom unterstützte die Comune, und die Schlösser wurden niedergerissen. Der Klassenhaß wurde immer stärker und verursachte so viel Blutvergießen, daß die durch die Übermacht besiegten Ritter zur Flucht gezwungen waren und in Assisi, das gestern noch Gegenstand ihrer Verachtung gewesen war, um Asyl bitten mußten. So ging in Unglück und Schande die Prophezeiung des Poverello in Erfüllung.

Was er vorhersah, schnürte ihm das Herz zusammen. Er verließ Perugia und ging nach Assisi. Zurück blieben seine Worte, die wie Feuer brannten.

Die Regel der Minderbrüder

Das Pfingstkapitel in Portiunkula fand am 11. Juni statt, und Franziskus kam mit seiner zweiten, peinlich genau wiederhergestellten Regel dorthin. Bei allem Gehorsam war er fest entschlossen, Front zu machen und seinen Text zu verteidigen. Der Widerstand, den er erwartet hatte, war viel stärker als vorausgesehen. Er erhob sich nicht nur auf seiten der Minister, sondern auch bei den Brüdern, die aus allen Teilen der Halbinsel und aus dem Ausland gekommen waren; und jeder hatte seine besonderen Probleme. Alle stimmten darin überein, daß die Regel des Franziskus übermäßig streng war und die örtlichen Gegebenheiten nicht berücksichtigte: unterschiedliches Klima, unterschiedliche Zuhörer. Es war eine Sache, unter strahlender Sonne den Spaniern zu predigen, und etwas anderes, einer oft genug widerspenstigen Menschenmenge in den pommerschen Sümpfen gegenüberzustehen. Übertriebene Kasteiungen schwächten die Kräfte, und darunter konnte der Eifer nur leiden. Ohne das franziskanische Ideal anzutasten, mußte, wenn schon keine Milderung, so doch wenigstens eine Humanisierung bestimmter Artikel in Betracht gezogen werden.

Franziskus erkannte, wo die Vorbehalte lagen, und manche Einwände schienen ihm berechtigt. Er hatte doch selbst angeordnet, die Bußwerkzeuge zu verbrennen, die den Körper züchtigen konnten, ohne daß die Seele davon berührt wurde, und hatte auch auf ausreichendem Essen bestanden. Er gab ohne weiteres bei Einwänden nach, die aus gesundem Menschenverstand gemacht wurden, aber er kämpfte entschlossen gegen die sinnlichen Begierden, und seine Forderungen bezogen sich auf das innere Leben und

seine Heiligung. Als erstes heißt es die Blicke abzutöten: „Der Tod steigt durch die Fenster", sagt die Schrift, die er gut kannte. Eine Frau mit Begierde anschauen wiegt ebenso schwer wie vollendete Unzucht. Als nächstes: „Die Zunge abtöten." Ein anderer heiliger Franziskus, ein Franzose und Bischof von Genf, wird uns später sagen, daß üble Nachrede bedeutet, seine Zunge in das Blut des Nächsten zu tauchen. Diese Formulierung hätte Franziskus gefallen. Kampf gegen alles, was die Liebe im Herzen des Menschen töten kann. In diesem Punkt wird er keinen Fingerbreit nachgeben. Für den Sünder dagegen, der seinen Fehler einsieht, fordert er Nachsicht, und zwar in gleichem Maße, wie Christus sie übte, denn ihm und nur ihm allein muß man folgen. Er redet mit Wärme und Autorität, obwohl er nur noch ein Minderbruder wie alle anderen ist. Aber wenn er auch nicht mehr der Führer der ganzen Gemeinschaft der Brüder ist, so bleibt er doch ihre Seele. Und der Franziskus der frühen Tage kommt wieder zum Vorschein in Ausdrücken wie: „Ich rate meinen Brüdern..., ich warne..., ich empfehle...", und stets heißt es: „Meine Brüder..."

Nicht aus Schwäche, sondern um das Ideal zu retten, gibt er nach, wenn er vor einem unüberwindlichen Hindernis steht; Starrsinn ist eine Klippe, an der alles zerschellen kann. Er muß auf Ausgleich bedacht sein. Er verbietet zum Beispiel nicht mehr, zum Reisen ein Pferd zu benutzen, falls es erforderlich ist, besteht aber auf dem Verbot, auch nur irgend etwas mitzunehmen. Etwas von der Kraft der ersten Regel geht verloren. Die zweite, die weniger streng ist, scheint auch weniger kraftvoll zu sein, aber sie bewahrt das Wesentliche und wird schließlich angenommen. Bleibt nur noch die Verpflichtung, sie dem

Papst zu überbringen zu einer letzten, gefürchteten Prüfung. Er verläßt Portiunkula weder als Sieger noch als Besiegter, aber seine Enttäuschung ist wiederum ein Stück gewachsen. Der Widerstand der Brüder hat ihn tief getroffen. „Die Regel ist zu hart!" Diesen Einwand glaubte er niemals hören zu müssen. Die ersten Gefährten würden ihn nie erhoben haben. Es war wie ein Protest gegenüber den Forderungen des Evangeliums, und das Evangelium verlor an Boden. Hatte es nicht immer an Terrain verloren, seit Christi Füße nicht mehr auf dieser Erde wandelten? Der Traum des jungen Bekehrten von 1206 wurde in Stücke gerissen.

Die Einsiedelei

Franziskus brauchte ein Refugium, um wieder zu sich selbst zu finden und bei Gott Klage zu führen: „Herr, hatte ich es dir nicht gesagt?" Poggio Bustone in den Reatiner Bergen schenkte ihm, weitab vom Lärm und Streit der Welt, den Frieden einer erquikkenden Stille.

Das Dorf liegt an einem Berghang auf rund siebenhundert Meter Höhe; das bescheidene Kloster, hundert Meter darüber, bestand zur Zeit des Franziskus aus drei oder vier zu Einsiedeleien eingerichteten Höhlen. Franziskus hatte es 1208 gegründet; aber nicht deshalb zog er sich nun hierher zurück. Zweihundert Meter höher noch, in einer schwer zugänglichen Schlucht, am Fuße hoher Kreidefelsen, hatte er eine fast unauffindbare Höhle entdeckt, wo er wie ein verwundeter Vogel Zuflucht suchte.

Wenn er zur Eremitage hinabstieg, um mit seinen

Brüdern zu reden oder eine Mahlzeit einzunehmen, sah er in der Abendsonne das Tal von Rieti vor sich liegen, seine im letzten Sonnenlicht rötlich schimmernden Wiesen und einen langgestreckten See, der inmitten der üppigen Vegetation wie eine stählerne Klinge blitzte. Es war, als ob ihm die Natur in der Stille dieses Ortes schon die Worte des Lobgesangs zuflüsterte, die sich unbewußt in ihm formten und seine Trauer überwanden.

Das Gesicht des Franziskus

Die Frage der Franziskus-Porträts wird immer offenbleiben, weil es aus den Jahren nach seinem Tode zahlreiche Bilder gibt, die nicht zueinander passen. Das schönste davon, das von Cimabue, wurde fünfzig Jahre später gemalt. Sein Wert liegt, von der malerischen Schönheit einmal abgesehen, in der genialen Einfühlungsgabe des Künstlers. Es zeigt uns den Franziskus der letzten Lebensjahre, einen kranken Franziskus, vom Leiden gezeichnet, traurig und dennoch Liebe ausstrahlend.

Wenn wir einen Franziskus möchten, wie ihn seine Zeitgenossen auf der Höhe seines mystischen Abenteuers gesehen haben, müssen wir ihn anderswo suchen, in der Benediktinerabtei von Subiaco, wo wir zwei Zeugnisse vorfinden, die mir überzeugend erscheinen...

In der Einsiedelei von Poggio Bustone verbringt Franziskus eine gute Woche, dann geht er zu Fuß nach Subiaco, wo er bekanntlich den Juli und August verbringt. Es liegt ihm daran, an der Weihe der Sankt-Gregors-Kapelle teilzunehmen, die Ugolino am

3. September vornimmt. Der Kardinal von Ostia ist nämlich Herr von Jenna, dessen Ländereien der Abtei von Subiaco lehnspflichtig sind. Das Heiligtum, bereits von Innozenz III. begonnen und zu Ehren des heiligen Benedikt um die Höhle erbaut, wo Benedikt von Nursia einst seine Regel aufgestellt und seinen Orden gegründet hatte, sah jetzt seiner Vollendung entgegen.

Franziskus hatte die Benediktiner ins Herz geschlossen, und diese vergalten Liebe mit Liebe. Sie nahmen ihn freudig auf und hatten immer eine Zelle für ihn bereit. Aber diesmal kam zu dem Bedürfnis, etwas Abstand von seiner in seinen Augen sich zu schnell verändernden Fraternität zu gewinnen, noch der Wunsch, bei der glanzvollen Einweihung dem Vater der Mönche des Abendlandes Ehre zu erweisen. Er kam allein im Kloster an; denn aus Gehorsam und Demut hatte er es abgelehnt, sich wie üblich von einem seiner liebsten Brüder begleiten zu lassen.

Ich bin überzeugt, daß die Weihe der Sankt-Gregors-Kapelle nur im Jahr 1223 stattfinden konnte, und nicht 1222 oder 1224, wie manche sagen. Doch bevor wir auf das Porträt von Franziskus zurückkommen, das 1216 anläßlich eines ersten Besuches, von dem ich erzählt habe, begonnen wurde, möchte ich die Aufmerksamkeit auf ein zweites Porträt lenken, das sich in der gleichen Kapelle auf einer anderen Wand links vom Fenster befindet und die Weihezeremonie darstellt. Drei aufrecht stehende Personen sind dargestellt: der Kardinal Ugolino als Offiziant, hinter ihm ein großer junger Mann, mit einer Albe bekleidet, Rainaldo di Jenna, ein Neffe des Kardinals, der später unter dem Namen Alexander IV. ebenfalls Papst wird, und zwischen beiden eine Figur mit einer dreieckigen graublauen Kapuze auf dem Kopf wie auf

dem anderen Franziskus-Porträt. Neben seinem Gesicht ist ein besonders reich mit Gemmen geschmücktes Prozessionskreuz sichtbar. Im Gegensatz zum anderen Fresko zeigt dies hier keinerlei Übermalung, und sein Schöpfer ist der geheimnisvolle Meister des heiligen Gregor, der auch Meister des heiligen Franziskus genannt wird, und von dem einige Fachleute annehmen, daß es sich um einen Maler der Familie Cosma handelt, auf jeden Fall um einen ausgezeichneten Freskomaler der römischen Schule.

Ohne mich auf unfruchtbare Streitereien einzulassen, die das, was augenfällig ist, nur unklarer machen, erinnere ich mich an ein Wort von Berenson über die innere Wirklichkeit und möchte in diesen beiden Porträts die beiden einzigen wirklich authentischen Gesichter sehen, ohne allerdings den Poverello, der seine Augen trocknet, zu vergessen, eine naive Malerei, die wir in Greccio finden. Die Lektüre der Inschriften unter dem Fresko kann mich in meiner Meinung nur bestärken, daß wir hier den Franziskus von 1223 vor uns haben, wie er wirklich aussah...

Die erste Inschrift erläutert lediglich, daß Papst Gregor IX., damals noch Bischof von Ostia, diese Kirche geweiht hat. Die zweite, mit größeren Buchstaben auf einem ehemals roten Hintergrund, besagt folgendes: „Im zweiten Jahr der Regierung des Papstes wurde dieses Haus ausgemalt. Bevor dieser der größten Ehre teilhaftig wurde, weilte er zwei Monate, im Juli und im heißen August, hier und führte ein Leben in Vollkommenheit. Er tötete das Fleisch in heiligen Übungen ab, wie der heilige Paulus verzückt und in den dritten Himmel versetzt. Es war schon nicht mehr er, der lebte, sondern Christus lebte in

ihm. Deshalb soll man hier ein Gebet sprechen." Ugolino wurde am 19. März 1227 zum Papst gewählt, das Fresko demnach 1228 gemalt, weshalb dann zwei Inschriften? Weil die zweite große sich ganz offensichtlich auf Franziskus bezieht. Es ist das Jahr seiner Heiligsprechung, und die Aufmerksamkeit wird auf das mächtige Kreuz neben seinem Gesicht gelenkt. Die lateinischen Worte stehen in der Vergangenheit und legen Zeugnis ab für die Heiligkeit des Modells. Man konnte sie wohl nicht über den noch lebenden Gregor IX. und auch nicht über den künftigen Alexander IV. schreiben. Wegen der genauen Angabe der Monate Juli und August kann es sich nicht um 1222 handeln, da Franziskus sich damals in der Romagna, genauer gesagt, am 15. August in Bologna aufgehalten hat. Es kann auch nicht 1224 sein, denn in jenem August hielt sich der Heilige auf dem Alvernerberg auf. Ich meine also, daß diese Inschrift ganz klar besagt, daß Franziskus im Sacro Speco von Subiaco wohnte und 1223 das Leben der Mönche für zwei Sommermonate teilte. Er trug dort schon das Antlitz Christi in sich, das ein Jahr später durch die Wundmale sichtbar wurde. Und weil er ein Heiliger ist, kann man vor diesem Bild beten, was vor dem Bild eines nicht heiliggesprochenen Papstes ungewöhnlich wäre.

Manche Ähnlichkeiten in Details lassen sich in den beiden Porträts entdecken: die Rundung der Wangen, die Form der Ohren, die Zeichnung von Mund und Kinn, Bart- und Haarwuchs, die feine Nase und vor allem die von Celano als gerade und kaum gebogen bezeichneten Augenbrauen. Verschieden ist allerdings der Blick: Auf dem Fresko von der Einweihung liegen die Augen tief, der Blick scheint nach innen gewandt, er entfernt sich mehr und mehr von

den Dingen der Welt, nach Poggio Bustone zweifellos eine Rückkehr zu sich selbst und der Wunsch, nur durch das Beispiel für sein Ideal zu kämpfen.

In dem anderen Porträt hält er eine Rolle in der Hand, auf der zu lesen ist: „Friede diesem Haus." Es ist Bruder Franz. Die Hand ist jung, das Gesicht etwas verschmitzt, das gut geschnittene Armutskleid zeigt sogar eine gewisse Eleganz, die Füße sehen noch aus, wie Celano sie beschrieben hat: klein und fast weiblich. Der Hals ist zierlich. Das ist Franziskus von 1216 mit seiner Begeisterung und seinen Illusionen über die Menschen. Die Freude strahlt aus seinem Blick, der ganze Körper ist jung. Selbst wenn man bedenkt, daß das Fresko stellenweise, speziell an den Gewandfalten, in der Mitte des 19. Jahrhunderts restauriert wurde, so ist Franziskus hier wirklich lebendig. Es ist das vollkommenste Bild, das man sich von ihm machen kann, und die Welt hat sich darin nicht getäuscht. Aber schauen wir etwas näher hin. Eine aufmerksame Prüfung des Gesichts läßt uns mehr darin erkennen, als es auf den ersten Blick erscheint. Franziskus' erster Aufenthalt in Subiaco ist mit Sicherheit auf 1216, der zweite auf 1223 zu datieren. Zwischen diesen beiden Daten liegt ein Schicksal, der Mann hat sich sehr stark verändert. Eine Wandlung ist in ihm vorgegangen, die der Künstler uns nach seiner Art erzählt, und zwar mit Takt und außergewöhnlichem Geschick. Man könnte meinen, er wolle verbergen, was er zu sagen hat. Ein flüchtiger Blick entdeckt davon nichts.

Nach meiner Meinung lebte der Maler des Freskos im Kloster. Wenn man die linke Gesichtspartie abdeckt, sieht man in der rechten Hälfte ein großes Auge mit klarem, heiterem Blick, das Auge eines Menschen, der staunend die Schöpfung betrachtet,

als sei die ganze Schönheit der Natur in ihn eingedrungen, um ihn ganz zu erfüllen. Der junge Franziskus steht vor uns mit seinen Leidenschaften und all seinen Träumen von den Menschen guten Willens. Ganz klar zeichnet sich ein Lächeln ab, das am Mundwinkel und am Nasenflügel aufscheint.

Die linke Gesichtshälfte sagt etwas ganz anderes. Auffallend ist an diesem Auge die vergrößerte Iris, die bis zum Lidrand reicht. Andererseits ist das Auge klein, und die Freude ist aus ihm gewichen. Man kann nicht sagen, daß das Auge krank ist, aber es unterscheidet sich vom rechten, ist bereits angegriffen. Der Gesichtsausdruck ist ernst, beinahe streng. Nicht einmal ein winziges Lächeln um Mund und Nase. Diese Seite des Gesichts ist unbewegt und traurig. Das ist der Franziskus vom Sommer 1223, und diese Gesichtspartie hat vielleicht als Modell für das andere Fresko gedient. Zwischen 1216 und 1223 reiste er ins Heilige Land und kämpfte um die erste Regel, war ständig augenkrank und erlitt grausame Enttäuschungen. Zwischen diesen beiden Daten war er der noch junge, von der Liebe getragene Mann, und auch der Mann, der seine Triebe gezügelt hat, für den aber der offensichtlich glänzende Erfolg seines Ideals nur eine als Sieg getarnte Niederlage ist. „Die Niederlage einer Armee ist nichts gegen die Niederlage einer Idee", schrieb Sabatier 1898.

Der Maler hat sich demnach zweimal ans Werk gemacht, um dieses Porträt zu schaffen. Es ist anzunehmen, daß er Franziskus zuerst im strahlenden Glanz einer von Prüfungen noch verschont gebliebenen Berufung gezeichnet hat. Sieben Jahre später, als er Franziskus im reifen Alter wiedersah, überarbeitete er die linke Gesichtshälfte mit den tiefgreifenden Veränderungen, die das Leben mit sich ge-

bracht hatte. Trotzdem ist der ungewöhnlich starke Gesamteindruck, den dieses herrliche Porträt vermittelt, der einer übernatürlichen Freude, der Schatten verschwindet, das von Gott geliebte Kind ist nicht von Gott verlassen worden. Mögen die Prüfungen sein Gesicht auch verändert haben, im Grunde seines Herzens ist er immer derselbe, erfüllt von dieser zärtlichen Liebe, die ihn uns so nahe bringt und aus ihm den meistgeliebten Heiligen gemacht hat. Schon sein Name läßt uns lächeln wie der Name eines Freundes. Man hat das Gefühl, daß er nichts anderes möchte, als mit uns zu leben und uns zur Hilfe zu eilen in schweren Stunden, einerlei was uns bedrückt. Er ist kein Kirchenvater. Er kennt nur das, was Christus ihn gelehrt hat, aber das kennt er genau. Durch ihn ist uns das Evangelium ein zweites Mal geschenkt worden.

Seine tiefe Menschenliebe zieht sich wie ein leuchtendes Band durch seine Schriften, aber nirgends spüren wir sie vielleicht so stark wie in einigen Zeilen, die er während dieses Aufenthalts an Bruder Leo gerichtet hat, als dieser den Wunsch äußerte, ihn zu besuchen. Hier sind sie in ihrer ganzen Innigkeit:

„Bruder Leo, dein Bruder Franziskus wünscht dir Heil und Frieden. Ich möchte dir etwas sagen, mein Sohn, wie eine Mutter: Alles, was wir unterwegs besprochen haben, fasse ich kurz in diesem Wort zusammen, und ich gebe dir den Rat – auch wenn du es später für nötig hältst, zu mir zu kommen –, folgenden Rat gebe ich dir. Wenn du findest, daß du auf die eine oder andere Art besser den Wünschen des Herrn Gottes entsprechen, ihm und seiner Armut besser folgen kannst, dann tue es mit dem Segen des Herrn Gottes und in Übereinstimmung mit mir. Und wenn du es nötig hast für das Heil deiner Seele oder

zu deiner Ermutigung und willst zu mir kommen, Leo, dann komm."

Welche Liebe liegt in diesem Wort „Komm" am Ende des Briefes. Wohl nie war Geschriebenes so lebensnah; man glaubt, seine Stimme zu vernehmen.

Weihnachten

Mitte September erwartet Ugolino, der wieder nach Ostia zurückgekehrt ist, Franziskus und seine Regel zur päpstlichen Approbation. Die Entfernung zwischen Subiaco und Rom ist kurz, dennoch dürfte die Reise Franziskus lang vorgekommen sein, denn er ahnte nichts Gutes. Seine Beziehungen zu den Großen dieser Welt mußte er oft genug mit Enttäuschungen bezahlen ... Die Anwesenheit seines Freundes Ugolino, der ihn in der Ewigen Stadt erwartet, ermutigt ihn vielleicht etwas, und er wird auch sehr zuvorkommend von dem Kirchenfürsten empfangen. Welchen Weg hatten beide in ihrem Leben zurückgelegt! Als Ugolino nach Franziskus' Tod Papst geworden war, versicherte er in der Bulle „Quo elongati", aktiv an der Abfassung der Regel der Minderbrüder beteiligt gewesen zu sein, aber es scheint, als sei seine Mitwirkung vor allem negativer Art gewesen. Er ließ etliche Artikel abändern, namentlich den über den unbedingten Gehorsam, ausgenommen im Fall einer schweren Gewissensfrage, wie bei den anderen Orden. Das war der erste formelle Schritt zu der regulären Organisation der Fraternität, und Franziskus gab aus Gehorsam nach.

Ob er nicht damals jene aus seinem tiefsten Innern kommenden Worte gesprochen hat, die an das Leben

der Wüstenväter erinnern und die später Ignatius von Loyola im Kopf hatte: „Nehmt einen Leib, den die Seele verlassen hat, und stellt ihn irgendwo hin; er wird es sich ohne Murren gefallen lassen und sich nicht über die Stellung beschweren, in der man ihn läßt. Stellt man ihn auf eine Kanzel, wird er nicht nach oben blicken, sondern nach unten; bekleidet man ihn mit Purpur, wird er doppelt blaß erscheinen. Das ist der vollkommene Gehorsam..." Selbst wenn das im Gegensatz zu seiner Liebe zum Leben steht, so gibt dieses Wort doch ein unvergleichliches Bild seiner Auffassung von Gehorsam.

Im November hatte Honorius III. den abgewandelten Text in Händen und bestand väterlich auf einem einschneidenden Zusatz; der Begriff „Orden" tauchte in der Regel auf, dadurch verlor die umfassende und großzügige Bezeichnung „Fraternität" ihren Glanz, blieb aber im Sprachgebrauch und im Herzen der Franziskaner bestehen.

Endlich, am 29. November, approbierte der Papst die Regel in der Bulle „Solet annuere". Um sicher zu sein, daß es keine Unruhe bei den Minderbrüdern gäbe, die auf den Geist der Anfangszeit eingeschworen waren und „Zelanti" genannt wurden, veröffentlichte der Papst bald eine neue Bulle „Fratrum minorum", die allen mit Exkommunikation drohte, welche die neue Regel nicht beachteten.

Für Franziskus ist das eine totale Enttäuschung. Er fürchtet jetzt, daß die Verbesserer der Regel so weit gehen könnten, gerade die treuesten Brüder in die Einsamkeit der Wälder zu verjagen. Das geschieht später auch, als die Generalminister, unter ihnen Bonaventura, die Brüder verfolgen, die ein kontemplatives Leben führen. So läßt Cäsar von Speyer, während des Generalats von Elia ins Gefängnis geworfen,

sein Leben unter den Stockschlägen eines Gefängnisbruders, weil er angeblich fliehen wollte. Bernardo muß sich in den abgelegenen Einsiedeleien verbergen, und die berühmten Rollen, auf denen Leo die ganze Geschichte des Franziskus und seine eigenen Erinnerungen erzählte, wurden – weil zu gut versteckt – niemals wiedergefunden. Bevor Franziskus Rom verließ, erhielt er vom Papst gleichsam als Ausgleich das Recht, Weihnachten mit besonderem Glanz und nach seinen persönlichen Vorstellungen zu feiern. Er wählte Greccio, weil der Herr dieses Fleckens, Giovanni di Velita, „der weniger Wert auf den Adel des Blutes als auf den der Seele legte", Franziskus den bewaldeten Berg geschenkt hatte, der den Felsvorsprung, auf dem sein Dorf stand, und das Tal von Rieti bis zu den bläulich schimmernden Bergen am Horizont überragte.

Auf einer senkrecht abfallenden Steinwand hatte Franziskus eine kleine Einsiedelei gegründet, für die er wie gewohnt eine der zahlreichen Grotten, die ihm die Natur anbot, benutzte. Sie wurde in eine Kapelle umgewandelt. Auf sein Geheiß stellte man einen reichlich mit Stroh gefüllten Futtertrog auf und holte einen Ochsen und einen Esel dazu, Zeugen, wie die Überlieferung es verlangte. Mitten in der Nacht wurden die Lichter angezündet, und die Bevölkerung aus der Umgebung stieg mit Fackeln in der Hand von allen Seiten durch den Wald den Berg hinauf, so daß die Gebirgspfade hellschimmernden Bächen aus Licht glichen. Ein Priester war gekommen, um die Messe zu lesen, die auf dem zur Krippe gewordenen Futtertrog zelebriert wurde, der allen Italienern teuren „presepio". Franziskus, bekleidet mit der Dalmatik des Diakons, las das Weihnachtsevangelium. Die Menge war hingerissen, da sie das große Ge-

heimnis plötzlich neu entdeckte, und verfolgte aufmerksam die Zeremonie bis in die kleinsten Einzelheiten. Viele glaubten, sie sähen Franziskus das von Strahlen umgebene Kind in den Armen halten. Der Glaube des Mittelalters, der kindlicher war als der unsere, übersetzte die zu glaubenden Wahrheiten in die Sprache der Bilder, die die Herzen besser verstanden.

Es war eine außergewöhnlich milde Nacht, die allen unvergeßlich blieb. In den Wäldern sangen die Brüder, und überall erglänzten sanft die Lichter, als wollten sie sich dieser jubelnden Freude anschließen und der dunklen Klarheit des Himmels antworten. So entstand unsere Mitternachtsmesse, die erste Christmette, durchtränkt von jener Poesie, die nur ein Franz von Assisi erdenken konnte. So endete das Jahr der unentschiedenen Schlachten für ihn in freudiger Verzückung.

Brief an Bruder Antonius

Nach Weihnachten oder gleich zu Beginn des Jahres 1224 schrieb Franziskus einen Brief von vier Zeilen an Bruder Antonius als Antwort auf einen Brief, den er von ihm empfangen hatte:

„An Bruder Antonius, meinen Bischof. Bruder Franz wünscht Dir Heil. Es gefällt mir, daß Du die Brüder in der heiligen Theologie unterrichtest, sofern Du bei diesem Studium nicht den Geist des Gebetes und der Frömmigkeit auslöschest, wie er in der Regel vorgeschrieben ist."

Der Brief ist nicht trocken, aber behutsam abgefaßt, er wirkt wie die Erteilung einer Erlaubnis, weil

die Zeiten sich ändern, als würde man einem jungen unerfahrenen Menschen ein gefährliches Medikament verabreichen. Der Ausdruck „mein Bischof" darf nicht irreleiten. Es handelt sich nicht um einen freundschaftlichen Spaß, sondern um einen Titel, der jedem Prediger, ob Bischof oder nicht, gegeben wurde. Aus der kurzen Botschaft dieses Briefes könnte jedenfalls ein tiefes Mißtrauen gegenüber der Theologie herausgelesen werden, falls diese sowohl den Geist des Gebets wie den der Frömmigkeit in Gefahr bringt. Wozu diese Warnung, und was hatte er von seinem Briefpartner zu befürchten?

Als Sproß einer berühmten Familie um 1195 in Lissabon geboren und „schön wie eine Blume", wurde er damals Fernando genannt. Er wies alle Verlockungen der Welt zurück und trat in den Orden der Augustinerchorherren ein, wo er sich ein umfangreiches Wissen erwarb. Er war Chorherr von „Heilig Kreuz" in Coimbra, als 1220 die franziskanischen Märtyrer aus Marokko in seiner Kirche begraben wurden. Ohne einen Augenblick zu zögern, entschloß er sich, Minderbruder zu werden. Die Augustiner versuchten, ihn zu halten, doch vergeblich. Mit dem Namen Antonius trat er bei den Franziskanern in Portugal ein, darauf ging er nach Italien und wohnte dem Kapitel vom 30. Mai 1221 in Portiunkula bei. Der junge Bruder wurde in eine Einsiedelei in der Romagna geschickt, wo er Haus- und Gartenarbeiten verrichtete und in einer Höhle lebte.

Als er zur Teilnahme an einer Weihe in Forlì gerufen wurde, erhielt er die Weisung, das Wort zu ergreifen, denn die anwesenden Mönche anderer Orden hatten sich geweigert, weil sie unvorbereitet seien. Aus Gehorsam stand er auf, und seine improvisierte Predigt riß die Zuhörer hin, das um so mehr, als er bis

dahin nichts von seiner Begabung und seinem großen Wissen hatte merken lassen. Überall wollte man ihn nun als Prediger haben, und sein Ruf stand im umgekehrten Verhältnis zu seiner Bescheidenheit. Bologna – und das war die größte Ehre – bot diesem Mitbruder von 28 Jahren einen Lehrstuhl an; doch auch andere Städte warben um ihn. Die Minister der Fraternität drängten ihn auf diese Bahn, aber trotz ihrer Befugnis wollte er, daß Franziskus selber ihm die Erlaubnis gab. Zurückhaltender und besser ließ sich sein Einvernehmen mit dem Poverello nicht ausdrücken. Antonius stellte sein ganzes Wissen in den Dienst franziskanischen Geistes, wurde berühmt in Frankreich und Italien und nach seiner Lehrtätigkeit in Bologna 1229 an die junge Universität Padua berufen. Franziskus von Assisi hatte einen idealen Bruder: Antonius von Padua.

Das letzte Kapitel

Franziskus verbrachte den Winter in Greccio, ganz eingesponnen in die Weihnachtszeit, die er wie ein Fest erlebte, das ewig dauern sollte. Er wünschte, daß während dieser Feier der Liebe die Armen von den Reichen königlich beschenkt würden, aber nicht nur die Menschen, sondern auch die Tiere, die Ochsen und die Esel und natürlich auch die Vögel. „Wenn ich den Kaiser sähe", rief er wie ein Kind, „bäte ich ihn kniefällig, zu Weihnachten auf allen Straßen Körner auszustreuen, um die Vögel zu bewirten, vor allem unsere Schwestern, die Lerchen. Letztere waren ihm die liebsten von allen, weil ihr Federkleid wie eine Mönchskutte aussah und ihr Köpfchen in einer winzigen braunen Mönchskappe steckte.

Mit der Zeit und den harten Prüfungen vollendete sich die innere Entsagung und erreichte die vollkommene Einfachheit. Man möchte sagen, daß die reale Welt vor seinen Augen versank. Nie hatte er stärker erkannt, wie nichtig alles menschliche Tun war. Der Kreuzfahrer von einst legte seine Waffen nieder, wie Ritter Angelo Tancredi sie niedergelegt hatte, um Bruder Angelo zu werden.

Aus dieser Zeit gibt es ein Bild, das ihn leidend zeigt; es ist eine naive und etwas ungeschickte Malerei, die sich aber trotzdem dem Gedächtnis einprägt. Sie stellt einen Mann in ärmlicher Mönchskutte dar, der sich die Augen mit einen Taschentuch abwischt. Dieses Detail ist wichtig, weil man den Eindruck eines Sturzbachs von Tränen hat. Der Zustand seiner Augen verschlimmerte sich von Monat zu Monat, ohne daß Hoffnung auf Heilung bestand. Mit einer Geste, die höchst unwahrscheinlich ist, hebt er seine rechte geöffnete Hand und zeigt die Wundmale, die er stets sorgfältig zu verbergen suchte. Das dürfte nach seinem Tode hinzugefügt worden sein.

Franziskus dehnte seinen Aufenthalt im Tal von Rieti bis Juni aus, dann kehrte er nach Portiunkula zurück, um noch einmal, das letzte Mal, am Pfingstkapitel teilzunehmen.

Kurz bevor er Greccio verließ, geschah etwas für sein Leben ganz Unerhebliches, über das man hinweggehen könnte, wenn es nicht zu schade wäre, weil es das ganze mitfühlende Herz des Franziskus offenbart, den wir lieben. Der Poverello ist nicht immer leicht zu begreifen. Schroffheit konnte unversehens in Herzlichkeit umschlagen und umgekehrt. Und dies geschah damals:

Zwei Brüder waren von weither gekommen, um

ihn zu sehen und um seinen Segen zu bitten. Es war Fastenzeit, Franziskus hatte sich in seine Höhle zurückgezogen, um zu beten, und ihn während dieser Zeit zu stören war verboten. Er hielt sich an keine Zeit, und niemand konnte sagen, wann er ins Kloster zurückkam. Deshalb gingen die beiden Brüder enttäuscht wieder fort. Als Franziskus' Gefährten sie völlig niedergeschlagen sahen, versuchten sie sie zu trösten und begleiteten sie bis zum Dorfrand. Aber die abgewiesenen Besucher bildeten sich ein, ihren Sünden hätten sie dieses Mißgeschick zu verdanken. Sie waren bereits unterhalb des Klosters, als sie plötzlich hörten, daß man von oben nach ihnen rief. Einer plötzlichen Eingebung folgend, hatte Franziskus die Höhle verlassen. Mit einem Blick sah er, was geschehen war, rief einen Bruder und schickte ihn zu den beiden Pechvögeln, um ihnen zu sagen, sie möchten sich umwenden und zu ihm hinaufschauen. Dann machte Franziskus von seinem natürlichen Felsbalkon aus, der die Straße überragte, ein großes weit ausholendes Kreuzzeichen über sie. Es war ihnen, als bedecke das ganze Gebirge sie mit seinem Segen. Von unsagbarer Freude erfüllt, kehrten sie wieder in ihre Provinz zurück.

In Portiunkula traf Franziskus ein verkleinertes Kapitel an. Viel weniger Brüder als gewöhnlich waren gekommen; denn es waren Provinzkapitel eingeführt worden. Diese magere Versammlung war alles andere als ein Fest. Es fehlte insbesondere die Freude, die früher in den ersten Tagen geherrscht hatte, der Jubel über das Wiedersehen und das fröhliche Geplauder. Etwas hatte sich geändert, und einer fehlte, obwohl er anwesend, aber zugleich abwesend war, verloren in der großen Schar, ein kleiner schweigsamer Bruder wie jeder andere.

Was ging in ihm vor? Entscheidungen wurden getroffen, neue Brüder sollten nach England geschickt werden; der Begriff Orden trat an die Stelle von Fraternität. Wie hätte Franziskus darunter nicht leiden sollen? Orden, das klang militärisch. In Fraternität steckte Liebe. Welche Beziehung gab es zwischen beiden? Hatte er sich geirrt, hatte er die Bitte des Herrn falsch verstanden? Nein, das war nicht möglich. Christus hatte in seinem Herzen zu ihm gesagt, daß seine Regel gut war. Die Menschen hatten sie zerrissen. Irgendwer...

Größe und Elend des Bruders Elia

Einige Tage später weilte Elia mit Franziskus im Kloster zu Foligno und wollte mit ihm sprechen, aber Franziskus wandte sich ab. Überrascht kam der Minister von der anderen Seite, und wieder wurde er mit einer Kehrtwendung bedacht. Ein Teil des Tages verging mit solchem Ausweichen. Sie vermieden es, einander zu begegnen, bis Elia ihn an einer abgelegenen Stelle entdeckte, ihn am Ärmel zupfte und bat, ihm doch zu sagen, was er gegen ihn habe.

Die Situation ist etwas merkwürdig und wirkt leicht komisch, aber diesen Charakter verliert sie dann mit einem Schlag. Seltsam, daß der Generalminister des Franziskanerordens einen Bruder demütig um die Gunst einer Antwort bittet. Dabei darf man nicht vergessen, daß Elia Franziskus von ganzem Herzen liebt und daß diese Freundschaft bis zur Verehrung geht. Dieser Elia von Cortona, wie man ihn nennen wird, ist ein eigenwilliger Mensch und Führer einer wahren Armee, die immer größer wird.

Wovor kann eine so bedeutende Persönlichkeit Angst haben? Franziskus weiß es, sagt es aber nicht.

Unruhe beschleicht Elia, er drängt und drängt. Das Schweigen des Franziskus wird schließlich beängstigend, und Elia fragt ihn ein letztes Mal. Für Franziskus ist die Grenze der Nächstenliebe erreicht, kurz und bündig erklärt er: „Elia, du verdammst dich."

Das fürchterliche Wort hatte eine schreckliche Wirkung auf den Generalminister. Waren seine Sünden so ungeheuer groß? Er war ein Sünder wie jeder Mensch. Wo blieb Gottes Barmherzigkeit? Franziskus beharrte dennoch auf seinem Wort. War das, was Gott ihn über Elia hatte wissen lassen, so schrecklich? Die Geschichte liefert uns die nötigen Einzelheiten.

Übersteigertes Machtstreben sollte das hervorstechende Merkmal seiner ganzen Laufbahn werden. Doch wer verfiele einem solchen Streben nicht, wenn er zum einflußreichen Vertrauten eines Papstes und eines Kaisers wird? Er war bereits Ugolinos Berater, sollte diesen Platz später auch bei Friedrich II. einnehmen und zweimal absoluter Herr des Ordens der Minderbrüder werden. Da er ein begabter Architekt und großer Bauherr war, bewohnt er stets schöne Häuser, wie etwa das von ihm in der Oberstadt von Cortona errichtete, das sich heute in einem beklagenswerten Zustand befindet. Er hat in Bruder Bartolomeo von Padua einen renommierten, erstklassigen Küchenmeister, und seine Tafel ist berühmt für ihre erlesenen Speisen. In seinem Hause hält er sich etwas zu elegante junge Pagen und Pferde mit goldenem Geschirr... Aber nicht für sich selbst legt er solchen Wert auf diesen Prunk, sondern für den, den er vertritt; er ist sich der Bedeutung seiner

Rolle und seines Ranges bewußt. Als er eines Tages als Gesandter des Papstes bei Friedrich II. in Cremona ist, nimmt er sich nicht einmal die Mühe, vor dem Podestà von Parma aufzustehen, und bleibt in seinem Sessel am Kamin sitzen.

Daß Elia mit Vorliebe eine armenische Mütze trägt wie später Rousseau, ist sicher einer Modelaune zuzuschreiben. Aber mag er sich auch noch so sehr seinen Ordensbrüdern widmen, sein Leben gehört nicht weniger und mit jedem Tag mehr der Politik. Ein Skandal kann nicht ausbleiben. Er hat keine Zeit mehr für die Führung der Brüder, denn die Aufgaben, die ihm der Papst, später der Kaiser, überträgt, beanspruchen seine ganze Arbeitskraft. Als Laie bevorzugt er für Führungsposten in den Provinzen Laien statt Kleriker, und die Geistlichen nehmen ihm das übel. Das führt dazu, daß sie ihn sogar wegen kleiner menschlicher Schwächen anschwärzen, unter anderem wegen seiner raffinierten Küche... Er beschäftigt sich auch mit Chemie, denn er ist an allen Wissenschaften interessiert, weswegen seine Gegner ihm vorwerfen, er suche nach dem Stein der Weisen.

Es kommt dann der Tag, da er von seinem Posten als Generalminister abgesetzt wird, weil er eine immer wichtigere Rolle im Leben des Kaisers spielt, der in offener Gegnerschaft zum Papst steht. Wie Friedrich II., war Elia seiner Zeit voraus. Er bestand auf Trennung von weltlicher und geistlicher Macht und gedachte, das Band zu knüpfen zwischen beiden. Gregor IX., durchdrungen von der Macht der beiden Schwerter, konnte so aufgeklärte Ideen nicht mehr tolerieren. Man müßte die kaiserlichen Briefe genau untersuchen und würde in ihnen vermutlich die Dokumente finden, die auf römischer Seite von Elias Gegnern vernichtet worden sind. Politik ist ein

schmutziges Geschäft. Jedenfalls breitet sich unter seinem Generalat der ausgezeichnet organisierte Orden nach allen Seiten aus, und auf den berühmtesten Lehrstühlen in Bologna, Paris, in England und in Spanien lehren die Minderbrüder eine neue Sicht der Theologie.

Elia wird von zwei Päpsten, Gregor IX. und Innozenz IV., exkommuniziert und schreibt dem ersten einen Rechtfertigungsbrief, der aber von seinen Feinden abgefangen wurde. So erfährt der ehemalige Bischof von Ostia, Ugolino, nie, was sein Freund in seinem tiefsten Innern dachte. Er erklärte dort vermutlich die Aufgabe, die Franziskus ihm vor seinem Tode anvertraut hatte: Papst und Kaiser um jeden Preis zu versöhnen. Und was auch sein Gewicht hat, Schwester Klara bewahrt ihm bis zum Tode ihre Zuneigung und ihr Vertrauen.

An diesem Tag in Foligno wirft er sich Franziskus zu Füßen und sagt zu ihm: „Bete für mich." Wie könnte Franziskus bei den Bitten eines Menschen, den er immer geliebt hatte, ungerührt bleiben? Er verzieh ihm alles: den Mißbrauch der Macht und seine Abmachungen mit der Kurie, und bat Gott aus tiefster Seele, daß Bruder Elia vor der Verdammnis errettet werde. Jahre später, gegen Ende seines Lebens, versöhnt sich Elia mit der Kirche und erlebt, daß seine Exkommunikation aufgehoben wird, weil ein Minderbruder den Papst in Franziskus' Namen darum bittet. Schließlich hatte sich Bruder Elia große Verdienste um den Orden erworben.

Am 4. August desselben Jahres, immer noch in Foligno, hatte Elia eine Vision, die ihm das Herz zusammenschnürte. Mitten in der Nacht erschien ihm im Traum ein weißgekleideter, majestätisch ausse-

hender Priester und befahl ihm, Franziskus aufzusuchen und ihm seinen Tod anzukündigen, der in zwei Jahren zu ihm kommen und ihn zum Herrn führen werde.

Franziskus konnte diese Nachricht nur wie eine Freudenbotschaft aufnehmen. „Gott sei Dank", sagte er eines Tages zu seinem Arzt, „bin ich kein Feigling, der den Tod fürchtet." Er sollte wie ein Befreier kommen. Und, um ihn würdig zu empfangen, beschloß er zunächst, auf den Alvernerberg zu gehen, dem ihm einige Jahre zuvor von Gott genannten Ort, um zu beten und sich vollständig von sich selbst loszulösen.

Die Wundmale

Der Alvernerberg. Man kann sich keinen Ort vorstellen, der eine ähnlich wilde Schönheit besäße. Ein Prophet des Alten Testaments hätte keine bessere Wahl für eine Zufluchtsstätte treffen können, die gewaltiger und für einen Dialog mit dem Ewigen geeigneter gewesen wäre.

Als ich hinaufstieg, tobte ein Septembergewitter, das die Berge schier erzittern ließ. Ein dichter weißer Wolkenvorhang, der bald von einem sintflutartigen Regen zerrissen wurde, verhüllte die Landschaft. In Gipfelnähe hatte man den Eindruck, als seien riesige Felsblöcke in einen Graben geschleudert worden, auf dessen Grund man durch eine Öffnung in einen Abgrund blickte, daß es einem den Atem verschlug. Hier in einem geheimen Winkel dieses Loches verbarg sich Franziskus. Diese vor Urzeiten durch Erdbewegungen zerklüfteten Felsen versinnbildlichten

in seinen Augen die Wunden Christi. Mußte ihn Schwindel erfassen, damit er sich in Gott verlor? Dieser Mann, der bereits zwischen zwei Welten lebte, trug seine Abgründe in der eigenen Brust.

Nur wenig tiefer öffnet sich eine Höhle, in der man ein paar Schritte machen kann. Zu meinen Füßen flach auf dem Felsboden ein Eisenrost, der Platz, wo er sich niederlegte. Große, hoch aufgeschossene Bäume beugen sich über das Felsgestein und nehmen dieser Einsamkeit etwas von ihrem Schrecken; zwei Birken glänzen vor dem schwarzen Hintergrund der Tannen. Als der Regen mit einem Schlag aufhört, entdecke ich eine endlose Landschaft, die mit ihren feinen, unendlich vielfältigen Tönen den Einsiedler hier oben entzückt haben muß: das zarte Grün der Wiesen, die Wälder, die in der Abendsonne aufflammen, wenn die ersten kalten Nächte sie gestreift haben.

Nicht ohne Zögern nähert man sich diesem Augenblick im ganzen Leben Franz von Assisis, auf dem das Geheimnis besonders nachdrücklich ruht und an das zu glauben uns besonders schwerfällt, wie manche sagen. Aber durch einen unerklärbaren Widerspruch sind wir, weil es so schwierig ist, daran zu glauben, besonders gut disponiert, es zu akzeptieren. Zum Ablehnen gäbe es mehr als genug Beweise. Ich weiß sehr wohl, daß das Mittelalter reich an individuellen und kollektiven Halluzinationen ist, aber sie haben ihre Grenzen, sie erklären nicht alles, sie erklären sogar nichts, sobald man sich bemüht, hinter sie zu schauen. Wichtiger erscheint uns der Wert und, wenn man so sagen darf, der Nutzen bestimmter Phänomene mystischer Art zu sein. Der Apostel Paulus war möglicherweise stigmatisiert. Er läßt sich flüchtig und unklar genug über diesen Punkt aus, als

hätte seine Botschaft keine Unterstützung durch eine solche Erfahrung nötig. Wäre ein nichtstigmatisierter Franziskus in unseren Augen ein weniger großer Heiliger? Das bezweifle ich, aber daß er durch die Wundmale gezeichnet war, daran glaube ich. Die Zahl der Heiligen, die diese Zeichen der Liebe Christi nicht empfangen haben, ist groß, und genauso groß ist die Zahl der Christen, die sie empfangen haben und trotzdem nicht heiliggesprochen wurden. Wozu eine solche Verteilung besonderer Gnaden? Das bleibt das Geheimnis Gottes...

Vor der Höhle, in der Franziskus schlief, haben große Birken mit ihren Wurzeln eine Felsspalte aufgebrochen. Sie stehen dort anscheinend nur, um den Schrecken des Abgrunds zu verbergen. Eine Holzbrücke spannt sich über die gähnende Tiefe und gestattet, auf die andere Seite zu gehen, wobei es sich empfiehlt, nicht nach unten zu blicken, falls man nicht schwindelfrei ist. Die Brücke, das sind zwei Bretter über dem Abgrund. Auf der anderen Seite führte ein Pfad zu einer Felsplatte, die Franziskus gewählt hatte, um dort eine Art kleiner Einsiedelei errichten zu lassen. Seine drei Gefährten, Leo, Angelo und Rufino, übernahmen die erforderlichen Arbeiten.

Dort war er so weit vom Aufenthaltsort der Brüder entfernt, daß niemand ihn hören konnte, wenn er schrie. Leo tat sein Bestes, um über ihn zu wachen, liebevoll wie eine Mutter über ihr Kind, aber sowenig wie jeder andere hatte er das Recht, den Einsiedler ohne dessen ausdrückliche Erlaubnis zu stören. Morgens brachte er ihm Brot und einen Krug Wasser. Um Mitternacht bewegte er sich auf dem Pfad langsam in Richtung der Eremitage und sang dabei den ersten Vers aus der Matutin. Wenn Franziskus dann den

nächsten Vers anstimmte, bedeutete dies für Bruder Leo, daß er kommen konnte. Schwieg er, dann hieß das, er solle wieder gehen.

Die ganze übrige Zeit war der Betrachtung des Leidens Christi gewidmet. Die Einsiedelei wurde ein anderes Golgota, denn Franziskus wollte an der Passion Christi mit all ihren Qualen teilnehmen und sie mit der gleichen Intensität empfinden wie er, um sich so mit ihm in einem überhaupt noch menschenmöglichen Maß zu identifizieren. Was war das anderes als ein verwandelndes Einswerden oder die Annäherung daran? Um die Liebe und um den Schmerz betteln, der sie begleitet, weil beide am Kreuz ineinanderflossen, wie viele Mystiker haben sich danach gesehnt, dahin zu gelangen!

Was könnte sich in der Höhle, wo Franziskus die unerhörte Gnade der Vereinigung mit dem gekreuzigten Erlöser erlebte, ereignet haben? Wir hätten davon nicht die geringste Vorstellung, wenn Bruder Leo nicht das ausdrückliche Verbot mißachtet und manches gesehen und Worte vernommen hätte, die Geheimnis bleiben sollten. Der auf Wunderbares bedachte Leser findet jede Einzelheit bei Bonaventura und in den erstaunlichen, aber manchmal verwirrenden „Betrachtungen über die Wundmale".

Die übliche Version reduziert sich im wesentlichen auf das Folgende: Am 14. September, dem Fest der Kreuzerhöhung, stürzte vom Himmel ein Seraph mit feurigen Flügeln – siehe Jesaja 6,2 –, der das Bildnis des Gekreuzigten trug, auf Franziskus, der außerhalb der Höhle in Betrachtung versunken war, und drückte in sein Fleisch die Marterzeichen ebenso wie die Lanzenstichwunde der rechten Seite. Eine unbestreitbare Tatsache scheint zu sein, daß die ganze Bevölkerung der Umgebung sah, wie der Gipfel

des Alvernerberges in Licht getaucht war, als sei die Sonne bereits aufgegangen.

Bruder Leo sah ebenfalls eine feurige Kugel, die von der Höhe herab auf das Antlitz des Franziskus fiel und dann wieder zum Himmel hinaufstieg. Bruder Leo konnte nicht lügen, und die Kraft seine Aufrichtigkeit ist so groß, daß ich bei der Lektüre seiner Beschreibung des außergewöhnlichen Geschehens überzeugt bin, daß er die Wahrheit sagt. Doch blättere ich die Seite um, verflüchtigt sich der Zauber, und ich zweifle wieder nicht daran, daß das Geheimnis des Franziskus auf ewig das Geheimnis Gottes ist.

Das Problem ist nicht, ob die Wundmale echt waren, sondern was die Zeugen daraus gemacht haben. Sie haben sich darauf gestürzt und eine Fundgrube für wunderbare Bilder daraus gemacht, sie haben das Geschehen ausgeschlachtet, wie seinerzeit die Kreuzfahrer Byzanz geplündert hatten, um Unmengen von Reliquien heimzutragen.

Es wäre übertrieben zu sagen, das 13. Jahrhundert böte das Schauspiel einer ganzen Welt von Visionären, aber wir dürfen nie vergessen, daß Visionen damals etwas Alltägliches waren. Jeder hatte seine Visionen, die im Falle der Not immer nützlich und allgemein anerkannt waren. Was nannte man eigentlich Vision? Handelte es sich in den meisten Fällen nicht um warnende Träume? Auch uns passiert es heute noch, daß wir solche Träume haben, aber der Vernunft und der Psychoanalyse entsprechend, halten wir nicht viel davon. Die Heilige Schrift von der Genesis bis zu den Evangelien ist voll von Visionen. Diese heilige Bilderwelt bedeutete den Menschen etwas. Die Visionen der Propheten waren anderer Art und nicht notwendigerweise an den Traum gebunden. Die Vision von Serafim mit sechs feurigen Flügeln,

die Jesaja erschienen, dürfte auf Franziskus einen nicht zu unterschätzenden Eindruck gemacht haben. Traumvisionen aus der Heiligen Schrift begleiteten sein Leben von seiner Bekehrung bis zum Tod. Für das ganze Mittelalter drängte die Innenwelt danach, sich in Form von Bildern zu äußern.

Von Bruder Leo, dem verläßlichsten der Zeugen und, wie man sagen kann, dem einzigen, stammt alles, was wir wissen, und er sah mit den Augen der Liebe. Franziskus wollte nicht, daß man darüber sprach, und versteckte eifersüchtig die Spuren seiner Wundmale, weil diese Wunden wie Münder waren, die zuviel verrieten.

Die Rückkehr

In den letzten Septembertagen faßte Franziskus traurigen Herzens den Entschluß, den La Verna zu verlassen. Er hegte keinen Zweifel an Elias Prophezeiung: Er würde bald sterben. Die Zeit, die ihm noch blieb, wollte er benutzen, um der geliebten Erde Lebewohl zu sagen und vor allem, um noch einmal in den Städten und Dörfern das Evangelium zu verkünden. Die Wehmut des Abschieds wich indessen der Erinnerung an die empfangenen Gnaden und der Hoffnung auf sein Heil. Bei aller Freude, die er empfand, hatte er eines Abends eine Ahnung, daß Bruder Leo das Opfer einer schlimmen Versuchung war, die er nicht einzugestehen wagte. Franziskus gelang es, ihn zum Sprechen zu bringen. Es handelte sich nicht um eine Versuchung des Fleisches, sondern ganz im Gegensatz zu dem, was Franziskus empfand, um die entsetzliche Angst, nicht gerettet zu werden. Fran-

ziskus nahm eine Feder und kritzelte mit seiner großen ungelenken Schrift folgende Worte auf ein Blatt, das sich bis heute erhalten hat: „Der Herr segne und behüte dich! Der Herr lasse sein Angesicht über dir leuchten und sei dir gnädig. Er wende dir sein Antlitz zu und schenke dir seinen Frieden! Der Herr segne dich, Bruder Leo!" Unterzeichnet war das Blatt mit dem berühmten „Tau" und sogar mit einer Zeichnung geschmückt, die Bruder Leo darstellen soll, wie man behauptet hat. Bruder Leo betrachtete das Blatt als einen Passierschein für den Himmel, den er mit unbeschreiblicher Freude in Empfang nahm und bis zu seinem Tode auf seinem Herzen trug. Es befindet sich heute in Assisi, in der Reliquienkapelle der Unterkirche.

Am letzten Septembertag stieg Franziskus, durch seine körperlichen Leiden sehr geschwächt, auf einen Esel. Seine Füße waren mit Binden umwickelt und die Hände in seinen langen Ärmeln versteckt. Auf dem Weg nach Assisi machte er zuerst in Chiusi halt, um sich vom Grafen Orlando zu verabschieden und ihm für den Esel zu danken, den er ihm für seine Reise gegeben hatte, danach in Borgo San Sepolcro, in Monte Casale und schließlich in Città di Castello. Es war ein Umweg, aber die kleinen Etappen waren notwendig. Die Reise, die gewöhnlich in drei Tagen zu machen war, dauerte einen Monat.

Die Bewohner kamen ihm in Scharen entgegen, um ihm die Hand zu küssen, aber er bot ihnen nur seine Fingerspitzen, um die Wundmale zu verbergen. Dennoch konnte er nicht verhindern, daß aus der Lanzenwunde unter seiner Kutte Blut durchsickerte. Bruder Leo, der ihn nicht aus den Augen ließ, verband ihn, so gut es ging. Die Zuhörer waren tief erschüttert, als sie ihren völlig abgemagerten Poverello sahen. Leo, Angelo und Rufino hatten größte Mühe, sie daran zu hindern, ihm das Gewand zu zerschneiden und Reliquien daraus zu machen.

Immer wieder hielt Franziskus an, um die Landschaften zu betrachten, die in seinem Leben soviel bedeutet hatten. Mit seinen kranken Augen verlor er sich bewundernd in den Anblick dieses Landes, denn seine Seele konnte sich nicht satt sehen an der Schönheit der sichtbaren Welt. In Ponte San Giovanni, der letzten Etappe, muß ihn die Erinnerung an die zahlreichen Männer aus Assisi, die damals in seiner Jugend im Krieg gegen Perugia gefallen waren, geschmerzt haben.

Im November endlich erreichte er Portiunkula, wo er sich etwas Ruhe gönnte, aber schon im folgenden Monat bestieg er wieder den Rücken seines Esels zu einer letzten Verkündigungsreise in Umbrien und in den Marken. Über eine derartige Energie in einem so zerbrechlich gewordenen Körper kann man auch heute nur staunen; aber seine unwandelbare Liebe kannte keine Ruhepause. Er sah Gubbio wieder, nicht aber seinen Bruder Wolf, der seit fast zwei Jahren tot war; er sah Ancona wieder, wo er sich zweimal eingeschifft hatte; er kam wieder nach Jesi, Macerata, Spoleto, wo der Herr im Traum zu ihm sprach und wo sein Leben sich änderte; Montefalco empfing ihn und Bevagna, wo die Vögel ihm gelauscht hatten, und schließlich Rivo Torto, wo die Brüder im Paradies zu sein glaubten, weil ihre Freude so unbeschreiblich groß war. Mit seinen letzten Kräften, mehr tot als lebendig und weiß wie ein Leichnam, schleppte er sich von Ort zu Ort. Wen wundert es da noch, daß in den Köpfen vieler Menschen sein Bild mit dem Bild des Gekreuzigten verschmolz und sie ihn einen anderen Christus nannten.

In diesem Land, das er so oft mit der ganzen Begeisterung seiner Jugend durchwandert hatte, predigte er mitten im strengen Winter das Evangelium, und erst im März kam er völlig erschöpft wieder in Portiunkula an. Er traf Elia, der ihn sofort von einem Arzt aus Assisi behandeln lassen wollte. Franziskus fügte sich, doch alle Mühen waren vergeblich. Sehr besorgt über Franziskus' Gesundheitszustand, benachrichtigte Elia den Papst, der dem Kranken sofort die Order gab, nach Rieti zu gehen und sich von seinem Leibarzt, einem Araber, behandeln zu lassen. Franziskus versprach wie üblich, zu gehorchen, wollte aber zuerst seiner Frau Armut, Schwester Klara, Lebewohl sagen.

Kaum war er in San Damiano angekommen, verschlimmerte sich sein Zustand weiter. Er mußte außerhalb der Umzäunung untergebracht werden. Obwohl April war, herrschte noch eine solche Kälte, daß eine Verlegung nach Portiunkula, wo die Feuchtigkeit aus den nahen Sümpfen stieg und die Brüder ihr Schilfrohr schnitten, nicht in Frage kam. Fast erblindet und unter furchtbaren Schmerzen leidend, wurde er in einen Raum gebracht, wo man aus Matten ein dunkles Kämmerchen hergerichtet hatte, um ihn vor dem Licht zu schützen, das einst Gegenstand seiner glühenden Bewunderung gewesen und jetzt zu seinem Feind geworden war.

Fünfzig Tage verbrachte er in völliger Finsternis. Klara und ihre Schwestern sorgten für ihn und für zwei Brüder, die dem Kloster der Klarissinnen zugeteilt waren, ohne das Recht zu haben, es zu betreten, und jeden Tag von Portiunkula kamen. Die Schmerzen, unter denen Franziskus litt, waren unbeschreiblich: seine Augen brannten fürchterlich, und sein Kopf schmerzte so heftig, daß man heute zu der

Ansicht neigt, es habe sich um eine akute Nebenhöhlenentzündung gehandelt, für die es keine Linderung gab. Doch damit nicht genug. Franziskus sah sich von einer wahren Invasion von Mäusen geplagt, die um ihn herumrannten und sogar auf ihn hinaufkletterten, wenn er Brot zum Munde führte. Sie störten seinen Schlaf, der wegen der Krankheit schon schlecht genug war. Doch er ertrug auch diese Prüfung mit Geduld, so daß seine Gefährten es nicht wagten, die Mäuse zum Teufel zu schicken.

Hymne an die Freude

Von unerträglichen Schmerzen gepeinigt und der Verzweiflung nahe, rief er zu Gott um Hilfe und empfing von ihm den tröstlichsten Gnadenerweis, der sich denken läßt: die Gewißheit seines ewigen Heils: „Freue dich", sagte ihm die innere Stimme, deren Ton niemals trügt, „freue dich, wenn du schon jetzt Anteil an meinem Reich hast." Er erlebte sie als den erschütterndsten Liebesbeweis, den Gott ihm diesseits des Todes geben wollte. Von nun an konnten Welt und Teufel ihm nichts mehr anhaben, und aus der Brust dieses gemarterten Mannes stieg ein Freudenschrei, den er uns in einem unvergänglichen Zeugnis hinterlassen hat.

Über den „Sonnengesang" ist viel geschrieben worden. Er bleibt das erste große Gedicht Italiens in der Volkssprache, die kaum noch aus den Windeln des Lateins gekrochen war. Hier wie in den großen biblischen Texten findet sich jene Ausgeglichenheit der Perioden, die mit dem Auf und Ab zweier mächtiger Flügel verglichen wurde.

Stammt der Sonnengesang ganz von Franziskus? Ja, weil er völlig unvorbereitet entstanden ist, weil darin die ganze Seele mitschwingt, die gerettete Seele, die bereits in der Glorie singt. Die Form stammt jedoch aus der Heiligen Schrift, aus dem 3. Kapitel des Buches Daniel, das der heilige Hieronymus so meisterhaft übertragen hat, und wie man es in der hebräischen Bibel nicht findet. Es ist der Gesang der drei jüdischen Jünglinge im Feuerofen des Nebukadnezzar, die inmitten der Flammen die Stimme erheben, ohne durch das Feuer versengt zu werden, und die ganze Schöpfung einladen, den Herrn zu loben. Die Ähnlichkeiten mit dem Franziskus-Gedicht fallen ins Auge, aber in dem verzehrenden Feuer seiner körperlichen Schmerzen haben sein Glaube und sein Genie ihm eine Abwandlung eingegeben, die diesen herrlichen Lobgesang zu seinem Gesang macht. Er bezeichnet jedes der Werke Gottes als Bruder und Schwester und fordert sie auf, diese Hymne der Freude anzustimmen, die der Heiligen Schrift würdig ist.

Der Text Daniels enthält nicht weniger als 34 Verse. Franziskus trifft mit dem Instinkt des wahren Dichters eine ans Herz rührende Auswahl von acht Geschöpfen. Er nimmt die vertrautesten, uns am nächsten stehenden, verleiht ihnen einen fast menschlichen Charakter und grüßt sie höflich und liebevoll. Einen Titel gibt er nur der Sonne, der Hohen Frau unter allen Geschöpfen, doch der Wind ist nur Bruder Wind, und das Feuer Bruder Feuer, als seien sie einfache Minderbrüder.

Hier nun eine Übersetzung, die wie jede Übersetzung den wunderbaren Klang der italienischen Sprache – damals noch in ihrer frühen Form – nicht erreichen kann.

Du höchster, allmächtiger guter Herr,
dein ist Lobpreis und Ruhm,
Ehre und jeglicher Segen.
Dir allein, Höchster, gebühren sie.
Und keiner der Menschen ist wert,
dich im Munde zu führen.

Sei gelobt, mein Herr,
mit all deinen Kreaturen,
sonderlich mit der Hohen Frau,
unserer Schwester Sonne,
die den Tag macht
und mit ihrem Licht uns leuchtet.
Schön in der Höhe und strahlend im mächtigen Glanz,
ist sie dein Sinnbild, du Herrlicher!

Sei gelobt, mein Herr,
durch Bruder Mond und die Sterne.
Du hast sie am Himmel geformt
in köstlich funkelnder Ferne!

Sei gelobt, mein Herr,
durch Bruder Wind,
durch Luft und Gewölk und heiteres und jegliches Wetter.
Alle Kreatur belebst du durch sie.

Sei gelobt, mein Herr,
durch Schwester Wasser.
Es ist nützlich, gering,
köstlich und keusch.

Sei gelobt, mein Herr,
durch Bruder Feuer.
Es erleuchtet das Dunkel,
kühn ist sein Sprühen,
heiter ist es, schön und gewaltig stark.

Sei gelobt, mein Herr,
durch unsere Schwester Mutter Erde.
Sie versorgt uns und nährt uns
und zeitigt allerlei Früchte,
farbige Blumen und Gras.

Lobet und preiset meinen Herrn
in Dankbarkeit.
Und dienet ihm in großer Demut!

Als das Werk vollendet war, zeigte sich Franziskus ohne falsche Bescheidenheit von seinem Gedicht begeistert. Er rief seine Brüder und Schwester Klara herbei, um es ihnen vorzulesen, besser noch, um es ihnen nach einer von ihm erfundenen Melodie vorzusingen. Was gäben wir darum, hätten wir sie heute! Fand er seine schöne Stimme von einst wieder? Jedenfalls entschied er, daß die Brüder dieses Lied jeden Tag singen sollten, und er selbst sang es morgens und abends wie berauscht von der Gewißheit, daß er der Welt ein Meisterwerk geschenkt hatte. Er war dessen so sicher, daß er die Minderbrüder aufforderte, diesen Gesang schwärmerischer Bewunderung für die Schönheit von Gottes Welt überall hören zu lassen.

Der schönste Kommentar aus unseren Tagen zu diesem Gesang der Freude ist ein noch zu wenig bekanntes Werk des jungen Stockhausen. In einer sanft fließenden Musik hört man von Zeit zu Zeit klare fröhliche Knabenstimmen, die nur ein oder zwei Worte sagen: „Regen, Feuer, Schnee“, wie in einem Spiel. Man hat den Eindruck, als gingen sie an erfrischenden Wasserfällen entlang und lachten vor Glück. In langen Zeiträumen rieseln Melodien ohne Zusammenhang, aber von erlesener Harmonie und unfaßbar wie der Wind, und plötzlich bricht das Wort Sonne oder Mond oder Sterne oder Blumen hervor, wie ein Schrei aus Kindermund. Jene Kinder, die man in eine Hölle hinuntersteigen läßt, sträuben sich dagegen wie in einem neuen verlorenen Paradies...

„Der Leib, das ist der Feind." Diesen Satz hörten die Brüder nicht selten aus Franziskus' Mund. Er kommt uns am Ende des 20. Jahrhunderts ungeheuerlich vor. Doch versetzen wir uns für einen Augenblick in das 13. Jahrhundert, um zu versuchen, den Poverello besser zu verstehen. Für ihn, wie für viele Menschen seiner Zeit war der Körper der Ursprung der Sünden des Fleisches. Deshalb muß der Körper durch Buße und Kasteiungen, ja mit Gewalt verurteilt und wieder zu Vernunft gebracht werden. Er muß geschlagen werden. Hier sieht Franziskus allerdings eine Grenze und lehnt die barbarische „Disziplin" ab, die bis in unser Jahrhundert hinein gedauert hat. Um diesen Rasenden, der es mit dem Bösen hält und den Menschen ins Verderben führt, zu beruhigen, empfiehlt er Eintauchen in eiskaltes Wasser, einerlei zu welcher Jahreszeit. Das Fasten als wirksames Mittel tut ein übriges.

Was uns an dieser Lösung sexueller Probleme stört, ist die mehr manichäische als christliche Art. Ein derartiges Verdammen des Fleisches erweckt Unbehagen, weil es Leib und Seele trennt. Böse Begierden, Ehebruch, Unzucht, Mord kommen aus dem Herzen, sagt Christus, und mit Herz bezeichnet die semitische Sprache häufig den denkenden Teil des Menschen. Warum also Schultern und andere Teile des Körpers bestrafen, wenn der wirklich Verantwortliche anderswo steckt? Hatte Franziskus, wie auch seine ganze Epoche, die leibfeindliche Häresie der Katharer in sich aufgenommen?

In seiner dunklen Kammer in San Damiano litt er solche Schmerzen, daß man erwog, ihm Beruhigungsmittel zu geben, vermutlich Mohnpulver. Aber er hatte Bedenken. Hatte er das Recht, das Leiden abzulehnen? Er beschloß, einen Bruder um Rat zu fragen, der ihn pflegte und frei heraus mit ihm reden durfte.

„Was hältst du von der Pflege, die ich meinem Leib angedeihen lasse? Bin ich nicht zu nachsichtig gegen ihn, weil er krank ist?"

Der Bruder, der aus dem 20. Jahrhundert stammen könnte, geniert sich nicht, ihm gehörig die Meinung zu sagen:

„Vater, hat dein Leib dir nicht immer treulich gehorcht?"

Franziskus muß zugeben, daß sein Leib stets einen beispielhaften Gehorsam gezeigt hat:

„Ich muß ihm dieses Zeugnis ausstellen."

„Also, Vater, wo bleibt dann deine Höflichkeit, dein gutes Herz, deine Rücksicht? Behandelst du so einen treuen Freund? Wie hättest du Christus dienen können, wenn dein Leib dir nicht dabei geholfen hätte?"

Franziskus muß wieder einmal die Flagge streichen. Der Bruder hat recht.

„Er hat sich für dich dem Tode ausgesetzt", fährt der nicht zu schlagende Dialektiker fort, „und du willst ihn im Stich lassen, wenn er dich braucht? Du wirst doch diese Sünde nicht begehen, Vater!"

Da segnet Franziskus den scharfsinnigen Ratgeber, wendet sich fröhlich an seinen Leib und sagt zu ihm: „Freue dich, Bruder Leib, von nun an bin ich bereit, dir alles zu gewähren, was du willst."

So wurde Friede zwischen ihnen geschlossen, ein wenig spät zwar, denn der Tod ist nicht mehr fern, aber es ist schön, daß er von seinem Irrtum überzeugt wurde, als das Kreuz sich tief in seine Seele eingrub.

Ein Monat später, im Juni, fügt Franziskus seinem Gesang noch eine Strophe hinzu. Zwischen Assisi und Perugia droht tatsächlich der Krieg auszubrechen. Die Prophezeiungen von Franziskus gehen in Erfüllung. Die neue, in Perugia eingerichtete Kommunalverwaltung hatte die Adeligen aus der Stadt vertrieben, und diese hatten durch eine Ironie des Schicksals in der gegnerischen Stadt Asyl gefunden, wie damals nach Collestrada die Herrschaftsfamilien aus Assisi sich in Perugia in Sicherheit gebracht hatten. Der neue Podestà von Assisi, Oportulo di Bernardo, sah darin eine Möglichkeit, das Ansehen seiner Stadt zu heben, aber Bischof Guido stellte sich gegen ihn, weil er darin einen antipäpstlichen Akt sah. Denn ob Perugia gut oder schlecht oder von wem auch immer regiert wurde, es blieb unter der Oberhoheit Roms. Der Bischof exkommunizierte den Podestà, und dieser wiederum erklärte alle Handlungen des Bischofs für ungültig. Würden Assisis Straßen zum Kriegsschauplatz werden?

In höchster Eile schickte Franziskus einen Bruder zum Bischof und zum Podestà und bat sie, die Notabeln im Innenhof des Bischöflichen Palastes zu versammeln. Dort sangen zwei Brüder, vermutlich Angelo und Leo, den Sonnengesang mit der neuen Strophe.

> Sei gelobt, mein Herr, durch jene,
> die allen verzeihen in deiner Liebe,
> die Elend tragen und Mühsal.
> Sie dulden im Frieden!
> Von dir, du Höchster, empfangen sie die Krone.

Da geschah das Wunder, das Franziskus erwartet hatte. Da sie alle echte Italiener waren, hatte der Liebesgesang an ihr Herz gerührt, und der Podestà rief:

„Aus Liebe zu unserem Herrn und unserem glückseligen Franziskus verzeihe ich dem Herrn Bischof und bin bereit, ihm jede Genugtuung zu leisten, die er wünscht." Worauf der Bischof ebenso großzügig erwiderte: „Ich war es, der vom Zorn gepackt wurde, mir muß vergeben werden..."

Diese Geste hinterließ einen tiefen Eindruck in einer Zeit, da der Haß zwischen Städten und Parteien meist blutige Folgen hatte und nie befriedet werden konnte: Perugia gegen Assisi, Spoleto gegen Foligno, Siena oder Pisa gegen Florenz, Parteigänger des Papstes gegen Anhänger des Kaisers, Stadtviertel gegen Stadtviertel. Franziskus hatte mit seinem Gesang einen Krieg verhindert.

Übrigens hat der franziskanische Geist in eben diesem Jahrhundert der Welt vier Dichter geschenkt, deren Ruhm nie verblaßt ist: Nach Franziskus, der als erster in der Volkssprache schrieb, war es Bruder Jacopone da Todi, dessen „Laudi" eine unerschöpfliche Quelle mystischer Poesie sind; dann Dante, ein Mitglied des Dritten Ordens, der sein Toskanisch zur Sprache ganz Italiens machte; und wie aus lichten Höhen sind uns aus diesem 13. Jahrhundert auch die beiden schönsten lateinischen Hymnen überkommen: am eindringlichsten sicherlich das „Dies irae" von Thomas von Celano, und am ergreifendsten das „Stabat mater" von Jacopone da Todi.

Seine Freude darüber, daß wieder Friede herrschte, wurde durch einen Brief getrübt. Er kam aus der Hand von Kardinal Ugolino, der von seiner Autorität Gebrauch machte und Franziskus befahl, sich vom Augenarzt des Papstes behandeln zu lassen. Es sollte eine harte Prüfung werden.

Elia, der über alles, was Franziskus betrifft, unterrichtet ist, weiß sehr gut, daß ihm trotz allen Mutes der Gedanke an eine Operation schrecklich ist. Sie wird ohne Zweifel qualvoll werden. Deshalb verspricht Elia dem Kranken, während der Operation nicht von seiner Seite zu weichen, und Franziskus schickt sich darein. Aber er will Assisi nicht verlassen, ohne sich von seiner Schwester Klara zu verabschieden und sie zu trösten; denn auch sie ist leidend.

Da Rom wieder einmal in den Händen von Aufwieglern ist, hat der päpstliche Hof seinen Sitz nach Rieti verlegt, und Franziskus wird mit seinen unzertrennlichen Gefährten dorthin geschickt. Was sollte er auch ohne sie anfangen? Ahnt er, daß Bruder Leo seit drei Monaten eine Art Tagebuch über das Leben des Franz von Assisi führt? Er hat ihm so viele Dinge diktiert, und Leo beobachtet alles genau.

Trotz seines Zustandes wird Franziskus in Rieti von Bewunderern verfolgt, die um jeden Preis in seine Nähe kommen wollen. Viel einfaches Volk, aber auch adelige Herren und sogar Mitglieder der Kurie. Rücksichtnahme oder ein wenig Menschlichkeit kennen die Neugierigen nicht. Franziskus ist in ihren Augen die Berühmtheit des Tages, die man gesehen haben muß.

Er sucht Zuflucht in Fonte Colombo. Wenigstens dort läßt man ihn in Ruhe. In einem abgedunkelten

Zimmer hat er auf den Eingriff zu warten und tut es mit der ganzen Geduld, deren er sich fähig fühlt. Sie wird durch Elias Abwesenheit auf die Probe gestellt, der gegen seinen Willen die Operation zweimal aufschieben läßt. Wird das denn nie ein Ende haben?

So rauh der Winter war, so unerträglich heiß ist dieser Sommer 1225, sogar in der Eremitage und im Wald. Wann endlich kommt dieser berühmte Arzt? Franziskus hat Angst. Er versucht nicht, sich selbst etwas vorzumachen ... Oberhalb der Backenknochen soll ihm die Haut weggebrannt werden. Seine ganze Natur lehnt sich gegen diese Vorstellung auf, aber die Entscheidung ist nicht länger hinauszuschieben. Schließlich verkündet der Arzt, daß man keinen Tag länger warten kann. Wo ist Elia? Er scheint nicht da zu sein, aber noch gerade zur rechten Zeit trifft er ein, und Franziskus dankt dem Himmel... Als der Arzt mit dem Brenneisen erschien, das er im Feuer zum Glühen brachte, begann Franziskus vor Angst und Schrecken zu zittern. Er wußte sehr gut, was man mit ihm vorhatte, um, wie man hoffte, seine Augenentzündung zum Verschwinden zu bringen. Das weißglühende Eisen sollte an beiden Schläfen, vom Ohr bis zum Brauenbogen, die Haut wegbrennen. Außerstande, dieser Prozedur beizuwohnen, liefen seine treuen Gefährten hinaus. Nur Elia blieb und hörte, wie Franziskus die folgende Bitte, aus der ein kindlicher Glaube sprach, an das Feuer richtete: „Mein Bruder Feuer, der Herr im Himmel hat dir einen Glanz verliehen, um den dich alle Geschöpfe beneiden..., sei jetzt gut und höflich zu mir..., ich bitte den mächtigen Herrn, des Feuers Glut für mich zu mäßigen, damit ich die Kraft habe, seine brennende Liebkosung zu ertragen."

Elia ergriff die Hand des Patienten, der nicht mehr

zitterte, denn er wußte, daß er sein gläubig gesprochenes Gebet als erhört betrachten konnte, und das funkensprühende Eisen konnte sich nun ruhig in sein Fleisch brennen, Franziskus spürte keinen Schmerz. Der Arzt war starr vor Staunen, aber Elia wunderte sich nicht, er wußte, daß er die Hand eines Heiligen hielt.

Als die furchtsamen Gefährten beschämt wieder ins Zimmer traten, bereitete Franziskus ihnen einen schönen Empfang: „Ihr Feiglinge, ihr Hasenfüße. Ich kann euch nur sagen, daß ich nichts gespürt habe." Und es war wieder der alte Franziskus, der sie früher so oft zum Lachen brachte und sich jetzt an den Arzt wandte und ihm sagte: „Wenn es noch nicht genug gebraten ist, könnt Ihr von neuem anfangen!"

Was die Operation betrifft, so war sie ein völliger Mißerfolg. Man mußte sich etwas anderes einfallen lassen.

Der letzte Winter

Von diesem Tag an bestand sein Leben nur noch aus der Folge von Stationen eines langen Sterbens. Im September vertauschte er Fonte Colombo mit San Fabiano, das man heute nach La Foresta bei Rieti verlegt, einem Hügel inmitten von Reben und Olivenbäumen. Dort erwartete ihn im Hause des Priesters eine Marter neuer Art. Zwei Ärzte bestimmten, daß zur Heilung der Augen die Ohren durchstochen werden mußten. Was sie sich dabei versprachen, ist nicht ganz klar, jedenfalls muß es grausam und, wie zu erwarten, völlig überflüssig gewesen sein.

Franziskus mit seinen Wunden, seinen stechenden

Nervenschmerzen und seinen entzündeten Lidern versteckte sich, um der Helligkeit zu entfliehen, in einer Höhle, die dem Priester als Keller diente. Er verbrachte dort einen Monat und verließ seine Zuflucht nur, wenn der Abend kam und die Dämmerung hereinbrach.

Man versetze sich einmal in seine Lage. Franziskus liegt in einem dunklen Keller, ist den schrecklichsten Schmerzen ausgeliefert, die durch nichts zu lindern sind, und zu völliger Untätigkeit verdammt. Hier sei eine persönliche Erinnerung gestattet. Ein mir seit meiner Jugend bekannter Mönch, den eine unheilbare Krankheit quälte, wurde einmal gefragt: „Haben Sie keine Langeweile in Ihrer Einsamkeit?" Auf diese unsinnige Frage erwiderte er: „Ich langweile mich nicht, ich leide doch." Gibt es denn überhaupt etwas, das uns noch mehr in Anspruch nimmt als das Leiden? Im Falle von Franziskus kann man, ohne zu übertreiben, von einem Golgota sprechen. Nach dem Garten der Freuden seiner ersten Ekstasen kostete er nun die Bitternis des Gartens von Getsemani. Er erlebte dort den Schrecken der tiefsten Nacht, aber jenseits der ihn umgebenden Finsternis und der durch sein körperliches Leiden verursachten Verlassenheit war er bei Gott.

Ende Oktober kam er wieder nach Fonte Colombo. Es schien, als ob die Prüfung ein wenig gemildert würde. Es gab eine Pause in seinen Qualen. Die Gefährten wichen nicht mehr von seiner Seite. Wenn der Papst oder Kardinal Ugolino den Wunsch äußerten, den Kranken in Rieti zu sehen, wurde er in das Kloster gebracht, das die Brüder in der Stadt hatten, und mit Einbruch des Winters beschloß er, die Zeit abwechselnd in einer der beiden Einsiedeleien zu verbringen. Ärzte mit unheilverkündender

Miene besuchten ihr berühmtes Opfer und ließen sich immer neue, erfolglose Behandlungsmethoden einfallen.

Alle bewunderten den Mut und die gute Laune von Franziskus. In Fonte Colombo kam er eines Tages auf die Idee, nach der Konsultation den Leibarzt des Papstes zum Essen einzuladen. Während dieser die Einladung ohne Umschweife annahm, gerieten die Brüder in Verlegenheit, denn sie kannten bereits im voraus die Zusammensetzung des Menüs: verschiedene Gemüse, Brot und klares Wasser. Sie deckten indes im Namen des heiligen Gehorsams zu Ehren ihres Gastes den Tisch. Kaum hatten sie Platz genommen, klopfte es an die Tür, eine Bäuerin trat ein und brachte von der Schloßherrin aus der Umgebung einen wohlgefüllten Korb mit Fischen, Trauben, Honigkuchen und Krebspastete. Nun war aber Krebspastete eines jener Gerichte, auf die Franziskus in seiner Jugend besonders begierig war, und er hatte den Geschmack daran noch nicht verloren, denn er kostete, ohne zu zögern, und mit sichtlichem Vergnügen davon. Als man Näheres über die Unbekannte und ihre Spende wissen wollte, schwieg er. Er erwies mit diesem Mahl nur einem Gast die Ehre, als sei alles vorbereitet gewesen.

Der Winter 1225 auf 1226 verging, ohne daß sich Franziskus' Gesundheitszustand besserte. Nun mußte er teuer bezahlen für alle Kasteiungen, die er seinem Körper einst zugemutet hatte.

Neben der Tuberkulose, die an ihm zehrt, sind Magen und Leber angegriffen. Der Tod rückt näher. Das weiß er mit Sicherheit, seit Elia ihm das in Foligno vorausgesagt hat. Aber was hat er zu fürchten? Der Himmel steht ihm offen, und auch das weiß er. Doch wenn er seinen Blick nach rückwärts wendet, auf sein Leben nach der Bekehrung, sieht er, wie sich dort Sieg und Niederlage miteinander vermengen. Die Welt wollte er retten, aber die Welt rast wie eh und je ihrem Verderben entgegen. Was vermag seine kleine franziskanische Familie, seine Fraternität, dagegen? Die Versuchung des Zweifels ist subtiler als die Versuchung des Fleisches, doch auch quälender. Der Teufel streckt niemals die Waffen. Er sucht die Heilsgewißheit zu vergiften, wie es Jahrhunderte später bei Therese von Lisieux der Fall ist.

Im April trifft eine Weisung des Kardinalprotektors und des Generalministers ein, Franziskus nach Siena zu schicken, wo er sich von berühmten Ärzten behandeln lassen soll. Er hat genug von berühmten Ärzten, aber er gehorcht, wie es sich für einen kleinen Minderbruder gebührt. Seine Gefährten machen für ihn zwei Röcke und zwei Mäntel fertig, damit er wechseln kann, und niemand das Blut bemerkt, das immer wieder aus den Wundmalen fließt; denn er ist sehr darauf bedacht, sie vor den Blicken der Welt zu hüten. Ob seine Gefährten die Herkunft dieser Wunden überhaupt begreifen? Als ein Bruder eines Tags den Verband von seinen Füßen abnimmt und in seiner Aufdringlichkeit soweit geht zu fragen, was das für Löcher seien, bekommt er kurzerhand zur Antwort: „Kümmere dich um deine Angelegenheiten!"

Sechs Monate bleiben ihm noch zu leben, und die Ärzte sind hartnäckig darauf aus, an ihm ihre unfehlbaren Methoden auszuprobieren, die der Reihe nach mit einer – fast möchte man sagen – fachlichen Genauigkeit danebengehen. Aber diesmal geraten sie in Verlegenheit. Eines Abends bekommt Franziskus einen Blutsturz und verliert so viel Blut, daß man meint, er werde sterben. Die Brüder von Siena geraten in Angst und schicken einen Boten zu Elia. In der Zwischenzeit läßt Franziskus Bruder Benedikt, den Superior des Klosters, rufen und diktiert ihm das folgende kleine Testament. Es ist ein Schrei aus tiefster Seele.

„Schreibe, daß ich alle meine Brüder segne, die jetzt in unserem Orden sind und die in ihn eintreten werden bis zum Ende der Zeiten ... Wegen meiner Schwäche und meiner Schmerzen bin ich nicht imstande zu sprechen. In drei Worten gebe ich meinen Brüdern kurz meinen Willen bekannt:
Sie sollen einander immer lieben und sich an meinen Segen und dieses Testament erinnern;
sie sollen immer unsere heilige Frau Armut lieben;
sie sollen immer treu und gehorsam sein den Prälaten und den Priestern unserer heiligen Mutter, der Kirche."

Elia eilt herbei. Seltsamerweise geht es dem Kranken besser. Elia bringt ihn sogleich nach Cortona, wo er ihn in einer jener „Zelle" genannten Einsiedeleien unterbringt, die er mitten im Wald erbauen ließ. Dort kann er, was auch geschieht, über Franziskus wachen. Er liebt ihn, hat ihn immer geliebt und darunter gelitten, daß er von ihm nie richtig verstanden wurde. Er tut alles, was er kann, um ihm die Angst vor dem Ende zu erleichtern. Sogar Christus hat wie jeder von uns vor dem Tod gezittert. Umsonst behauptet Franziskus, daß er keine Angst hat. Er zählt die Tage, er kennt den Tag, an dem er jenem gegenüberstehen wird, den man den König des Entsetzens genannt hat. Der arme Leib, sein „Bruder Esel", hat keine Ahnung von Theologie, die ihm erklärt, daß er dahingeht und sich auflöst, daß aber seine Seele unvergänglich ist. Er will nicht fortgehen.

Franziskus leidet an Wassersucht. Seine Beine sind dick, und auch sein Bauch schwillt mehr und mehr an, ein schmerzlicher Kontrast zu seinem abgezehrten Gesicht. In seiner Zelle, wo er in Frieden leiden kann, diktiert er sein ausführliches Testament. Es ist ein Text von großer Schönheit, der seine Seele und seine hohe Intelligenz offenbart. Bekenntnis, geistliche Selbstbiographie, von beidem etwas. Aber Franziskus erinnert auch an die Elemente einer Regel für die ideale Fraternität, die er der Welt geben wollte. Von der ersten Zeile an ist man von seiner erschütternden Aufrichtigkeit gepackt.

„Der Herr hat mir, Bruder Franziskus, gegeben, zu beginnen, Buße zu tun: Als ich in Sünden lebte, fand ich den Anblick der Aussätzigen abscheuerregend. Und der Herr selbst hat mich unter sie geführt... Ich habe ihnen Barmherzigkeit erwiesen, und alles verwandelte sich für mich in Süße... Dann sagte ich der Welt Lebewohl..."

Wie arm erscheinen dagegen alle literarischen Kunstfertigkeiten neben diesen Sätzen, die man direkt aus der Wüste stammend nennen möchte! Wie lächerlich wirkt ein sogenannter schöner Satz, verglichen mit der ungeschliffenen Sprache einer Seele ohne Lug und Trug, die ihre Wahrheit ausspricht!

Wo er an die Regel erinnert, ist Franziskus von einer Genauigkeit, an der es nichts zu deuteln gibt. Er spricht, als stände er noch an der Spitze des Ordens. „Ich erteile die Weisung ... Es ist mein Wille ... Ich verbiete ... Der Herr hat mir gegeben, einfach und klar zu schreiben (die Regel)... Auf alles zu verzichten, die Regel der Fraternität katholisch zu befolgen (das Wort Fraternität taucht immer wieder auf). Wer dies alles befolgt, soll erfüllt werden mit dem Segen des Allerhöchsten. Und ich, der kleine Bruder Franz, euer Diener, versichere euch, so sehr ich vermag, innerlich und äußerlich dieses hochheiligen Segens."

Als er diese Aufgabe hinter sich gebracht hat, äußert er den Wunsch, nach Assisi zurückzukehren, aber man hat Bedenken, ihn diese Reise machen zu lassen.

Lebewohl, Erde ...

Mitte Juni bittet Franziskus Elia von neuem, ihn nach Portiunkula zu bringen. Dort will er sein Leben beschließen, dort, wo nach seiner Bekehrung seine Träume ihren Höhenflug begonnen haben, und Bruder Elia ist wie immer bereit, ihm im Rahmen des Möglichen zu gehorchen. Die Reise in der glühenden Sommerhitze ist für Franziskus eine weitere Station seines Kreuzwegs, den er mit jener Ergebung, die er von Christus gelernt hat, auf sich nimmt. Endlich ist er in Portiunkula, aber sieht er es überhaupt mit seinen Augen, die Wunden gleichen? Trotzdem fühlt er, wo die kleine, Maria geweihte Kirche steht, doch seine Kräfte lassen immer mehr nach. Er verträgt die feuchte Hitze nicht, die ihn völlig niederwirft. Nach vierzehn Tagen muß er wieder fort, muß sich losreißen von dem Ort, an dem er so viele Novizen empfangen, wo er der Schwester Klara die Haare abgeschnitten hat. Man vermag nichts gegen den Ansturm der Erinnerungen. Man betet, wie nur ein Franziskus beten kann, aber trotzdem kommen die Erinnerungen.

Als Elia ihm erklärt, daß er ihn in die Berge verlegen will, wo er frische Luft atmen kann, ist er einverstanden. Die Leute von Assisi haben sich auf den Straßen um die Kirche versammelt und wollen ihn sehen. Elia ist der Ansicht, daß man dem Kranken diese zusätzliche Belastung ersparen muß, und beschließt, Franziskus nach Bagnara, etwa dreißig Kilometer östlich von Assisi, zu bringen. Zu diesem Zweck müssen sie Assisi durchqueren.

Es müßte doch eine Freude für den Poverello sein, seine Geburtsstadt ein letztes Mal wiederzusehen, aber mit seinen Augen sieht er nichts bei seinem Eintreffen. Wenigstens den ihm aus seiner Jugend vertrauten Straßenlärm erkennt er, das Stimmengewirr, den heimischen Dialekt. Man weiß bereits, daß er da ist, daß der Heilige von Assisi heimgekehrt ist, und die Nachricht eilt von Tür zu Tür. Seine Begleiter schirmen ihn, so gut sie können, gegen die Menge ab. Ist er überhaupt fähig, sich zu bewegen und die Hand zum Segen zu erheben?

Seit der Römerzeit ist Bagnara ein kleines Bad, dessen Quellen für ihre Heilkraft bekannt sind. Es liegt auf einer Höhe von etwa fünfhundert Metern, wo die Luft leicht und frisch ist. Eine von den Brüdern errichtete Einsiedelei erwartet Franziskus, der sich wieder in die Dunkelheit flüchten und dadurch seine Schmerzen ein wenig lindern kann. Die Quellen bringen ihm keine Hilfe. Nach und nach erblindet er vollständig und kann nicht einmal mehr die Schatten erkennen. Zudem verschlimmert sich die Schwellung der Beine und des Bauches, er nimmt kaum etwas zu sich, und sein Magen quält ihn fortwährend.

Juli und August vergehen in Bagnara. Assisi, beunruhigt durch verschiedene Gerüchte, will seinen Heiligen zurückhaben. Es fürchtet, daß die Leute von Perugia, Foligno, Spoleto oder Arezzo ihn als lebende Reliquie stehlen wollen. Wie könnte man bei diesem Überschwang Aberglauben und Liebe voneinander trennen? Die Brüder sind bereit, ihn nach Assisi zu bringen, vorausgesetzt, daß er innerhalb der Mauern untergebracht wird; denn in Portiunkula ist man vor einem Handstreich nicht sicher. Der bischöfliche Palast – der Bischof selbst befindet sich gerade auf einer Wallfahrt zum Monte Gargano – wird dazu ausersehen. Assisi schickt von Bewaffneten begleitete Ritter aus, um ihn abzuholen und jeden Versuch einer Entführung durch Nachbarstädte zu vereiteln.

Sie kommen nur schrittweise vorwärts. Franziskus, der sich nicht einmal mehr auf dem Rücken eines Esels halten kann, wird von den Rittern abwechselnd aufs Pferd gehoben und in ihren Armen von Dorf zu Dorf getragen. Nie hätte der Jüngling, der nur von Rüstungen und Kreuzzügen träumte, sich diese seltsame Szene vorstellen können: wie die Ritterschaft ihn wie ihr Kind auf ihren Armen trägt. Sie nehmen den kürzesten Weg, eine Strecke, die quer durchs Gebirge führt.

In Assisi wird Franziskus in den Bischofspalast gebracht. Er leidet furchtbare körperliche Schmerzen; das Martyrium, um das er einst gebeten hatte, wurde ihm nicht in der ersehnten Form zuteil; an seine Stelle sind die Qualen, die er erduldet, getreten. Leo, Angelo, Rufino, Masseo und Elia sind bei ihm. Ein Arzt besucht ihn, keiner dieser Peiniger, die gleich bereit sind, im Namen der medizinischen Wissenschaft zu quälen, sondern ein Freund aus Arezzo namens Buongiovanni, den Franziskus aber Bruder Giovanni nennt, denn er gibt niemandem das Beiwort „gut", weil der Herr gesagt hat: „Niemand ist gut außer Gott allein."

„Was hältst du", fragt Franziskus, „von meiner Wassersucht?"

„Mit der Gnade Gottes wird alles gut werden."

„Bruder", sagt Franziskus, „sag mir die Wahrheit, ich bin keine Memme, die den Tod fürchtet."

„Vater, nach unserer medizinischen Wissenschaft ist dein Leiden unheilbar, du wirst Ende September oder aber am vierten Tag des Oktober sterben."

Da hat Franziskus plötzlich die Kraft, die Arme auszustrecken und die Hände zu erheben und voll Freude zu rufen:

„Bruder Tod, sei mir willkommen."

Niemand weiß, wer dieser Tod ist, der eine menschenähnliche Gestalt und nur ihm eigene Charakterzüge hat. Das Seltsamste ist, daß er in vielen Fällen nur kommt, wenn man es ihm erlaubt, und es kommt vor, daß der Mensch nur stirbt, wenn er es will. Er läßt den unerwünschten Gast an der Tür warten. Von den Mönchen wird verlangt, bei Todesgefahr ihr Leben als Opfer darzubringen. Das hat etwas von böser Ironie an sich, wenn der Fall hoffnungslos ist. Heißt es nicht, daß man dem Tod jenen Respekt vor der menschlichen Freiheit zuschreibt, wie Gott selbst ihn hat, dessen Diener er ist?

Mein Bruder Tod

Franziskus nahm den Tod mit jener Freude des Herzens an, die ihn nie ganz verlassen hatte, sogar nicht in seinen dunkelsten Stunden. Als er das Urteil des Arztes hörte, ließ er die Brüder Angelo und Leo rufen und bat sie, den Sonnengesang zu singen.

Sie gehorchten. Mit tränenerstickter Stimme stimmten sie einen der schönsten Freudengesänge an, die je aus dem Munde eines Menschen erklungen sind. War ihnen bewußt, daß nun der ganze Kosmos die Zelle erfüllte? Das Feuer und das Wasser, die Erde und die Luft, und die vier Elemente verbanden sich mit den Sternen, dem Mond, der Sonne, den Blumen, dem Gras, und nicht zu vergessen das ewig wechselnde, herrliche Bild der Wolken; die ganze Schönheit des Universums versammelte sich. Als der Tod nahte, wurde für ihn, den Abgesandten des Himmels, sogleich ein höflicher Empfang an den „Sonnengesang" gehängt:

> Sei gelobt, mein Herr,
> durch unseren Bruder, den Leibestod.
> Kein Lebender kann ihm entrinnen,
> weh denen, die sterben in Todessünden.
> Selig, die sterben, geborgen in deinem heiligsten Willen!
> Der zweite Tod vermag nichts wider sie.

Wenn Franziskus ein wenig von Daniel und der Genesis inspiriert war, als er seinen Lobgesang der Freude dichtete, der ritterliche Gruß an unseren Bruder Tod stammt von ihm allein.

Er will jedoch nicht im Palast des Erzbischofs sterben, sondern, wie er es oft genug gesagt hat, in Portiunkula. Man bringt ihn mit äußerster Vorsicht dorthin, denn er ist schwach und jede Bewegung für ihn eine Qual. Die Brüder nehmen ihn in ihre Arme. Nach der Ritterschaft trägt ihn nun die Armut wie ein kleines Kind, als das er sich selbst bezeichnet. Als Assisi noch zu sehen ist, läßt er haltmachen. Man legt ihn auf eine Bahre, zeigt ihm die Richtung der einzelnen Viertel, und er macht ein Kreuzzeichen über seine geliebte Stadt, die er nicht mehr sieht: „Gesegnet seist du von Gott, heilige Stadt, denn durch dich werden viele Seelen gerettet, und in dir werden viele Diener Gottes wohnen, und viele werden auserwählt sein für das Reich des ewigen Lebens." Er fühlt sich so schlecht, daß man ihn zunächst in die Krankenstube bringt, aber er verlangt nach der Zelle, wo er sich immer aufgehalten hatte, wenige Meter von der Kapelle unter den Bäumen entfernt.

In den letzten Stunden, die ihm noch bleiben, bewegt ihn bis in Einzelheiten die Sorge um das Totenkleid. Es ist eigenartig, daß in dem Augenblick, da er die Welt für immer verlassen soll, der junge Franziskus in ihm wieder erwacht. Man wagt nicht, von Eleganz zu sprechen, aber ganz so abwegig ist das nicht bei dem Wunsch, den er äußert. Man soll ihm Tinte und Papier bringen. Er weiß nun, an welchem Tag er sterben wird, und denkt an Bruder Giacopa, die untröstlich sein wird, ihm nicht Lebewohl gesagt zu haben. Man soll ihr einen Brief schreiben, den er einem Bruder diktieren will. So überliefert es uns die Legende von Perugia. Der Brief ist zu schön, als daß man ihn übergehen dürfte:

„Für Frau Giacopa, Dienerin des Herrn, von Franziskus, dem kleinen Armen Christi, Heil und Gemeinschaft mit dem Heiligen Geist in unserm Herrn. Wisse, Teuerste, daß Christus mir in seiner Gnade das Ende meines Lebens geoffenbart hat, das sehr bald eintreten wird. Deshalb beeile dich, wenn du mich noch lebend antreffen willst. Bringe von jenem aschgrauen Mönchstuch mit, wie es die Zisterzienser in den Ländern jenseits des Meeres herstellen, um meinen Leib darin einzuhüllen, und das nötige Wachs für mein Begräbnis. Und dann bitte ich dich noch, mir von jener Speise mitzubringen, die du mir immer gabst, wenn ich in Rom krank war."

Unter der Speise, die Giacopa ihm in Rom gab, versteht er den Kuchen aus Mandeln und Honig. Möchte er sich ganz deutlich ausdrücken? Aber dann geschieht etwas Wunderbares. Man hat gerade einen Bruder benannt, der die Botschaft überbringen soll, da klopft es an die Klosterpforte. Es ist Bruder Giacopa, die eines Nachts in Rom von einer Vorahnung geweckt worden war und im Geiste eine Stimme gehört hatte, die sagte: „Geh und besuche Franziskus, aber beeile dich, wenn du ihn noch lebend antreffen willst. Bringe mit..." Sofort war sie mit ihren beiden Söhnen und einer Schar bewaffneter Männer aufgebrochen.

Sie tritt ein und geht auf das Bett von Franziskus zu, der sie freudig empfängt, und auch sie kann ihr Glück nicht verbergen, noch rechtzeitig eingetroffen zu sein. Und jetzt folgt eine an einem Totenbett ungewöhnliche Szene. Bruder Giacopa faltet den Stoff für ein Büßerhemd auseinander, aus dem die Brüder das letzte Hemd schneidern werden, dann bietet sie den Frangipani-Kuchen an, den „Mostacciulo" der Römer, von dem Franziskus sofort zu kosten wünscht, aber ihm fehlt die Kraft dazu. Er spürt auf seiner Zunge nicht mehr die letzte kleine Nascherei, die im Geschmack unserem Marzipan entspricht. Bei dieser Szene dürfen auch Tränen fließen; denn Bruder Giacopa von Settesoli verläßt Bruder Franz für immer auf dieser Welt.

Trotzdem ist er über seinen Kuchen so erfreut, daß er das Vergnügen mit Bruder Bernardo teilen will. Man soll ihn holen. Franziskus erinnert seine Gefährten daran, daß Bernardo ihm als erster gefolgt ist und daß er ihn aus diesem Grunde allen anderen vorzieht. Bernardo tritt plötzlich ein, kostet ein wenig vom Frangipani-Kuchen, kniet neben dem Bett nieder, und Franziskus legt ihm die Hand auf die Stirn und segnet ihn. „Dich sollen die Brüder so lieben, als ob ich es wäre!"

Eine ungeheure Lebenskraft steckt in diesem Körper, der sich vor den Augen der Brüder gleichsam in Nichts auflöst. In den letzten Tagen ist die Wassersucht irgendwie zurückgegangen. Die Haut klebt nur noch an den Knochen, das Gerippe zeichnet sich ab, aber eine innere Kraft belebt dieses Fleisch, das so grausam gequält wurde, als habe es ein Henker unter seinen Händen gehabt. Die Brüder sind um ihn versammelt und stehen bis unter den Bäumen vor der Zelle. Er verlangt nach Elia. Elia kniet zu seiner Linken, Franziskus schiebt seine rechte Hand über seinen linken Arm und legt sie auf die Stirn dessen, den zu lieben er sich nie erwehren konnte, trotz vorübergehender Gegensätze. Seine große Segensgeste gleicht der eines Patriarchen aus dem Alten Testament. „Ich segne dich in allem, was du tun wirst... Gott, der König des Universums, möge dich im Himmel und auf Erden segnen..."

Jetzt sind die anderen an der Reihe, alle aus dem Kloster, das er so heiß geliebt hat und das das Herz seiner Bruderschaft ist. Er vergißt auch nicht die Laienbrüder, weil sie stellvertretend sind für alle Brüder, die nach ihnen kommen werden bis an das Ende der Zeiten.

Bleibt nur noch die innniggeliebte Klara, der er einen am Vorabend diktierten Brief schickt, denn er weiß, daß sie krank ist und fürchtet, sterben zu können, ohne ihn noch einmal gesehen zu haben. Da sie die Klausur nicht verlassen kann, tröstet er sie mit Worten, wie nur er sie finden kann. Gibt ihr seinen Segen und spricht sie los von allen auf ihr Geheiß möglichen Verfehlungen. Doch das Wichtigste der Botschaft wird dem Bruder, der den Brief sogleich überbringt, ans Herz gelegt: „Das sollst du Frau Klara sagen, daß sie den Schmerz und die Trauer verbannt, die sie bei dem Gedanken, mich nicht wieder zu sehen, empfindet. Sie soll wissen, daß vor ihrem Tode sie und alle Schwestern mich wiedersehen und großen Trost von mir empfangen werden."

„Wenn ihr seht, daß ich in den letzten Zügen liege", hatte er kürzlich gesagt, „dann legt mich nackt auf den nackten Boden und lasset mich dort bis zu meinem letzten Seufzer, die Zeit, die nötig ist, um langsamen Schrittes eine Meile zu durchmessen."

In der Abenddämmerung stößt ein Lerchenschwarm herab und kreist aus voller Kehle singend um die Zelle, in der Franziskus liegt. Seit Menschengedenken hat man die Lerche nur am frühen Morgen singen hören, wenn sie mit der Sonne in den Himmel stieg, aber an diesem Abend ist ihnen alles gleich, sie sind gekommen, um ihre Liebe hinauszusingen.

Während die Brüder den Psalm „Voce mea" singen, kommt langsam der Tod. Mit Anbruch der Nacht macht Franziskus auf der nackten Erde seiner Zelle den letzten Atemzug, bis in den Tod seiner Frau Armut treu. Die Brüder legen ihn auf sein Bett, bekleiden ihn mit dem neuen Gewand und wachen bei ihm bis zum Morgen. Er weilt noch mitten unter ihnen, und das lindert ihren Schmerz, aber eine wirkliche Trennung wird es nie ganz geben. Aus Assisi sind Männer und Frauen gekommen und bleiben draußen stehen, Zweige mit Herbstlaub in den Händen. Auch sie wachen über ihren Heiligen und sind jederzeit bereit, ihn zu verteidigen, wenn jemand ihn ihnen rauben will, aber die Nacht vergeht friedlich. „Pace e bene!"

Am Morgen des 4. Oktober, einem Sonntag, wird Franziskus' Leichnam auf eine Bahre gelegt, und er tritt seine letzte Reise nach Assisi an. Die Brüder und der ganze Klerus, die ihn begleiten, singen Hymnen und den Psalm „Voce mea ad dominum clamavi", aber in San Damiano machen sie beim Klarissenkloster halt, wo die Nonnen, die benachrichtigt worden waren, auf diesen Augenblick warten. Die Bahre wird an die Umzäunung, aus der ein Tor ausgehängt wurde, herangetragen, und die Brüder heben den Leichnam mit den Armen hoch. Klara und ihre Schwestern betrachten ihn lange schweigend. Franziskus hat Wort gehalten. Sie können nicht aufhören, ihn liebevoll anzuschauen, aber der Zug muß weiter. Noch ein letzter Blick, und das Tor wird wieder geschlossen. Es ist vorbei.

Assisi ist nicht weit, Franziskus wird nach San Giorgio gebracht, um dort begraben zu werden. Wie viele Erinnerungen werden hier wach! Der alte Kanonikus ist tot, der ihn in Religion unterrichtet hat, aber auf den Mauern ist noch die Geschichte vom Ritter St. Georg zu sehen, die dem kleinen Francesco den Kopf verdrehte. Wer vermag zu sagen, ob hier nicht alles begonnen hat: das Ideal und die Träume vom Ruhm, den Gott genommen und in ewigen Ruhm, in ewige Glorie verwandelt hat? Jetzt beginnt die Geschichte, beginnen die Legenden.

Der Autor spricht

Nachdem die letzten Zeilen dieses Buches geschrieben sind, bin ich enttäuscht, weil ich nicht jene Erleichterung empfinde, die ich erwartete. Achtzehn Monate habe ich an diesen Seiten gearbeitet. Zahlreiche Recherchen und langes Bemühen waren erforderlich, weil ich versuchen wollte, unter den Textvarianten der Chronisten die Wahrheit zu entdecken.

Nun bin ich am Ende angelangt und spüre in der wiedergewonnenen Freiheit etwas vom bitteren Geschmack einer Scheinfreude. Ich bin mir bewußt, daß ich Tag um Tag in der wunderbaren Gesellschaft des von mir stets am meisten bewunderten Menschen gelebt habe. Brüderlich lächelnd habe ich ihn gleichsam immer an meiner Seite gespürt.

Bereits in meiner Kindheit, in jenen fernen Tagen in der Rue de Passy, in der wir wohnten, hörte ich manchmal, wie sein Name mit jener Zärtlichkeit ausgesprochen wurde, die sich mit diesem Namen für immer verbindet. Vor allem meine Mutter, mochte sie auch noch so protestantisch sein, hegte eine solche Zuneigung zu ihm, daß ich glaubte, sie müsse ihn selber gekannt haben. Er war und bleibt immer der Mensch, der unsere traurigen theologischen Barrieren überwindet; denn er gehört der ganzen Welt wie die Liebe, die uns immer neu geschenkt wird. Man konnte ihn nicht ansehen, ohne ihn zu lieben, sagten seine Zeitgenosen von ihm, und diese Liebe ist unwandelbar geblieben.

An anderer Stelle habe ich erzählt, wie ich nach dem Tode meiner Mutter, durch den das kleine Reich unserer Familie zerstört wurde, nach einer Religion suchte, die sie offenbar mit sich genommen hatte. Meine Bindung an die anglikanische Kirche löste sich wie von selbst. Als mir ein Buch über den katholischen Glauben in die Hand fiel, war ich leidenschaftlich bewegt und las es innerhalb weniger Tage durch. Knapp ein Jahr später erfolgte meine Konversion. 1916 wurde ich in die Kirche aufgenommen.

Inzwischen hatte ich als leidenschaftlicher Leser das ehrenwerte Buch von Frau Arvède Barine über den heiligen Franz von Assisi und die Legende von den „Drei Gefährten“ entdeckt. Ich war wie besessen